中國社會科學引文索引（CSSCI）來源集刊

簡帛研究

二〇一八·春夏卷·

中國社會科學院簡帛研究中心
中國社科院歷史所戰國秦漢室
出土文獻與中國古代文明研究協同創新中心
鄔文玲　戴衛紅　主編

廣西師範大學出版社
·桂林·

簡帛研究
JIANBO YANJIU

圖書在版編目（CIP）數據

簡帛研究．2018．春夏卷 / 鄔文玲，戴衛紅主編．--桂林：廣西師範大學出版社，2018.6
ISBN 978-7-5598-1374-9

Ⅰ.①簡… Ⅱ.①鄔…②戴… Ⅲ.①竹簡—中國—文集②帛書—中國—文集 Ⅳ.①K877.54-53

中國版本圖書館 CIP 數據核字（2018）第 256131 號

廣西師範大學出版社出版發行
（廣西桂林市五里店路 9 號　郵政編碼：541004
網址：http://www.bbtpress.com）
出版人：張藝兵
全國新華書店經銷
廣西民族印刷包裝集團有限公司印刷
（南寧市高新區高新三路 1 號　郵政編碼：530007）
開本：889 mm × 1 194 mm　1/16
印張：22.25　　字數：400 千字
2018 年 6 月第 1 版　　2018 年 6 月第 1 次印刷
印數：0 001～1 200 冊　定價：100.00 元

目　　録

《商周青銅器銘文暨圖像集成續編》札記三則 …………………………………… 張　峰/1
楚系古文字中的"䵹(蠅)"字 ………………………………………………………… 劉洪濤/10
戰國竹書訓詁叢札……………………………………………………………………… 吴　祺/23
清華簡《楚居》"秦溪之上"研究述論 …………………………………………… 魏　棟/33
《周易》咸卦卦名及爻辭新詮 ……………………………………………………… 禤健聰/42

試論嶽麓秦簡中《爲獄等狀四種》的性質 ……………………………………… 李勤通/50
《嶽麓書院藏秦簡(肆)》所收令文淺析 ………………………………………… 周海鋒/66
《嶽麓書院藏秦簡(肆)》所載《賊律》《具律》析論 …………………………… 寧全紅/77
秦代婦女再嫁及相關問題研究
——以嶽麓秦簡爲中心的考察……………………………………………… 程博麗/89
放馬灘簡《鐘律式占》"問病占疾"卜法考 ……………………………………… 程少軒/101
秦漢簡牘法律文獻中的"通錢" …………………………………………………… 雷長巍/108
秦漢法律簡牘中的"鞫"研究
——兼論秦漢刑事訴訟中的相關問題 ………………………………… 于洪濤/113

秦漢簡帛中的“磿”和“磨” …… 張再興/130
“質日”釋詁 …… 龍仕平/142

《二年律令》之“二年”與“漢二年”諸問題解 …… 宋　潔/153
張家山漢簡《津關令》考釋(二則) …… 何有祖/163
天回醫簡中的量詞 …… 劉　陽/172
天回醫簡中的刮削校改痕迹研究 …… 周　琦/185
北大簡《妄稽》補釋 …… 楊　茜/202
揚州新出漢廣陵王豢狗木牘詳考與再研究 …… 閆　璘　許紅梅/210
河西漢簡中的“獄計”及相關文書 …… 彭　浩/221
西北屯戍漢簡所見“罷卒”考 …… 張麗萍　張顯成/232
漢代的傳與肩水金關 …… 郭偉濤/243
肩水金關漢簡中漢文帝時期樂府詔書考證 …… 裴永亮/273
《肩水金關漢簡(伍)》釋文校讀 …… 秦鳳鶴/282
“羊左”傳説在漢代流傳問題補論 …… 黨　超/288

候官中簿籍的保存與廢弃
——以A8遺址文書庫、辦公區出土簡牘的狀況爲綫索 …… [日]青木俊介著　蘇俊林譯/298
漢代的河堤治理:長江中游地區環境史的新收穫 …… [美]蘭德著　凌文超譯/323

基礎與綜合:秦簡研究的再出發
——讀陳偉主編《秦簡牘研究》叢書 …… 孫聞博/345

《商周青銅器銘文暨圖像集成續編》札記三則*

重慶大學　張　峰

内容提要 《商周青銅器銘文暨圖像集成續編》釋文存在一些細小問題,其中公子屡父鼎釋爲"屡"的字應改釋爲"廛",讀爲展;昭王之即鼎釋爲"宣""罘""從"的字應分别從石小力先生改釋爲"㿝""卒""敓"。另外,黄子戌盉"咸"字的發現爲"咸"指"一之日",即夏正十一月,提供了强有力的證據。

關鍵詞 《銘續》　廛　卒　咸

吴鎮烽先生編著的《商周青銅器銘文暨圖像集成續編》(共四卷,以下簡稱《銘續》)收録2012年3月至2015年12月公私藏商周有銘青銅器1509件,其中未發表者742件。[①] 吴鎮烽先生做了很好的釋文工作,尤其是一些私藏的、圖書出版時照片不清晰者,吴鎮烽先生都給出了精確的釋文,爲學界進一步研究提供了極大便利。我們在學習時,發現釋文也有一些不準確之處,主要集中在未著録器上,但瑕不掩瑜。另外,吴鎮烽先生在該書前言中説過:"《續編》中許多資料對上古史和古文字學研究具有很重要的價值。"[②]尤其是未著録器銘,上面的古文字形對檢討舊説具有極大的幫助。

* 本文是2017年重慶大學"科研創新能力提升專項"項目"楚文字分化研究"(2017CDJSK07YJ09)的階段性成果。

① 吴鎮烽編著:《商周青銅器銘文暨圖像集成續編》,上海古籍出版社,2016,前言1頁。

② 吴鎮烽編著:《商周青銅器銘文暨圖像集成續編》,前言1頁。

一

相傳出土于山東的春秋早期器公子㞕父鼎一件(1.183),[①]銘文曰:"公子 A 父作子姜媵鼎,其萬年無疆,子子孫孫,永寶用享。"[②]同坑還出土公子㞕父簋四件(2.412、2.413、2.414、2.415)、匜一件(3.992),其中2.412、2.413 蓋、器同銘。鼎、簋、匜六器銘文基本相同,其中鼎銘"子姜"之"子",簋、匜均作"孟","子"下當漏鑄"皿"旁。處在A位置的字,比較清晰者作:

(183)(412 蓋)(415)(992)

這四個形體代表一字應無問題,除去最後一字的右側偏旁外,最大的不同,一是从厂還是从尸;二是中間从日還是从圈,古文字常互作無别,可不論。釋文將前三者隸定爲"㞕",後者隸定爲从㞕从乇,[③]顯然都是看成从尸的。楚文字中多見"廛"字,作:

(上一・緇18)(上四・采3)(上五・季3)[④]

對比可知,A與"廛"應爲一字。原因在于,其一,A从厂或尸、"廛"从石。李守奎、肖攀先生曾詳細分析過古文字从厂與从石的關係,認爲西周合體文字中(包括"廛"),"石"旁普遍省作"厂",西周時期二者就已經訛混爲同形偏旁。并指出"厂"與"广"不是通用,乃形近訛混。[⑤]《説文・广部》:"廛,一畝半,一家之居。从广、里、八、土。"[⑥]《説文》从广的字古文字有些从厂,而A正是从厂的。周忠兵先生與李、肖二先生的觀點正相反,認爲"廛"與人居住相關,本从厂,楚文字从石乃與厂形近發生訛混。[⑦] 金文"厲"作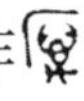(五祀衛鼎 集成2832),[⑧]楚文字从石作(清叄・説中2);[⑨]金文"厝"作(厝季尊 集成5912),楚文字从石作(清壹・金5);[⑩]《説文・厂部》"厎"的或體从石作砥,[⑪]可知有些金文从厂與楚文字从石并無區

① 1.183 指出自吴鎮烽編著《商周青銅器銘文暨圖像集成續編》第1卷第183號,下仿此。

② 本文釋文如無討論需要,均采用寬式。

③ 本文所説的"釋文"指的是吴鎮烽編著《商周青銅器銘文暨圖像集成續編》中的釋文,下同。爲避免繁瑣均不標注頁碼。

④ 這三個字形分别參見馬承源主編《上海博物館藏戰國楚竹書(一)》,上海古籍出版社,2001,62頁。馬承源主編《上海博物館藏戰國楚竹書(四)》,上海古籍出版社,2004,19頁。馬承源主編《上海博物館藏戰國楚竹書(五)》,上海古籍出版社,2005,45頁。下凡引字形出自此三書的,不再出注。

⑤ 李守奎、肖攀:《清華簡〈繫年〉文字考釋與構形研究》,上海:中西書局,2015,63、89-90頁。

⑥ [漢]許慎:《説文解字》,北京:中華書局,1978,192頁。

⑦ 周忠兵:《釋金文中的"廛"》,《第二届古文字學青年論壇論文集》,臺北:"中研院"歷史語言研究所,2016年1月28日-29日,300頁。

⑧ 中國社會科學院考古研究所編:《殷周金文集成(修訂增補本)》,北京:中華書局,2007,1506頁。爲避免繁瑣,下凡引《殷周金文集成》字形,不再出注。

⑨ 李學勤主編:《清華大學藏戰國竹簡(叄)》,上海:中西書局,2012,212頁。下引字形出自本書的,不再出注。

⑩ 李學勤主編:《清華大學藏戰國竹簡(壹)》,上海:中西書局,2010,259頁。下引字形出自本書的,不再出注。

⑪ [漢]許慎:《説文解字》,193頁。

别。其二,A下部从“大”,而楚文字“廛”下部所从類似“亦”形,這種變化古文字常見。比如“異”下部本从“人”形,楚文字訛變爲類似“大”形作(上四・曹7),又作(清伍・殷27),[①]無别。可以將楚文字“廛”下部所加的兩點看作飾筆,[②]《清伍・湯丘》7、《清陸・管仲》5“廛”分别作、,[③]下部均从四點,就是明顯的飾筆。

楚文字“廛”多讀爲“展”,如上舉《上一・緇》18“廛”對應郭店本《緇衣》簡36作,[④]今本就作“展”,[⑤]故A也應讀爲展。李守奎、肖攀先生懷疑“廛”與“輾”“碾”同源,[⑥]那麽412和415从尸可能跟“展”从尸見《説文・尸部》有關。而992右側所从似不是“壬”。至於“廛”的構形,舊説紛紜,現在看來當以A形爲較早,即从厂、从土、(吴)聲,[⑦]過去曾認爲“廛”从“炅(埶)”,[⑧]乃據楚文字訛變之體而論,是不確的。“吴”造字當與“天”等類似,是爲突出其上部,周忠兵先生分析其爲“頂”或“旦”异體,還有進一步討論的空間。[⑨] 金文多見“吴”形體,用爲人名,如(師吴父鼎 集成3892)、(吴生殘鐘 集成104)、(單伯吴生鐘 集成82),其中後二形過去釋爲“吴”或“昊”。[⑩] 從字形上看,這三字與(史牆盤 集成10175)、(南宫乎鐘 集成181.1)等同形,[⑪]但史牆盤和南宫乎鐘之字是明確用爲“吴〈哭—斁〉”的,前舉三字可能與史牆盤等字不同,不排除讀爲“展”或與之相近之音的可能性。

鼎銘“公子展父作子〈孟〉姜媵鼎”,《左傳・隱公八年》:“無駭卒,羽父請謚與族……公命以字爲展氏。”杜注:“諸侯之子稱公子,公子之子稱公孫,公孫之子以王父字爲氏。無駭,公子展之孫,故爲展氏。”[⑫]《通志・氏族略四》:“展氏,姬姓,魯孝公之子公子展之後,以名爲

① 李學勤主編:《清華大學藏戰國竹簡(伍)》,上海:中西書局,2015,214頁。下引字形出自本書的,不再出注。

② 類似例子參看何琳儀《戰國文字通論(訂補)》,南京:江蘇教育出版社,2003,260-261頁。

③ 後一字形參看李學勤主編《清華大學藏戰國竹簡(陸)》,上海:中西書局,2016,197頁。下引字形出自本書的,不再出注。

④ 荆門市博物館編:《郭店楚墓竹簡》,北京:文物出版社,1998,19頁。下引字形出自本書的,不再出注。

⑤ [清]孫希旦撰,沈嘯寰、王星賢點校:《禮記集解》,北京:中華書局,1989,1332頁。

⑥ 李守奎、肖攀:《清華簡〈繫年〉文字考釋與構形研究》,86頁。

⑦ 這一點周忠兵先生已經指出,詳細參看周忠兵《釋金文中的“廛”》,300頁。在論述此字時,我們查到董蓮池編著《新金文編》(北京:作家出版社,2011,1355-1356頁)有如下四個字:(五年琱生簋 集成4292)、(六年琱生簋 集成4293)、(帥隹鼎 集成2774)、(叔多父盤 銘圖14533),也應該釋爲“廛”。但在檢索相關前期研究成果時,發現上引周忠兵文和薛培武文(薛培武:《“琱生器”中用爲“寔/實”之字補論》,簡帛網,2015年12月31日)早已有此觀點,并進行了詳細申論,這是他們的發明,讀者可參看。

⑧ 禤健聰:《上博楚簡(五)零札(一)》,簡帛網,2006年2月14日。

⑨ 周忠兵:《釋金文中的“廛”》,301頁。

⑩ 參看馬承源主編《商周青銅器銘文選(三)》,北京:文物出版社,1988,165-166頁;吴鎮烽編著《商周青銅器銘文暨圖像集成》第27卷,上海古籍出版社,2012,279、325-326頁。

⑪ 字形也可參看董蓮池編著《新金文編》,414頁。

⑫ 《十三經注疏》委員會整理:《春秋左傳正義》,北京大學出版社,1999,115頁。

氏。”[①]公子展是魯孝公的兒子,其孫無駭以其字爲氏。“公子展父”可能就是公子展,姬姓,時代屬於春秋初期,與器出土地、時代相合。根據鼎銘,作器者公子展與所媵女子孟姜异姓,同樣的情形在媵器中也出現過,比較有代表性的如陳侯簠(集成 4606):“陳侯作孟姜媵簠。”李仲操先生認爲,姜姓女子應是嬀姓陳侯所撫養的异姓親屬,[②]是有一定道理的。當然,也不排除鼎銘“公子展父”僅代表的是姜氏,與文獻中的公子展無關。[③] 這裏我們更傾向於前者。

二

戰國早期楚器昭王之即鼎出土三件(1.224、1.225、1.226),其中 224 蓋、器銘文各兩篇,225 蓋、器銘文各一篇,226 只有器銘文一篇。蓋、器基本同銘,共 47 字。以 224 爲例,銘文曰:“唯正孟春吉日唯庚,昭王之即擇厥吉金,作鑄偣鼎,春秋恭嘗,靈福之既極,眉壽無疆,殜 B 之既 C,子子孫勿 D,偣鼎共行。”226 銘文後部作:“殜 B 既 C,子孫永保用之,勿 D,鼎共。”同人作器又有昭王之即簠 2 件(2.515、2.516)、昭之王孫即盞 1 件(2. 525)、昭王之即缶 1 件(3.909)。其中 515 蓋、器同銘,共 43 字,銘文後部作:“殜 B 既 C,子子孫勿 D,偣鼎共行。”盞銘文 17 字、缶銘文 33 字,未出現本文要討論的銘文部分,不論。

關於銘文中的 B、C、D 三字,我們擇其清晰者逐録如下:

B:(224 器 1)(515 蓋)(516 蓋)

C:c1 (224 蓋 1) c2 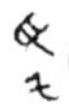(224 器 1) c3 (515 蓋) c4 (516 蓋)

D:d1 (224 蓋 1) d2 (515 蓋)

釋文將三字分别隸定爲“宣”“罘”“從(?)”,實際上,釋文對三字的隸定均誤,石小力先生將 B 釋爲“𠫭(幾)”,C 釋爲“𡙕(卒)”,D 釋爲“敓(奪)”,[④]完全正確。B 楚簡常見,如(包 41)[⑤]及(上二・从甲 19)[⑥]所从等。對於 C,若僅看 c1 的話,很可能是“睘”之省體,望

---

① [宋]鄭樵撰,王樹民點校:《通志二十略》卷四《氏族略四》,北京:中華書局,1995,129 頁。

② 李仲操:《兩周金文中的婦女稱謂》,《古文字研究》第 18 輯,北京:中華書局,1992,400 頁。也有學者認爲异姓國爲表示友好,也會爲异姓國嫁女作媵器(參看石岩《周代金文女子稱謂研究》,《文物春秋》2004 年第 3 期,14 頁)。

③ 這一看法及上文關於公子展的某些補充承匿名審稿專家提示,特此致謝。

④ 石小力:《〈商周青銅器銘文暨圖像集成續編〉釋文校訂》,清華大學出土文獻研究與保護中心網站,2016 年 11 月 6 日。下引石小力先生觀點均出自此文,不再出注。

⑤ 李守奎、賈連翔、馬楠編著:《包山楚墓文字全編》,上海古籍出版社,2012,295 頁。本文所引包山簡字形均出自此,下文不再出注。

⑥ 馬承源主編:《上海博物館藏戰國楚竹書(二)》,上海古籍出版社,2002,77 頁。下引字形出自本書的,不再出注。

山 M2・50“一端睘(環)”[①]之“睘”就作，省去了中間的圓圈，故釋文釋爲“睘”看似有一定道理。但應該承認，古文字一般的“目”形基本作鋭角狀，且 c2、c3、c4 形體明顯并不从目，甚至 c4 形體完全省去上部。與楚簡常見的“卒(卒)”如(上二・昔 4)、(上四・昭 5)對比可知，c1、c2、c3 就是“卒”，上部寫訛。對於 c4 形體，楚簡及東周金文“卒”當中，有與之相同者，如(清陸・子産 29)、(郘公典盤 銘圖 14526)、[②](□外卒鐸 集成 420.1)。[③] D 的“敓”字可對比楚簡(上一・緇 19)，稍有不同的是，d2“兑”下的人形一筆寫就，且上部口形缺少横筆，d1 還能看出“兑”的輪廓。

楚簡中的“㠯”裘錫圭先生認爲可讀爲“幾”，訓作期。[④] 此處用法應該相同。“卒”可訓爲終，《詩・豳風・七月》：“無衣無褐，何以卒歲?”鄭箋：“卒，終也。”[⑤]“殜(世)㠯之既卒”這種語句金文前所未見，爲吉語，類似前文之“靈福之既極”，可能是終其世之類的意思，可與《郭・語四》25+3“一言之善，足以終世”互看。[⑥] “敓”讀爲“奪”出土文獻常見，[⑦]如“連尹襄老與之争，敓(奪)之少盐。”(清貳・繫 76)[⑧]《説文・奞部》：“奪，手持隹失之也。”段玉裁注：“引申爲凡失去物之偁。”[⑨]“子子孫勿奪”意思是子子孫孫永用勿失。金文中類似或“勿(毋)某”的格式很多，如“順余子孫，萬世無疆，用之勿喪”(越王者旨於賜鐘 集成 144)、[⑩]“子子孫萬年永寶，斷勿喪”(量侯簋 集成 3908)、“孫孫子子其萬年永寶，用兹王休，其日引勿替，世毋忘”(衛簋丙 2.462)等。

另外，《銘續》中還有一些零星釋讀錯誤，如曾孫卲簠(2.482)的，釋文作“卲”，這是没問題的，但隸定不嚴謹。同墓出土的銅壺“卲”从卩作，[⑪]似應隸定爲“佋”，古文字从人與从卩可通。[⑫] 盅子䵼簠(2.502)“孔武聖誨”，“誨”似應括注爲“謀”。異好盂(2.536)釋文隸定爲“它”的字，右下部應還有一“爪”形。王子名缶(3.905)，釋文釋爲“堇”。金文“堇”下

---

① 湖北省文物考古研究所、北京大學中文系編：《望山楚簡》，北京：中華書局，1995，62 頁。

② 本文對未著録於《殷周金文集成》的銘文一般采自吴鎮烽編著《商周青銅器銘文暨圖像集成》(簡稱“銘圖”)，上海古籍出版社，2012。

③ 金文字形也可參董蓮池編著《新金文編》，1145 頁。

④ 裘錫圭：《釋戰國楚簡中的“㠯”字》，《裘錫圭學術文集(簡牘帛書卷)》，上海：復旦大學出版社，2012，464 頁。

⑤ 《十三經注疏》委員會整理：《毛詩正義》，北京大學出版社，1999，491 頁。

⑥ 簡 25+3 編連參見陳劍《郭店簡〈窮達以時〉、〈語叢四〉的幾處簡序調整》，收入其著《戰國竹書論集》，上海古籍出版社，2013，9 頁。

⑦ 二者相通可參看白於藍編著《戰國秦漢簡帛古書通假字彙纂》，福州：福建人民出版社，2012，498、500 頁。

⑧ 釋文參李學勤主編《清華大學藏戰國竹簡(貳)》，上海：中西書局，2011，170 頁。

⑨ [清]段玉裁注：《説文解字注》，上海古籍出版社，1981，144 頁。

⑩ “順”，王寧先生釋爲“永”，參王寧《越王者旨於賜鐘銘文補釋》，簡帛網，2012 年 9 月 23 日。

⑪ 參看湖北省文物考古研究所、隨州市博物館《湖北隨州市文峰塔東周墓地》，《考古》2014 年第 7 期，27 頁。

⑫ 參看劉釗《古文字構形學》，福州：福建人民出版社，2006，336 頁。

一般从訛變的“土”,此字更似“黄”,可參看黄子婁缶乙(3.907)的(黄)。甚六鐘(3.1027):“我以(夏)以南,中鳴(媞)好。”相同器又著録於《銘圖》15520 和 15521 號。“夏”均誤釋爲“題”,“婝”均誤釋爲“媞”。早前著録也大都誤“婝”爲“媞”。[①] 石小力先生引何琳儀先生觀點認爲“婝”即“婿”之簡省,讀爲“且”,與春秋鐘銘中多次出現的“中旜(翰)叡(且)旟(揚)”(王孫誥鐘 銘圖 15606 等),以及“龢鳴叡(且)皇(皇)”(楚太師鄧子辥慎鎛 3.1045)之“且”用法類似,[②]可從。董蓮池先生編著的《新金文編》雖然采用了何琳儀先生的觀點,但認爲此字即《説文・士部》“壻”之或體,[③]是不確的。曾侯鐘(3.1025)正面鉦間,釋文直接釋爲“命”,應隸定爲“諭”。曾侯與鐘 A1(3.1029)、曾侯與鐘 A2(3.1030)“皇祖”上一字圖版不清,發掘簡報釋爲“悖”,[④]釋文改釋爲“辟”,似還應从發掘簡報。鄴子妝戈(4.1123),釋文釋爲“妝”,當隸定爲“㾖”。下都唐公妝匜(3.984),釋文亦釋爲“妝”,石小力先生認爲从疒从女,疑“㾖”之省訛。奝令均戈(4.1219)“工師(摹本)”,最後一字釋文隸定爲“敆”。該字所从應與(九年衛鼎 集成 2831)及(子姳迺子壺 集成 9559)所从相同,前者學者多讀爲絞或纹,[⑤]疑讀爲“教”,人名。卌三年戈(4.1227)“工師”,最後一字釋文缺釋,當釋爲“譛(誕)”,所从可參(清壹・楚 6“縉”)。魏叔子戟(4.1229)銘文計 12 字,釋文爲:“魏叔子之左戟𢍰略徒戟五百。”吴鎮烽先生指出:“商承祚先生曾藏有一件魏叔子戟拓本(見《金文編》器目表),銘文與此相同。”[⑥]按,商先生所藏拓本據《金文編》器目表確實爲 12 字,[⑦]但其釋文前部分作“魏叔子之左轙夆略戟”,[⑧]對比可知銘文不盡相同,且釋文釋爲“戟”的字實應爲“�POS”,與“轙”屬於簡繁關係。公族申戈(4.1266)“大”下一字釋文缺釋,應是“絅”字。[⑨]

---

① 比如曹錦炎《遷邟編鐘銘文釋議》,《文物》1989 年第 4 期,57 頁;鐘柏生、陳昭榮、黄銘崇、袁國華編《新收殷周青銅器銘文暨器影彙編》,臺北:藝文印書館,2006,878-880 頁;黄德寬主編《古文字譜系疏證》,北京:商務印書館,2007,2034 頁。

② 可參看何琳儀《戰國文字通論(訂補)》,304-305 頁。

③ 董蓮池編著:《新金文編》,1674 頁。

④ 參看湖北省文物考古研究所、隨州市博物館《隨州文峰塔 M1(曾侯與墓)、M2 發掘簡報》,《江漢考古》2014 年第 4 期,16 頁。

⑤ 參看唐蘭《陝西省岐山縣董家村新出西周重要銅器銘辭的譯文和注釋》,《文物》1976 年第 5 期,57 頁;馬承源主編《商周青銅器銘文選(三)》,北京:文物出版社,1988,138 頁。

⑥ 參見容庚編著,張振林、馬國權摹補《金文編》,北京:中華書局,1985,1434 頁。

⑦ 吴鎮烽編著:《商周青銅器銘文暨圖像集成續編》,195 頁。

⑧ 參看容庚編著,張振林、馬國權摹補《金文編》,935 頁。這裏不清楚商先生所藏拓本釋文是否漏了“徒”字。

⑨ 《銘續》還有一些釋文明顯有誤,但我們不確定爲何字。如伯或父鼎(1.231):“凡姬乃新。”最後一字釋文作“親(親?)”,似不確。邦戈(4.1078 春秋晚期)首字釋文釋爲“邦”,同屬春秋晚期的叔夷鎛(集成 285.2)“共”作,西周晚期的諫簋(集成 4285.2)作,“邦”所从均與之不同,故釋爲“邦”似不可從。因殘蝕嚴重,待考。

除了上舉釋文可能有誤之外,《銘續》還存在同銘、同字前後隸定、讀法不統一之處,如壽匜(3.982)之釋爲"㚅(匜)",蔡大司馬燮匜(3.997)同字却釋爲"盥(匜)",上部當統一隸定爲从曳。① 史柞鐘(3.1026)"康龢"第二字未破讀,逨鐘(3.1028)同銘第二字則破讀爲"娛",應統一。曾侯與鐘 B3(3.1034)"梪"括注爲"鼓",曾侯與鐘 B4(3.1035)却括注爲"樹",應統一括注爲"鼓"。鐘離公柏戟甲(4.1144)、鐘離公柏戟乙(4.1145)銘文"鐘離公柏"之"公"均釋爲"君",而徐子伯𠣘此戈(4.1248 又稱鐘離公柏戈)同銘文則釋爲"公",當統一釋爲"公"。《銘續》還存在圖版誤裁的現象,如芮公簋蓋(2.399)釋文有"其"字,但圖版中却誤裁。

三

春秋晚期器黄子戌盉(3.977):"正元日癸亥,黄子戌自作湯盉。"釋文云:"'咸'字爲'弌日'合文,讀爲'二之日',指夏正十二月,周正二月。""咸"(下用 E 代替)字形極其重要,這讓我們不得不想到與之相近的、但中間少一横的"咸"(下用 F 代替)字。F 在金文中多次出現,如 2001 年出土於湖北鄖縣的春秋中期後段唐國銅器唐子仲瀕兒盤、匜、鈚,開篇分別作:"唯正月辛亥"(盤)、"唯正月己未"(匜)、"唯正十月初吉丁亥"(鈚),②以及齊器國差𦉜(集成 10361),開篇作"國差立事歲丁亥"。對於 F 的以往研究,趙平安先生歸納爲五説,一是釋爲"咸",訓爲全或滿。二是釋爲"咸",理解爲月名,認爲是在"戌亥"之"戌"上加"日",爲夏正建戌之月,即夏正九月,周正十一月。三是認爲"成日"合文,是好日子的一種説法。四是認爲从戌、从一、从日,相當於从弌、从日,即"一日"合文,"一日"爲吉利之日。五是認爲指"弌日"合文,即"弌(一)之日",指夏正十一月。在此基礎上,趙平安先生認爲第二説可从,并進行了詳細申論,指出 F 可看作"戌"的累增字。③ 趙平安先生之後,陳斯鵬等先生同意將 F 分析爲从弌、从日,但"疑是月份之'弌'益以意符'日'之專造字",④爲第六説。之後閆華、徐今先生也對 F 進行了詳細論述,認爲 F 所从的"日"爲"口"之訛,仍釋爲"咸",云:"'咸'可釋爲'咸池','咸池'是歲星紀年,即戊午年。"⑤爲第七説。

---

① 現在學者傾向於上部从曳,參看何琳儀、高玉平《唐子仲瀕兒匜銘文補釋》,《考古》2007 年第 1 期,66–68 頁;陳斯鵬、石小力、蘇清芳編著:《新見金文字編》,福州:福建人民出版社,2012,81、154 頁。

② 參看黄旭初、黄鳳春《湖北鄖縣新出唐國銅器銘文考釋》,《江漢考古》2003 年第 1 期,9–14 頁。

③ 趙平安:《唐子仲瀕兒盤匜"咸"字考索》,《中國歷史文物》2008 年第 2 期,73–76 頁,又載於《古文字研究》第 27 輯,北京:中華書局,2008,270–273 頁。

④ 陳斯鵬、石小力、蘇清芳編著:《新見金文字編》,204 頁。

⑤ 閆華、徐今:《唐子仲瀕兒盤、匜"咸"字新解及銘文補釋》,《大連理工大學學報(社會科學版)》2014 年第 3 期,134–135 頁。

此後,《文物》於 2008 年又公布私藏楚式青銅器 29 件,其中鬲 7 件、豆 2 件、簋 2 件之銘文開篇均作"唯 G,王命競之定救秦戎"。[①] G 較清晰者作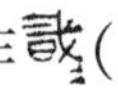(競之定鬲甲 銘圖 3015)、(競之定豆甲 銘圖 6150),鬲 7 件上的 G 下部可能都有二横;豆 2 件可能都没有二横;簋一件下部有二横,另一件銘文不清楚。張光裕先生根據上舉唐子仲瀕兒第五説認爲 G 可能讀爲"二之日",指夏正十二月。又疑 G、E、F 爲同字异構,專指楚之"正月",至於國差𦉜讀爲"正月丁亥",可作爲齊、楚交流的反映。[②] 吴鎮烽先生認爲是"弍日"合文,表示月名"二之日",指夏正十二月。[③] 陳斯鵬等先生認爲 G 是月份"弍"增加意符"日"之專造字,與對 F 的看法相同。[④] 爲便於比對,將 E、F、G 及下文要舉的 H 字形列表如下。

字形			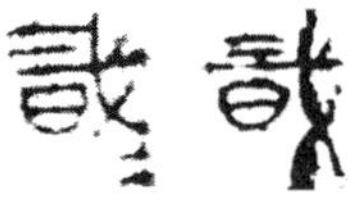	
本文代替符號	E	F	G	H

按,將與 E、F 相關的幾條辭例排比發現,唐子仲瀕兒盤、匜中的"正月"正對"黄子戌盉"的"正",李學勤先生曾指出所謂的"正月"非一月,均指夏正而言,[⑤]非常正確。F 所處的位置就是唐子仲瀕兒鈚的"十月",也即越王者旨於賜鐘(集成 144)"惟正月仲春吉日丁亥"、樂書缶(集成 10008.1)"正月季春元日己丑"的"仲春""季春",故釋 F 爲夏正九月或"一之日",從文義上看很順暢,與唐子仲瀕兒鈚鑄在十月也講得通。第六説的意思應是"弌"爲月份專造字,但不能解釋"弌"即便增加"日"也不能有月份的含義,"弌"代表的只能是數字"一",專字的説法無依據;更不好解釋與唐子仲瀕兒鈚鑄造時間間隔過長的問題。除此之外的其他四種説法,不攻自破。這裏有一個問題需要考慮,那就是假若"初吉"爲定點即每月初一的話,唐子仲瀕兒鈚"十月初吉丁亥"即十月初一丁亥,"丁亥"下距盤銘"辛亥"間隔 23 日;"辛亥"與匜銘"己未"間隔 7 日;"辛亥"下距"丁亥"間隔 35 日。不管 F 指九月還是十一月(即便包括閏月),都無法排比這三個干支在銘文中所説的月份。[⑥] 除非將"F 辛亥"理解爲九月辛亥,將"F 己未"理解爲閏九月己未,但這種可能性不大。解决這一矛盾的唯一辦法是將"初吉"理解爲一段時間,而不是固定指每月初一。這就爲王國維先生認爲的一月之日爲四

① 張光裕 :《新見楚式青銅器器銘試釋》,《文物》2008 年第 1 期,73-82 頁。

② 張光裕 :《新見楚式青銅器器銘試釋》,82-83 頁。

③ 吴鎮烽:《競之定銅器群考》,《江漢考古》2008 年第 1 期,84 頁;吴鎮烽:《商周青銅器銘文暨圖像集成》第 6 卷,上海古籍出版社,2012,452 頁。同意這種説法的學者很多,如宋華强《澳門崇源新見楚青銅器芻議》,簡帛網,2008 年 1 月 1 日;李學勤《論"景之定"及有關史事》,《文物》2008 年第 2 期,57 頁。

④ 陳斯鵬、石小力、蘇清芳編著:《新見金文字編》,204 頁。

⑤ 李學勤:《論郾縣肖家河新發現青銅器的"正月"》,《中國古代文明研究》,上海:華東師範大學出版社,2005,344 頁。

⑥ 類似的觀點也可參看閆華、徐今《唐子仲瀕兒盤、匜"咸"字新解及銘文補釋》,134 頁。

分,“初吉”指的是每月初一日至七、八日提供了一條證據。[①]

諸家在討論 F 字時,多認爲與《古陶文彙編》3.658 收録的齊陶文“夻(大)坤(下用 H 代替)月”[②]之 H 爲一字,且認爲 H 右下部的“=”爲合文符號。[③] 何琳儀、高玉平先生認爲 H 乃“弍”之异文,讀爲“二”;H 下部的“=”爲“二”,與五年琱生簋(貳)所从的“二”位置相同。[④] 陳斯鵬等先生認爲何、高説可從,H 與 G 爲一字,下之“=”不宜看作合文符號。[⑤]

實際上 G 右下部从“=”與否無别,且上部還有二横,若下“=”爲“二”,與上部二横疊床架屋。仔細辨别,“=”在字中相對較短,故“=”乃合文符號。E 中間从二横,與 G 爲一字,左側一筆可對比“弍”作(郭・五行 48),又作(郭・語三 67),實際并無區别。F 从一横,與 E、G 从二横明顯不同。趙平安等先生釋 F 爲“戌”之累增字,但無法解釋 G 字形。H 上下均有一横,懷疑與 F 同字,上面一横爲飾。《上二・容》9、《上五・競》10 所从的(弋)上部的一横就是飾筆,雖然 H 所从的“”與“(弋)”不同,但二者可類比。“月”如何解釋呢？董珊先生認爲是全稱,而《詩・豳風・七月》等中的“一之日”及銘文“咸”都可以看作省略“月”字。[⑥] 是否如此還有待考察,但并不妨礙本文的結論:即 E、G 爲“弍日”合文,猶如“二之日”;F 與 H 爲“弍日”合文,猶如“一之日”,其中的合文符號可有可無。黄子戌盉 E 字形的出現,基本爲這個争訟已久的問題畫上了句號。

附記:匿名審稿專家是正拙文多處,謹致謝忱。

---

① 王國維:《生霸死霸考》,彭林整理《觀堂集林(外二種)》,石家莊:河北教育出版社,2001,7 頁。馬承源也認爲“定點月相説是不存在的,‘一月四分月相説’是合理的”。參看《西周青銅器銘文年曆表》,載馬承源主編《商周青銅器銘文選(三)》,北京:文物出版社,1988,1 頁。李學勤先生也有過類似觀點,如他説:“‘初吉’不一定是朔日,但必在一月之初,合於王國維先生之説或類似學説。”參看李學勤《由蔡侯墓青銅器看“初吉”和“吉日”》,《中國社會科學院研究生院學報》1998 年第 5 期,88 頁。

② 高明編著:《古陶文彙編》,北京:中華書局,1990,208 頁。

③ 比如董珊《“弌日”解》,《文物》2007 年第 3 期,59-60 頁。

④ 何琳儀、高玉平:《唐子仲瀕兒匜銘文補釋》,66 頁。

⑤ 陳斯鵬、石小力、蘇清芳編著:《新見金文字編》,204 頁。

⑥ 董珊:《“弌日”解》,60 頁、61 頁注 12。

楚系古文字中的“䍧(蠅)”字 *

江蘇師範大學語言科學與藝術學院
江蘇高校語言能力協同創新中心
劉洪濤

内容提要 楚系古文字中的“䍧”字,舊有不同釋法。從文字的系統性和對相關古文字資料的解讀兩個方面,可證其字是“蠅”字。“䍧”字上部所从之“黽”是“蠅”字象形初文之變,下部所从“甘”旁是附加的區別符號,是“䍧(蠅)”字區別於“黽”“龜”等形近之字的重要標識。

關鍵詞 䍧 蠅 區別符號

楚系古文字中有一個舊釋寫作“䍧”的字,作下揭之形:

包山簡 2.172 葛陵村簡乙 2.8[①]

還有以此字爲偏旁的“繩”“䚜”和“䆉”等字,分別作下引之形:

包山竹牘 1 包山簡 2.92 清華簡《子犯子餘》12[②]

* 本文爲國家社科基金一般項目“出土文獻參照下的古漢字同音合并研究”(18BYY134)成果。

① 湖北省荆沙鐵路考古隊:《包山楚簡》,北京:文物出版社,1991,圖版 78。河南省文物考古研究所:《新蔡葛陵楚墓》,鄭州:大象出版社,2003,圖版 131。武漢大學簡帛研究中心、河南省文物考古研究所:《楚地出土戰國簡册合集(二)·葛陵楚墓竹簡、長臺關楚墓竹簡》,北京:文物出版社,2013,圖版 13 頁。

② 湖北省荆沙鐵路考古隊:《包山楚簡》,圖版 121、40-41。清華大學出土文獻研究與保護中心編,李學勤主編:《清華大學藏戰國竹簡(柒)》,上海:中西書局,2017,30 頁。

關於此字,學術界有不同釋法,我們在討論郭店竹簡《窮達以時》7 號的“𦉜”字時曾作過總結,現轉引於下(原文注釋從略):

> “𦉜卿”之“𦉜”,《郭店》145 頁釋文讀爲“朝”,應該是把它看作“鼂”字异體。很多學者已經指出,此字从“黽”从“甘”(或釋作“曰”),不从“旦”或“日”,因此不可能是“鼂”字异體。楷書作爲偏旁的“黽”至少有四種來源:(1)一種鼃類動物的象形,如“鼃”“𪓰”“鼀”“鼁”等字所从;(2)一種龜類動物的象形,如“鼈”“鼈”“鼂”“鼊”等字所从;(3)一種鼄鼅類昆蟲的象形,如“鼄”“鼅”等字所從;(4)蒼蠅的象形,如“蠅”“繩”等字所从。第(1)種來源即今天的“黽”字。第(2)種來源即今天的“龜”字,只是由原來寫作側視龜形變爲正面俯視龜形,纔與“黽”字混同。《説文》“龜”字古文即此種寫法,可以釋寫作“龟”。楚文字中用爲“龜”的所謂“黽”其實就是正面俯視寫法的“龜”字,并非“黽”字。第(3)、(4)兩種來源之字則僅保存在上述形聲字中,只能依稀看到它們曾經獨立成字的影子。何琳儀先生、裘錫圭先生、宋華强先生等認爲是第(1)種來源即“黽”字,裘先生把本篇“𦉜卿”讀爲“名卿”,宋先生讀爲“命卿”。馮勝君先生、禤健聰先生根據楚文字可以確認的“龜”字與本篇“𦉜”所从之“黽”寫法相同,認爲是第(2)種來源,馮先生把“𦉜卿”讀爲“軍卿”,禤先生讀爲“耆卿”。李家浩師、李守奎先生、劉國勝先生等認爲是第(4)種來源,把一部分“𦉜”字及“𦉜”字釋爲或讀爲繩索之“繩”。宋華强先生後來放弃前説,改從第(4)種來源之説。按楚文字中可以確認用爲“龜”的字全都作“黽”,不从“甘”。根據這種現象,我們認爲“𦉜”應該是“黽”字的异體。古文字“甘”旁常用作羨符,可加也可不加,但是作爲“黽”字异體的“𦉜”之所以一定要加羨符“甘”,大概是爲了跟寫作“黽”形的“龜”字區别開來。①

這篇小文由於只涉及《窮達以時》7 號簡的“𦉜”字,因而對楚系文字其他“𦉜”字以及从“𦉜”之字的釋讀并没有討論,相關討論可以看宋華强先生《楚簡中从“黽”从“甘”之字新考》一文。②

從上引拙文及宋華强先生文的相關總結來看,研究者已經幾乎把“𦉜”所从之“黽”的各種不同來源都嘗試了一遍,迄今也没有形成共識。造成這種情况的主要原因是,研究者把不同來源的“黽”字混爲一談,既没有從文字的系統性出發考慮問題,也没有積極尋找確定該字不同來源的語音證據。由於没有采用科學的研究方法,不但造成該字研究進展緩慢,也使研

---

① 劉洪濤:《郭店〈窮達以時〉所載百里奚史事考》,簡帛網,2009 年 2 月 28 日。此據作者修訂稿(2015.12.15)引用,《簡帛》待刊。

② 宋華强:《楚簡中从“黽”从“甘”之字新考》,簡帛網,2006 年 12 月 30 日。下文提到該文皆稱爲“上引宋華强先生文”或“上引宋先生文”,不再出注。

究過程中出現的一些合理意見未被注意、采納和吸收,甚至還存在一些自相矛盾之處,例如2012 年出版的《包山楚墓文字全編》一方面把“緍”釋爲“繩”,而另一方面又把“䵶”字等釋爲“龜(蠁)”,[①]是很可惜的。

事實上,在“䵶”字以往的研究成果中,已經出現比較合理的意見,即上引宋華强先生文把“䵶”釋爲“蠅”的意見。不過宋先生的論證存在一些不合理之處,例如漢簡“繩”字或作、等形,[②]宋先生以爲所从“黽”旁是“䵶”所从之“甘”旁變爲“曰”形,并從下面移到上面。這一觀點是不正確的,漢簡“繩”字右半仍是不加任何符號的“黽”字,其上所謂的“曰”旁是“蠅”字表示蒼蠅頭部的筆畫斷裂、訛變形成的,[③]二者的形體没有直接的承繼關係。宋先生於此在研究方法上稍有不妥,即在研究同形字、訛混字上不能過度使用形體比較法,這種方法於此并無太大的用武之地。

由於論證方法存在不合理之處,宋先生結論的説服力大大降低。大概正是基於這一點,研究者中相信宋先生之説的人并不多。不過經過反復考慮,我們認爲宋先生的觀點還是正確的,試爲之補證如下。

一　從文字的系統性證明“䵶”是“蠅”字

從理論上講,“䵶”所从之“黽”可能是上述四種來源中的任何一個,所以除第(3)種來源之外,都有研究者“猜”過。之所以不猜第(3)種來源,是因爲“黿”字實在不是一個常用字,不具有能産性。這一認識大概是正確的。上引拙文的一大貢獻是,根據楚文字確定無疑的用作“龜”之字一定不加“甘”旁,而加“甘”旁之“䵶”字没有一例可以確定是用作“龜”或與之有關之字的,據此認爲“䵶”不可能是“龜”字,從而排除第(2)種來源的可能。在剩下的第

① 李守奎、賈連翔、馬楠:《包山楚墓文字全編》,上海古籍出版社,2012,461、146、184 頁。

② 陳松長:《馬王堆簡帛文字編》,北京:文物出版社,2001,528 頁。漢語大字典字形組:《秦漢魏晋篆隸字形表》,成都:四川辭書出版社,1985,938 頁。李洪財:《漢代簡牘草字匯編》,吉林大學博士學位論文,2014,547 頁。下注所引漢簡字形,皆出此三書,不再注明。

③ 漢簡“繩”字或作、等形,“黽”旁所从“它”字形上部作一筆。這種寫法的“它”,再裂筆、變形,很容易變作“四”字形,例如、等字。因爲存在省寫筆畫等情況,有時也變作“口”字形或“日”字形,例如、、等字。右下殘存的“黽”旁,或又恢復成完整的“黽”字,就變成形。“鼂”字最早出現於戰國秦系文字,皆作从“日”从“黽”聲,寫法一直延續到漢代,無有作《説文》所説从“旦”或从“皀”者(王輝主編:《秦文字編》,北京:中華書局,2015,1863-1864 頁)。漢印文字“鼂”字或作、、等形(羅福頤:《漢印文字徵》卷 13,北京:文物出版社,1978,9 頁;《漢印文字徵補遺》卷 13,北京:文物出版社,1982,4 頁),其“黽”旁所从“它”字頭變作一横,如果把它與上部“日”旁誤認作一個偏旁,就是“旦”字。“皀”字下部與“它”字頭寫法相似,如果把“它”字頭與上部“日”旁誤認作一個偏旁,就是“皀”字。下部殘缺的“黽”旁又會重新恢復成完整的“黽”旁,就會變成“鼂”或“鼂”。其過程與上揭漢簡“繩”字變化過程相似,二者可以互證。

(1)種來源和第(4)種來源中,我們選擇了第(1)種來源,即鼃黽之"黽",這是受到"黽"字今讀的影響,其實并没有確實的證據。如果單就可能性而言,第(4)種來源的可能性也是不能够排除的。要想得出最終結論,必須想辦法找到其他證據再排除一種可能性。

這樣的證據其實是有的。河南新蔡葛陵村楚簡中存在大量的从"黽"之字,[①]其作"龜"字或"龜"旁用的"黽"全都不加"甘"旁,這是我們得出不加"甘"旁之"黽"是"龜"字的重要依據之一。但并不是所有的不加"甘"旁之"黽"都作"龜"字用。例如甲 3.193 號有貞人"鄳尹羕",[②]宋華强先生認爲"鄳"與乙 4.141、乙 4.129 等號貞人"黽尹丹"之"黽"是同一地名,[③]指楚國要塞"鄳阸"(《史記·蘇秦列傳》),又作"冥阸"(《左傳》定公四年)等,距葛陵楚墓墓主平輿君封地較近。[④] 馮勝君先生根據楚文字"黽"都用作"龜",指出"黽尹"即"龜尹",没有對"鄳尹"發表意見。[⑤] 吴良寶先生根據馮先生的意見,認爲"鄳尹"也應讀爲"龜尹"。[⑥] 按馮先生指出所謂"黽"實是"龜"字,已成定論,所以"黽尹"就是"龜尹",其職掌相當於《左傳》昭公十三年等的"卜尹"。邴尚白先生還指出,"鄳"字从"邑",應該是一個地名,而且鄳尹羕所使用的卜筮工具"新承德"是筮具,而非卜具。[⑦] 另外,兩條資料的任職之人也不同,分别是"羕"和"丹",不可能由兩個人同時任同一職官。所以,"鄳尹"應該不是"龜尹"。何琳儀先生、晏昌貴先生也都認爲,"鄳"就是《漢書·地理志》江夏郡的屬縣"鄳"。[⑧] 鄭威先生認爲,江夏郡屬縣"鄳"與楚要塞"鄳阸"不是同一個地名。[⑨] 宋華强先生後來放弃"黽尹"與"鄳尹"同是地名的説法,但仍認爲"鄳"是江夏郡屬縣"鄳""鄳阸"。[⑩] 我們認爲,何琳儀先生、晏昌貴先生、邴尚白先生和宋華强先生後説是可信的。因此,楚系古文字中的鼃黽之"黽"應該也僅寫作"黽",不加"甘"旁。這樣,就把第(1)種來源的可能性排除掉,"䍿"之所从只能是第(4)種來源,即來源於蒼蠅之"蠅"。

---

① 張新俊、張勝波:《新蔡葛陵楚簡文字編》,成都:巴蜀書社,2008,201-202 頁。

② 河南省文物考古研究所:《新蔡葛陵楚墓》,圖版 98,釋文 194 頁。武漢大學簡帛研究中心、河南省文物考古研究所:《楚地出土戰國簡册合集(二)·葛陵楚墓竹簡、長臺關楚墓竹簡》,圖版 41 頁,釋文注釋 40、89 頁。

③ 河南省文物考古研究所:《新蔡葛陵楚墓》,圖版 153、152,釋文 209 頁。武漢大學簡帛研究中心、河南省文物考古研究所:《楚地出土戰國簡册合集(二)·葛陵楚墓竹簡、長臺關楚墓竹簡》,圖版 41、8 頁,釋文注釋 40、9、84 頁。

④ 宋華强:《楚墓竹簡中的"䍿"字及"繩"字》,簡帛研究網,2004 年 6 月 13 日。

⑤ 馮勝君:《戰國楚文字"黽"字用作"龜"字補議》,中國文字學會、河北大學漢字研究中心編《漢字研究》第 1 輯,北京:學苑出版社,2005,477 頁。

⑥ 吴良寶:《戰國楚簡地名輯證》,武漢大學出版社,2010,151 頁。

⑦ 邴尚白:《葛陵楚簡研究》,臺北:"國立"臺灣大學出版中心,2009,171-172 頁。

⑧ 何琳儀:《新蔡竹簡選釋》,《安徽大學學報(哲學社會科學版)》2004 年第 3 期,7 頁;收入《安徽大學漢語言文字研究叢書·何琳儀卷》,合肥:安徽大學出版社,2013,431 頁。晏昌貴:《天星觀"卜筮祭禱"簡釋文輯校》,丁四新主編:《楚地出土簡帛文獻思想研究》第 2 輯,武漢:湖北教育出版社,2005,271 頁。

⑨ 鄭威:《新蔡葛陵楚簡地名雜識三則》,丁四新主編:《楚地出土簡帛文獻思想研究》第 3 輯,武漢:湖北教育出版社,2007,583-585 頁。

⑩ 宋華强:《新蔡葛陵楚簡初探》,武漢大學出版社,2009,139-140、411 頁。

上引宋先生文認爲“䁅”是第(4)種來源,其字很可能是由“蠅”字象形初文贅加“口”旁,而“口”旁又變爲“甘”。這一觀點正確可從,不過,把“甘”旁稱作區别符號似乎更準確一些。大概是爲跟鼃類之“黽”和烏龜之“黽”區别開來,纔在“蠅”字初文下加區别符號“甘”。這個“甘”雖然是贅加之旁,但絶非可有可無,是戰國楚系文字“蠅”區别於“黽”“龜”等形近之字的重要標識。[①]

二　從文義上證明“䁅”是“蠅”字

要證明“䁅”是“蠅”字异體,上文根據文字的系統性所采用的排除法還遠遠不够。因爲從理論上講,不能排除“黽”字還有其他我們并不知道的來源的可能。最好是能找到直接證明其讀音的證據,這樣纔能把問題徹底解决。但是很可惜,這樣的證據一直没能找到。我們只能退而求其次,試圖證明把“䁅”及从“䁅”之字釋讀爲“繩”或與之有關的字,在文義上是十分合適的。因“繩”是从“蠅”字初文得聲的,故能以此證明“䁅”是“蠅”字的异體。

(1)一兩鞔屨,紫韋之納,粉純,粉䁅(蠅)。(信陽楚簡 2-028)[②]

上引宋華强先生文考證説:

> “蠅”疑當讀爲“繩”,古代人的鞋子一般都是用繩索來繫緊在脚上的(原注:参看彭浩《楚人的紡織與服飾》,湖北教育出版社,1996 年 8 月),“粉繩”大概是指白色的繫屨之繩。

劉國勝先生同意宋先生的讀法,根據包山 2 號墓出土麻鞋“鞋口有束帶穿於其内”,認爲“粉繩”是指類似的鞋帶。[③] 二位先生的意見當可信從。

(2)䁅德。(荆門左冢漆梮)[④]

高佑仁先生讀爲“繩德”,引《禮記・樂記》“廣其節奏,省其文采,以繩其德厚也”,裴駰《史記

---

① 上博竹簡《陳公治兵》20 號有[illegible]字(馬承源主編:《上海博物館藏戰國楚竹書(九)》,上海古籍出版社,2012,58 頁),有學者釋爲“繩”(林清源:《〈陳公治兵〉通釋》,李宗焜主編《古文字與古代史》第 4 輯,臺北:“中央研究院”歷史語言研究所,2015,412 頁)。謹按:竹簡此處文意不明,不能肯定應釋爲“繩”。即使是“繩”字,也不能推翻本文的論點,因爲該字可能因有“糸”旁的限制而不用加區别符號“甘”。

② 河南省文物研究所:《信陽楚墓》,北京:文物出版社,1986,圖版 128,釋文 130 頁。武漢大學簡帛研究中心、河南省文物考古研究所:《楚地出土戰國簡册合集(二)・葛陵楚墓竹簡、長臺關楚墓竹簡》,圖版 86 頁、釋文注釋 149 頁。

③ 劉國勝:《楚喪葬簡牘集釋》,北京:科學出版社,2011,32 頁。

④ 湖北省文物考古研究所、荆門市博物館、襄荆高速公路考古隊:《荆門左冢楚墓》,北京:文物出版社,2006,彩版 4。

集解》引王肅注:“繩,法也,法其德厚也。”[①]按該文正式發表時,已删除這條意見,表明作者已放弃該觀點。[②] 不過我們認爲,其説應該是正確的。王引之《經義述聞》謂《樂記》“德”“厚”二字是并列關係,[③]如是,則與左冢漆梮文字文例完全相合。《詩・大雅・下武》“昭兹來許,繩其祖武”,毛傳:“繩,戒。武,迹也。”[④]我們曾經指出,二“繩”字用法相同,“繩其德厚”和“繩其祖武”跟文獻中習見之“經德”“治德”“秉德”“持德”“執德”“擁德”“抱德”“懷德”等意思相近。[⑤] 馬瑞辰認爲“繩其祖武”之“繩”應讀爲“承”:“繩之言承也。‘繩’‘承’音近,古通用,《抑》詩‘子孫繩繩’,《韓詩外傳》引作‘子孫承承’是也。‘繩其祖武’即謂承其祖武。謝沈書引作‘慎其祖武’,‘承’‘慎’雙聲,‘繩’‘順’亦雙聲,‘慎’當讀順,順亦承也。傳、箋并訓‘繩’爲戒,雖本古義,而義似近迂。”[⑥]按照馬瑞辰的意見,漆梮文字“𦊂德”也可以進一步讀爲“承德”。《漢書・禮樂志》引《安世房中歌》:“詔撫成師,武臣承德。”[⑦]

(3)一雕韔,一鈇(鋪),纓組之綏。二𦊂鞁,靈光之帶。(包山楚簡 2.270)

(4)四馬晧面,繙芋(華)結項,告紑,繩鞁。(包山竹牘 1)

(5)一乘韋車:騂牛之革鞁(靳),縞純。𦊂發(靽)。𦊂鞁、鞅。鞁韋橐。(包山楚簡 2.273)[⑧]

(6)……車:𦊂衡厄。(天星觀簡遣策)[⑨]

上揭四例中的“𦊂”“繩”,都作隨葬物品的修飾語。隨葬物品的修飾語一般是表示顏色或表示質地、材質等的詞。上引宋華强先生文認爲這裏是表示顏色的詞,其根據大概是包山楚簡 2.271 號和包山竹牘 1 號“一乘正車:騂牛之革靳,生絹之純……紫靽,粉紟。紫鞁、鞅”,[⑩]其中修飾“靽”“鞁”“鞅”等的詞“紫”是顏色詞。據此,把“𦊂”都讀爲“纁”,僅認爲例(6)還可能讀爲“繩”,指纏束在衡厄外的繩。李師家浩先生把例(3)、例(4)之“𦊂”“繩”釋讀爲

① 高佑仁:《〈荆門左冢楚墓〉漆棋局文字補釋》,簡帛網,2007 年 11 月 24 日。

② 高佑仁:《〈荆門左冢楚墓〉漆棋局文字補釋》,汪中文主編《第十九屆中國文字學全國學術研討會論文集》,臺北:新文京開發出版股份有限公司,2009,181-200 頁。

③ [清]王引之:《經義述聞》,南京:江蘇古籍出版社,2000,367-368 頁。

④ [清]阮元校刻:《十三經注疏》,北京:中華書局,1980,526 頁。

⑤ 劉洪濤:《也説師𩵦鼎銘的“伯𩍬囷太師武”》,《故宫博物院院刊》2012 年第 5 期,78-79 頁;又《釋虢季子白盤銘的“經擁四方”》,華東師範大學中國文字研究與應用中心編《中國文字研究》第 24 輯,上海書店出版社,2016,48-49 頁。

⑥ 馬瑞辰:《毛詩傳箋通釋》,北京:中華書局,1989,864 頁。

⑦ 《漢書》卷二二《禮樂志》,北京:中華書局,1962,1047 頁。

⑧ 湖北省荆沙鐵路考古隊:《包山楚簡》,圖版 116、121、118,釋文考釋 38-39、64-67 頁。釋文參考劉國勝《楚喪葬簡牘集釋》,45、61、85-86 頁。

⑨ 滕壬生:《楚系簡帛文字編》,武漢:湖北教育出版社,1995,950 頁。

⑩ 湖北省荆沙鐵路考古隊:《包山楚簡》,圖版 117、121。

“繩”。[①] 劉國勝先生從之,認爲“繩鞁”是繩帶製作的鞁;但未對例(5)、例(6)之“䍚”發表意見。[②] 按被“䍚”“繩”修飾的物品有“鞁”“䩛”“鞻”“鞅”等,都是駕套在車馬上的索帶;“衡厄”雖然不是索帶,但其上必須貫穿轡轡纔可以使用;因此,這些物品其實都跟繩索有關。“繩”字又以跟繩索有關的“糸”作爲意符,恐怕不是偶然的。因此,我們懷疑以上四例中的“䍚”應該讀爲繩索之“繩”,而“繩”就是“繩”字的异體,本字本用,二者都是表示所修飾物品的材質的詞。例(5)所記之車的質地是“韋”,其上有“靳”,性質跟“鞁”“䩛”“鞻”“鞅”相同,是繫在服馬當胸的帶子,其材質是“牛之革”,其顏色是“騩”;[③]車上之“橐”的材質也是“韋”,“韉”是“韋”的修飾語,從這個字从“革”來看,很可能也是表示材質,是一種革的名稱。“䩛”和“鞻鞅”的修飾語都只有“䍚”,更有可能是相當於“牛之革”“韋”,而不是“騩”。因“鞁”“䩛”“鞻”“鞅”“靳”等既可以皮爲之,也可以繩爲之,所以纔用“革”“韋”“繩”等説明。《急就篇》卷三“纍繘繩索絞紡纑”,顏師古注:“麻絲曰繩。”[④]

(7)桓公又問於管仲曰:“仲父,䍚天下之邦君,孰可以爲君,孰不可以爲君?”管仲答曰:“臣聞之:湯可以爲君。湯之行正而勤事也,必哉於宜(誼)而成於度。小大之事,必知其故。和民以德,執事有豫。既惠於民,聖以行武。哉於其身,以正天下。若夫湯者可以爲君哉!及后辛之身,其動無禮,其言無宜(誼),乘其欲而極其過。既怠於政,又以民戲。凡其民人,老者願死,壯者願行,恐罪之不决而刑之方。怨亦未濟,邦以卒喪。若后辛者不可以爲君哉!”(清華竹簡《管仲》16-20)[⑤]

整理者把“䍚”所从之“黽”釋爲“䵷”,讀爲“舊”。按其説非是。首先,從語法來看,一個名詞如果有多項定語,其定語的排列順序是有規則的,一般是表示性質等的形容詞性定語離中心語最近,而表示時間、處所等的名詞性定語離中心語最遠。“舊”是表性質的形容詞,“天下”是表示處所的名詞,二者作“君”的定語,正確的語序應如“天下之賢士”(《國語·齊語》)、“天下之治道”(《墨子·兼愛中》)等,作“天下之舊君”。作“舊天下之邦君”不合語法。處在名詞“天下之邦君”前的“䍚”,如果不是名詞或形容詞,作“天下之邦君”的定語,那麽它最有可能是動詞,“天下之邦君”是其賓語。其次,從文義來看,根據管仲回答的内容是評價湯、

① 李家浩:《信陽楚簡“樂人之器”研究》,李學勤主編《簡帛研究》第3輯,南寧:廣西教育出版社,1998,10頁。

② 劉國勝:《楚喪葬簡牘集釋》,第45、61、85-86頁。

③ “騩”字的釋讀是宋華强先生的意見。

④ [漢]史游撰,[唐]顏師古注,[清]王應麟補注:《急就篇》,北京:中華書局,1985,175-176頁。在臺北參加“第二屆先秦兩漢出土文獻與學術新視野國際研討會”(臺灣大學,2015年10月17日至18日)期間,筆者以此意見向劉國勝先生當面請教,劉先生表示有此可能。

⑤ 清華大學出土文獻研究與保護中心編,李學勤主編:《清華大學藏戰國竹簡(陸)》,上海:中西書局,2016,46-48、112、116頁。釋文主要參考簡帛網簡帛論壇“清華六《管仲》初讀”討論帖第8樓(2016年4月17日)、第22樓(2016年4月18日)、第24樓(2016年4月18日)、第36樓(2016年4月19日)諸位學者的意見,個別無法肯定讀法之處,按原字寫出。

后辛(即紂)兩位國君的德行,像湯這樣的人可以做國君,像后辛這樣的人不配做國君,可以知道齊桓公是想讓管仲評價一下天下國君的德行,什麼樣的國君是合格的國君,什麼樣的國君是不合格的國君。因此,“䍿天下之邦君”的“䍿”字,應該是動詞,是省察、衡量、判斷一類的意思。准此,“䍿”應該讀爲“繩”,意思是衡量。《禮記・樂記》“省其文采,以繩德厚”,鄭玄注:“繩,猶度也。”[①]按“省”“繩”對文,“省”也是察視、衡量的意思。《爾雅・釋詁下》:“省,察也。”[②]

(8) 昔者成湯以神事山川,以德和民。四方夷莫後。與(舉)人面見湯若雹(苞)雨,[③]方奔之,而鹿(麗)雁(膺)焉。用果念(臨)政九州而䍿君之。後世就受之身,殺三無辜,爲炮爲烙,殺某(腜)之女,爲桊梏三百。殷邦之君子無少大,無遠邇,見受若大隓(岸)將具崩,方走去之,懼不死刑以及于厥身。邦乃遂喪。(清華竹簡《子犯子餘》11-13)[④]

例(8)所説的也是湯和受(紂)的事迹,用來説明“民心”“信難成,緊或易成也”。二人的行事不同,形成顯明的對比。湯用事奉鬼神的方式來事奉山川,用德來親和人民。對自己的臣民如此,對邊遠地區的少數民族也是如此,没有先後之分。紂行爲暴虐,濫殺無辜。因此,所有的人見到湯都像久旱逢甘霖一樣,都争相奔向他;所有的人見到紂都像山要完全塌了一樣,都争相躲避他。湯得民心,紂失民心。因此,湯最終能够臨政九州而爲天下之君,紂最終失政天下而國毁人亡。“而鹿雁焉”一句對應“懼不死刑以及于厥身”,是對民心歸附湯的進一步描寫,上揭簡帛網簡帛論壇上有學者讀爲“麗膺”,意思是親附接受,可備一説。“念政九州而䍿君之”一句對應“邦乃遂喪”,是民心歸附的最後結果,即例(7)所説“可以爲君”。整理者把“念政”讀爲“臨正”,按應讀爲“臨政”。“臨政”一詞古書習見,是爲政、執政的意思。《左傳》襄公二十六年:“夙興夜寐,朝夕臨政,此以知其恤民也。”[⑤]《管子・正》:“廢私立公,

① [清]阮元校刻:《十三經注疏》,1535頁。

② [清]阮元校刻:《十三經注疏》,2577頁。參看劉洪濤《〈釋“蠅”及相關諸字〉補證》,復旦大學出土文獻與古文字研究中心網站,2016年5月22日。

③ 《爾雅・釋詁下》“苞,豐也”,邵晉涵正義:“苞,叢茂也。”([清]邵晉涵撰,李嘉翼、祝鴻杰點校:《爾雅正義》,北京:中華書局,2017,81、82頁)《詩・唐風・鴇羽》有“苞栩”“苞棘”“苞桑”,《秦風・晨風》有“苞櫟”“苞棣”,即叢密之栩樹等。因此,“苞雨”爲叢茂之雨,即大雨。這個詞又寫作“葆”“褒”。([清]阮元校刻:《十三經注疏》,365、373頁)《禮記・禮器》“祭祀不祈,不麾蚤,不樂葆大”,鄭玄注:“葆之言褒也。”([清]阮元校刻:《十三經注疏》,1434、1435頁)《漢書・雋不疑傳》“褒衣博帶,盛服至門上謁”,颜師古注:“褒,大裾也。言著褒大之衣、廣博之帶也。”(《漢書》卷七一《雋不疑傳》,北京:中華書局,1962,3035、3036頁)“褒衣”與“苞栩”“苞雨”結構相同。

④ 清華大學出土文獻研究與保護中心編,李學勤主編:《清華大學藏戰國竹簡(柒)》,30-31、92-93、97-98頁。釋文主要參考簡帛網簡帛論壇“清華七《子犯子餘》初讀”討論帖中第5樓(2017年4月23日)、第36樓(2017年4月27日)、第55樓(2017年5月2日)、第63樓(2017年5月4日)、第97樓(2017年7月13日)、第107樓(2017年11月5日)諸位學者的意見,個别無法肯定讀法之處,按原字寫出。標點則按照我們的理解,做了較大改動。

⑤ [清]阮元校刻:《十三經注疏》,1991頁。

能舉人乎? 臨政官民,能後其身乎?"①整理者又根據本文初稿認爲"䨻"是"蠅"字异體的觀點,把"寍"讀爲"承",又讀爲"烝",引《詩·大雅·文王有聲》"文王烝哉",毛傳:"烝,君也。"這是把"寍""君"看作同義詞。這種看法在文義把握上是正確的。因此,在確定"寍"字應該如何解讀之前,需要先搞清楚"君"字的詞性和用法。《孟子·公孫丑上》:"得百里之地而君之,皆能以朝諸侯、有天下。行一不義、殺一不辜而得天下,皆不爲也。"趙岐注:"此三人君國,皆能使鄰國諸侯尊敬其德而朝之。"②例(8)"念(臨)政九州而寍君之"與《公孫丑上》"得百里之地而君之"文例相近,二"君之"用法應該相同。《公孫丑上》"君"之賓語爲"百里之地",則例(8)"君"之賓語應爲上文"臨政九州"之"九州",指天下,《史記·平原君列傳》"湯以七十里之地王天下"③是也。《詩·大雅·公劉》:"食之飲之,君之宗之。"毛傳:"爲之君,爲之大宗也。"鄭玄箋:"宗,尊也。公劉雖去邰國來遷,群臣從而君之宗之,猶在邰也。"④馬瑞辰《毛詩傳箋通釋》:"傳以上文'俾筵俾几'爲公劉之饗群臣,故以詩下四'之'字爲公劉之於群臣。箋謂群臣爲公劉設几筵,故以四'之'字爲群臣之於公劉。今按傳説是也。《小雅·緜蠻》詩'飲之食之,教之誨之,命彼後車,謂之載之',五'之'字亦謂尊之於卑者耳。傳云'爲之大宗',正義引《板》傳云:'王者,天下之大宗。'此與天子諸侯以母弟爲别子、繼别者爲大宗异義。蓋天子諸侯皆得爲大宗,自爲天地、宗廟、社稷、臣民之宗主,而非五宗之所得擬。傳意蓋以宗爲主,爲長,與箋訓尊异也。"⑤馬説是。"君之"是爲之君的意思,"君"爲名詞活用作動詞。據此,例(8)"君"前之"寍"也應該是動詞或活用作動詞,意思與"君"相近。

《公劉》"君""宗"并提、鄭箋訓"宗"爲"尊"值得注意。根據漢字構造的一般規律,"寍"字應該分析爲从"宀""䨻"聲,疑是"尊"字异體。《説文·宀部》:"寵,尊居也。从宀,龍聲。"⑥"寵"的本義是在尊位,因而能以"宀"作意符。"尊"有尊位之義,應該也能以"宀"作意符。上古音"尊"屬精母文部,"䨻(蠅)"屬以母蒸部,二字聲韻都有關係,可以通用。上古音精母屬齒音,以母跟齒音有關係,⑦例如古文字"竈"作从"穴"从"黽(蠅)"聲,⑧"竈"聲母

① 黎翔鳳:《管子校注》,北京:中華書局,2004,896 頁。此説詳見劉洪濤《讀清華大學藏戰國竹簡第五册散札》,《出土文獻》第 12 輯,上海:中西書局,2018,137 頁。

② [清]阮元校刻:《十三經注疏》,2686 頁。

③ 《史記》卷七六《平原君虞卿列傳》,北京:中華書局,1959,2367 頁。

④ [清]阮元校刻:《十三經注疏》,542 頁。

⑤ [清]馬瑞辰:《毛詩傳箋通釋》,909 頁。

⑥ [漢]許慎撰,[宋]徐鉉校定:《説文解字》,北京:中華書局,2013,148 頁。

⑦ 參看董同龢《上古音韻表稿》,"中央研究院"歷史語言研究所單刊甲種之二十一,1960,29-31 頁;丘彦遂《喻四的上古來源、聲值及其演變》,高雄中山大學碩士學位論文,2002,72-77 頁;劉洪濤《論掌握形體特點對古文字考釋的重要性》,北京大學博士學位論文,2012,67-68 頁;王蘊智《古文字材料中所反映出的舌齒音流變現象》,中國古文字研究會、中山大學古文字研究所編《古文字研究》第 30 輯,北京:中華書局,2014,551-556 頁。

⑧ 此説詳見劉洪濤《釋"黽""竈"》,待刊。

即屬精母;又如“尊”“寸”等經常跟“弅”聲系之字通假(詳下),“弅”聲系字多屬舌音,以母也屬舌音。上古音蒸部和真、文二部也有密切關係。上引《下武》詩“繩”“慎”互爲异文,其中“慎”屬真部,反映的是上古漢語蒸部與真部存在互通的音韻現象。在出土文獻中,屬侵部和蒸部的“弅”聲系字經常與屬文部、真部之“寸”“尊”“秦”等通用,[①]反映的也是相同的音韻現象。[②]“弅”聲字與“乘”聲字音近古通,例如戰國文字“勝”字或作从“力”从“乘”聲,“縢”字或作从“糸”从“乘”聲。[③]“蠅”聲字也與“乘”聲字音近古通。例如《詩・大雅・綿》“其繩則直,縮版以載”,毛傳:“言不失繩直也。乘謂之縮。”鄭玄箋:“乘,聲之誤,當爲繩也。”[④]陸德明《釋文》:“繩,如字,本或作乘。”朱駿聲謂“乘謂之縮”即《爾雅・釋器》的“繩之謂之縮之”。[⑤]此可證“蠅”“尊”二字音近,“蠅”可以用作“尊”字的聲符。

“尊”作名詞講,指尊位或尊長。《吕氏春秋・愛類》“公之學去尊,今又王齊王,何其到也”,高誘注:“去尊,弃尊位也。”[⑥]《大戴禮記・曾子制言》“是故君子以仁爲尊”,王聘珍解詁:“尊,謂尊長。”[⑦]尊長具體所指有君王。《穀梁傳》成公元年“爲尊者諱敵不諱敗,爲親者諱敗不諱敵,尊尊親親之義也”,范甯注:“尊,謂王。”[⑧]隋蕭吉《五行大義・論七政》引漢代佚名《春秋元命苞》:“月,水之精,故内明而氣冷。陰生不滿者,詘於君也。至望而盈者,氣事合也。盈而缺者,詘向尊也。”[⑨]《文選》卷三二江淹《雜體詩三十首》“山嶠備盈缺”李善注引及

---

① 劉國勝:《信陽長臺關楚簡〈遣策〉編聯二題》,《江漢考古》2001 年第 3 期,67 頁。沈培:《上博簡〈緇衣〉篇“恙”字解》,饒宗頤主編《華學》第 6 輯,北京:紫禁城出版社,2003,68-74 頁;又謝維揚、朱淵清主編《新出土文獻與古代文明研究》,上海大學出版社,2004,132-136 頁。程鵬萬:《斜半弅量新考》,《中國歷史文物》2007 年第 3 期,76-78 頁。程鵬萬:《劉家莊北 M1046 出土石璋上墨書“[illegible]”字解釋》,中國古文字研究會、吉林大學古文字研究室編《古文字研究》第 27 輯,北京:中華書局,2008,166-170 頁。李家浩、楊澤生:《談上博竹書〈鬼神之明〉中的“送盂公”》,武漢大學簡帛研究中心主辦《簡帛》第 4 輯,上海古籍出版社,2009,177-186 頁。陳劍:《讀〈上博六〉短札五則》,收入其著《戰國竹書論集》,上海古籍出版社,2013,223-224 頁。

② 這與傳世文獻“弅”聲字的用字習慣相合。例如《説文》人部“倂,古文以爲訓字”,木部“栟,槌之横者也,關西謂之㯷”(唐寫本《説文》木部殘卷“㯷”作“榺”,本自《方言》卷五“槌……其横,關西曰榺”。參見李宗焜《唐寫本〈説文解字〉輯存》,上海:中西書局,2015,39 頁),傳抄古文“⿰木引”用作“榺”表示(徐在國:《傳抄古文字編》,北京:綫裝書局,2006,587 頁,所録宋杜從古《集篆古文韻海》3.15“⿰木引”字),《儀禮・士喪禮》鄭注“古文縢爲甸”,《禮記・聘義》鄭注“勝或作陳”,《莊子・盗跖》“勝子”陸德明《釋文》云“本又作申子”,《淮南子・精神》高誘注“勝或作遯”,等等。上古音“訓”“㯷”“遯”屬文部,“⿰木引”“甸”“陳”“申”屬真部。

③ 何琳儀:《戰國古文字典——戰國文字聲系》,北京:中華書局,1998,147、150-152 頁。湯餘惠主編:《戰國文字編》,福州:福建人民出版社,2001,850-851 頁。滕壬生:《楚系簡帛文字編》(增訂本),武漢:湖北教育出版社,2008,1095-1096、1108-1109 頁。

④ [清]阮元校刻:《十三經注疏》,510 頁。

⑤ [清]朱駿聲:《説文通訓定聲》,武漢市古籍書店影印,1983,66 頁。

⑥ 許維遹:《吕氏春秋集釋》卷二一,北京:中華書局,2009,595 頁。

⑦ [清]王聘珍:《大戴禮記解詁》卷五,北京:中華書局,1983,94 頁。

⑧ [清]阮元校刻:《十三經注疏》,2417 頁。

⑨ [隋]蕭吉:《五行大義》卷四,北京:商務印書館,1939,71 頁。

後句,并引宋均注:"詘,還也。尊,君也。"①例(8)"用果念(臨)政九州而寶(尊)君之",意爲湯執政九州而爲九州之君、爲九州之尊長。九州之尊長即是君、即是王,與《穀梁傳》和《春秋元命苞》所指相同。

(9)百里轉賣五羊,爲敀牧牛,釋鞭箠而爲譻卿,遇秦穆【也】。(郭店竹簡《窮達以時》7)②

"譻卿"之相關釋讀意見已見上文所引,有"朝卿""名卿""命卿""軍卿""耆卿"等不同説法,没有一個是建立在把"譻"字釋爲"蠅"的基礎之上的。這些釋讀意見,除"名卿""命卿"外,皆無文獻依據。"名卿"是有聲望的卿士,在文義上也不十分合適。我們懷疑"譻"最有可能是表示地位尊貴一類的意思,這樣纔能跟百里奚被舉前的卑賤身份形成鮮明對比,也纔能跟《窮達以時》描述吕望、管仲、孫叔敖等地位的"天子師""諸侯相""令尹"等相匹敵。

疑"譻卿"應讀爲"尊卿"。先秦文獻中有"尊卿"一詞,見於《儀禮·燕禮》《大射》等,但是動賓結構短語。定中結構名詞性的"尊卿"雖不見於先秦文獻,但見於漢魏人爲先秦文獻所作的注中。例如:

1.《公羊傳》宣公十五年"王札子殺召伯、毛伯",何休《解詁》:"主書者惡天子不以禮尊之而任以權,至令殺尊卿二人。不言其大夫者,挈也。惡二大夫居尊卿之位,爲下所提挈而殺之。"

2.《左傳》昭公十三年"合而執其老",杜預注:"老,尊卿稱。"

3.《左傳》哀公二年《經》"二年春,王二月,季孫斯、叔孫州仇、仲孫何忌帥師伐邾,取漷東田及沂西田。癸巳,叔孫州仇、仲孫何忌及邾子盟於句繹",孔穎達《正義》引服虔曰:"季孫尊卿,敵服先歸,使二子與之盟。"

4.《左傳》宣公二年:"趙盾、士季見其手,問其故而患之。將諫。士季曰:'諫而不入,則莫之繼也。會請先,不入,則子繼之。'"孔穎達《正義》:"士季謂盾曰:子是尊卿,今與子俱諫而不入,則莫之能繼續爲諫。會是卑卿,請先往諫,不入,則子繼之。"③

服虔、何休是東漢人,杜預是魏晋人,孔穎達是隋唐人,去古未遠,再考慮到這個詞使用頻率較高,則其形成應該會更早,有可能在先秦時期就已存在。

文獻記載百里奚爲秦穆公之相,如《戰國策·秦策五》"百里奚,虞之乞人,傳賣以五羊之

① [梁]蕭統編,[唐]李善注:《文選》,北京:中華書局,1977,451-452頁。

② 荆門市博物館:《郭店楚墓竹簡》,北京:文物出版社,1998,27、145-146頁。武漢大學簡帛研究中心、荆門市博物館:《楚地出土戰國簡册合集(一)·郭店楚墓竹書》,北京:文物出版社,2011,圖版35頁,釋文注釋43、45頁。釋文參看劉洪濤《郭店〈窮達以時〉所載百里奚史事考》。

③ [清]阮元校刻:《十三經注疏》,2286、2073、2155、1867頁。

皮,穆公相之,而朝西戎”,[1]《管子·小問》“百里徯,秦國之飯牛者也,穆公舉而相之,遂霸諸侯”,[2]《韓詩外傳》卷八“夫百里奚,齊之乞者也。逐於齊,西無以進,自賣五羊皮,爲一軛車,見秦繆公,立爲相,遂霸西戎”。[3] 上引文獻中,趙盾、季孫斯都是國之正卿,而非一般之卿士,地位與百里奚相當。他們被稱爲“尊卿”,與百里奚被稱爲“尊卿”相同,恐怕不是偶然的。

(10)☐郢之歲,夏夕之月,己丑之日,君䨓於筌(簬)☐(葛陵楚簡乙 1.5)

(11)☐夏夕之月,己丑之日,君䨓於筌(簬)☐(葛陵楚簡乙 3.49、乙 2.21+乙 2.8)[4]

上引宋華强先生文把二“䨓”字讀爲“繩”,把“於筌”讀爲“烏簬”,引《楚辭·離騷》“索藑茅以筳篿兮,命靈氛爲余占之”,[5]認爲“繩”“索”都是指用繩索穿連筮具,“是筮占前施加於筮具的一種行爲,也許和筮儀中的‘掛扐’有關”。宋先生後又放弃這種説法,僅認爲“大概跟平夜成君成親自蒞臨筮占有關”。[6] 邴尚白先生認爲這是一次卜筮的前辭,“筌☐”跟乙 4.149、150“☐筮於東陵,墨以長剌☐”、乙 3.7“☐麓滸,謠生以長箑爲君貞:既☐”等中的“東陵”“麓滸”一樣,[7]表示地名,根據把“䨓”釋爲“黽”的意見,把“䨓”讀爲朝見之“朝”。[8] 實際上,這兩條資料應該結合葛陵楚簡零 245“☐君䖐龜☐”[9]來考慮。宋華强先生把“䖐”讀爲“祓”,引《史記·龜策列傳》“常以月旦祓龜,先以清水澡之,以卵祓之,乃持龜而遂之,若常以爲祖。人若已卜不中,皆祓之以卵,東向立,灼以荆若剛木,土卵指之者三,持龜以卵周環之,祝曰:‘今日吉,謹以粱卵焍黄祓去玉靈之不祥。’”[10]其説可從。《楚辭·卜居》“詹尹乃端策拂龜”,[11]“拂”與“䖐”“祓”古音極近。“拂龜”與“端策”對文,皆整治卜筮工具的行爲。兩相比較,可知“龜”相當於“於(烏)筌”,而“䖐(祓)”相當於“䨓”,是施加於筮具的一種行爲。因此,宋先生前説極有可能是正確的,或許“䨓”就應該讀作“繩”。

此外,“䨓”和“䨻”還用作人名。宋華强先生把前者讀作“繩”,指出古人有以“繩”爲

---

① 諸祖耿:《戰國策集注匯考》卷七,南京:江蘇古籍出版社,1985,459 頁。

② 黎翔鳳:《管子校注》卷一六,975 頁。

③ 許維遹:《韓詩外傳集釋》,北京:中華書局,1980,295 頁。

④ 河南省文物考古研究所:《新蔡葛陵楚墓》,圖版 125、139、131,釋文 201、205、203 頁。武漢大學簡帛研究中心、河南省文物考古研究所:《楚地出土戰國簡册合集(二)·葛陵楚墓竹簡、長臺關楚墓竹簡》,圖版 13 頁,釋文注釋 15、70 頁。按:乙 3.49、乙 2.21 與乙 2.8 拼接,是據宋華强先生的意見,參見其著《新蔡葛陵楚簡初探》,32 頁。

⑤ [宋]洪興祖:《楚辭補注》卷一,北京:中華書局,1983,35 頁。

⑥ 宋華强:《新蔡葛陵楚簡初探》,80-82 頁。

⑦ 河南省文物考古研究所:《新蔡葛陵楚墓》,圖版 154、135,釋文 209、204 頁。武漢大學簡帛研究中心、河南省文物考古研究所:《楚地出土戰國簡册合集(二)·葛陵楚墓竹簡、長臺關楚墓竹簡》,圖版 3、25 頁,釋文注釋 5、25、56-57、80 頁。

⑧ 邴尚白:《葛陵楚簡研究》,188-189 頁。

⑨ 河南省文物考古研究所:《新蔡葛陵楚墓》,圖版 169,釋文 216 頁。武漢大學簡帛研究中心、河南省文物考古研究所:《楚地出土戰國簡册合集(二)·葛陵楚墓竹簡、長臺關楚墓竹簡》,圖版 5 頁,釋文注釋 7、60 頁。

⑩ 《史記》卷一二八《龜策列傳》,3239 頁。宋華强:《新蔡葛陵楚簡初探》,411 頁。

⑪ [宋]洪興祖:《楚辭補注》卷六,176 頁。

名的。

雖然例(10)—(11)兩條資料的釋讀無法最終確定,但是根據例(1)—(9)九條資料的釋讀,足以證明"罾"的讀音與"繩"有關。由於"繩"从"蠅"字初文得聲,因此,"罾"應該就是"蠅"字的异體。

2015年10月初稿

2018年2月改定

附記:本文爲作者未刊稿《釋"蠅"及相關諸字》中的一節,曾蒙蘇建洲、蔡哲茂、李宗焜、顏世鉉、李師家浩等先生和《簡帛研究》匿名審稿專家審閱指正,謹致謝忱!遵照家浩師吩咐,先把戰國文字部分拿出來發表,敬請學界前輩同道批評指正!又,文中所引宋華强先生文在未刊拙稿的"鼓舞"下,已改題《戰國楚文字从"黽"从"甘"之字新考》,正式刊於《簡帛》第13輯(上海古籍出版社,2016),觀點有一定修正,讀者可以參看。

戰國竹書訓詁叢札*

華東師範大學中國文字研究與應用中心　吴　祺

内容提要　本文參照傳世典籍和出土文獻,對清華大學藏戰國竹書中的部分字詞進行新的解釋。認爲清華壹《皇門》"俞德"當讀爲"滔德"。清華叁《周公之琴舞》"享惟滔思"之"滔"當讀爲"蹈";"日内(入)辠鲞(舉)不寍(寧)"之"鲞"當讀爲"邪",與"辠"爲義近連用。清華伍《湯處於湯丘》"共(恭)天畏(威)"當解釋爲恭敬天之法則。清華陸《鄭武夫人規孺子》"欮"當讀爲"訾",爲訾毁之意。清華柒《越公其事》"收敓(賓)"當讀爲"收貧",與上博竹書《顔淵問於孔子》及《管子·輕重甲》之"收貧"同。

關鍵詞　清華竹書　訓詁　校釋

李學勤先生主編的《清華大學藏戰國竹簡》自出版以來,在學術界引起了强烈反響。整體來説,整理者對這批竹書作了相當精審的釋文與注釋,但是仍有一些可商榷的地方。筆者此文,擬在整理者及諸家研究的基礎上,對書中注釋的個别問題談一些自己的看法,不當之處,敬請方家批評指正。

* 本文爲2016年教育部人文社會科學重點研究基地重大項目《先秦古文字材料四種綜合整理與資料庫建設》(16JJD740009)、2014年國家社科基金一般項目《戰國秦漢簡帛古書通假字聲系及資料庫建設》(14BYY163)中期成果。

一

清華壹《皇門》簡7—8有一段話,整理者釋文如下:

以家相氒(厥)室,弗【7】卹王邦王家,隹(維)俞(媮)悳(德)用。[①]

今本《逸周書·皇門》與上引簡文相對應的文句爲"以家相厥室,弗卹王國王家,維德是用"。兩相比較,可以發現今本無"俞"字。關於簡文此"俞"字,整理者認爲:"俞,讀爲'媮',《説文》:'巧黠也。'《左傳》襄公三十年注:'薄也。'此句今本作'維德是用',于鬯注以爲'不美之義',由簡文可知乃脱字而致誤。"[②]蘇建洲先生對此字提出兩種釋讀意見。其一,將其讀爲"醜",訓爲"惡",認爲"醜德"即"惡德";其二,將其讀爲"偷",訓爲"薄"。[③] 黄懷信先生贊同整理者的釋讀,解釋"維媮德用"爲"唯以巧黠之德自用"。[④]

筆者認爲,此字於此似當讀爲"滔"。首先,從古音上看,上古音"俞"爲喻母侯部字。"滔"从"舀"聲,[⑤]上古音"舀"爲喻母宵部字。二者聲母雙聲,韻部有旁轉關係。"巢""喿"爲宵部字,"取"爲侯部字。典籍中从"巢""喿"聲之字與从"取"聲之字可通,如《周禮·春官·巾車》:"藻車,藻蔽。"鄭玄注:"故書'藻'作'轈',杜子春'轈'讀爲'華藻'之'藻',直謂華藻也。"[⑥]是其例。故"俞"與"滔"古音相近,例可相通。且傳世文獻中有二者相通的例證。《詩·大雅·生民》:"或舂或揄,或簸或蹂。"陸德明《釋文》:"揄,《説文》作舀。"[⑦]《説文·手部》:"揄,引也。"段玉裁注曰:"《大雅》:'或舂或揄。'叚揄爲舀也。"[⑧]朱駿聲《通訓定聲》:"揄,叚借爲舀。"[⑨]《詩·大雅·生民》:"或舂或揄。"[⑩]馬瑞辰《傳箋通釋》亦謂:"揄者,舀之假借。"[⑪]是其證。故簡文"俞"當可讀爲"滔"。

"滔"的本義爲水漫,王念孫認爲水漫之義可引申出人慢之義。其在《廣雅·釋言》"滔,漫也"條下疏證云:

---

① 清華大學出土文獻研究與保護中心編,李學勤主編:《清華大學藏戰國竹簡(壹)》,上海:中西書局,2010,164頁。
② 清華大學出土文獻研究與保護中心編,李學勤主編:《清華大學藏戰國竹簡(壹)》,169頁。
③ 蘇建洲:《〈清華簡九篇綜述〉封二所刊〈皇門〉簡簡釋》,復旦大學出土文獻與古文字研究中心網,2010年5月30日。
④ 黄懷信:《清華簡〈皇門〉校讀》,簡帛網,2011年3月14日。
⑤ 《説文·水部》:"滔,水漫漫大皃。从水,舀聲。"([漢]許慎:《説文解字》,北京:中華書局,1963,229頁)
⑥ 高亨纂著,董治安整理:《古字通假會典》,濟南:齊魯書社,1989,364頁。
⑦ 高亨纂著,董治安整理:《古字通假會典》,330頁。
⑧ [清]段玉裁:《説文解字注》,上海古籍出版社,1988,604頁。
⑨ [清]朱駿聲:《説文通訓定聲》,北京:中華書局,1984,364頁。
⑩ [清]阮元校刻:《十三經注疏》(清嘉慶刊本),北京:中華書局,2009,1144頁。
⑪ [清]馬瑞辰撰,陳金生點校:《毛詩傳箋通釋》,北京:中華書局,1989,884頁。

《説文》:“滔,水漫漫大皃。”《堯典》云:“浩浩滔天。”《大雅·蕩》篇“天降滔德”,毛傳云:“滔,慢也。”水漫曰滔,人慢曰滔,其義一也。故《釋名》云:“慢,漫也。”漫漫心無所限忌也。①

《左傳》昭公二十六年:“士不濫,官不滔,大夫不收公利。”杜預注:“滔,慢也。”②亦是“滔”訓“慢”之證。典籍中有“滔德”一詞,上引王念孫文中所引《詩·大雅·蕩》之“天降滔德”正是其例。關於《蕩》篇“天降滔德,女興是力”句,毛傳云:“天,君。滔,慢也。”鄭玄箋:“厲王施倨慢之化,女群臣又相與而力爲之。言競於惡。”孔穎達《疏》:“言比天之王者,此倨慢之德化已自惡矣,汝等何爲起是氣力而佐助之?”③此與簡文“後嗣立王”之“維滔德用”正可相參。這種用法的“滔”字,典籍中亦常用“慆”字來表示,此字亦常訓爲“慢”。④ 綜上所述,此段簡文是説“後嗣立王廼弗肯用先王之明刑”,不能繼承先王之赫赫功烈,反而用倨慢之德對待邦家民人,最終將不利於其邦家。

二

清華叁《周公之琴舞》簡1有一句話,整理者釋文如下:

元内(納)啓曰:無悬(悔)享君,罔顏(墜)其考(孝),享隹(惟)滔(慆)帀(思),考(孝)隹(惟)型帀(思)。⑤

關於簡文“享”字,整理者注謂:“享,貢獻。《書·洛誥》‘汝其敬識百辟享,亦識其有不享’,孔傳:‘奉上謂之享。’孔穎達疏:‘享訓獻也。獻是奉上之詞。’”⑥是將簡文“享”理解爲奉、獻之義。簡文“考”字,整理者破讀爲“孝”。亦有學者認爲此字當讀如本字,如李守奎先生即認爲此字“疑可不改讀,指先父”“當即祖考之考”。⑦ 孫飛燕先生則徵引金文以及傳世典籍中的例證,指出簡文“享”與“孝”二字同義,均爲祭祀之義,并指出簡文“享君”之“君”當指先君。⑧ 筆者認爲,孫先生之説於簡文文義較爲合適。

簡文“滔”字,整理者謂:“滔,讀爲‘慆’,《説文》:‘説(悦)也。’《尚書大傳》‘師乃慆,前

① [清]王念孫著,鍾宇訊點校:《廣雅疏證》,北京:中華書局,2004,155頁。

② [清]阮元校刻:《十三經注疏》(清嘉慶刊本),4594頁。

③ [清]阮元校刻:《十三經注疏》(清嘉慶刊本),1191-1192頁。

④ 宗福邦、陳世鐃、蕭海波主編:《故訓匯纂》,北京:商務印書館,2003,818頁。

⑤ 清華大學出土文獻研究與保護中心編,李學勤主編:《清華大學藏戰國竹簡(叁)》,上海:中西書局,2012,133頁。

⑥ 清華大學出土文獻研究與保護中心編,李學勤主編:《清華大學藏戰國竹簡(叁)》,135頁。

⑦ 李守奎:《〈周公之琴舞〉補釋》,《出土文獻研究》第11輯,上海:中西書局,2012,10頁。

⑧ 孫飛燕:《清華簡〈周公之琴舞〉與〈詩經·周頌〉的性質新論》,《簡帛研究二〇一四》,桂林:廣西師範大學出版社,2014,8頁。

歌後舞',鄭玄注:'慆,喜也。'"①季旭昇先生則認爲此字有兩種可能的解讀方法。其一讀爲"饕",訓爲貪;其二讀爲"諂",訓爲僭、過。② 匡臘英、楊懷源兩位先生則認爲此字當讀爲"竺(篤、毒)",訓爲厚,認爲簡文"享惟竺思"意爲對國君的獻享要豐厚。③

筆者認爲,對於"滔"字的釋讀,需要綜合考慮"享隹(惟)滔帀(思)"與"考(孝)隹(惟)型帀(思)"這兩句簡文。前文已説到,孫飛燕先生指出"享""孝"均指對先君的祭祀。則"享隹(惟)滔帀(思)"與"考(孝)隹(惟)型帀(思)"當爲句式相同,前後對應的兩句簡文。"享"與"孝"義同,故"滔"與"型"亦當義同,或者意義相關。而簡文"型"字,整理者訓爲效法,可從。循此思路,筆者認爲,簡文"滔"似當讀爲"蹈"。

從語音上看,"滔"與"蹈"均从"舀"得聲,二者自可相通。從意義上看,典籍中"蹈"有履行、遵循之義。《孟子・盡心下》:"君子行法以俟命而已矣。"趙岐注:"君子順性蹈德,行其法度。"焦循正義引《説文》云:"蹈,踐也。"④《法言・君子》:"非苟知之,亦允蹈之。"李軌注:"蹈,履也。"⑤沈約《恩倖傳論》:"蹈道則爲君子,違之則爲小人。"張銑注:"蹈,履也。言人之所生,其類頗同,履道德則爲君子,違之則爲小人。"⑥均其例。此義與"型"之效法義相關。故簡文"享隹(惟)滔(蹈)帀(思),考(孝)隹(惟)型帀(思)"當是指要效法、履行對先君的祭祀。

三

清華叁《周公之琴舞》簡 8 有如下一句話:

> 日内(入)辠鬘(舉)不寍(寧),是隹(惟)尾(度)。⑦

整理者將簡文"鬘(舉)不寍(寧)"連讀,謂:"鬘,讀爲'舉'。《吕氏春秋・自知》'所以舉過也',高誘注:'舉猶正也。'寧,《爾雅・釋詁》:'安也。'"⑧則是將簡文"鬘(舉)不寍(寧)"理解爲"正不安"。季旭昇先生將簡文"不"字讀爲"丕",謂:"舉丕寧,謂舉用其心丕寧者,前句贊美先王'丕寧其有心',二'寧'字義同。"⑨陳劍先生則指出簡文"鬘"从意符"虫",又正好

① 清華大學出土文獻研究與保護中心編,李學勤主編:《清華大學藏戰國竹簡(叁)》,135 頁。
② 季旭昇:《〈周公之琴舞〉"周公作多士儆毖"小考》,《清華簡研究》第 2 輯,上海:中西書局,2015,25 頁。
③ 匡臘英、楊懷源:《〈周公之琴舞〉"享隹滔帀"解》,《重慶三峽學院學報》2017 年第 3 期。
④ [清]焦循撰,沈文倬點校:《孟子正義》,北京:中華書局,1987,1013 頁。
⑤ 汪榮寶撰,陳仲夫點校:《法言義疏》,北京:中華書局,1987,498 頁。
⑥ [梁]蕭統編,[唐]李善等注:《六臣注文選》,北京:中華書局,1987,947 頁。
⑦ 清華大學出土文獻研究與保護中心編,李學勤主編:《清華大學藏戰國竹簡(叁)》,133 頁。
⑧ 清華大學出土文獻研究與保護中心編,李學勤主編:《清華大學藏戰國竹簡(叁)》,139 頁。
⑨ 季旭昇:《〈清華三・周公之琴舞・成王敬毖〉第四篇研究》,《古文字研究》第 30 輯,北京:中華書局,2014,395 頁。

與"皋"連用,故認爲可能讀爲"蠱",但未能肯定。[①]

筆者認爲,季旭昇先生認爲本句簡文之"不寍"與簡7"不寍其有心"之"不寍"相同,應讀爲"丕寧",可從。陳劍先生對簡文"皋蠠"一詞意思的理解亦可從。然而,根據楚簡用字習慣,筆者認爲簡文"蠠"字似當讀爲"邪"。

上博六《孔子見季桓子》篇有"與民""與蝺之民"語,陳劍先生謂:"'與民'跟'仁人'相對,顯然應讀爲'邪民'。'與'字本从'牙'得聲,'与'就是'牙'的變形(原注:參看裘錫圭1992,第84—85頁),古書'與'跟'邪'相通之例習見(原注:參看高亨、董志安1989,第846—847頁)。'邪民'指姦邪的百姓。"[②]陳劍先生此説正確可從。本篇簡文之"蠠"是从虫、㽙聲之字,而"㽙"正从"與"得聲。故簡文之"蠠"當可讀爲"邪"。"皋(罪)邪"一詞見於典籍,如《禮記·月令》:"是月也,命有司脩法制,繕囹圄,具桎梏,禁止姦,慎罪邪,務搏執。"[③]《漢書·刑法志》:"以爲治古,則人莫觸罪邪,豈獨無肉刑哉,亦不待象刑矣。"[④]是其例。故簡文"皋蠠(邪)"當是指罪惡、姦邪之人。

四

清華伍《湯處於湯丘》簡13—14有一句話,整理者釋文如下:

> 句(后)古(固)【13】共(恭)天畏(威),敬祀,淑慈我民。[⑤]

簡文"共"字,整理者讀爲"恭",并引《書·甘誓》孔傳訓爲"奉也"。[⑥] 整理者讀"共"爲"恭"可從,然此字於此似不當訓爲"奉"。筆者認爲其當訓爲"敬"。"恭"訓"敬"爲典籍常訓,《爾雅·釋詁下》:"恭,敬也。"[⑦]《廣韻·鍾韻》:"恭,恭敬也。"[⑧]《書·牧誓》:"今予發惟恭行天之罰。"[⑨]孫星衍《今古文注疏》引《釋詁》云:"恭,敬也。"[⑩]是其例。

簡文"天畏(威)"一詞亦出現於簡11,其所在簡文爲"女(如)幸余閒於天畏(威)",整理

① 陳劍:《清華簡"戾災皋蠱"與〈詩經〉"烈假"、"罪罟"合證》,《饒宗頤國學院院刊》第2期,香港:中華書局,2015,73頁。

② 陳劍:《〈上博(六)·孔子見季桓子〉重編新釋》,《戰國竹書論集》,上海古籍出版社,2013,300頁。

③ [清]阮元校刻:《十三經注疏》(清嘉慶刊本),2972頁。

④ 《漢書》卷二三《刑法志》,北京:中華書局,1962,1110-1111頁。

⑤ 清華大學出土文獻研究與保護中心編,李學勤主編:《清華大學藏戰國竹簡(伍)》,上海:中西書局,2015,135頁。

⑥ 清華大學出土文獻研究與保護中心編,李學勤主編:《清華大學藏戰國竹簡(伍)》,139頁。

⑦ [清]阮元校刻:《十三經注疏》(清嘉慶刊本),5600頁。

⑧ [宋]陳彭年:《鉅宋廣韻》,上海古籍出版社,1983,12頁。

⑨ [清]阮元校刻:《十三經注疏》(清嘉慶刊本),389頁。

⑩ [清]孫星衍撰,陳抗、盛冬鈴點校:《尚書今古文注疏》,北京:中華書局,2004,288頁。

者解釋爲天之懲罰。[①] 按,清華叁《周公之琴舞》簡 13 有"畏天之載"語,白於藍師認爲此"載"字當讀爲"則",訓爲法則。又指出《詩·周頌·我將》"畏天之威"之"威"亦當訓爲"則",指天之法則。[②] 白於藍師此説可信。筆者認爲,本篇簡文"恭天威"之"威"亦當訓爲"則"。"恭天威"即指恭敬天之法則。且《我將》"畏天之威"與《周公之琴舞》"畏天之載(則)"之"畏"當訓爲"敬"。[③] 典籍中"畏"有"敬"義,如《廣雅·釋詁一》:"畏,敬也。"[④]《大戴禮記·曾子立事》:"祭祀而不畏。"王聘珍《解詁》:"畏,敬也。"[⑤]《大戴禮記·曾子制言中》:"畏之見逐。"王聘珍《解詁》:"畏,敬也。"[⑥]《大戴禮記·衛將軍文子》:"畏天而敬人。"王聘珍《解詁》:"畏,亦敬也。"[⑦]《法言·淵騫》:"畏人也。"李軌注:"畏,言可畏敬。"[⑧]是其例。故"恭天威""畏天之載(則)"以及"畏天之威"意思相同,均指恭敬天之法則。典籍中有相關記載。《書·吕刑》:"無簡不聽,具嚴天威。"僞孔傳:"無簡核誠信,不聽理具獄,皆當嚴敬天威,無輕用刑。"[⑨]《吕氏春秋·應同》:"芒芒昧昧,因天之威。"高誘注云:"天之威無不敬也。"[⑩]《漢書·匡張孔馬傳》:"《詩》曰:'敬之敬之,天惟顯思,命不易哉!'又曰:'畏天之威,于時保之。'"顔師古注云:"《周頌·我將》之詩。言必敬天之威,於是乃得安。"[⑪]是其例。

五

清華陸《鄭武夫人規孺子》簡 8—10 有一段話,整理者釋文如下:

> 乳₌(孺子)女(汝)共(恭)夫₌(大夫),虘(且)以教焉。女(如)及三歲,幸果善之,乳₌(孺子)亓(其)童(重)得良【8】臣,吏(使)戠(禦)寇(寇)也,尃(布)圖於君。昔吾先君吏(使)二三臣,抑早寿(前)句(後)之以言,思群臣得執焉,□【9】臣、四鄰以吾先君爲能叙。女(如)弗果善,殀吾先君而孤乳₌(孺子),亓(其)辠(罪)亦跌(足)婁(數)也。

---

① 清華大學出土文獻研究與保護中心編,李學勤主編:《清華大學藏戰國竹簡(伍)》,138 頁。

② 白於藍:《〈清華大學藏戰國竹簡(三)〉拾遺》,《紀念何琳儀先生誕辰七十周年暨古文字學國際學術研討會論文集》,合肥,2013 年 8 月,164 頁。

③ 《我將》"畏天之威"之"畏",顔師古已指出其當訓爲"敬",參看下文所引《漢書·匡張孔馬傳》顔師古注文。

④ [清]王念孫著,鍾宇訊點校:《廣雅疏證》,14 頁。

⑤ [清]王聘珍撰,王文錦點校:《大戴禮記解詁》,北京:中華書局,1983,75 頁。

⑥ [清]王聘珍撰,王文錦點校:《大戴禮記解詁》,93 頁。

⑦ [清]王聘珍撰,王文錦點校:《大戴禮記解詁》,114 頁。

⑧ 汪榮寶撰,陳仲夫點校:《法言義疏》,491 頁。

⑨ [清]阮元校刻:《十三經注疏》(清嘉慶刊本),530 頁。

⑩ 許維遹撰,梁運華整理:《吕氏春秋集釋》,北京:中華書局,2009,287 頁。

⑪ 《漢書》卷八一《匡張孔馬傳》,3359-3361 頁。

【10】[①]

關於本段簡文的簡序,尉侯凱先生將簡9從簡8與簡10中抽出,將簡8與簡10連讀,并謂:"簡10'如弗果善,死吾先君而孤孺子,其罪亦足數也',與簡8+簡10'幸果善之,孺子其重得良臣,四鄰以吾先君爲能叙'爲并列關係尤其明顯。"[②]此説可從,簡8與簡10連讀,文意較原釋文更爲順暢。兹將重新編聯后的相關釋文抄寫如下:

> 乳₌(孺子)女(汝)共(恭)夫₌(大夫),虘(且)以教焉。女(如)及三歲,幸果善之,乳₌(孺子)亓(其)童(重)得良【8】臣,四鄰以吾先君爲能叙;女(如)弗果善,死吾先君而孤乳₌(孺子),亓(其)辠(罪)亦跌(足)婁(數)也。【10】

關於簡10的"死"字,整理者注:"死,《廣雅·釋詁一》:'病也。'此指爲難。"又注:"此段所云果善或弗果善,皆指大夫諸臣而言。如及三年,諸臣不能善政,則責以爲難先君之罪。"[③]網友"暮四郎"認爲此字似當直接讀爲"死"。[④] 王寧先生謂:"然此疑爲'𡰥'的或體,讀爲'尸',主也。尸吾先君而孤孺子,意思是主掌了吾先君的位置(或權利)而孤立了孺子。"[⑤]子居認爲此字可讀爲"弃"或"欺",并謂"'弃吾先君'指的是背弃先君之命。"[⑥]何有祖先生認爲此字爲"死"字异體,簡文"死吾先君"意爲吾先君已死。[⑦] 許文獻先生指出楚簡"死"字未見从次者,此字是否爲"死"字异構則猶可商。他將此字改讀爲"趑",認爲此字在簡文中爲"懷有二心"之意。[⑧]

誠如許文獻先生所言,楚簡中的"死"字均未見有从"次"者,况且本篇簡文簡14即有"死"字,其所在簡文爲"毋交於死"。故將簡文"死"釋爲"死"似有可商。然而許文獻先生將此字讀作"趑",認爲"趑"可訓爲"懷有二心"之意,則缺乏必要的故訓證據。故筆者認爲此字的釋讀似可另尋他解。

前文已指出,尉侯凱先生認爲簡8+10"幸果善之,孺子其重得良臣,四鄰以吾先君爲能叙"與簡10"如弗果善,死吾先君而孤孺子,其罪亦足數也"兩句簡文相對應。而簡8+10"以吾先君爲能叙"的主語爲"四鄰",即指四鄰之國。故簡10"死吾先君而孤孺子"的主語也當爲"四鄰",此主語承前而省。循此思路,筆者認爲,此字於此似可讀爲"訾"。"死"字原形作

① 清華大學出土文獻研究與保護中心編,李學勤主編:《清華大學藏戰國竹簡(陸)》,上海:中西書局,2016,104頁。
② 尉侯凱:《清華簡六〈鄭武夫人規孺子〉編連獻疑》,簡帛網,2016年6月9日。
③ 清華大學出土文獻研究與保護中心編,李學勤主編:《清華大學藏戰國竹簡(陸)》,107頁。
④ 《清華六〈鄭武夫人規孺子〉初讀》,簡帛網"簡帛論壇",2016年4月18日,10樓,暮四郎發言。
⑤ 王寧:《清華簡六〈鄭武夫人規孺子〉寬式文本校讀》,復旦大學出土文獻與古文字研究中心網,2016年5月1日。
⑥ 子居:《清華簡〈鄭武夫人規孺子〉解析》,中國先秦史網,2016年6月7日。
⑦ 何有祖:《讀清華簡六札記(二則)》,《出土文獻》第10輯,上海:中西書局,2017,119-121頁。
⑧ 許文獻:《清華簡六〈鄭武夫人規孺子〉"死"字釋讀疑義淺説》,簡帛網,2017年11月7日。

。該字从死从次,即《説文》“歾”字,从次得聲。[①] “呰”从“此”聲。上古音“次”爲清母脂部字,“此”爲清母支部字。二者聲母爲雙聲關係。韻部方面,支部與脂部關係密切。如古書中“只”和“旨”可通,“只”爲支部字,“旨”爲脂部字;又古書中“示”與“衹”可通,“示”爲脂部字,“衹”爲支部字。[②] 因此二者古音相近,例可相通。而且傳世典籍與出土文獻中均見从“次”聲字與从“此”相通的例證。如《戰國策·齊策》:“今先生設爲不宦,呰養千鍾,徒百人。”鮑彪注:“呰、資同,所資所養也。”[③]《管子·立政》:“雖有富家多資。”[④]“資”,《春秋繁露·服制》作“貲”。[⑤]《荀子·非十二子》:“離縱而跂呰者也。”楊倞注:“呰,讀爲恣。”[⑥]《漢書·貨殖傳》:“爲天下高呰。”顔師古注:“呰讀與資同。高呰謂多資財。”[⑦]馬王堆漢墓帛書《陰陽十一脈灸經(乙本)》“上出魚股内廉,觸少腹,大資旁”之“資”讀爲“呰”。[⑧] 張家山漢簡《奏讞書》“五月庚午朔,益從治,蓋廬有資去”之“資”讀爲“貲”。[⑨] 均其例。

“呰”字古有毁義。《廣雅·釋詁二》:“呰,諻也。”[⑩]《玉篇·言部》:“呰,毁也。”[⑪]《廣韻·紙韻》:“呰,訿毁。”[⑫]《莊子·人間世》:“外合而内不呰。”[⑬]陸德明《釋文》引崔云:“呰,毁也。”[⑭]《莊子·天下》:“以堅白同異之辯相呰。”成玄英疏:“呰,毁也。”[⑮]《淮南子·氾論》:“呰行者不容於衆。”高誘注:“呰,毁也。”[⑯]《管子·形勢》:“呰讆之人,勿與任大。”尹知章注:“呰,毁賢。”[⑰]《管子·形勢解》:“毁呰賢者之謂呰。”[⑱]均其例。

綜上所述,簡文“幸果善之,孺子其重得良臣,四鄰以吾先君爲能叙”,指的是如果“諸臣

---

① 《説文·死部》:“歾,戰見血曰傷,亂或爲惽,死而復生爲歾。从死,次聲。”([漢]許慎:《説文解字》,86頁)

② 參看高亨纂著,董治安整理:《古字通假會典》,570頁【旨與只】條與568頁【示與衹】條。

③ 繆文遠:《戰國策新校注》,成都:巴蜀書社,1987,408頁。

④ 黎翔鳳撰,梁運華整理:《管子校注》,北京:中華書局,2004,76頁。

⑤ 蘇輿撰,鍾哲點校:《春秋繁露義證》,北京:中華書局,1992,223頁。

⑥ [清]王先謙撰,沈嘯寰、王星賢點校:《荀子集解》,北京:中華書局,2013,119頁。

⑦ 《漢書》卷九一《貨殖傳》,3694頁。

⑧ 湖南省博物館、復旦大學出土文獻與古文字研究中心編纂,裘錫圭主編:《長沙馬王堆漢墓簡帛集成(陸)》,北京:中華書局,2014,12頁。

⑨ 張家山二四七號漢墓竹簡整理小組編著:《張家山漢墓竹簡[二四七號墓]》(釋文修訂本),北京:文物出版社,2006,103頁。

⑩ [清]王念孫著,鍾宇訊點校:《廣雅疏證》,66頁。

⑪ 《宋本玉篇》卷九《言部》,北京:中國書店,1983,167頁。

⑫ [宋]陳彭年:《鉅宋廣韻》,165頁。

⑬ [清]郭慶藩撰,王孝魚點校:《莊子集釋》,北京:中華書局,2012,147頁。

⑭ [唐]陸德明撰,黄焯彙校,黄延祖重輯:《經典釋文彙校》,北京:中華書局,2006,747頁。

⑮ [清]郭慶藩撰,王孝魚點校:《莊子集釋》,1073-1074頁。

⑯ 何寧撰:《淮南子集釋》,北京:中華書局,1998,965頁。

⑰ 黎翔鳳撰,梁運華整理:《管子校注》,31頁。

⑱ 黎翔鳳撰,梁運華整理:《管子校注》,1176頁。

執政三年而終善",[①]那麽四鄰之國均誇贊我先君武公能得其世叙。[②] 反之,簡文"如弗果善,欮(訾)吾先君而孤孺子",即指"如及三年,諸臣不能善政",[③]那麽四鄰之國將會訾毁我先君武公,并孤立孺子莊公。前後文義正相對。此外,簡 15 亦有一句話:"幾(豈)既臣之臒(獲)皐(罪),或(又)辱吾先君。"[④]前文已指出,"訾"古訓"毁"。而"毁"與"辱"義亦相近,如《論衡·累害》:"被毁謗者謂之辱。"[⑤]《漢書·劉向傳》:"緣飾文字,巧言醜詆。"顔師古注:"詆,毁也,辱也。"[⑥]故此兩句簡文亦可相互參看。

六

清華柒《越公其事》簡 47-48 有一句話,整理者釋文如下:

> 是以【47】蘿(勸)民,是以收敔(賓),是以匓(匀)邑。[⑦]

關於簡文"蘿民""收敔"及"匓邑",整理者注謂:"勸,字多異寫。收,聚。《詩·維天之命》'假以溢我,我其收之',毛傳:'收,聚也。'敔,疑讀爲'賓'。'收賓'與下文'匓邑'結構與語義相類。"又謂:"匓邑,使人聚集成邑。"[⑧]

整理者關於"蘿(勸)民"以及"匓(匀)邑"的説法可從。然而整理者將"敔"讀爲"賓",解釋"收賓"爲收聚賓客,於簡文文義似有未安。典籍中似亦未見到類似説法。

筆者認爲,簡文"敔"似當讀爲"貧"。從古文字構形規律來看,"敔"字當是从"攴""丏"聲之字。上古音"丏"幫母真部字。"貧"从"分"聲,[⑨]上古音"分"爲幫母文部字。二者聲母雙聲,韻部方面,真部與文部關係密切。[⑩] 故二者古音相近,例可相通。典籍中有二者相通之例證。《史記·司馬相如列傳》:"璸斒文鱗。"[⑪]此"璸"字,[⑫]《漢書·司馬相如傳上》作

① 清華大學出土文獻研究與保護中心編,李學勤主編:《清華大學藏戰國竹簡(陸)》,107 頁,注 24。
② 子居:《清華簡〈鄭武夫人規孺子〉解析》。
③ 清華大學出土文獻研究與保護中心編,李學勤主編:《清華大學藏戰國竹簡(陸)》,107 頁,注 31。
④ 清華大學出土文獻研究與保護中心編,李學勤主編:《清華大學藏戰國竹簡(陸)》,105 頁。
⑤ 黄暉撰:《論衡校釋》,北京:中華書局,2017,13 頁。
⑥ 《漢書》卷三六《劉向傳》,1945 頁。
⑦ 清華大學出土文獻研究與保護中心編,李學勤主編:《清華大學藏戰國竹簡(柒)》,上海:中西書局,2017,137 頁。
⑧ 清華大學出土文獻研究與保護中心編,李學勤主編:《清華大學藏戰國竹簡(柒)》,139 頁。
⑨ 《説文·貝部》:"貧,財分少也。从貝,从分,分亦聲。"([漢]許慎:《説文解字》,131 頁)
⑩ 參見李家浩《談清華戰國竹簡〈楚居〉的"夷宅"及其他——兼談包山楚簡的"𡟰人"等》,《出土文獻》第 2 輯,上海:中西書局,2011,61 頁。
⑪ 《史記》卷一一七《司馬相如列傳》,北京:中華書局,1982,3026 頁。
⑫ "璸"从"賓"聲,《説文·貝部》:"賓,所敬也。从貝,丏聲。"([漢]許慎:《説文解字》,130 頁)

“玢”,[①]是其證。

故簡文之“收敬”即“收貧”。此“貧”當即無財者之謂,如《急就篇》卷二:“屐屩綦𧟽羸窶貧。”顔師古注:“貧,無財者也。”[②]《史記·仲尼弟子列傳》:“無財者謂之貧,學道而不能行者謂之病。”[③]是其例。“收”古有收恤之義。《説文·心部》:“恤,憂也;收也。”[④]《書·酒誥》:“惟我一人弗恤。”[⑤]孫星衍《今古文注疏》引《説文》云:“恤,收也。”[⑥]是其證。故簡文“收敬(貧)”即收恤無財者之義。

上博八《顔淵問於孔子》篇簡11與簡12均有“豫絞而收貧”語,[⑦]已有研究者指出,此“收貧”與《管子·輕重甲》“君出四十倍之粟,以振孤寡,收貧病,視獨老”之“收貧”[⑧]可相對照。[⑨] 此説可從。《越公其事》之“收敬(貧)”與《顔淵問於孔子》及《管子·輕重甲》之“收貧”正可相參。

附記:本文承蒙匿名審稿專家提出寶貴修改意見,謹致謝忱!

---

① 《漢書》卷五七上《司馬相如傳上》,2557頁。

② [漢]史游撰:《急就篇》,長沙:嶽麓書社,1989,153頁。

③ 《史記》卷六七《仲尼弟子列傳》,2208頁。

④ [漢]許慎:《説文解字》,219頁。

⑤ [清]阮元校刻:《十三經注疏》(清嘉慶刊本),441頁。

⑥ [清]孫星衍撰,陳抗、盛冬鈴點校:《尚書今古文注疏》,383頁。

⑦ 馬承源主編:《上海博物館藏戰國楚竹書(八)》,上海古籍出版社,2011,154-155頁。

⑧ 黎翔鳳撰,梁運華整理:《管子校注》,1404頁。按:此“收”字或作“牧”,王念孫已指出“牧”字爲“收”字之訛,且當爲收恤之義。參看王念孫《讀書雜志》,南京:江蘇古籍出版社,1985,463頁。

⑨ 復旦吉大古文字專業研究生聯合讀書會:《〈上博八·顔淵問於孔子〉校讀》,復旦大學出土文獻與古文字研究中心網,2011年7月17日。

清華簡《楚居》"秦溪之上"研究述論 *

清華大學出土文獻研究與保護中心　魏　棟

内容提要　清華簡《楚居》記載楚靈王、平王、昭王連續三位楚君都曾居於"秦溪之上",較爲引人關注。但學界對秦溪之上地望的看法頗有不同,先後出現"亳州東南""溠溪之上""漢華容縣境"及"溱頭河上游"諸説,其中"亳州東南"説已被學界摒弃。通過對"溠溪之上""漢華容縣境"及"溱頭河上游"三種主要觀點的細緻探討和評析,可知"漢華容縣境"説可能性較大;對秦溪之上地望研究中若干問題的探索,爲將來徹底解决秦溪之上的地望問題奠定了良好基礎。

關鍵詞　清華簡　《楚居》　秦溪之上　地望

清華簡《楚居》主要記載了先秦時期楚先祖季連至戰國前期楚悼王時歷代楚君的居處與遷徙情況,對研究楚國歷史、地理意義重大。《楚居》簡 11—13 記載:

> 至靈王自爲郢徙居秦溪之上,以爲處於章[華之臺]。景平王即位,猶居秦溪之上。至昭王自秦溪之上徙居㜄郢,㜄郢徙居鄂郢,鄂郢徙襲爲郢。闔盧入郢,焉復徙居秦溪之上,秦溪之上復徙襲㜄郢。①

其中,"秦溪之上"作爲楚靈王、平王、昭王連續三位楚君的重要居處,較爲引人關注。《楚

＊　本文爲國家社科基金重大項目"清華簡與儒家經典的形成發展研究"(16ZDA114)、國家社科基金青年項目"新出戰國竹簡地理史料的整理與研究"(18CZS073)的階段性成果。

①　清華大學出土文獻研究與保護中心編,李學勤主編:《清華大學藏戰國竹簡(壹)》,上海:中西書局,2010,181 頁。

居》整理報告認爲秦溪即《左傳》之乾溪,位於今安徽亳州市東南七十里的城父村一帶。[①] 學界對此存在异議,肖洋從四個方面論證了"秦溪"非亳州之"乾溪":"乾溪距離吴國較近,容易受到吴國攻擊";"在吴師入郢之後,楚人出現了嚴重的'恐吴症'";"淮域的胡、蔡等國借機'瘋狂'擴張";"吴師入郢之後,吴楚勢力範圍的分界綫在番國、繁陽一帶"。[②] 平心而論,肖氏的意見值得肯定。但其貢獻主要在破的方面,并未創立新説。在創立新説方面,先後有李守奎、黄錫全、趙平安等先生(詳下文)。秦溪之上空間信息資料目前極爲有限,這是導致諸家意見迥异的根本原因,秦溪之上地望的最終確定尚需仰賴將來新資料的支撑。故本文擬先對各家看法逐一細緻述論,再對秦溪之上地望研究的相關問題進行探索,以爲秦溪之上地望研究的階段性總結,旨在爲將來圓滿解決秦溪之上地望問題奠定良好的基礎。

一 "溠溪之上"説辨析

"溠溪之上"説爲李守奎先生發明,此説的核心觀點如下:

> "秦"讀爲"溠",音理上比讀"乾"好。"秦"與"溠",都是齒音,韻部脂、歌旁轉。最重要的證據是楚簡中"秦"與"差"可以通用。清華簡《繫年》一百一十號簡有"闔廬即世,夫秦王即位",這個"夫秦"無疑就是"夫差"。"溠"从"差"聲,"秦溪"讀爲"溠溪"與"夫秦"讀爲"夫差"道理一樣。
>
> 秦溪應當就是溠水,秦溪之上應當就是位於秦溪兩岸的一個地方。《楚居》中還有地名"同宫之北","之上"可能與"之北"都是實指方位的北面和秦溪的上游……溠水沿岸主要是隨和唐。"秦溪之上"即"溠溪之上",當在距離隨地不遠的溠水沿岸,可能就在隨與唐之間。[③]

此説的最大特色是利用清華簡《繫年》中"秦"可以讀爲"差"的新認識,判斷《楚居》中"秦溪"之"秦"可讀爲从水差聲的"溠"。下面對此説的優缺點進行述論。

"溠溪之上"説的不足之處有二:首先,"溠溪之上"距離隨、唐過於密邇。"楚、隨兩國建立對峙的王都(居),恐怕不一定是合適的選擇";昭王奔隨後若居於溠水一帶,唐人及追至隨

① 清華大學出土文獻研究與保護中心編,李學勤主編:《清華大學藏戰國竹簡(壹)》,189、190頁,注[56]、[57]。

② 肖洋:《吴人入郢後楚昭王不可能遷居〈左傳〉所言之"乾溪"》,羅運環主編《楚簡楚文化與先秦歷史文化國際學術研討會論文集》,武漢:湖北教育出版社,2013,242-248頁。

③ 李守奎:《論清華簡中的昭王居秦溪之上與昭王歸隨》,見清華大學出土文獻研究與保護中心編《清華簡研究(第1輯)——〈清華大學藏戰國竹簡(壹)〉國際學術研討會論文集》,上海:中西書局,2012,326、327頁。

都的吴人不會放過。[①] 其次,"溠溪之上"説的創立未關照到楚靈王所處的"章[□□□]"。[②]《楚居》的"秦溪"與"章[□□□]"距離不遠。[③] "秦(溠)溪之上"所在的今隨州西北一帶,無論是傳世古書,還是出土文獻,均未見有所謂"章[□□□]"地名。這是"溠溪之上"説的又一短板。

雖然"溠溪之上"説有一定的不足之處,但此説已經得到了一些學者如馬楠、王偉等先生的贊同。[④] 下面再看"溠溪之上"説的優勝之處,筆者認爲主要有兩個方面:

其一,清華簡自身給予了有力的證據。秦字古音爲真部從母,溠字所从的差爲歌部初母,聲紐從爲齒頭音,初爲正齒音,皆爲齒音,聲紐比較相近,韻部真、歌爲旁對轉關係,秦與从差得聲的溠古音并不算近。但是清華簡《繫年》的"夫秦王"當即"夫差王"這一事實,[⑤]説明从秦得聲之字與从差得聲之字,雖然古音不近,但實際上可以相通假。清華簡本身提供的這一新知,是將"秦溪之上"讀爲"溠溪之上"的堅强證據。

其二,將"秦溪"視爲"溠水","溠水"的歷史可謂源遠流長。《左傳》莊公四年,楚武王伐隨,"卒於樠木之下,令尹鬬祁、莫敖屈重除道、梁溠,營軍臨隨"。[⑥] 這是"溠水"之名的最早記録。《水經·涢水注》:"(隨)縣,故隨國矣……有溠水出縣西北黄山,南逕溳西縣西,又東南注於溠。溠水又東南逕隨縣故城西……溠水又南流注於涢。"[⑦]《左傳》《水經注》所記的"溠水"至今仍在,此名至今也仍在使用。將"秦溪"視爲"溠水",而"溠水"流傳有序,地望明確。"溠溪之上"的地望在幾種説法中最爲明晰。

二 "漢華容縣境"説析論

"漢華容縣境"説爲黄錫全先生提出,其核心觀點如下:

---

① 黄錫全:《楚簡秦溪、章華臺略議——讀清華簡〈楚居〉札記之二》,羅運環主編《楚簡楚文化與先秦歷史文化國際學術研討會論文集》,191 頁。

② "章[□□□]"一般被補爲"章[華之臺]",其實應改補作"章[華之上]",見拙文《清華簡〈楚居〉闕文試補》,《文獻》2018 年第 3 期。

③ 黄錫全:《楚簡秦溪、章華臺略議——讀清華簡〈楚居〉札記之二》,羅運環主編《楚簡楚文化與先秦歷史文化國際學術研討會論文集》,192 頁。黄先生視"章[□□□]"爲章華之臺。

④ 馬楠:《據〈清華簡〉釋讀金文、〈尚書〉兩則》,《深圳大學學報》(人文社會科學版)2012 年第 2 期。王偉:《由清華簡〈楚居〉"秦溪之上"説起》,羅運環主編《楚簡楚文化與先秦歷史文化國際學術研討會論文集》,238、239 頁。

⑤ 傳世文獻未見稱"夫差"爲"夫差王",但這并不影響將《繫年》"夫秦王"讀爲"夫差王"。吴王闔廬之弟"夫槩"曾踐位爲王,《左傳》定公五年稱之爲"夫槩王",見楊伯峻編著《春秋左傳注》(修訂本),北京:中華書局,1990,1544、1545、1551 頁。"夫秦(差)王"即"夫差",猶如"夫槩王"即"夫槩"。

⑥ 楊伯峻編著:《春秋左傳注》(修訂本),163、164 頁。

⑦ [北魏]酈道元著,陳橋驛校證:《水經注校證》,北京:中華書局,2007,735 頁。

> 秦溪不在安徽乾溪,但不一定在隨州溠水……(《楚居》的"以爲")似爲"因此""所以"之意。"徙居某地","以爲凥(處)於某處",表達的似是兩者之間具有進一層的關係,即二者相距不遠。靈王居秦溪之上,"以爲"處於章華之臺,表明秦溪與章華臺相距不遠……楚地名章華臺者主要有五處……只有華容章華臺與城父乾溪臺或章華臺爲靈王所建。我們傾向靈王繼位後開始興建、六年"落成"的章華臺在漢華容縣境……筆者專程至潛江龍灣和張金兩鎮遺址做了實地考察,更傾向楚國章華宫、楚靈王六年落成的章華臺應該就在龍灣遺址東區宫殿建築群的看法。關於"秦溪"與"秦溪之上"的確切地點,目前還難以確定,在此提出兩種可能供大家討論。一是秦溪可能是離湖,"秦溪之上"有可能是黄羅崗城址……二是監利縣有名乾溪、乾港湖者,如果名稱淵源有自,也可能與"秦溪"有關。[①]

此説是先對《楚居》"徙居 A,以爲處於 B"文例中"以爲"進行訓釋,進而推斷地名秦溪之上與章華臺間存在空間上的鄰近關係。之後,確認楚靈王所居的章華臺位於漢代華容縣境,再在漢華容縣及周邊尋覓秦溪之上的所在。下面對此説進行評述。

"漢華容縣境"説顯著的優勝之處在於章華的空間定位相對明確。《楚居》"章□□□"應補爲"章華之上"。"章華"這一地名古書不止一次出現,但有比較明確的地理關係以確定其地望的史料,恐僅有一條,《國語·吴語》:"昔楚靈王不君,其臣箴諫不入,乃築臺於章華之上,闕爲石郭,陂漢,以象帝舜。"[②]此條史料中的漢水是重要的地理參照,以漢水爲參照,可以判斷"章華"當是漢水沿岸一帶的地名無疑。黄先生文中提到楚地名"章華臺"者共五處,其中屬於楚靈王時期的只有兩處:一處在安徽亳州東南(此地不可能爲吴師入郢後楚昭王所居,上引肖洋文已有論證),一處在湖北潛江。《國語·吴語》所記楚靈王"築臺於章華之上"者,當爲湖北潛江的章華之臺。1984 年在湖北潛江龍灣鎮發現了東周時期的大型宫殿群落遺址,已被學界確認爲楚國的章華臺。如果《楚居》"以爲處於"確實藴含有秦溪之上與章華之臺的鄰近關係,那麽秦溪之上必當在湖北潛江及周邊尋覓。

再來看不足之處。《楚居》"以爲處於"的訓詁比較重要,影響到我們對它前後兩個地名之間關係的理解。《楚居》整理報告僅言"爲處"與"徙居"相對而言,[③]將"爲處"看作動詞,且并未對"以爲處於"的含義作出明確解釋。黄錫全先生將"以爲"視爲結果連詞,判斷楚靈王"居秦溪之上,以爲處於章[華之臺]","表達的似是兩者之間具有進一層的關係,即二者相距不遠"。黄先生以"似是"表達了不甚確定的態度。而黄先生文對秦溪之上地望推論的

---

① 黄錫全:《楚簡秦溪、章華臺略議——讀清華簡〈楚居〉札記之二》,羅運環主編《楚簡楚文化與先秦歷史文化國際學術研討會論文集》,191-194 頁。

② 徐元誥撰,王樹民、沈長雲點校:《國語集解》,北京:中華書局,2002,541 頁。

③ 清華大學出土文獻研究與保護中心編,李學勤主編:《清華大學藏戰國竹簡(壹)》,189 頁,注[57]。

基礎恰恰是利用了秦溪之上與章華之臺的鄰近關係。

三 "溱頭河上游"説述論

"溱頭河上游"説爲趙平安先生所創,此説的主要觀點如下:

> 從《楚居》和《左傳》《史記》等傳世文獻對讀的角度看,楚靈王時期有過兩個都城。《楚居》提到的是"秦溪之上"和"爲郢",《左傳》《史記》提到的是"乾溪"和"鄢"。"爲郢"和"鄢"相對……"秦溪之上"和"乾溪"相對,"秦溪"相當於"乾溪"……《水經注》:"溱水出浮石嶺北青衣山,亦謂之青衣水也"。秦溪很可能就是溱水。現名溱頭河,也作臻頭河……這一帶本爲道國之地,道國滅於楚。春秋中晚期這一帶已爲楚境。楚靈王、平王、昭王三朝遷都至秦溪,和當時形勢是分不開的……這一帶物産豐富,風景優美。①

此説將《楚居》與《左傳》《史記》所記楚靈王的史事對讀,確認"秦溪之上"對應傳世文獻的"乾溪",認同將"秦溪"與"乾溪"統一起來。趙先生認爲將"乾(秦)溪"定在安徽亳州東南不妥,於是找到《水經注》的"溱水"以當"秦(乾)溪"。將秦溪之上定在今河南南部確山縣境内的溱頭河上游,再尋找這一地帶的古文化遺存及自然景觀以佐證此説的合理性。

今按,趙先生自辟道路,從"秦溪"的字面出發對秦溪之上的地望做了考證,開拓了學界的研究視野,其説無疑具有學理上的考量。但此説與"溠溪之上"説一樣,未能關照到與"章□□□"的關係。另外,以下兩個方面的情況對"臻頭河上游"説恐怕也是不利的。

第一,"秦""溱"二字有省形假借的關係,《水經注》所記北魏時期的"溱水"與先秦楚靈、平、昭王時期的"秦溪"存在名稱上的相似性。從先秦到酈道元生活的北魏後期,溱水名稱的歷時演變情況并不清楚。故將北魏後期的"溱水"視爲千年前的"秦溪",應當審慎。

第二,《左傳》昭公十三年記載觀從等人通過精心謀劃,從晋國騙回楚靈王之弟子比、子晳進入蔡地(今河南上蔡),并成功裹挾公子弃疾(時任蔡公)一起叛亂。會盟於鄧地(今河南漯河東南)後,三公子帥陳、蔡、不羹、許、葉之衆攻入江漢地區的楚都。事後,觀從受到委派到楚靈王居留的乾溪散布消息,楚靈王聞訊即從乾溪回師江漢,軍隊在回師途中潰散。②古地蔡、鄧,距離今確山縣一帶甚近。確山西部的臻頭河上游距離上蔡縣城不過 70 公里,距離漯河市境内的古鄧城也不足 100 公里。陳、蔡、不羹、許、葉皆方城外之地。三公子帥師進入江漢地區或通過楚方城,或通過信陽南的冥阨三塞,確山縣正處於兩處通道之間。若秦

---

① 趙平安:《〈楚居〉"秦溪"考》,清華大學出土文獻研究與保護中心等編《出土文獻與中國古代文明——李學勤先生八十壽誕紀念論文集》,上海:中西書局,2016 年,325、326 頁。

② 楊伯峻編著:《春秋左傳注》(修訂本),1344-1346 頁。

(乾)溪之上在確山縣境,三公子叛亂興師動衆,楚靈王恐怕不至於在事後叛亂分子的通知下纔得知叛亂消息。

四 關於秦溪之上研究中若干問題的思考

上文對目前學界關於秦溪之上的看法進行了詳細述論,細緻分析了各自的優劣之處。下面具體談談笔者對秦溪之上地望研究中相關問題的看法。

第一,傳世文獻之"乾溪"在哪裏,與《楚居》"秦溪之上"有關嗎?

《左傳》昭公六年:"令尹子蕩帥師伐吴,師於豫章,而次於乾谿(引按,亦作乾溪)。吴人敗其師於房鐘。"同書昭公十二年:"楚子狩於州來,次於潁尾。使蕩侯、潘子、司馬督、囂尹午、陵尹喜帥師圍徐以懼吴。楚子次於乾谿,以爲之援。"[①]從與"乾溪"相關的"豫章"[②]"房鐘"(今安徽蒙城西南)"州來"(今安徽鳳臺)"潁尾"(今安徽壽縣正陽關鎮以北的潁河入淮口)"徐"(今江蘇泗洪南)來看,傳統説法將"乾溪"定在今安徽亳州東南七十里是合適的。

前引肖洋文已充分説明,"秦溪"不可能是亳州之"乾溪"。筆者懷疑除亳州之"乾溪"外,江漢地區可能另有一名"乾溪"的地名。《左傳》昭公十三年記載:"王沿夏,將欲入鄢。芋尹無宇之子申亥……乃求王,遇諸棘圍以歸。夏五月癸亥,王縊於芋尹申亥氏。申亥以其二女殉而葬之。"[③]《楚世家》:"(申亥)乃求王,遇王饑於厘澤,奉之以歸。夏五月癸丑,王死申亥家,申亥以二女從死,并葬之。"[④]由《左傳》"王沿夏,將欲入鄢"看,當時楚靈王已經由安徽"乾溪"前綫返回江漢平原地區。《左傳》的"棘圍"與《楚世家》的"厘澤"皆應在江漢地區。[⑤] 錢穆先生認爲"厘澤"可能即《水經・沔水注》之"離湖",在監利縣西北。[⑥]《左傳》《楚世家》記申亥接應楚靈王返回自己家中,楚靈王自縊於申亥家,而《韓非子・十過》則記載"靈王餓而死乾溪之上",同書《説疑》亦記載"荆靈王死於乾谿之上"。[⑦] 由當時形勢看,申亥恐不可能將楚靈王再帶回楚吴交戰前綫的安徽"乾溪"。如果《韓非子》的記述無誤,將它與《左傳》《楚世家》這兩個歷史碎片拼綴,筆者頗爲懷疑楚靈王的死地應是位於江漢地區的

---

① 楊伯峻編著:《春秋左傳注》(修訂本),1338 頁。

② 此處的"豫章"具體地望不詳,清人所撰《春秋地理考實》僅籠統地定在"江北淮水南"。見顧頡剛編著,王煦華整理《春秋地名考》第 6 册,北京圖書館出版社,2006,651 頁。

③ 楊伯峻編著:《春秋左傳注》(修訂本),1347 頁。

④ 《史記》卷四〇《楚世家》,北京:中華書局,2013,2048 頁。

⑤ 清人董增齡謂《左傳》的"棘圍"在河南永城縣境内,學者已指出此説非是。參顧頡剛編著,王煦華整理《春秋地名考》第三册,692、693 頁。

⑥ 錢穆:《史記地名考》,北京:商務印書館,2001,539 頁。

⑦ 分別見[戰國]韓非著,陳奇猷校注《韓非子新校注》,上海古籍出版社,2000,204、974 頁。

"乾溪"。假如江漢地區另外有一"乾溪"的想法能够成立,那麽《楚居》"秦溪"很可能就是這一"乾溪"。[1]

第二,"秦溪之上"等文例的確切含義。

學者將《楚居》"秦溪之上"理解爲秦溪的上游,視此處的"上"爲河流上游的意思,筆者認爲不妥。此外,《楚居》還有"章[華之上]",《韓非子》記楚靈王死於"乾溪之上",這兩處"某某+之上"與秦溪之上地望的研究頗有關係。因此,很有必要對"某某+之上"的文例進行綜合考察,以辨清"秦溪之上""乾溪之上""章華之上"的確切含義。"某某+之上"的文例古文獻所見甚多,現在選取部分有代表性的臚列如下:

(1)要我乎上宫,送我乎淇之上矣。(《詩經·國風·關雎》)

(2)(子夏)退而老於西河之上。(《禮記·檀弓上》)

(3)宋公與楚人戰於泓水之上。(《穀梁傳》僖公二十二年)

(4)昔者衛靈公將之晋,至濮水之上,税車而放馬,設舍以宿,夜分,而聞鼓新聲者而説之。(《韓非子·十過》)

(5)其首曰招摇之山,臨於西海之上。(《山海經·南山經》)

(6)遂賓於西王母,觴於瑶池之上。(《列子·周穆王篇》)

(7)越王句踐棲於會稽之上。(《國語·越語上》)

(8)穆王乃爲之改築。土木之功,赭堊之色,無遺巧焉。五府爲虚,而臺始成。其高千仞,臨終南之上,號曰中天之臺。(《列子·周穆王篇》)

(9)於是遂興兵而南存宋鄭,與楚王遇於召陵之上。(《管子·霸形》)

其中(1)—(4)的文例爲"河流名+之上",(5)(6)的文例爲"湖池名+之上",(7)(8)爲"山名+之上",(9)爲"地名+之上"。由(1)—(4)的文例,看不出表示河流上游的意思。以"泓水之上"爲例,《左傳》僖公二十二年對泓之戰有較爲詳細的記載,[2]宋軍對楚軍發起攻擊是在楚軍渡過泓水并在岸上擺好陣勢之後,并不是與楚軍戰於泓水之中,也不是在泓水的上游作戰。"泓水之上"意思當是泓水沿岸。所以"河流名+之上"的正確含義(至少是常見的含義)當是河流沿岸一帶的意思。(5)(6)是"湖池名+之上"的文例,湖池無所謂上游、下游,自然不能將這種文例解釋爲某湖某池的上游,其意當是某湖某池的沿岸。(7)(8)是"山名+之上"的文例,"上"字當爲上面這一常義,意思是某山的上面。(9)的文例是"地名+之上",比

① 秦、乾二字音近,有相通的可能。見黄錫全《楚簡秦溪、章華臺略議——讀清華簡〈楚居〉札記之二》,190頁。不過,匿名審稿专家認爲:"'乾'的古音爲kaan(古韻屬元1,中古聲母爲群母),比'溠'離'秦'更遠,没有相通的可能。"

② 楊伯峻編著:《春秋左傳注》(修訂本),397頁。

較少見。細讀《春秋》經傳所記齊桓公與楚屈完召陵之盟的相關史料,[①]《霸形》所謂"召陵之上"與《春秋》經傳的"召陵"在含義上并没有什麽區别。"地名+之上"這一結構其實是"地名"的繁化,其義與這一"地名"本身相同。

顯而易見,"秦溪之上""乾溪之上"皆屬"河流名+之上"的文例,其準確含義當分别是秦溪沿岸一帶、乾溪沿岸一帶。"章華"是地名,[②]"章華之上"爲"地名+之上"的文例,它的意思等同於"章華"。

第三,《楚居》"以爲處於"的訓詁以及"秦溪之上"與"章□□□"的關係。

"以爲處於"文例在他處文獻未見,僅在《楚居》中出現三次,分别爲:

(1)至靈王自爲郢徙居秦溪之上,以爲處於章[□□□]。

(2)(獻惠王)徙襲湫郢,改爲之,焉曰肥遺,以爲處於酉澫。

(3)王太子(即聲王)以邦居鄩郢,以爲處於𨛭郢。[③]

"以爲處於"的訓詁和"秦溪之上"與"章□□□"的關係是密不可分的。可由"以爲處於"的含義推斷"秦溪之上"與"章□□□"有無關係及關係如何,也可以反其道來考慮問題,由"秦溪之上"與"章□□□"來推求"以爲處於"的含義。

先以第一種思路來考慮。若按《楚居》整理報告將"爲處"整體視爲動詞,與"徙居"相對,虚詞"以"或可讀爲"已",訓爲旋即、不久,[④]那麽《楚居》"徙居 A,以爲處於 B"的文例中 A 與 B 之間就看不出有必然的空間聯繫,僅可清晰看出楚君所居先在 A 後在 B 的相對時間關係。若僅將"以爲處於"之"處"視爲與"徙居"相對的動詞,以"以爲"爲虚詞複語,按黄錫全先生意見訓爲因此、所以,[⑤]那麽 A 與 B 就是大地名與小地名的關係,且二者空間鄰近。在這種情况下,秦溪之上當在"章□□□"附近尋找。鑒於前一假设中"爲處"似不成詞,黄説更有可能成立。

再以第二種思路考慮問題。在《楚居》三個"徙居 A,以爲處於 B"文例中,有秦溪之上與章[□□□]、肥遺與酉澫、鄩郢與𨛭郢三組六個地名,僅章[□□□](章華之上)可據《國語·吴語》確定其地望在漢水沿岸一帶,其他地名地望皆無定説,特别是在一個文例中的 A 和 B 不能同時確定其地望。因此,由 A、B 的地望來推測"以爲處於"的含義,在当前阶段是

① 楊伯峻編著:《春秋左傳注》(修訂本),287、291-293 頁。
② 徐元誥撰,王樹民、沈長雲點校:《國語集解》,541 頁。
③ 清華大學出土文獻研究與保護中心編,李學勤主編:《清華大學藏戰國竹簡(壹)》,181、182 頁。
④ "以"可通"已",如《國語·晋語四》:"其聞之者,吾以除之矣。"見徐元誥撰,王樹民、沈長雲點校:《國語集解》,324 頁。
⑤ "以爲"訓因此、所以,頗疑是一種消失的古義,需要勾稽、積累有關文例以求尋證。

有困難的。期望將來能够發現更多 A、B 地望同時明確的"徙居 A,以爲處於 B"的文例,以卡定"以爲處於"的確切含義,進而判斷"秦溪之上"與"章□□□"有無空間上的鄰近關係,爲"秦溪之上"地望的推斷提供可靠基礎。

《周易》咸卦卦名及爻辭新詮*

廣州大學人文學院　禤健聰

内容提要　今本《周易》咸卦之"咸",出土簡、帛本皆作"欽",根據出土簡帛的用字情況,當讀爲"捡",表執持、鉗制、按壓義。爻辭"執其隨"當讀作"執其骽","咸其輔頰舌"當斷讀爲"捡其輔,夾舌","捡""執""夾"爲并列動詞。"捡"的對象原只有拇、腓、脢、輔,今本增"股",是據帛書本誤校所致。

關鍵詞　《周易》　咸卦　卦名　爻辭

今本《周易》咸卦作:

咸,亨,利貞,取女吉。

爻辭云:

初六,咸其拇。六二,咸其腓,凶,居吉。九三,咸其股,執其隨,往吝。九四,貞吉,悔亡。憧憧往來,朋從爾思。九五,咸其脢,無悔。上六,咸其輔頰舌。[①]

傳統易學多認爲此卦象徵男女夫婦交感,故釋卦名"咸"爲"感",訓感應、感知、感化。《荀子·大略》謂:"《易》之'咸',見夫婦。夫婦之道,不可不正也,君臣父子之本也。咸,感也,

* 本文爲國家社會科學基金項目"戰國楚系出土文獻用字差异及其時空層次研究"(16BYY121)成果。

① 阮元校刻:《十三經注疏》,北京:中華書局,1980,46-47頁。

以高下下,以男下女,柔上而剛下。"[①]《彖》傳:"咸,感也。柔上而剛下,二氣感應以相與,止而説,男下女,是以亨利貞,取女吉也。天地感而萬物化生,聖人感人心而天下和平。觀其所感,而天地萬物之情可見矣。"《象》傳"山上有澤,咸",孔穎達疏:"澤性下流,能潤於下;山體上承,能受其潤。以山感澤,所以爲咸。"孔穎達又云:"咸,感也,此卦明人倫之始。夫婦之義,必須男女共相感應,方成夫婦。既相感應,乃得亨通。若以邪道相通,則凶害斯及,故利在貞正。既感通以正,即是婚媾之善。"[②]由此,爻辭諸"咸"字亦被訓釋爲"感"。

王引之亦認爲"咸"當讀爲"感",但另作訓解:"《雜卦傳》:'咸,速也。'……下文'恒,久也',訓恒爲久也。此云'咸,速也',訓咸爲速也。蓋卦名爲'咸',即有急速之義。'咸'者,感忽之謂也……咸與感聲義正同。虞、韓二家訓'咸'爲感應之速,而不知'咸'字本有'速'義,故未得古人之指。"[③]

從爻辭來看,"咸"後接"拇""腓""股""脢""輔"等賓語,"拇""腓"之類,云其感應,不免過於玄虛;以"速"爲訓,文義亦未曉暢。

李鏡池認爲"咸"當訓爲"傷":"朱駿聲説:'咸者,鹹之古文,齧也。从口从戌,會意。戌,傷也。'朱説很對,戌即斧鉞之鉞。《書·君奭》'咸劉厥敵',謂斬殺敵人。故咸有傷義。卦爻辭内容散雜,以多見詞標題。"[④]高亨也有類似意見:"余謂咸之初義當訓斬也,从戉,戉、戌古本一字,大斧也,口象物形,以戉斬物之狀也。《書·君奭》:'咸劉厥敵。'《逸周書·世俘篇》:'咸劉商王紂。'咸劉猶言斬戮耳。本卦咸字皆斬傷之義。"[⑤]又謂:"咸,斬傷,即今之砍字。但爻辭諸咸字皆被外物所傷之義,不限於斬,故宜直訓爲傷。"[⑥]

周振甫同意李鏡池、高亨等的意見,并指出:"《彖》曰:'咸,感也。'這是《易傳》的解釋,《易傳》與卦爻辭的時代不同,《易傳》的解釋不一定符合卦爻辭。再説《彖傳》稱:'二氣感應以相與','聖人感人心而天下和平',這兩個感,一指陰陽二氣交接,二指人心的感觸。把這個'感'字來解釋'咸其拇''咸其腓'等好象都講不通。因爲'咸其拇'既不屬於陰陽二氣相感,又不同於感動人心。因此,雖然舊説都把'咸其拇'等解釋作'感其拇',如《周易集解》《周易正義》《周易本義》等都一樣,但説'感其拇',終不免牽强。"[⑦]但他仍把卦辭之"咸"釋爲"感","或卦辭與《彖傳》《象傳》,指貴族説,故以'咸'爲相感。爻辭指主人與奴隸説,故

---

① [清]王先謙:《荀子集解》,北京:中華書局,1954,326-327頁。
② [清]阮元校刻:《十三經注疏》,46頁。
③ [清]王引之:《經義述聞》,南京:江蘇古籍出版社,1985,64頁。
④ 李鏡池:《周易通義》,北京:中華書局,1981,63頁。引朱駿聲説見《説文通訓定聲·臨部》。
⑤ 高亨:《周易古經今注(重訂本)》,北京:中華書局,1984,249-250頁。
⑥ 高亨:《周易大傳今注》,濟南:齊魯書社,1998,219頁。
⑦ 周振甫:《周易譯注》,北京:中華書局,1991,113-114頁。

以“咸”爲傷歟。”[①]

《周易》所記的卦爻辭,許多是當時社會生活的實録。有關各卦的卦名,李鏡池指出“它有時總括全卦的内容;有時選取卦爻辭中的多見詞作形式聯繫;有時兩者兼而有之。有些標題是多義詞,它不同的意義與卦爻辭中所説的内容也是相應的,而且在卦辭中往往説明其中的一義。還有些組卦,兩卦標題的意義相對”。[②] “《易傳》雖然解《經》,但《易傳》和《易經》寫作的時代不同,《易傳》所説,只能代表戰國、秦、漢間的經師儒生的思想,跟《易經》原義大有出入”。[③] 既然卦名含義與卦畫不一定存在必然聯繫,而從咸卦來看,卦名應是以爻辭中的“多見詞標題”,爻辭的“咸”訓爲“感”顯然講不通,舊説似不應墨守。李、高之説皆跳出傳統易學對卦辭訓釋的窠臼,從爻辭文例的實際出發作出新的詮釋,甚有啓發意義;周振甫分卦辭與爻辭作二釋,反而讓人難以信從。不過,甲骨文的“咸”都没有用作“斬殺”義之例,古書中“咸劉”“咸黜”(後者見《左傳·昭公二十六年》)等詞的“咸”,通常訓爲“滅絶”,置於爻辭中,轉訓爲“傷”,總覺未盡允洽。

黄懷信將“咸”讀爲“撼”,謂:“‘咸’,讀爲‘撼’,古音同。岐山方言迄今‘咸’讀‘含’音。撼,摇動……舊讀‘感’,與爻辭不合。”[④]此説頗有新意。不過,説撼動、摇動拇、腓、股、脢自無不可,但説摇動輔即臉頰則頗爲不辭。此外,卦名“咸”馬王堆漢墓帛書《周易》記寫作“欽”(詳下文),而馬王堆出土簡帛撼動之“撼”則記寫作“撼”(《合陰陽》簡7)。《説文》:“撼,搖也。”徐鉉等曰:“今别作撼。”[⑤]故將“欽”訓讀爲“撼”未必符合馬王堆簡帛的用字習慣。

馬王堆漢墓帛書和上海博物館藏竹簡均有《周易》咸卦,馬王堆帛書本作:

> 欽,亨,利貞,取女吉。初六,欽其栂。六二,欽其𦡞,凶,居吉。九三,欽其𦡞,執其隨,閵。九四,貞吉,悔亡,童童往來,傰從𢈤思。九五,欽其股,無悔。尚六,欽其肞陜舌。(61行上—61行下)[⑥]

上博楚簡本作:

> 欽,卿,利貞,取女吉。初六,欽其拇。六二,欽其腎,凶,居吉。九三,欽其腎,執其陸,吝。九四,貞吉,亡悔。童□□□,□□□志。九五,欽其拇,亡悔。上六,欽頌夾肓。

---

① 周振甫:《周易譯注》,114頁。

② 李鏡池:《周易通義》,前言6頁。

③ 李鏡池:《周易探源》,北京:中華書局,1978,2頁。

④ 黄懷信:《周易本經彙校新解》,北京:清華大學出版社,2014,108頁。

⑤ [漢]許慎:《説文解字》,北京:中華書局,1963,255頁。

⑥ 裘錫圭主編:《長沙馬王堆漢墓簡帛集成(壹)》,北京:中華書局,2014,9-10頁。

(簡 26—27)[①]

可以看到,與今本《周易》“咸”對應的字,簡帛二本均作“欽”。大多數學者認爲“欽”是假借字。《歸藏》亦作“欽”,尚秉和《周易尚氏學》謂:“《詩·秦風》:‘憂心欽欽’,《傳》:思望之,心中欽欽然。蓋以少男仰求少女,有欽慕之情。是欽亦有感意,與咸義同。”[②]是仍就“咸/感”立説。“咸”“欽”古音相近,固可通假,但從用字習慣的角度看,“欽”還有别的釋讀可能。

李零認爲:“咸可讀緘,《説文解字·糸部》:‘緘,束篋也。’緘有封、束之義。此卦上六《小象》(《象下》31)‘咸其輔頰、舌,滕(騰)口説也’亦可證明,這個‘咸’字應讀‘金人三緘其口’(見《金人銘》)的‘緘’,引申義是束縛、控制。欽與禁古音相近,或與禁字通假,禁也有這類含義。這纔是卦名的正確讀法。”[③]實際上,禁阻之“禁”楚簡就寫作“欽”,“欽”是“禁”這個詞的楚系用字:

(1)今薪蒸使虞守之;澤梁使鮁守之;山林使衡守之。舉邦爲欽,約挾諸關,縛纓諸市。(上博六《競公瘧》簡 8)[④]

(2)伊尹既已受命,乃執兵欽暴。(上博二《容成氏》簡 37)[⑤]

(3)或迪而教之,能能,賤不肖而遠之,則民知欽矣。如進者勸行,退者知欽,則其於教也不遠矣。(上博八《顔淵問於孔子》簡 7→9)[⑥]

例(1)薪蒸、澤梁、山林皆有專守,故謂“舉邦爲欽(禁)”;例(2)“執(戢)兵欽(禁)暴”,[⑦]例(3)“知欽(禁)”皆爲典籍習見之語。《説文》:“禁,吉凶之忌也。从示、林聲。”[⑧]用“禁”字表示禁止之“禁”出土文獻較早見於睡虎地秦簡。值得注意的是,今本《周易》臨卦初九及九二爻辭“咸臨”之“咸”,馬王堆帛書本皆作“禁”(49 行上),[⑨]可與咸卦“咸”“欽”异文、楚簡以“欽”記寫“禁”合觀。臨卦“咸”一般讀爲“感”,其於帛書本用字與咸卦之“咸”有“禁”“欽”之别,似也可作爲後者不應讀爲“感”的一個證據。楚簡“欽”有時用同“噤/唫”:

(4)毋欽毋呿,聲之疾徐。(上博五《君子爲禮》簡 6)[⑩]

---

① 馬承源主編:《上海博物館藏戰國楚竹書(三)》,上海古籍出版社,2003,38-39 頁。
② 尚秉和:《周易尚氏學》,北京:中華書局,1980,152 頁。
③ 李零:《死生有命　富貴在天——〈周易〉的自然哲學》,北京:生活·讀書·新知三聯書店,2014,186-187 頁。
④ 馬承源主編:《上海博物館藏戰國楚竹書(六)》,上海古籍出版社,2007,25 頁。
⑤ 馬承源主編:《上海博物館藏戰國楚竹書(二)》,上海古籍出版社,2002,129 頁。
⑥ 馬承源主編:《上海博物館藏戰國楚竹書(八)》,上海古籍出版社,2011,29 頁、31 頁。
⑦ “執”讀爲“戢”從孫飛燕説,見孫飛燕《〈容成氏〉“執兵欽瀑,羕尋於民”試解》,《湖北大學學報》2009 年第 1 期。
⑧ [漢]許慎:《説文解字》,9 頁。
⑨ 裘錫圭主編:《長沙馬王堆漢墓簡帛集成(壹)》,9 頁。
⑩ 馬承源主編:《上海博物館藏戰國楚竹書(五)》,上海古籍出版社,2005,86 頁。

《説文》:“噤,口閉也。”[①]《吕覽·重言》:“君呿而不唫,所言者莒也。”高誘注:“呿,開;唫,閉。”[②]“金”“禁”古音相同,“捦”《説文》或體作“襟”。“欽”或可視爲“噤/唫”的异體,[③]用“欽”表示“禁”或由此而來。《戰國策·趙策一》“韓乃西師以禁秦國”,[④]“禁”字馬王堆帛書《戰國縱横家書》正作“唫”(233 行)。[⑤]《釋名·釋天》:“金,禁也,其氣剛嚴能禁制也。”[⑥]《白虎通·五行》:“金之爲言禁也。”[⑦]《説文》“裣”字下段玉裁注謂:“凡金聲、今聲之字皆有禁制之義。”[⑧]根據簡帛本用字作“欽”,我們認爲,咸卦卦爻辭之“咸”可訓釋爲“捦/襟”。《説文》:“捦,急持衣裣也。从手、金聲。襟,捦或从禁。”又:“鈙,持也。从攴、金聲。”[⑨]段注:“此與捦義略同。”[⑩]徐灝注箋:“粵語,以手按物曰鈙。”[⑪]“捦/襟”義爲執持、鉗制、按壓。上博簡《命》篇簡 3“鈙於斧鑕”,范常喜指出“鈙”正用“執持”本義。[⑫]

以下從爻辭文例來探討卦名“咸”的讀法。今本咸卦“咸”的賓語分别是拇、腓、股、脢、輔頰舌,歷來論者多以爲這是按人體部位由下而上的井然排列。但上揭馬王堆帛書本作栂、蹇、蹇、股、肞陝舌,楚簡本作拇、背、背、拇、頌夾肎,异文頗多,次序亦不同。

今本“腓”,帛書本作“蹇”,“蹇”从肥得聲,肥、腓聲近可通,《釋文》:“荀作肥。”[⑬]可以爲證。竹簡本作“背”,“背”上半所从爲“㢸”之省簡,“㢸”即“弼”字《説文》古文,“㢸/弼”“腓”音亦通。从肉、非聲之“腓”,从足、肥聲之“蹇”,从肉、㢸省聲之“背”或爲一字异體,[⑭]故知三字所記相同。

今本“脢”,竹簡本作“拇”,“拇”應是借字。古書从“每”得聲之字,楚簡往往从“母”聲。帛書本之作“股”,何琳儀謂:“帛本‘股’疑‘服’之形訛……‘拇’‘服’‘脢’聲母同屬邦組,韻母同屬之部。”[⑮]可從。

---

① [漢]許慎:《説文解字》,31 頁。

② [漢]高誘注:《吕氏春秋》,北京:中華書局,1954,221 頁。

③ 參見范常喜《〈上博五〉字詞札記三則》,《古文字研究》第 29 輯,北京:中華書局,2012,535 頁。

④ [漢]劉向集録,范祥雍箋證:《戰國策箋證》,上海古籍出版社,2006,974 頁。

⑤ 裘錫圭主編:《長沙馬王堆漢墓簡帛集成(壹)》,89 頁。

⑥ [漢]劉熙:《釋名》,北京:中華書局,1985,4 頁。

⑦ [清]陳立:《白虎通疏證》,北京:中華書局,1994,168 頁。

⑧ [清]段玉裁:《説文解字注》,杭州:浙江古籍出版社,1998,390 頁。有關“凡金聲、今聲之字皆有禁制之義”的討論,詳參田煒《説“今”“酓”——從商代甲骨文與西周金文中的“陰”説起》,《文史》2014 年第 2 輯。

⑨ [漢]許慎:《説文解字》,251 頁、69 頁。

⑩ [清]段玉裁:《説文解字注》,126 頁。

⑪ [清]徐灝:《説文解字注箋》,清光緒二十年桂林刻民國三年京師補刻本,卷三下 72 頁背,收入陳建華主編《廣州大典》,廣州出版社,2015。

⑫ 范常喜:《上博八〈命〉篇“鈙”字新釋》,《古文字研究》第 31 輯,北京:中華書局,2016,316-320 頁。

⑬ [唐]陸德明:《經典釋文》,北京:中華書局,1983,24 頁。

⑭ 廖名春:《楚簡〈周易〉校釋記(二)》,《周易研究》2004 年第 5 期。

⑮ 何琳儀:《帛書〈周易〉校記》,《周易研究》2007 年第 1 期。“邦”爲“幫”誤排。

今本“輔”,《釋文》謂:“馬云:上頷也。虞作酺,云:耳目之間。”[①]簡帛本分别作“胶”“頒”,从肉或頁,父聲,所記寫的無疑是“酺”。《説文》:“輔,人頰車也。从車、甫聲。”又:“酺,頰也。从面、甫聲。”又:“俌,輔也。从人、甫聲。讀若撫。”[②]以“輔”爲頰酺,與“酺”同義,以“俌”爲輔佐之“輔”。傳世文獻則主要以“輔”記寫輔佐之“輔”及頰輔之“酺”。《左傳・僖公五年》引諺曰:“輔車相依,唇亡齒寒。”[③]“輔車”之所指,長期聚訟紛紜。清代以前故訓將《左傳・僖公五年》之“輔車”與《詩・小雅・正月》之“輔”“車”分開來解釋,將《左傳》之“輔”訓爲人的面部器官,當是可信的。“輔車相依”之“輔”與今本《周易》此“輔”一樣,記寫的實爲“酺”。而“胶”“頒”則是“酺”的專字。

至於今本之“拇”,竹簡本同,《釋文》謂:“子夏作晦,荀作母。”[④]與帛書本之“栂”,皆一詞之不同用字,其中“拇”當爲本字,从手,由手的拇指兼賅“足大指”,“晦”易手旁爲足旁,爲後起專字。又今本“憧憧”,《釋文》謂“徐又音童,又音鍾,京作憧”,引馬融曰“行貌”,王肅謂“往來不絶貌”。[⑤] 李鏡池謂“憧憧”“即童童。《廣雅・釋言》:‘童童,盛也。’”[⑥]與簡帛本作“童童”正合。此外“隨”與“陏”、“朋”與“傰”、“爾”與“壐”皆音通,以前者爲正字,“思”與“志”爲義近换用。今本“舌”,或疑“吉”字之誤,竹簡本作“昏”,即“舌”增肉旁之專字,可證作“舌”無誤。今本“往吝”,帛書本作“閵”,竹簡本作“吝”,“閵”“吝”音通,今本“往”字,應是爲對應前爻“居吉”而增。

從諸本异文來看,上博楚簡本與馬王堆帛書本《周易》有整齊的對應關係,過去根據今本而認爲馬王堆帛書本有誤,大概是不對的。丁四新認爲:“今本《咸》卦九三爻辭似有人爲改動的痕迹,非其初本。初六‘咸其拇’,六二‘咸其腓’,九三‘咸其股’,九五‘咸其脢’,上六‘咸其輔頰舌’,由初到上,依此形成了一個由身體的下部(低)到上部(高)的順序。這似乎顯得非常合理。不過,將楚簡本、帛本、今本對照起來看,這種十分合乎高低之次的叙述不免令人疑竇叢生。九三爻辭楚簡本作‘肯’(帛本作‘䠑’),按照六二爻辭的讀法,此二字皆當讀爲‘腓’。然而,今本此字作‘股’,介於‘腓’‘脢’之間。此其一。其二,九三爻辭‘隨’下,只有一個‘吝’字以斷占,然而今本作‘往吝’二字,且‘往’與‘隨’在詞義上相應,而合乎《象傳》的解釋。‘往’字,當爲後人衍增。其三,九五爻辭楚簡本作‘拇’,帛本作‘股’,今本作‘脢’。若依帛本,‘股’介於‘䠑(腓)’‘輔頰舌’之間,這已具備了一定的高低之序。今本則更進一層,很可能將楚簡本之‘拇’讀作‘脢’,從而在初至上諸爻之間構造出了一個秩序井

① [唐]陸德明:《經典釋文》,25 頁。
② [漢]許慎:《説文解字》,303 頁、184 頁、164 頁。
③ [清]阮元校刻:《十三經注疏》,1795 頁。
④ [唐]陸德明:《經典釋文》,24 頁。
⑤ [唐]陸德明:《經典釋文》,24-25 頁。
⑥ 李鏡池:《周易通義》,63 頁。

然的系統。不過,九五爻之"拇"是否本應讀作'脢',及帛書緣何改作無音理聯繫的'股'字?此二疑問對今本乃原本的看法,形成了巨大的挑戰。反觀之,楚簡本基本上無所謂將爻位之高低與人體部位之高低密切對應起來的特徵,與今本迥然不同。因此,將今本三、五爻辭及其相關聯的整體看作人爲有意改編的結果,這是較爲合理的。"[①]

今本"咸其輔頰舌"句,通常認爲"輔""頰""舌"三事并列,然若此,則"輔""頰"所指重複。《説文》訓"輔"爲"人頰車",又訓"酺"爲"頰",訓"頰"爲"面旁",故"輔""頰"實爲一事。段注謂:"許言'酺,頰也'者,言其外也。《易》言'酺頰',言'酺',言其裏也。"[②]是爲今本《周易》文辭而强作分别。"頰"《釋文》謂"孟作'俠'",[③]此句竹簡本作"欽頌夾舌",帛書本作"欽其胠陝舌","夾""陜""俠"義近,似不能讀爲"頰"。疑此句本是"欽頌""夾舌"連舉,按照我們的看法,"咸/欽"讀爲"捦","捦"與"夾"義正相近。

又今本"咸其股,執其隨"句,一般將"隨"如字讀。高亨既訓"咸"爲"傷",又疑"隨"讀爲"隋",指"以刀割裂之肉"。[④] 我們認爲,"隨"當从俞樾《群經平議·周易一》讀爲"骽":"竊疑隨乃骽之叚字。古無骽字,故以隨爲之。執其隨者執其骽也。"[⑤]《玉篇·骨部》:"骽,骽股也。"[⑥]慧琳《一切經音義》卷六一引《玉篇》則作"骽,髖也。"[⑦]總之,"骽"大致指大腿根部,與"股"正對應。"捦""執"爲并列動作,正猶"捦""夾"爲并列動作。李鏡池謂:"執,同咸,换辭同義。"[⑧]信是。

本卦六二爻辭與九三爻辭雖皆有"捦其腓",然九三爻辭又增"執其骽",故不必以"捦其腓"爲重複。後人既不知"執其隨"所指,故須爲兩處爻辭作區隔,遂致改九三爻辭爲"咸其股"。當然,此"股"字亦非憑空虚構,而是承馬王堆帛書九五"欽其股"之誤而來。今本的整理者大概是看到過帛書本"腓、腓、股"之外作"腓、腓、脢"的本子,校勘時以"腓"字重複,"股""脢"异文,遂以爲第二個"腓"字有誤,而將异文排入,遂成"腓、股、脢"之序列。總之,依竹簡本,"捦"的對象原只有拇、腓、脢、酺。

經過以上分析,咸卦爻辭的内容已大致清楚。與"咸"相關的爻辭分别作"咸其拇""咸其腓""咸其腓,執其骽""咸其脢""咸輔、夾舌",其層次頗爲清晰。艮卦"艮其趾""艮其腓,不拯其隨""艮其輔",可與本卦參照。"咸""執""夾"意義相近,皆有執持、鉗制、按壓義,

① 丁四新:《楚竹書與漢帛書〈周易〉校注》,上海古籍出版社,2011,83頁。

② [清]段玉裁:《説文解字注》,422頁。

③ [唐]陸德明:《經典釋文》,25頁。

④ 高亨:《周易古經今注(重訂本)》,250頁。

⑤ [清]俞樾:《群經平議》,續修四庫全書本,上海古籍出版社,2002,15頁。又參俞樾《諸子平議》,北京:中華書局,1954,563頁。

⑥ [梁]顧野王:《大廣益會玉篇》,北京:中華書局,1987,35頁。

⑦ [南朝]慧琳、[遼]希麟:《正續一切經音義》,上海古籍出版社,1986,2469頁。

⑧ 李鏡池:《周易通義》,63頁。

"咸"無疑當讀爲"捡"。此卦李鏡池以爲是夢占辭,或是。

傳統解《易》者以經傳皆是講聖人之道的哲理之書,過於夸大《周易》各卦爻辭的内部邏輯關係,爲貫通卦畫與卦名、卦爻辭,有時便不可避免地强作牽合以爲釋。從此例又反過來説明,用字習慣在校讀早期傳世文獻中有着重要作用。

附記:本文先後承范常喜先生、匿名審稿專家惠賜修改意見,謹此申謝。

試論嶽麓秦簡中《爲獄等狀四種》的性質*

湖南大學法學院　李勤通

内容提要　關於《爲獄等狀四種》與張家山漢簡《奏讞書》的性質主要有三種觀點:供官吏參考適用的法律文書彙編、有法律效力的判例集、有待整理提煉的法律素材,其中第一種更爲有力。分析知識特徵可以發現,《爲獄等狀四種》具有案例來源的時空性、内容選材的多元性、文書格式的繁複性、偵查經驗的啓發性等特徵,這意味着單純的律令知識傳播可能并非其惟一目的。在秦代法律傳播需求的大背景下,《爲獄等狀四種》之類的法律文書彙編可能是面向最爲廣泛的官吏傳播律令以及與法律有關的知識、由官方編纂的法律教材,而非有拘束力的司法判例。

關鍵詞　嶽麓秦簡　爲獄等狀四種　秦漢法律傳播　秦漢法律教材

作爲秦代司法實踐的一手資料,《爲獄等狀四種》對解讀秦乃至漢代司法都有重要意義。嶽麓秦簡由湖南大學嶽麓書院購於香港,後又獲部分捐贈,出土情況不明。但部分學者仍然借助材料自身所具有的特徵對其出土情況做出某些推斷。[①] 有學者認爲這批簡極有可能來自墓葬,且應爲同一墓葬。[②] 而按照嶽麓秦簡《日書》的記録,這批材料的墓主人應該是一位

* 2016年度中國法學會部級法學研究課題《嶽麓秦簡所見秦代司法實踐研究》,項目編號CLS(2016)D19。

① 基本情況的梳理參見陳松長《嶽麓書院所藏秦簡綜述》,《文物》2009年第3期;[德]陶安《嶽麓秦簡復原研究》,上海古籍出版社,2016,4-9頁。

② 參見[德]史達《嶽麓秦簡〈廿七年質日〉所附官吏履歷與三卷〈質日〉擁有者的身份》,《湖南大學學報(社會科學版)》2016年第4期。

做過司空史、令史的低級官吏,[①]陳偉進一步推論他是一位名叫爽的人的父親,[②]但史達認爲他應該是爽的上級。[③] 不管這些猜測是否準確,嶽麓秦簡的主人與睡虎地秦簡的主人喜、張家山漢簡的主人在身份上都不高。[④] 何以這些低級官吏都擁有一批類似的法律文獻,這些法律文獻究竟本質爲何仍然存在爭議。不惟《爲獄等狀四種》,關於張家山漢簡《奏讞書》(以下簡稱"《奏讞書》")的性質也存在不少爭議。儘管這些爭議并不影響文獻本身的重要價值,但進一步厘清其性質仍然有助於充分認識當時的法律理念。因此,本文試對這一主題做進一步研究。

一　關於《爲獄等狀四種》性質的相關研究

《爲獄等狀四種》與《奏讞書》的性質頗爲相似。《奏讞書》出土後,很多學者就針對其性質發表過看法。第一種,李學勤認爲:"《奏讞書》便是這種議罪案例的彙集。這和雲夢睡虎地簡的《封診式》近似,其作用應爲官吏工作參考,或學吏者閱讀的文書程式。"[⑤]第二種,彭浩認爲:"它(《奏讞書》)的形式和内容與後來的'決事比'似是一脈相承的,在功用上也無明顯的相異之處,《奏讞書》中彙集的各種案例是縣、郡司法官吏學習法律和斷治獄事使用的。"[⑥]嗣後,大部分觀點本質都是對這兩種看法的延伸或闡釋。其中多數學者贊同李説,在此基礎上又存在官府編纂説、私家編纂説。總的來看,多數學者贊同官府編纂説,[⑦]少數學者

① 參見陳松長《嶽麓書院所藏秦簡綜述》。

② 參見陳偉《嶽麓書院秦簡"質日"初步研究》,簡帛網,2012 年 11 月 17 日,日文全文發表於《中國出土資料研究》第 16 號,中國出土資料學會,2012 年 3 月。

③ 參見[德]史達《嶽麓秦簡〈廿七年質日〉所附官吏履歷與三卷〈質日〉擁有者的身份》。

④ 參見馬雍《讀雲夢秦簡〈編年記〉書後》,中華書局編輯部編《雲夢秦簡研究》,北京:中華書局,1981,19 頁;睡虎地秦墓竹簡整理小組《睡虎地秦墓竹簡》,北京:文物出版社,1990,3 頁;陳耀鈞、閻頻《江陵張家山漢墓的年代及相關問題》,《考古》1985 年第 12 期;張家山二四七號漢墓竹簡整理小組《張家山漢墓竹簡[二四七號墓](釋文修訂本)》,北京:文物出版社,2006,前言 1 頁。

⑤ 參見李學勤《〈奏讞書〉解説》,《文物》1993 年第 8 期。

⑥ 參見彭浩《談〈奏讞書〉中的西漢案例》,《文物》1993 年第 8 期。

⑦ 參見張建國《漢簡〈奏讞書〉和秦漢刑事訴訟程式初探》,《中外法學》1997 年第 2 期;彭浩等主編《二年律令與奏讞書:張家山二四七號漢墓出土法律文獻釋讀》,上海古籍出版社,2007,331 頁;曾加《張家山漢簡法律思想研究》,北京:商務印書館,2008,138 頁;[日]籾山明著,李力譯《中國古代訴訟制度研究》,上海古籍出版社,2009,243-245 頁;朱騰《秦漢時代的律令斷罪》,《北方法學》2012 年第 1 期,等等。

贊同私家編纂説。[①] 也有不少學者在不同程度上認同彭説,其中李均明做了較爲詳細的論證。[②] 不過值得注意的是,儘管彭浩早期主張《奏讞書》的判例性質,但其後來主持編纂的《二年律令與奏讞書:張家山二四七號漢墓出土法律文獻釋讀》則主張李説。

此外還有第三種差异較大的觀點。冨谷至認爲,《封診式》和《奏讞書》所采用的編輯方式都是帳簿式而非書籍式。因此,這些法律文書更有可能是法律素材而有待從中提煉律令規範的記録檔案。[③] 這一觀點將受到比前兩種觀點更大的挑戰。其一,如果只是法律素材的話,那麽爲什麽《爲獄等狀四種》和《奏讞書》都非一時一地的産物,尤其是多年之前的司法實踐都尚未被編纂成律令而仍然有待被提煉?這顯然構成觀點的内部衝突,即有待提煉的素材應該具有一定的即時性。其二,《奏讞書》中案例六到案例十三已經有一定程度的編纂、提煉,這就不可能是素材了。因此,這一觀點影響有限。

在嶽麓秦簡面世後,整理小組認爲《爲獄等狀四種》是《奏讞書》的原型。[④] 《奏讞書》對《爲獄等狀四種》的繼承性也爲其他學者所認同。[⑤] 整理小組同時還認爲《爲獄等狀四種》是司法文書集。[⑥] 這一觀點應當是對李説的繼承,但是更爲謹慎,即只强調其内容性質而未强調其功能。也有學者在此基礎上認爲《爲獄等狀四種》的編纂主體公私待定。[⑦] 這些都反映出學者日益謹慎的態度。而最新觀點是水間大輔在綜合《爲獄等狀四種》與《奏讞書》的基礎上做出的,他根據其中所編案例是否載有最終判决結果分爲由中央編纂下發的和由地方

---

① 參見曹旅寧《張家山漢律研究》,北京:中華書局,2005,270 頁。

② 參見蔡萬進《張家山漢簡〈奏讞書〉研究》,桂林:廣西師範大學出版社,2006,72 頁;李均明《張家山漢簡〈奏讞書〉是一部判例集》,收入其著《簡牘法制論稿》,桂林:廣西師範大學出版社,2011,247-258 頁;李力《發現最初的混合法:從睡虎地秦簡到張家山漢簡》,《河北法學》2010 年第 2 期;劉光勝《由張家山漢簡〈奏讞書〉看荀子"類"的内涵》,《中國典籍與文化》2009 年第 4 期;駢宇騫《出土簡牘法律文書述略》,《中國典籍與文化》2011 年第 4 期。

③ 參見[日]冨谷至著,劉恒武譯《木簡竹簡述説的古代中國》,北京:人民出版社,2007,49 頁;[日]冨谷至著,柴生芳等譯《秦漢刑罰制度研究》,桂林:廣西師範大學出版社,2006,序言 2-10 頁。

④ 參見嶽麓書院藏秦簡整理小組《嶽麓書院藏秦簡〈爲獄等狀四種〉概述》,《文物》2013 年第 5 期。《爲獄等狀四種》的命名方式最初仿張家山漢簡《奏讞書》,後又因爲尊重材料的原本命名及文獻的分類而命名爲《爲獄等狀四種》。參見陳松長《嶽麓書院藏秦簡綜述》;朱漢民、陳松長《嶽麓書院藏秦簡(叁)》,上海辭書出版社,2013,前言。

⑤ 參見[德]勞武利著,李婧嶸譯《張家山漢簡〈奏讞書〉與嶽麓書院秦簡〈爲獄等狀四種〉的初步比較》,《湖南大學學報(社會科學版)》2013 年第 3 期;朱瀟《嶽麓書院藏秦簡〈爲獄等狀四種〉與秦代法制研究》,北京:中國政法大學出版社,2016,37-38 頁。

⑥ 參見嶽麓書院藏秦簡整理小組《嶽麓書院藏秦簡〈爲獄等狀四種〉概述》。

⑦ 參見[德]勞武利著,朱詰琳譯《秦的刑事訴訟案例彙編:〈爲獄等狀〉》,周東平、朱騰主編《法律史譯評》第 4 卷,上海:中西書局,2017,28-68 頁。

官吏根據自身實務需要編纂的兩類。[①] 該説詳細而頗有力,但有可疑之處。[②]

總的來説,關於《奏讞書》與《爲獄等狀四種》的性質研究中,前兩種觀點相對具有影響力。相對於前者,第二種觀點的判斷更爲大膽一些。在没有直接證據證明《奏讞書》的性質時,後者主要是基於以下兩個理由做出的判斷。

第一,在《奏讞書》案例三"臨淄獄史闌偕女子南出關"案中,先前已經判决的"人婢清"案成爲審判依據。在該案中,女子南本爲齊國貴族後因劉邦采劉敬之見被遷徙入關中,案發時則闌欲將其帶回臨淄。南的這種身份是否能够導致闌被適用以"從諸侯來誘"的律令加以處罰?在當時形成疑問。爲此,初審官員在審理過程中提出"人婢清助趙邯鄲城,已即亡,從兄趙地,以亡之諸侯論"作爲比照案例。最後,上級認同了初審。該案是《奏讞書》爲判例説的關鍵證據。

第二,《奏讞書》和《爲獄等狀四種》中有不少關於疑罪辨析(比如罪與非罪、法律適用疑難等情況)的法律文書,這意味着它們對司法實踐具有一定指導意義。這也是李均明等判斷《奏讞書》性質的重要依據。除李均明所舉《奏讞書》案例外,本文再從《爲獄等狀四種》中試舉一例。

案例五《多小未能與謀案》載:

> 【敢】潚(讞)之:
>
> 十二月戊午,軍巫閒曰:攻荆廬溪【□□】故(?)秦人邦亡荆者男子多。多曰:小走馬。以十年時,與母兒邦亡荆。亡時小,未能與兒謀。它如軍巫書。兒死不訊。問:多初亡時,年十二歲,今廿二歲;巳(已)削爵爲士五(伍)。它如辭(辭)。
>
> 鞫之:多與兒邦亡荆,年十二歲,小未能謀。今年廿二歲,巳(已)削爵爲士五(伍)。得。審。疑多辠(罪)。毄(繫)。它縣論。
>
> 敢潚(讞)之。
>
> ●吏議曰:除多。或曰:黥爲城旦。[③]

雖無最終裁決結果,本案的内容却十分清晰。在秦漢時期,邦亡是比較嚴重的罪行。[④] 但在

① 參見[日]水間大輔《張家山漢簡〈奏讞書〉與嶽麓書院藏秦簡〈爲獄等狀四種〉之形成過程》,中國政法大學法律古籍整理研究所編《中國古代法律文獻研究》第11輯,北京:社會科學文獻出版社,2017,91-119頁。

② 水間大輔的觀點可能面臨以下幾個質疑:第一,該説一定程度上假定《奏讞書》《爲獄等狀四種》中的案例記載在出土層面是完整的,這一點至少在《爲獄等狀四種》上的判斷存在可質疑之處;第二,該説認爲最終由南郡審理的案例是由官吏自行整理的,但從下文可知南郡案例所涉及的年代相當長,即使是官員在查詢檔案上仍存在很大困難,且無法回避這些是由南郡官方整理下發給地方的可能性;第三,没有最終判决的案例對官員究竟能够提供什麽指導尚待説明,顯然其能够提供的法律適用指導有限。

③ 朱漢民、陳松長主編:《嶽麓書院藏秦簡(叁)》,141-143頁。

④ 陳松長:《睡虎地秦簡中的"將陽"小考》,《湖南大學學報(社會科學版)》2012年第5期。

案發時,多雖然有邦亡的行爲但却因爲年幼無法與母親同謀,而在秦漢時期,刑事責任的承擔有年齡條件。因此,多是否應該承擔刑罰就是不確定的。從其中也可以發現,不同官吏對該案的判斷也有差别。相關法律解釋的存在對於類似案件就可能有指導意義。整個《爲獄等狀四種》的十五個案例中,這些辨析罪與非罪[①]或者法律適用疑難[②]的案例還有不少。

但這些能否證明《奏讞書》與《爲獄等狀四種》就是有拘束力的司法判例?顯然不能簡單論定。就第一點而言,在秦漢乃至先秦的司法實踐中,運用既往案例作爲審判依據或者作爲法律適用的參照具有普遍性。如《史記·魯周公世家》載:"樊穆仲曰:'魯懿公弟稱,肅恭明神,敬事耆老;賦事行刑,必問於遺訓而諮於固實;不干所問,不犯所諮。'"《集解》引韋昭曰:"故實,故事之是者。"[③]再如《史記·項羽本紀》載:"項梁嘗有櫟陽逮,乃請蘄獄掾曹咎書抵櫟陽獄掾司馬欣,以故事得已。"[④]但在這兩份材料中,過往的司法案例之所以能够對當下産生影響主要是因爲它們屬於故事或者説舊事。[⑤] 而由於材料較少,很難判斷在《奏讞書》案例三中所引用的案例究竟是作爲判例存在還是作爲以往的司法故事存在,也就很難直接將之視爲司法判例予以對待。這表明,即使秦漢時期既往司法裁判能够産生持續性影響,但這并不足以證明作爲司法裁判的依據就是判例法,而只能説明通過對過往判例的解讀有利於對現存法律條文的理解。同時,前文所引水間大輔文也指出,如《奏讞書》中部分被編纂的案例没有載明最終裁判結果,這些并未最後定讞的案例就更難作爲司法判例存在了。

就第二點而言,作爲解決罪與非罪或者法律適用疑難的指導方式,司法案例在當時是否具有可行性。在"皆有法式"[⑥]的秦代,社會的各個層面幾乎都有法律規範,其内容的廣泛性及司法適用性意味着法律適用中的疑難會不斷出現。而面對這些疑難,睡虎地秦簡《法律答問》(以下簡稱"《法律答問》")式的解釋方法似乎更爲有效和節省記録成本。試舉一例。《法律答問》載:"甲盗牛,盗牛時高六尺,毄(繫)一歲,復丈,高六尺七寸,問甲可(何)論?當完城旦。"[⑦]這一記録與"多小未能與謀"案有相似性,即都是關於刑事責任能力變化導致的

---

① 再如"識劫婉案"中,縣的主管官員無法判斷識是否有罪而進行了奏讞。

② 如"屍等捕盗疑購案"中,縣守、縣丞無法確定應該如何選擇適用法律,所以纔提出奏讞。

③ 《史記》卷三三《魯周公世家》,北京:中華書局,2014,1847-1848頁。

④ 《史記》卷七《項羽本紀》,380頁。

⑤ 秦漢故事的研究,可以參見閆曉君《兩漢"故事"論考》,《中國史研究》2000年第1期;吕麗《故事與漢魏晋的法律——兼談對於〈唐六典〉注和〈晋書·刑法志〉中相關内容的理解》,《當代法學》2004年第3期。從中可知,秦漢時部分故事可以作爲習慣法存在,還有部分故事則往往是論證當下應該如何立法或者爲當下立法提供正當性的過往之事。這説明,在秦漢時期,過去所發生的事情(應當包括案例)能够成爲當下行爲的依據,但這種依據不一定是權威性或者説是具有拘束力的。這意味着過去的案例可能對理解法律條文有所幫助,但它們未必就是判例法。因爲,判例法意味着它們能够對之後的相似案件具有當然的拘束力。

⑥ 《史記》卷六《秦始皇本紀》,312頁。

⑦ 陳偉主編:《秦簡牘合集:睡虎地秦墓簡牘》,武漢大學出版社,2016,184頁。

罪與非罪問題。但《法律答問》的記録就簡潔得多。[①] 一方面,這意味着秦代法律文獻的表達能力已經較高,《爲獄等狀四種》這種相對繁瑣的形式在規範表達上并不具有優勢。[②] 另一方面,秦代書寫材料極爲不便,如果舍簡單而取複雜的方式,顯然不能僅用司法判例來解釋。即便《法律答問》這種法律規範的表達高度簡潔的文獻,也有學者認爲它可能是一種法律實務題集而非官方的法律解釋。[③] 同時,在規範内容上,《爲獄等狀四種》與《奏讞書》相較於《法律答問》并未體現出在法律解釋方式上的優勢,反而在提供司法偵查經驗、審判文書格式方面有獨到之處。[④] 或者説,《爲獄等狀四種》和《奏讞書》所欲傳達的知識是非常多元的,而非僅涉及法律適用的案例彙編。

無論是《爲獄等狀四種》還是《奏讞書》,將之作爲具有規範性司法判例的理由顯然存在問題。那麽,較爲謹慎的做法就是將之視作爲特定目的彙編的司法文書。將其視爲司法文書彙編就意味着,它們的存在是爲向特定人群傳遞某些特定的知識。通過進一步分析這些知識的性質與特徵,有利於思考其編纂的目的性。

二 《爲獄等狀四種》所含的知識及其特徵

《爲獄等狀四種》等的發現使得秦代司法實踐更大程度地展現在世人面前。而這樣的法律文書彙編究竟會給時人包括嶽麓秦簡的主人帶來什麽?作爲法律規範的物質載體,《爲獄等狀四種》等文獻顯然承載着當時的諸多法律知識。而且這些法律知識是時人尤其是與司法有關的官吏迫切需求的。通過分析這些司法文書的知識特徵可以爲進一步探討其性質奠定基礎。本文試在參考《奏讞書》的基礎上對《爲獄等狀四種》的知識特徵予以梳理。

---

① 在《奏讞書》中也有這種高度簡潔的案例記載。如"河東守灋(讞):郵人官大夫内留書八日,訛(詐)更其徼(檄)書辟(避)留,疑罪。·廷報:内當以爲僞書論。"彭浩等主編:《二年律令與奏讞書:張家山二四七號漢墓出土法律文獻釋讀》,上海古籍出版社,2007,349頁。儘管這份材料記載的是奏讞書文書,與《法律答問》有所不同,但兩者在表達的簡潔性上是一致的,都説明司法案例能够轉换爲簡潔的形式爲將來提供指導,因此采取複雜的記録方式就不太可能只是單純地傳達律令信息。

② 從判例法的功能來説,其能够擺脱成文法的不周延性與滯後性。因此,似乎通過記載明確的判例法能够達到補充成文法局限性的功能。但這可能面臨兩個方面的理念障礙:第一,以判例法爲主的國家從根本上來説是强調司法權威的,即司法能够通過自身的技藝理性達到對法律的準確認知,但是這一點與秦代法律以君權爲中心的理念十分相悖,法家理念是否定通過司法創造法律的;第二,以判例法爲中心,并不意味着記録判例法的資料一定是要對判例的全面摘抄,判例法的根本目的在於提供對律令的準確理解,而簡潔的記録方式(如《法律答問》等)已經足以達到這種目的,那麽采取繁瑣記録的方式就没有必要性。從這些角度來看,相對繁瑣的記録方式可能有其專門目的。

③ 參見曹旅寧《睡虎地秦簡〈法律答問〉性質探測》,《西安財經學院學報》2013年第1期。

④ 這一點也爲主張《奏讞書》等爲司法判例的學者接受。如李均明《張家山漢簡〈奏讞書〉是一部判例集》,247-258頁。

(一)《爲獄等狀四種》在案例來源上的時空性

《爲獄等狀四種》中的案例非一時一地的產物,而是來自不同地域及不同時間。根據表一可以發現,《爲獄等狀四種》中最早的案例可能發生在秦王政元年(前246),最晚則發生在秦王政二十八年(前219),[①]同時分布在南郡、内史轄縣、南陽郡等多地。這意味着類似的法律文書彙編很可能是在整理全國案件或區域性案件的基礎上形成的。

表一

序號	案例	時間	地點
1	癸、瑣相移謀購案	秦王政二十五年/前222	南郡州陵縣
2	屍等捕盗疑購案	秦王政二十五年/前222	南郡州陵縣
3	猩、敞知盗分贓案	秦王政二十三年/前224	南郡江陵縣
4	芮盗賣公列地案	秦王政二十二年/前225	南郡江陵縣
5	多小未能與謀案	秦王政二十二年/前225	未知
6	暨過誤坐失官案	秦王政二十二年/前225[②]	南郡江陵縣[③]
7	識劫婉案	秦王政十八年/前229	未知
8	譊、妘刑殺人等案	秦王政二十八年/前219	未知
9	同、顯盗殺人案	未知	未知
10	魏盗殺安、宜等案	秦王政二十年/前227	内史
11	得之强與弃妻奸案	秦王政元年?/前246	南郡[④]
12	田與市和奸案	未知	内史[⑤]
13	善等去作所案	未知	未知
14	學爲僞書案	秦王政二十二年/前225	南陽郡
15	綰等畏懦還走案	秦王政二十六年/前221	未知

① 下文若無注釋者,均根據整理小組的意見作出。

② 該案所涉時間較長,其中劾暨所發生的最後一個行政過失在秦王政二十二年十月二十九日(參見朱漢民、陳松長主編:《嶽麓書院藏秦簡(叁)》,151頁)。暨被并處的時間必然在此之後,或者説應該與最後一個案件的發生時間相近,因爲如果所有案件都已經單獨處罰過的話,那麼就没必要再并處了。因此,很有可能是在對暨最後一個過失處罰時,主管官員意識到應當并處。所以,暨乞鞫的時間應該在此後不久。

③ 暨任命銷史丹爲江陵史,可知暨應該在是江陵縣任職,因此該案當爲南郡案例。

④ 據《爲獄等狀四種》記載,該案發生在當陽縣。另據《史記·高祖本紀》載:"當陽君黥布爲九江王,都六。"司馬貞《索隱》引韋昭解當陽爲南郡縣名。《史記》卷八《高祖本紀》,464-463頁。

⑤ 據《爲獄等狀四種》的記載,該案曾經被夏陽的地方官吏定罪過。《漢書·地理志上》載:"左馮翊,故秦内史,高帝元年屬塞國,二年更名河上郡,九年罷,復爲内史……縣二十四……夏陽,故少梁,秦惠文王十一年更名。"《漢書》卷二八上《地理志上》,北京:中華書局,1545頁。因此,該案應該發生在内史管轄的區域。

除去未知案例,這些案例主要來自南郡、内史轄縣、南陽郡等三個地方,如果是私人編纂的話,很難獲得來源如此複雜的文書。因此,有學者指出這意味着這些法律文書彙編顯然出自官方手筆。[①] 而且如果進一步考察秦代的檔案制度會發現,當時采取的是保密性的法律文書制度。[②]《商君書·定分》稱:"法令皆副置一副天子之殿中。爲法令爲禁室,有鋌鑰,爲禁而以封之,内藏法令一副禁室中,封以禁印,有擅發禁室印,及入禁室視禁法令,及禁剟一字以上,罪皆死不赦。一歲受法令以禁令。"[③]在商鞅的制度設計中,法令是由專門機關進行管理的,因此私人很難進行彙編。當然由於地方官吏仍然具有保管部分法律檔案的職能,[④]而且通過律令校讎制度能够實現法律的上下溝通,[⑤]所以他們有進行法律文書彙編的可能性。但法律檔案在不同郡縣之間的交流能否因之實現是可疑的。而且,《商君書》中的律令傳播都是由上下級完成的,并未涉及同級文書的交流。在"皆有法式"的秦代,很難認定這種區域間的法律文書能够通過私人來彙編。同時,這些案例的時間跨度如此之長(包括屬於同一郡縣的法律文書),如果由私人來查閱檔案進行彙編的話難度將極大。這也是前引水間大輔文所面臨的重要疑難之一。當然由官方編纂可能并不意味着只能由中央政府進行編纂,地方政府自身也有可能會編纂一部分用於所轄官吏的法律教育,中央與地方政府根據需要分别編纂這一觀點應當比水間大輔文所謂由南郡審理的案件是由官吏私人編纂的説法更具説服力。

從案例來源的時空性來看,《爲獄等狀四種》很難説能由私人編纂而成。那麽,官方對之進行編纂的目的究竟是什麽?總的來説,秦代通過官方對法律文書進行編纂可能有兩種原因,一是解決法律適用的疑難從而統一司法實踐,二是對相關官吏進行教育。就其前者而言,《爲獄等狀四種》相當於具有法律效力的法源;就後者而言,《爲獄等狀四種》則相當於對官吏進行培訓的教科書。前文已經指出,《爲獄等狀四種》作爲具有拘束力的法源的地位并不十分可靠。因此,其有可能是一種特定的教科書。這種看法的好處在於它能够最大程度地解釋《爲獄等狀四種》的功能。其一,在秦代法律傳播的背景下,作爲教科書,《爲獄等狀四種》等必定由官方組織編纂。其二,作爲教科書,《爲獄等狀四種》能够作爲特定的法源存在,因爲培訓官吏的教材必然具有示範性,即使被司法所直接引用也是可以理解的。當然,這種觀點是否可靠,還需要進一步論證。

---

① 參見朱瀟《嶽麓書院藏秦簡〈爲獄等狀四種〉與秦代法制研究》,34頁。

② 關於秦漢檔案制度,可以參看何莊《試論法家思想對秦代及後代文書檔案立法的影響——以睡虎地秦簡爲中心》,《檔案學通訊》2007年第4期;張晟欽《〈商君書〉中的文書檔案工作研究》,《檔案學通訊》2016年第2期。

③ 高亨譯注:《商君書注譯》,北京:中華書局,1974,533頁。

④ 參見劉向明《從睡虎地秦簡看縣令史與文書檔案管理》,《中國歷史文物》2009年第3期。

⑤ 參見陳中龍《試論〈二年律令〉中的"二年"——從秦代官府年度律令校讎的制度出發》,《法制史研究》總第27期,203-236頁;吴方基:《秦代縣級政務運行研究》,華中師範大學博士學位論文,2015,149頁。

(二)《爲獄等狀四種》在内容選材上的多元性

内容是反映知識特徵最爲重要的體現,而《爲獄等狀四種》在内容方面相當多元化,而且這不僅體現在其所含文書類型上。因此,儘管《爲獄等狀四種》不過 15 個案例,但足以讓人管窺其中的一些特徵。進而可以發現,《爲獄等狀四種》的彙編不僅是爲明確法律適用,而且試圖使閲覽者能够獲得盡可能多的信息。

第一,《爲獄等狀四種》涉及三種類型的司法文書。

根據材質和書寫體裁的差异,《嶽麓書院藏秦簡(叁)》可以被分爲四類,故名《爲獄等狀四種》,[①]但從具體内容來看主要分爲三種類型的法律文書,即狹義的奏讞文書、自稱爲“奏”的進言陳事文書、覆審乞鞫案件的下行文書。[②] 而《奏讞書》的法律文書類型甚至比《爲獄等狀四種》更多。[③]因此,從這兩份材料來看,法律文書種類的多元化是選材的重要標準。這意味着文書種類的選擇可能并不比法律適用的重要性低。當然,不同的法律文書所適用的法律往往也不相同。例如,爲下屬進言請功的文書對於相關法律的適用確實有參考意義,但這種法律適用并不涉及疑難案件,也不具有法律解釋的意義。那麽,它們作爲特種法律文書的存在意義要比法律適用的意義爲大,即通過真實的案件記録方式來向特定主體説明官文書的實際形態。這種做法在秦漢教育中并不鮮見,《二年律令・史律》載:“試史學童以十五篇,能風(諷)書五千字以上,乃得爲史。”[④]關於這段文字中的“書”有不同解讀,但較爲合理的解讀應該是官方的公文範本。[⑤] 通過官方公文範本對官吏或者官吏學徒進行教育,很有可能是秦漢法律教育的重要措施。

第二,《爲獄等狀四種》涉及不同的司法主體。

不同文書類型往往會與不同主體有關聯。例如奏讞文書可能是面向具有初審權的司法官員的(如守、丞等),舉薦下屬的奏則面向有專屬權力的長官,覆審乞鞫文書應該主要面向有覆審權的上級司法機關。當然,這些案例中關於法律適用的知識對多數主體都有參考價值。除此之外,《爲獄等狀四種》還涉及其他與司法有關的吏員。如“癸、瑣相移謀購案”中還可見校長、求盜、監御史等吏員,并且對其職能有所涉及,如校長、求盜有捕盜職責,監御史則有對法律適用提出异議的權力。從主體角度來看,《爲獄等狀四種》的面向比較豐富,并且能够向不同主體提供不同知識,對其履行職務均有一定的指導意義。

第三,《爲獄等狀四種》涉及刑法、行政法等不同的法律部門。

---

① 整理小組將部分待考的殘簡視爲第五類。

② 參見嶽麓書院藏秦簡整理小組《嶽麓書院藏秦簡〈爲獄等狀四種〉概述》,《文物》2013 年第 5 期。

③ 參見[德]勞武利著,李婧嶸譯《張家山漢簡〈奏讞書〉與嶽麓書院秦簡〈爲獄等狀四種〉的初步比較》。

④ 彭浩等主編:《二年律令與奏讞書:張家山二四七號漢墓出土法律文獻釋讀》,297 頁。

⑤ 參見李勤通、周東平《秦漢初期律令中的史官職業教育體系》,《現代大學教育》2016 年第 1 期。

儘管在秦漢時期,律令分野遠未形成,律令功能在一定程度上仍然混同在一起。[1] 但從具體律令篇目來看,不同篇目下的法律形態有明顯不同。也即,儘管當時還没有律令分野,但刑法與行政法有别的類似部門法觀念已經出現,只是没有用不同名稱予以分别而已。如有學者認爲,“秦漢時代的‘律’是以廣義的面目出現的,它不僅包括狹義的刑律内容,還包括事制性、禮儀性的律篇。”[2]也即,在以“律”爲名的法律體系下,不同律篇在進行編纂時已經注意到傾向性,一部分律主要承載以行政規範爲主的律文,另一部分律則主要承載以刑法規範爲主的律文。儘管在當時,兩者仍然存在一定程度的交叉,即行政規範的律文可能會納入刑法律篇,反之亦然。但總的來説,刑法與行政法有别的觀念已經出現。

在刑法與行政法有别的情况下,《爲獄等狀四種》在彙編的時候注意到既吸納刑法也吸納行政法。第一,對刑法適用的彙編顯然毋庸置疑,而《爲獄等狀四種》中最明顯的行政法案例是“暨過誤失坐官案”。對於該案,有學者試圖從刑法的數罪角度進行論述,[3]亦將之視爲行政案例,[4]而且該案中對暨的論處(儘管并未最後定讞)較於刑事案件明顯偏輕。第二,“屍等捕盗疑購案”雖然記録了大量的刑事内容。但實際上其奏讞的根本原因是無法確定獎賞屍等人的法律條文之適用。因此,這一奏讞的功能在於發放獎勵而非定罪量刑。這是一種特定的行政行爲,[5]也應屬於行政案件。第三,“同、顯盗殺人案”“𦋺盗殺安、宜等案”雖然就其内容而言主要涉及刑法,但該份文書本身却是以爲下屬請功以升遷爲主,而且這兩個案例中也没有法律適用的疑難,其可以比擬現代法律中的内部行政行爲,[6]甚至在秦漢時期也顯非刑法的内容。總之,《爲獄等狀四種》中刑法與行政法案例都是存在的。《奏讞書》同樣如此,其所載最後一個案例“女子婢被刺案”也是請功類奏書,因此其所載的案例既包括刑法也包括行政法。當内容中所包含的法律種類衆多時,這意味着其更像是在最短篇幅内爲讀者充分展示不同法律的實踐形態而予以彙編的,而非僅僅是爲了解决法律適用疑難。

第四,《爲獄等狀四種》的刑法内容涉及不同罪名。

---

① 參見張忠煒《秦漢律令關係試探》,《文史哲》2011 年第 4 期。

② 張忠煒:《秦漢律令關係試探》。

③ 參見張伯元《“累論”與數罪并罰》,中國政法大學法律古籍整理研究所編:《中國古代法律文獻研究》第 8 輯,北京:社會科學文獻出版社,2014,49-54 頁。

④ 參見張伯元《〈嶽麓簡(叁)〉的内容及法律史價值》,《華東政法大學學報》2014 年第 2 期。在該文中,張伯元將“芮盗賣公列地案”視爲行政管理類案件。固然這件案子與當時的行政管理有關,但該案件主要涉及的還是盗賣國家財産這一刑事罪名,而且可能是唐律“妄認盗賣公私田”一條的歷史淵源。

⑤ 從行政法的角度出發,該案件的奏讞内容是如何處理縣廷與受獎賞者之間的關係,屬於行政獎勵。關於行政獎勵,參見姜明安《行政法與行政訴訟法》,北京大學出版社,1999,193-197 頁。

⑥ 所謂内部行政行爲,“指行政主體基於行政隸屬關係針對内部相對人即行政公務人員而實施的行政行爲。”胡曉玲:《論内部行政行爲納入受案範圍之必要性及其具體建構》,《學習論壇》2015 年第 6 期。類似這些内部升遷等都屬内部行政行爲。

作爲《爲獄等狀四種》的主要内容,刑法占據絶大部分,而且涉及多種不同的罪名,包括亡罪、奸罪、盗罪、畏耎還走罪等。[①] 在這些案件中,類罪名下還有一些更爲細緻的罪名,如"魁盗殺安、宜等案"所涉及的盗罪實際是盗殺人。盗殺人是一種兼有盗罪與賊罪色彩的複合罪名。而"猩、敞知盗分贓案"中又有盗椒冢之罪,這可能是後世盗發冢罪名的濫觴。[②] 再如"癸、瑣相移謀購案"中涉及到"受人貨財以枉律令"的罪行,也即贓罪。僅僅15個案例,其中與刑法有關的案例約有14個,而其至少涉及7個罪名。儘管這些案例可能遠非《爲獄等狀四種》這種法律文書彙編的全部,但是却可以發現,彙編者很可能希望透過案例編纂向讀者傳遞盡可能多的信息。

(三)《爲獄等狀四種》在文書格式上的繁複性

從内容上來看,《爲獄等狀四種》試圖在有限的範疇内傳遞盡可能多的知識,而在形式上,《爲獄等狀四種》也具有這樣的色彩。尤需注意,《爲獄等狀四種》與《奏讞書》在文書格式上還存在一定區别,也即前者與後者相比在格式上更爲細密,而且更爲繁瑣,從中或可透露出更多信息。

例如在《爲獄等狀四種》"癸、瑣相移謀購案"中,其基本案情是"癸、行、柳、轎、沃,群盗治等盗殺人,癸等追,瑣、渠、樂、得、潘、沛巳(已)共捕。沛等令瑣等詣,約分購,未詣。癸等智(知)治等群盗盗殺人,利得其購,紿瑣等,約死辠(罪)購。瑣等弗能告,利得死辠(罪)購,聽請相移,紿券付死辠(罪)購。先受私錢二千以爲購,得公購備。行弗[詣]告,約分購。沛等弗詣,約分購,不智(知)弗詣、相移受錢。獄未斷,未致購,得。"[③]這一段作爲鞫即奏讞後定罪量刑的事實依據存在。就整個記録而言,該案對整個司法流程都有詳細記録,舉凡告劾、訊、鞫、論、奏讞、吏議等都有所體現。[④] 而這段事實依據在整個法律文書中出現了大約三次,即犯罪人"癸"和"瑣、渠、樂"的供述加起來算作一次、鞫一次以及吏議一次。儘管詳略有异,但基本案件的事實要素都存在,即什麽背景下何人在何時通過何種方式犯下罪行,且對細節内容均記録詳細。

《奏讞書》中的某些案例記録與之有極爲明顯的差异,試舉兩例。其一,在《奏讞書》案例一中,其基本案情是"毋憂變(蠻)夷大男子,歲出賨錢,以當緐(徭)賦,窯遣爲屯,去亡,得,皆審。"[⑤]這已經是極簡化的描述,與"癸、瑣相移謀購案"中鞫的詳細記録有明顯差异。

---

① 參見朱瀟《嶽麓書院藏秦簡〈爲獄等狀四種〉與秦代法制研究》,44-114頁。

② 先秦時期已經出現打擊盗墓的相關法律。參見王子今《中國盗墓史》,北京:九州出版社,2007,259-267頁。

③ 朱漢民、陳松長:《嶽麓書院藏秦簡(叁)》, 100-101頁。部分句讀依據下面文章做出,參見黄傑《〈嶽麓書院藏秦簡(叁)〉釋文補釋商補》,簡帛網,2013年9月13日。

④ 關於秦漢司法程式,可以參看張建國《漢簡〈奏讞書〉與秦漢刑事訴訟程式初探》,《中外法學》1997年第2期;程政舉:《漢代訴訟制度研究》,北京:法律出版社,2010。

⑤ 彭浩等主編:《二年律令與奏讞書:張家山二四七號漢墓出土法律文獻釋讀》,333頁。

但在奏讞的主體部分,案件記録則較爲詳細地記録了案件事實以及審訊過程。這就使得該案對於基本案情的詳細記録本質上只有一次。其二,在《奏讞書》案例七中,北地太守奏讞的部分被濃縮爲"女子甗奴順等亡,自處彭陽。甗告丞相:自行書,順等自贖,甗所臧(贓)過六百六十,不發告書,順等以其故不論,疑罪。"①這一部分在該案記録中是作爲奏讞主體存在的,而鞫則没有單獨記録,其奏讞記録與《奏讞書》案例一中的鞫很相似。可以説,這種記録方式是將後者奏讞書的主體和鞫的内容合并後的結果,即以後者中鞫的方式來記録自己的主體内容。將這兩個案例與"癸、瑣相移謀購案"兩兩對比後差异性十分明顯。

表二

	奏讞	鞫	吏議
癸、瑣相移謀購案	詳細記録	簡化記録	簡化記録
《奏讞書》案例一	簡化記録	極簡記録	無
《奏讞書》案例七	極簡記録	無	無

從表二中可以明顯發現這三個案例在案件事實記録方面的差异,甚至從某種意義上構成一種階梯型變化。當然這些變化可能是同時進行的,但這已經可以説明《爲獄等狀四種》在文書格式上與《奏讞書》的差异。深入對比還可以發現:

第一,"癸、瑣相移謀購案"與《奏讞書》案例一相比。首先,"癸、瑣相移謀購案"的具體案情在這份奏讞書中被詳細記録了三次。相比之下,《奏讞書》的案例中則記録了兩次,即作爲奏讞主體的記録以及鞫的内容,但鞫的記録已經極簡化,很難再説是一種完整記録。② 其次,在記録内容傾向上,《奏讞書》的着重點在於與法律適用相關的案情與律令條文。在法律適用的過程中,法律事實極爲重要,"法律事實是適法事實,即可以進行法律評價的事實,是案件事實,即對此作出法律判斷的事實。"③法律事實的建構根本上是爲法律適用,并由此形成事實與法律的等置。④ 因此,存在于法律文書中的法律事實往往是與法律適用具有直接相關性的且被剪裁後的事實,除主要案情以及可能影響判決的情節等外都無記録必要。《奏讞書》的記録十分合乎這個原理。而"癸、瑣相移謀購案"有兩種明顯不同的記録,即在奏讞中案件的記録十分繁瑣,而鞫以及吏議中的記録則已經簡化很多,或者可以説與《奏讞書》中奏讞部分具有更大的相似性。也即,"癸、瑣相移謀購案"中鞫和吏議部分是進行事實剪裁後的結果,而主體部分則可能是尚未事實剪裁的結果。這就使得"癸、瑣相移謀購案"的内部存在

---

① 彭浩等主編:《二年律令與奏讞書:張家山二四七號漢墓出土法律文獻釋讀》,345 頁。
② 《奏讞書》中的案例顯然并非抄録完整原件。參見汪桂海《漢代官文書制度》,南寧:廣西教育出版社,1999,88 頁。
③ 鄭永流:《法律判斷大小前提的建構及其方法》,《法學研究》2006 年第 4 期。
④ 參見鄭永流《法律判斷形成的模式》,《法學研究》2004 年第 1 期。

兩種案件記録模式,而《奏讞書》案例一則對這兩種模式擇簡而從。

第二,“癸、瑣相移謀購案”與《奏讞書》案例七相比。《奏讞書》案例七中奏讞部分的記録已經極簡化,且與《奏讞書》案例一中鞫的記録方式相類似。可以説前者是後者再簡化的結果。當然,這種記録方式并非漢代獨有。例如《法律答問》的記録方式與《奏讞書》案例七就很相似。這種記録方式應該已經能够滿足司法實踐的需求,[①]甚至從某種意義上來説更加合乎法律適用需求或者説解釋法律適用疑難的要求,因爲它們將司法實踐中應該注意的主要案件事實和法律關係進行了對應。例如前文所引《奏讞書》案例三中用作指導的人婢清的案情即只有“人婢清助趙邯鄲城,已即亡,從兄趙地,以亡之諸侯論”等短短數語。繁瑣的記録對法律適用未必能够起到很好的指導效果。之所以出現這些不同的記録方式可能意味着在不同的記録過程中,記録者對之進行了不同程度的删減,以滿足特殊的記録目的。如果簡略的記録方法就能够滿足法律適用的需求且當時已有實踐,則意味着“癸、瑣相移謀購案”與《奏讞書》案例一所欲傳達的信息顯非法律適用方法而已。

透過這些不同的案件記録模式可以發現,《爲獄等狀四種》在記録上不厭其煩,可能是一種最爲細瑣的模式,這很有可能是最爲原始的司法文書檔案。相較之下,《法律答問》《奏讞書》則應當是經過再處理的結果,當然不同的案例處理程度有所差异。之所以《爲獄等狀四種》直接以繁複的原始司法文書檔案作爲主體内容,顯然也并非僅想以之作爲解决法律適用疑難的先例,[②]而是試圖通過這些内容來使閲讀者獲得更多信息。就其所包括的信息而言,包括司法流程、司法職能分工、司法偵查方式、詢問技巧等等。因爲文書記録的繁複性,相關記録中傳達出遠超法律適用的信息,這可能也是《爲獄等狀四種》出現的重要原因。

(四)《爲獄等狀四種》在偵查經驗上的啓發性

由前可知,《爲獄等狀四種》等不僅對斷案具有指導意義,而且對案件偵查也很有啓發性。在《爲獄等狀四種》所面向的司法主體中,屬吏顯然占據重要地位。同時,在秦漢制度背景下,司法官吏有不同的職能分工,而且呈現出不斷發展的趨勢。[③] 其中,主要的職能分工就是裁判與偵查。以縣爲例,縣守、縣丞主要行使聽告、劾罪、審判、奏讞之權,令史、獄史、求盜、校長等屬吏則主要負責偵緝、捕繫與案驗等。[④] 從《爲獄等狀四種》和《奏讞書》中可以很明確地發現裁判職能與偵查職能的分工,這意味着對司法而言,偵查知識與法律知識所面向的群體有所差异。而對案例審理而言,這兩種知識可以説同樣重要。

---

① 參見陳鋭《樸素的技巧:〈法律答問〉中的法律解釋方法》,《政法論叢》2011 年第 6 期。

② 尤其需要注意,判例是具體司法實踐的産物,如果直接以之作爲司法判决的依據,那麽這意味着法律的解釋權本質上可以由司法官吏來分享,這實際上是一種將刑罰權付諸臣下的做法,與法家理念相去甚遠。

③ 參見姚遠《東漢内郡法官法吏復原研究——以長沙五一廣場東漢簡牘爲核心》,《華東政法大學學報》2016 年第 4 期。

④ 參見朱瀟《嶽麓書院藏秦簡〈爲獄等狀四種〉與秦代法制研究》,170 頁。

但法律知識與偵查知識是不同的。法律知識以規範爲中心,主要由法律概念、法律規則與法律原則構成。① 這些現代法律理論的總結對古代同樣適用。法律的這些特徵意味着法律知識的學習很大程度上依賴文本。與之相比,司法偵查作爲探究事實的專門知識必然不能局限於文本,無論刑事技術手段、偵查措施、偵查方法等都是如此。② 偵查功能的完成需要將技術融入具體實踐中,從而發現案件的真實狀況。同時,與完整的現代偵查知識體系不同的是,古代的偵查知識具有片段性,而且在尚未系統化時,如何傳播相關經驗就成爲難題。那麽,通過成功的偵查案例來對享有偵查權的吏員進行啓發也就成爲一種重要途徑。單純從傳播偵查經驗的角度來説,籾山明的司法經驗再分配説是準確的。③

從《爲獄等狀四種》和《奏讞書》中可以發現,部分案件的疑難涉及的是事實偵破而非法律適用,即某些案件根本不存在法律適用疑難。例如在“同、顯盗殺人案”“㲋盗殺安、宜等案”以及《奏讞書》案例二十二等中,這些案件的案情清晰、法律適用明確,對於司法官員進行法律適用的指導意義不大,但不少小吏因爲破獲這些疑難案件而被表奏升遷,他們偵破案件的手段與經驗對於其他擁有偵查職能的官吏來説是極爲寶貴的。李均明已經注意到《奏讞書》的部分案例所提供的主要是偵查知識,但却將之視爲論證《奏讞書》當爲判例集的依據,④這就將法律知識與偵查知識混爲一談。當然,除了通過《爲獄等狀四種》式的文書來傳遞偵查經驗外,其他如《封診式》等也存在偵查經驗的介紹。⑤ 這反映出當時司法偵查經驗普及的重要性與内在需求。

具體來説,“同、顯盗殺人案”“㲋盗殺安、宜等案”等詳細記録了案件的偵查過程,尤其是對吏的偵查過程予以詳細描述。如“㲋盗殺安、宜等案”詳細記録了獄史觸、彭沮、衷偵辦案件的做法。這三人在偵辦案件的過程中,不僅詳細盤查了與案件有關的人員,而且在不同道路、不同地區搜查可疑人員,同時對形迹可疑的人員進行了有針對性的詢問,最終查獲凶犯。⑥ 其叙事方式與“癸、瑣相移謀購案”之類也有明顯區别,即前者主要以偵辦案件的吏員

① 參見張文顯《法理學》,北京:高等教育出版社,2007,112-125 頁。

② 參見楊殿生等《刑事偵查學》,北京大學出版社,2001,1-2 頁。

③ 參見[日]籾山明著,李力譯《中國古代訴訟制度研究》,243-245 頁。

④ 參見李均明《張家山漢簡〈奏讞書〉是一部判例集》,249-250 頁。

⑤ 一方面,《封診式》中存在《賊死》《經死》《穴盗》等直接傳播司法檢查與鑒定之類的經驗;另一方面,《封診式》中還有部分案件可以啓發如何發現犯罪嫌疑人之方法的經驗。前者非常明顯,後者例如《封診式·奪首》載:“某爰書:某里士五(伍)甲、公士鄭才(在)某里曰丙共詣斬首一,各告曰:‘甲、丙戰刑(邢)丘城,此甲、丙得首毆(也),甲、丙相與争,來詣之。’·診首□髻髮,其右角痏一所,袤五寸,深到骨,類劍迹;其頭所不齊𦢊𦢊然。以書讂首曰:‘有失伍及菌不來者,遣來識戲次。’”陳偉主編:《秦簡牘合集·睡虎地秦墓簡牘》,278 頁。這個案件儘管有司法鑒定的成分,但從含義來看,經過鑒定顯然發現該案并非争奪首級這麽簡單,而是涉及到對自己軍隊士兵進行謀殺的可能性。參見朱紹侯《軍功爵制研究》,北京:商務印書館,2017,33-34 頁。因此,相關的閲讀者能够從中發現的也就不僅是鑒定知識或者説鑒定規範。

⑥ 參見朱漢民、陳松長主編:《嶽麓書院藏秦簡(叁)》,185-191 頁。

的做法爲視角進行叙述,後者則主要是以犯罪人的行動軌迹爲視角進行叙述。相較於《封診式》,[①]《爲獄等狀四種》與《奏讞書》更注重介紹疑難案件的成功偵查經驗。如果從得"微難獄"而升遷的角度出發,舉薦相關屬吏升職肯定帶有"勸他吏"的色彩,而事實上這些經驗本身就帶有"勸他吏"的意味。即這些偵查經驗能够啓發其他官吏的偵查能力。偵查知識與法律知識的顯著不同在於後者要相對穩定,這樣纔能保障法律適用的統一,而前者則因時因地有所不同,這樣纔能針對不同案件提出有針對性的偵查思路。我們可以很明顯地透過這些文書發現,它們所欲傳遞的偵查思維,尤其是無法通過規範的偵查程式予以表達的内容。而且有些案件如"學爲僞書案"所提供的最重要的内容其實是犯罪者的犯罪手法,這一點很值得偵查人員去思考,也爲相關的司法吏員在日後如何進行偵查提供了樣板。

三　結語

透過對知識内容的考察可以發現,法律適用或者説法律疑難的解决僅是《爲獄等狀四種》的部分目的,這些法律文書彙編更爲重要的功能可能是向不同司法主體提供解决不同問題的思路。回到嶽麓秦簡的主人,作爲一名文書官吏,他能够從《爲獄等狀四種》中獲得的解决法律適用疑難的知識并不多,很多普遍性的律令知識只需要閲覽相關的法律條文即可獲得,無需繁瑣的案例引導。這進一步説明,《爲獄等狀四種》所面向的主體應該是多元的,當時不同職能、不同級别的官吏都可能擁有類似的法律文獻。因此,儘管《爲獄等狀四種》應爲官方編纂,但其編纂目的并非僅以傳達律令爲主,更非意圖將之作爲司法判例。其實很容易發現,在類似出土文獻中,關於官吏教育的資料相當豐富。例如,睡虎地秦簡《爲吏之道》、嶽麓秦簡《爲吏治官及黔首》都有類似性質。[②] 因此,《爲獄等狀四種》也可能具有類似性質,即向官吏或者即將成爲官吏的人傳達與法律適用、審判程式、案件偵查等等有關的知識。作爲低級官吏,嶽麓秦簡的主人不僅承擔着傳播法律的職能,而且需要接受上傳下達的各種法律相關知識。

在秦代"以吏爲師""以法爲教"的思想與制度背景下,通過法律實現對整個社會的控制是其主要政治目標。無論郡縣制還是司法制度,其設計思路都是以實現上對下的直接或間

① 從《封診式》的記載來看,這一法律文書的主要内容是各種鑒定規範、訊獄方式等等,至於案件的結果等似乎并非其關注的重點,這也反映了其進行選編時的目的傾向。

② 參見黄盛璋《雲夢秦簡辨正》,《考古學報》1979年第1期;肖永明《讀嶽麓書院藏秦簡〈爲吏治官及黔首〉札記》,《中國史研究》2009年第3期;朱鳳瀚《北大藏秦簡〈從政之經〉述要》,《文物》2012年第6期。還有部分學者認爲這些材料可能是當時的教材,但其觀點各异。參見吴福助《睡虎地秦簡論考》,臺北:文津出版社,1994,139-149頁;張金光《論秦漢的學吏教材——睡虎地秦簡爲訓吏教材説》,《文史哲》2003年第6期;張夢晗《"新地吏"與"爲吏之道"——以出土秦簡爲中心的考察》,《中國史研究》2017年第3期。

接統治爲目的。但從根本上來説,基於對官吏的不信任,秦代推行“法治”的根本目的還是在於實現皇帝對天下的直接統治。只是理想與現實的衝突使得制度設計退而求其次,即皇帝以官吏治天下,而又以面向天下的法律約束官吏。皇帝既倚重又警惕官吏的結果進一步强化了法律在整個國家治理中的重要作用。從守法中延伸出的命題主要是:第一,守法必然要以知法爲前提;第二,守法要求吏民皆守,尤其是官員要守法;第三,官員守法不僅受制於嚴格的法律責任,而且需要全民知法,這樣儘管官員是主要的法律傳播者但又不會成爲法律的獨占者。在這樣的“法治”命題下,爲達到使吏民守法而尊君的目的,高效的法律傳播就成爲必然的選擇。從法家理念到具體實踐,多樣的法律傳播措施隨之誕生。扁書、識字教材、專門的官吏法律教材等都成爲法律傳播的手段。通過對《爲獄等狀四種》的分析可以發現,作爲法律文書彙編,它所試圖涵蓋的内容遠遠超出律令範疇,其包含各種各樣的與法律相關的知識,并且能够面向不同的官吏群體。因此,《爲獄等狀四種》更可能是當時爲向不同群體傳播相關法律知識而製作的官方教材。當然,因其官方性和法律傳播的目的性,其中所包含的法律知識應當是對當時法律實踐的真實反映。

《嶽麓書院藏秦簡(肆)》所收令文淺析*

湘潭大學文學與新聞學院　周海鋒

内容提要　《嶽麓書院藏秦簡(肆)》令卷册在編連和文字釋讀上均有可商榷之處。綜合考慮字體、竹簡長度和内容,基本可以確定原先編排在0558號簡之前的1918號簡須從卷册中剔除,應編連在尚未刊布的J33+J62-1號簡之前,0558簡之前的空隙應安插0668和0591號簡。“鄉嗇夫吏”指“鄉嗇夫”與“吏主者”,故兩者之間要頓開。0589、0658號兩簡應編連在一起。“自今以來”可以理解爲從現在起,但僅憑此術語不能知曉律令條文的頒布時間。制定新的律令條文常采用“自今以來”這一格式語,只有在追敘或謄録故有律令條文時纔采用“具體年月+以來”格式。

關鍵詞　嶽麓秦簡　卷册編連　鄉嗇夫吏　自今以來

《嶽麓書院藏秦簡(肆)》[①]包括三個卷册,《亡律》卷册、其他近20種律構成的卷册和令卷册。令卷册共收簡108枚,整理者認爲這些令文都屬於“内史郡二千石官共令”。相對於前兩個律卷册而言,此卷册所收簡多殘缺,故給編連增加了難度。另一個讓人困惑的地方在於簡背劃綫大都不能支持正面簡文的繫連。下面筆者試着從繫連和釋讀兩個方面談幾點意見。

---

* 本文係國家社科基金青年項目“秦律令及其所見制度新研”(項目號17CZS056)的階段性研究成果。

① 陳松長主編:《嶽麓書院藏秦簡(肆)》,上海辭書出版社,2015。

一　誤入卷册與編連有誤的簡

整理者將 0081+0932、J70+J71+J67 和 1131 三枚篇名簡收入令卷册,史達博士根據背劃綫信息將其剔出并移到適宜的位置。我們在後續整理過程中多方面驗證了這一重要發現的可信性。J70+J71+J67 簡本殘,之後又發現了可與之綴合的一個殘片 J66-3,而且根據簡牘綴合和編號的一般規則,此簡應重新編號爲 J67-3+ J70-2+ J71-2+ J66-3。① 誤收的三枚篇名簡簡文如下:

J67-3+ J70-2+ J71-2+ J66-3 ■ 廷内史郡二千石官共令・戊

0081+0932 ■ 廷内史郡二千石官共令・第己・ 今辛

1131 ■ 廷内史郡二千石官共令・第庚 ・今壬

"廷内史郡二千石官共令"不宜放入此卷册的理由,除了史達博士依據的背劃綫信息以外,筆者認爲還可從以下幾個方面來考量。首先從字體來判斷,這三枚簡與令卷册其他簡迥异。其次見於該卷册的篇名,大部分爲"内史郡二千石官共令"。"廷内史郡二千石官共令"與"内史郡二千石官共令"雖然只有一字之差,二者所涵括的範圍却有大小之分,甚至有某些本質性的差异。最後,嶽麓秦簡中尚可見"廷内史郡二千石官共令第丙"和"☐郡二千石官共令第甲"兩個篇名,這兩個篇名下的令條抄録形式有一個顯著特點:均不以令曰起首,一則令文抄完後,只標記數字序號,并不冠以任何令名。例如:

1148□者,□令可先智(知)决。・廿四②

0179・禁毋敢爲旁錢,爲【旁】錢者貲二甲而廢,縣道官可以爲作務産錢者免爲上計如律。・廿一③

"廷内史郡二千石官共令第丙"統轄下的簡有 100 枚左右,無論是竹簡尺寸還是字體特徵,與其他律令簡均有極大差异。這些簡應屬於一個卷册,可簡稱其爲"廷令丙"卷册。巧合的是"【廷内史】郡二千石官共令第甲"這一篇名下的令文,其書體也是極爲獨特的,這爲編連提供了極大便利。

以此推論,所有以單枚簡書寫的"廷令"篇名,其所屬的令條都應該只以數字序號標序,而《嶽麓書院藏秦簡(肆)》所見令文,均無數字序號。由此也可證明三枚"廷令"篇名簡不應收入。

---

① J67 簡包括 4 個殘片,按照從上往下的順序,"■ 廷内"位列第三,故將其標號爲 J67-3。其他殘片也遵循此編號原則。由兩個以上殘片綴合的簡,按照殘片所在的位置,遵循先上後下、先左後右的排列順序。

② 隸屬"廷内史郡二千石官共令 第丙"卷册,該卷册整簡長度約 22.7cm ,字體均向右下傾斜。

③ 隸屬"廷内史郡二千石官共令 第甲"卷册,此卷册整簡長約 29.7cm,字距較疏闊,字體綫條細,少方折,多圓轉之筆。

廷令抄寫格式一致,各組之間從内容上也無法加以區分,且"廷戊""廷已""廷庚"字體也完全一樣,主要根據背劃綫與反印文加以切分。

除了以上三枚篇名簡,1918 號簡也要從卷册中剔除,爲了便於討論,先把相關簡文移録於下:

1918・制詔丞相御史:兵事畢矣,諸當得購賞貰責(債)者,令縣皆亟予之。令到縣,縣各盡以見(現)錢不禁 0558 者,勿令巨辠。令縣皆亟予之。■丞相御史請:令到縣,縣各盡以見錢不禁者亟予之,不足,各請其屬 0358 所執灋,執灋調均;不足,乃請御史,請以禁錢貸之,以所貸多少爲償,久昜(易) 期,有錢弗予,過一金,0357 貲二甲。0465 ■內史郡二千石官共令第戊[①]

核查圖版(見附圖)可知 1918 號簡的書體比較方正,風格與同一則令文其他字完全不同,而且其尺寸也略長些。此外,從文法上考慮,"縣各盡以見(現)錢不禁者,勿令巨辠"一句顯然缺少句子成分,"不禁者"之後要接"予之"一類的詞語纔能使得此句語意完整。綜上可知,將 1918 號簡與 0558 簡繫連成一則令文是不合適的,1918 號簡當另尋歸屬,0558 號簡之前也應另置它簡。筆者在後續整理過程中注意到以下簡文:

J33+J62-1【者亟予之】,不足,各請其屬所執灋,執灋調均,不足,乃請御史,請以禁錢貸之,以所貸多少爲償,久昜〈易〉期,有[②]

不難發現,以上簡文也出現在 0558 和 0358 簡,所抄文字完全一樣,但字體迥异,這應當是兩則内容相同而由不同書手抄寫的令條,分屬不同卷册。J33+J62-1 與 1918 簡字體相同,内容相關,可繫連在一起:

1918・制詔丞相御史:兵事畢矣,諸當得購賞貰責(債)者,令縣皆亟予之。令到縣,縣各盡以見(現)錢不禁 J33+J62-1【者亟予之】,不足,各請其屬所執灋,執灋調均,不足,乃請御史,請以禁錢貸之,以所貸多少爲償,久昜〈易〉期,有

雖然 1918 組令文後文缺失,但是其爲 0558 組令條的復原提供重要綫索:

0558 者,勿令巨辠。令縣皆亟予之。■丞相御史請:令到縣,縣各盡以見錢不禁者亟予之,不足,各請其屬 0358 所執灋,執灋調均;不足,乃請御史,請以禁錢貸之,以所貸多少爲償,久昜(易) 期,有錢弗予,過一金,0357 貲二甲。0465 ■ 內史郡二千石官共令第戊

---

① 陳松長主編:《嶽麓書院藏秦簡(肆)》,上海辭書出版社,2015,197-198 頁。

② 陳松長主編:《嶽麓書院藏秦簡(陸)》,待刊。

筆者將兩則令文内容雷同部分用下劃綫標示,通過比較不難發現,1918 組令文與 0558 組令文大同小异,前者應爲後者的節録本,抑或二者源於同一"底本"而摘録時各有側重。總之,二者可以互補缺文。故 0558 簡之前當缺"兵事畢矣,諸當得購賞貰責(債)者"一段内容,而就在同一卷册 0668 和 0591 簡出現了這樣的文字,試將其繫連如下:

0668 舉不如令者,論之,而上奪爵者名丞相,丞相上御史。都官有購賞貰責者,如縣。兵事畢 0591 矣,諸當得購賞貰責(債)者,0558 者,勿令巨皋。令縣皆亟予之。■丞相御史請:令到縣,縣各盡以見(現)錢不禁者亟予之,不足,各請其屬 0358 所執灋,執灋調均;不足,乃請御史,請以禁錢貸之,以所貸多少爲償,久易(易) 期,有錢弗予,過一金,0357 貲二甲。0465 ▌内史郡二千石官共令第戊

0591 簡完整,字體與 0558 完全一樣,但是在抄完"者"之後有大段的留白(這種現象多次出現在嶽麓秦簡之中,很可能是發現簡文重複後被刮削)。同時不難發現 0591 與 0558 繫連後出現衍文"者",筆者認爲是 0591 簡刮削未盡所致。雖然增入了兩簡,令文仍然不完整。在後續整理過程中,發現 1662 號簡,其文如下:

1662 循行案舉不如令〖者〗,論之,而上奪爵者名丞相,丞相上御史。都官有購賞貰責(債)不出者,如縣。·内史官共①

0668 舉不如令者,論之,而上奪爵者名丞相,丞相上御史。都官有購賞貰責(債)者,如縣。兵事畢

不難發現 1662 所抄内容與 0668 簡幾乎一樣,所不同者 0668 簡"貰責"後漏抄"不出"二字,1662 簡以"如縣"二字結束。通過比較,還可得出以下結論:0668 簡之前至少缺一枚簡。完整的 0668 組令文應當包括 1662 組令文和 1918 組令文。從 1662、0465 簡尾部書寫的篇名可知 1662 組條文屬於"内史官共令",而 0668 組屬於"内史郡二千石官共令" ,二者内容相同而歸屬有异,這種現象同樣出現在律條歸類之中。② 這是因爲"内史官共令"與"内史郡二千石官共令"所規範的對象有交叉,"内史官共令" 是適用於内史轄區内所有官吏的令條,這其中自然包括二千石官。

接下來的問題是 1918 組令文的歸屬問題,從字體來看不應歸入"内史郡二千石官共令",但其字體與 1662 簡相同,前面提到 0668 組簡文包括了 1918 組和 1662 組的内容,故可根據 1662 簡斷定 1918 組簡屬於"内史官共令"。三組令文最終編連釋文如下:

---

① 陳松長主編:《嶽麓書院藏秦簡(伍)》,上海辭書出版社,2017,187 頁。

② 詳細討論見周海鋒《嶽麓書院藏秦簡〈田律〉研究》,《簡帛》第 11 輯,上海古籍出版社,2015;周海鋒《嶽麓書院藏秦簡〈金布律〉研究》,鄔文玲主編《簡帛研究二〇一七(春夏卷)》,桂林:廣西師範大學出版社,2017。

0668 舉不如令者,論之,而上奪爵者名丞相,丞相上御史。都官有購賞貰責者,如縣。兵事畢 0591 矣,諸當得購賞貰責(債)[者],0558 者,勿令巨皋。令縣皆亟予之。■丞相御史請:令到縣,縣各盡以見(現)錢不禁者亟予之,不足,各請其屬 0358 所執灋,執灋調均;不足,乃請御史,請以禁錢貸之,以所貸多少爲償,久易〈易〉期,有錢弗予,過一金,0357 貲二甲。0465 ■ 内史郡二千石官共令第戊

J38□□坐一□,丞、令、令史、官嗇夫吏主者奪爵各一級,無爵者以(?)官爲新地吏四歲,執灋令都吏 1662 循行案舉不如令〖者〗,論之,而上奪爵者名丞相,丞相上御史。都官有購賞貰責(債)不出者,如縣。·内史官共

1918 ·制詔丞相御史:兵事畢矣,諸當得購賞貰責(債)者,令縣皆亟予之。令到縣,縣各盡以見(現)錢不禁 J33+J62-1【者亟予之】,不足,各請其屬所執灋,執灋調均,不足,乃請御史,請以禁錢貸之,以所貸多少爲償,久易〈易〉期,有

二　語詞補釋

出於各種原因,簡文中某些語詞没有進行必要的解釋,這一定程度上影響了閲讀者對令條的理解。此外,個别解釋仔細琢磨後覺得不太準確,需要補正。

(一)“鄉嗇夫吏”

“鄉嗇夫吏”多次出現在令卷册之中:

0443 廿年二月辛酉内史言:里人及少吏有治里中,數晝閉門不出入。請:自今以來敢有□來□□□☑0544 晝閉里門,擅貲僞□□□□□□□□□□者,縣以律論之。鄉嗇吏智(知)而弗言,縣廷亦論。鄉 0665 嗇夫吏└令典、老告里長,皆勿敢爲。敢擅晝閉里門,不出入□□,貲鄉嗇夫吏,智(知)弗言縣廷,貲☑①

以上三枚簡構成一則令文的前半部分,此令文保存了部分請令格式,内容是針對里人、少吏白天擅自關閉里門不讓行人通過而制定的相關懲罰措施。其中“里人”,整理者釋爲“里長”,不確,“里人”在此可解釋爲同里之人。需要指出的是負責開閉里門者,未必是同里之人。《史記》載張耳、陳餘爲了逃命,背井離鄉,曾淪落爲看里門者。看守里門乃賤職,就連一般的黔首都不願爲之,甭提里長。

整理者或將“鄉嗇夫吏”視爲一個職官名,故中間没有斷讀,值得商榷。在秦漢簡牘中“嗇夫吏”大多數情況下并非指官嗇夫,而是指官嗇夫與吏。統言之,嗇夫亦可稱吏;析言之,

① 陳松長主編:《嶽麓書院藏秦簡(肆)》,193-194 頁。

嗇夫指主事吏,吏指一個部門内除去主事吏之外的吏員。例如:

嶽麓秦簡:1261·雜律曰:嗇夫擅桎杵(梏)吏,若奪衣寇〈冠〉、劍、履以辱之,皆貲二甲。①

《秦律十八種》:毋敢以火入臧(藏)府、書府中。吏已收臧(藏),官嗇夫及吏夜更行官。毋火,乃閉門户。令令史循其廷府。節(即)新爲吏舍,毋依臧(藏)府、書府。内史雜②

《二年律令》:罰船嗇夫、吏金各四兩。③

以上三則律文極好地證明了"嗇夫"與"吏"不是一種涵括關係,而是一種并列關係。具體到0443則令文中的"鄉嗇夫吏","鄉嗇夫"與"吏"也應該是一種并列關係。"鄉嗇夫吏"是鄉嗇夫和吏主者的并稱。因此,"鄉嗇夫吏"當斷讀爲"鄉嗇夫、吏"。秦漢律令簡中,"吏主者"跟在"嗇夫"之後時常常省稱爲"吏":

1599……書下官,官當遣1180徒而留弗遣,留盈一日,官嗇夫、吏主者,貲各一甲,丞、令、令史貲各一盾;過一日到二日,官嗇夫、吏貲二甲,【丞】1176令、令史貲各一甲;過二日到三日,官嗇夫、吏贖耐。④

《二年律令·賊律》:船人渡人而流殺人,耐之,船嗇夫、吏主者贖耐。其殺馬牛及傷人,船人贖耐,船嗇夫䙴(遷)。其敗亡粟米它物,出其半,以半負船人。舳艫負二,徒負一;其可紐繫而亡之,盡負之,舳艫亦負二,徒負一;罰船嗇夫、吏金各四兩。⑤

"吏主者"是統稱,不是具體的職官名,指負責某項具體職務的官吏,從理論上講"吏主者"也可能就是"嗇夫"。但是從所見的簡牘材料來看,"嗇夫吏主者"常常只能視爲"嗇夫"與"吏主者",二者截然分開:

《秦律十八種·金布律》:……及隸臣妾有亡公器、畜生者,以其日月減其衣食,毋過三分取一,其所亡衆,計之,終歲衣食不踐(足)以稍賞(償),令居之,其弗令居之,其人死亡,令其官嗇夫及吏主者代賞(償)之。⑥

再回到0443組令文,0544簡"鄉嗇吏" 顯然漏抄了一個"夫"字,這從下文兩次出現"鄉嗇夫吏"可知。又0665"貲鄉嗇夫、吏"之"貲"應該從上讀,從秦漢簡可知"貲"後面的賓語常常是

① 陳松長主編:《嶽麓書院藏秦簡(肆)》,148頁。
② 睡虎地秦墓竹簡整理小組:《睡虎地秦墓竹簡》,北京:文物出版社,1990,64頁。
③ 彭浩等主編:《二年律令與奏讞書》,上海古籍出版社,2007,92頁。
④ 陳松長主編:《嶽麓書院藏秦簡(陸)》,待刊。
⑤ 彭浩等主編:《二年律令與奏讞書》,92頁。
⑥ 睡虎地秦墓竹簡整理小組:《睡虎地秦墓竹簡》,38頁。

甲、盾、布之類,没有跟職官的。確定了“貲”應從上讀後,可知“鄉嗇夫、吏”應該從下讀,“鄉嗇夫、吏智弗言縣廷”組成一個意群。據此,“鄉嗇【夫】吏智(知)而弗言,縣廷亦論”也應該斷讀爲“鄉嗇【夫】、吏智(知)而弗言縣廷,亦論”。0443 組令文當重新句讀補釋如下:

0443 廿年二月辛酉内史言:里人及少吏有治里中,數晝閉門不出入。請:自今以來敢有□來□□□☒ 0544 晝閉里門,擅貲僞□□□□□□□□□□者,縣以律論之。鄉嗇【夫】、吏智(知)而弗言縣廷①,亦論。鄉 0665 嗇夫、吏令典、老告里長,皆勿敢爲。敢擅晝閉里門,不出入□□,貲。鄉嗇夫、吏智(知)弗言縣廷,貲☒

(二)0658 簡釋讀、句讀與繫連問題

《嶽麓書院藏秦簡(肆)》第三個卷册比較殘缺,且没有多少背劃綫作爲編連依據,故整理者的釋讀和編連或有可商榷之處,兹以嶽麓秦簡 0658 號爲例進行討論。整理者給出的釋文句讀如下:

0658 其可爲傳者,爲傳,財(裁)期之蜀,毋故,令蜀□黔首戍。②

“蜀”後一字只存部分筆劃,整理時没有釋讀,根據殘筆,筆者認爲當釋讀爲“發”,“發黔首戍”即徵發黔首戍。現將殘字與同一書手所抄録的“發”列表如下:

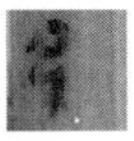 0658 號簡	 0525 號簡	 0717 號簡

通過對比,未釋之字爲“發”無疑。接下來是對“毋故”的解讀,秦簡中尚未見到此詞,《史記》《漢書》中各出現一次:

《史記·田叔列傳》:是時孟舒坐虜大入塞盜劫,雲中尤甚,免。上曰:“先帝置孟舒雲中十餘年矣,虜曾一人,孟舒不能堅守,毋故士卒戰死者數百人。長者固殺人乎?公何以言孟舒爲長者也?③

《漢書·五行志》:京房《易傳》曰:“今不修本,下不安,金毋故自動,若有音。”④

據上下文,《田叔列傳》中“毋故”猶言無辜;《五行志》“毋故”即無緣無故。顯然這兩個解釋放在簡文中均不合適。筆者試着將“毋故”與後文連讀,“毋故令蜀發黔首戍”一句可以解釋爲“不要特意徵發蜀郡黔首繇戍”,與前文“其可爲傳者,爲傳”正好可呼應。“故”有“故意”

① “夫”乃筆者根據上下文補出,整理本無。
② 陳松長主編:《嶽麓書院藏秦簡(肆)》,219 頁。
③ 《史記》卷一〇四《田叔列傳》,北京:中華書局,1959,2776 頁。
④ 《漢書》卷二七中之下《五行志中之下》,北京:中華書局,1962,1429 頁。

“存心”之意,《史記·陳涉世家》:“(吴)廣故數言欲亡,憤恚尉”,[①]可引申爲“特意”“專門”之意,在里耶秦簡中多次出現:

遷陵故令人Ⅰ行洞庭,急。Ⅱ8-182[②]

☐遷陵故令人☐Ⅰ

☐【行】洞庭。☐Ⅱ8-249+8-2065[③]

“遷陵故令人行洞庭,急。”指遷陵縣專門派遣人傳遞這封重要文書,十分緊急。因此0658簡可重新釋讀句讀爲:“其可爲傳者,爲傳,財(裁)期之蜀,毋故令蜀發黔首戍。”又0589與之關係密切,似宜繫連起來:

0589 諸書當傳者勿漕└,斷辠輸䙴(遷)蜀巴者└,令獨水道漕傳。[④]

0658 其可爲傳者,爲傳,財(裁)期之蜀,毋故令蜀發黔首戍。

0589與0658簡上端均有外力作用下留存的壓痕,簡尾端均裂開。

三 “自今以來”釋義

“自今以來”這一術語大量出現在秦漢律令簡牘中,也有學者對此做過研討,筆者在前賢的基礎上,簡單談幾點看法。“自今以來”見於睡虎地秦簡“魏户律”之中:

廿五年閏再十二月丙午朔辛亥,告相邦;民或弃邑居野,入人孤寡,徼人婦女,非邦之故也。自今以來,叚(假)門逆吕(旅),贅壻後父,勿令爲户,勿鼠(予)田宇。三葉(世)之後,欲士(仕)士(仕)之,乃(仍)署其籍曰:故某慮贅壻某叟之乃(仍)孫。[⑤]

睡虎地秦墓竹簡整理小組將“自今以來”翻譯爲“從現在起”。《嶽麓書院藏秦簡(肆)》令卷册中兩次出現這一術語:

0443:廿年二月辛酉内史言:里人及少吏有治里中,數晝閉門不出入。請:自今以來敢有□来□□□☐ 0544:晝閉里門,擅貲僞□□□□□□□□□□者,縣以律論之。鄉嗇吏智(知)而弗言,縣廷亦論。鄉 0665:嗇夫吏令典老告里長,皆勿敢爲。敢擅晝閉里

① 《史記》卷四八《陳涉世家》,1951頁。
② 陳偉主編:《里耶秦簡牘校釋(第一卷)》,武漢大學出版社,2012,106頁。
③ 陳偉主編:《里耶秦簡牘校釋(第一卷)》,122頁。
④ 陳松長主編:《嶽麓書院藏秦簡(肆)》,200頁。
⑤ 睡虎地秦墓竹簡整理小組:《睡虎地秦墓竹簡》,174頁。

門,不出入□□,貲鄉嗇夫吏,智弗言,縣廷貲☐

0530:·魚陽外厩□賃□簿,故□以其故壞,疑它縣官有等。請:自令以來,有賃爲簿,□□☐[①]

令文中的"自令以來",整理者未進行解釋。"今"在秦簡中常見的義項是"現在""如今",如:

甲取人亡妻以爲妻,不智(知)亡,有子焉,今得,問安置其子? 當畀。或入公,入公异是。[②]

今法律令已具矣,而吏民莫用,鄉俗淫失(泆)之民不止,是以法(廢)主之明法殹(也)。[③]

又在睡虎地秦簡《編年記》(或稱"葉書")中,"今"有不同的用法:

今元年,喜傅。[④]

廿八年,今過安陸。[⑤]

以上兩個"今"只能解釋爲"今上""今皇帝"。很顯然,"今"在秦簡中的兩種用法,無論采用哪一種,放在"自今以來"這一術語中都是講得通的,但這二者之間只能選其一。

上引0443簡保存了秦請令程式,首先是内史於廿年二月辛酉這一天向上反映了"里人及少吏有治里中,數晝閉門不出入"的情況,内史希望改變這一不合理的現狀,於是向上請求制定一則令文,"請:自令以來敢有□來□□□☐"。0443中的"自令以來"乃内史請令文書中的組成部分,後面帝王將以命書或制書加以答復。現在能看到的令文,當是得到帝王肯定回復的。松柏漢墓出土"獻枇杷令"保留了比較完整的請令程式:

·令丙第九

丞相言:請令西成、成固、南鄭獻枇杷各十,至,不足,令相備不足,盡所得。先告過所縣用人數,以郵、亭次傳。人少者,財助。獻起所爲檄,及界,郵吏皆各署起、過日時,日夜走,詣行在所司馬門,司馬門更取(?)大官,大官上檄御史。御史課縣留穉(遲)者。御史奏,請許。制曰:可。孝文皇帝十年六月甲申下 。[⑥]

嶽麓秦簡律令條文中的"自令以來"并非指自從今皇帝以來,"自令以來"即從現在開始,從

① 陳松長主編:《嶽麓書院藏秦簡(肆)》,196頁。

② 睡虎地秦墓竹簡整理小組:《睡虎地秦墓竹簡》,133頁。

③ 睡虎地秦墓竹簡整理小組:《睡虎地秦墓竹簡》,13頁。

④ 睡虎地秦墓竹簡整理小組:《睡虎地秦墓竹簡》,6頁。

⑤ 睡虎地秦墓竹簡整理小組:《睡虎地秦墓竹簡》,7頁。

⑥ 荆州博物館:《湖北荆州紀南松柏漢墓發掘簡報》,《文物》2008年第4期。

此條文頒布開始,但僅從"自令以來"這四個字看不出條文的準確生效時間。對於律令條文何時生效,秦令也有規定:

1888:●新律令下,皆以至其縣、都官廷日決。故有禁,律令後爲辠名及減益辠者,以奏日決。·卒令乙卅二[①]

1786:●數言赦,不便。請:自今以來,節(即)爲令若有議爲殹(也),而當以赦爲根者,皆以其赦令出之明日爲根,曰:某年某月某1713日以來。[②]

綜合以上兩則材料可知,理論上講律令條文可能也是在頒發第二日即生效,但是在實際運作時顯然行不通。秦帝國幅員遼闊,咸陽所在的内史所轄部分縣尚且不能保證在第二天就能接到來自朝廷的文書,更不用説遼東、南海這樣的邊郡了。所以,以接收到律令條文之時爲生效期,是比較合理的。正因爲如此,諸官署在接到新的法令文書時必須記録文書送達的時間,如:

1859:爲詐(詐)便。·臣昧死請。制曰,可。·廿九年四月甲戌到胡陽。·史學童詐(詐)不入試令。·出廷丙廿七[③]

將"廿九年四月甲戌"視爲"史學童詐不入試令"傳送到胡陽的時間比較可靠。

綜上,制定新的律令條文常采用"自今以來"這一格式語,只有在謄録故有律令條文時采用"具體年月+以來"格式。"自令以來"常作爲律令條文的標誌而存在,僅據此四字并不能判定條文制定的具體時間。

---

① 陳松長主編:《嶽麓書院藏秦簡(伍)》,103頁。
② 陳松長主編:《嶽麓書院藏秦簡(伍)》,123頁。
③ 陳松長主編:《嶽麓書院藏秦簡(陸)》,待刊。

附圖：

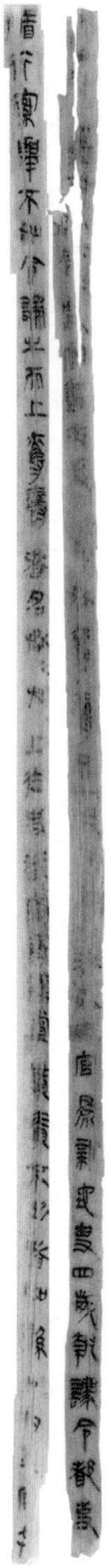

1662　J38

J33+J62-1　1918

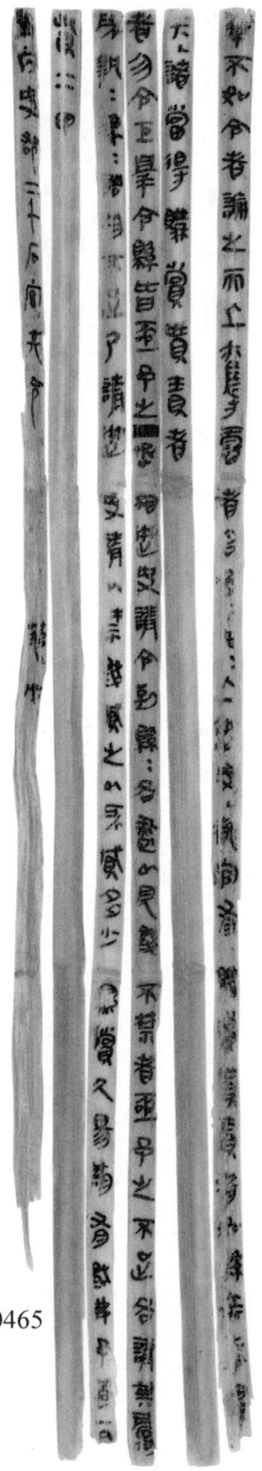

0465

0357　0358　0558　0591　0668

《嶽麓書院藏秦簡(肆)》所載《賊律》《具律》析論*

四川省社會科學院　寧全紅

内容提要　《嶽麓書院藏秦簡(肆)》所載《賊律》規定的是官吏在爲券書之際"少多其實"應當承擔的法律責任,所載《具律》規定的是官吏如果不依律辦理文書相關事務應當承擔的法律責任。二者均存在律名與律文内容不一致的問題。部分出土秦律以及《史記》《漢書》等傳世文獻漢律相關記載表明,律名與律文内容一致乃漢成、哀以前立法修律之習慣甚至傳統。就此問題而考察睡虎地秦簡記載的《語書》以及《商君書》之《定分》篇相關記載,或可合理推測它們係考試之際産生。换言之,《嶽麓書院藏秦簡(肆)》所記載的包括《賊律》《具律》在内的第二組簡文有可能是目前所能見到的中國古代最早的"試卷"。

關鍵詞　秦簡　賊律　具律　"試卷"

《嶽麓書院藏秦簡(肆)》①記載了部分秦代律令,包括《亡律》等十九種秦律。其中,部分秦律比如《亡律》《獄校律》《奔警律》以及《索律》等等爲睡虎地秦簡所未記載,它們的問世有利於豐富人們關於秦律的知識,價值不言而喻。部分秦律比如《賊律》《具律》等,在《晋書·刑法志》等傳世文獻中亦有記載,對於學術界而言意義更爲重大。學者們可以通過對不同途徑形成的有關秦律的記載進行比較而發現其間存在的异同,進而挖掘其中藴含的歷史信息。正是基於這樣的考慮,本文擬對《嶽麓書院藏秦簡(肆)》所載《賊律》以及《具律》進行深入

* 本文爲國家社科基金《秦法之治下官吏集團研究》(項目批准號:15BZS066)階段性成果。

① 陳松長主編:《嶽麓書院藏秦簡(肆)》,上海辭書出版社,2015。

考察。

《嶽麓書院藏秦簡(肆)》載:"賊律曰:爲券書,少多其實,人、户、馬、牛以上,羊、犬、彘二以上及諸誤而可直(值)者過六百六十錢,皆爲大誤;誤羊、犬、彘及直(值)不盈六百六十以下及爲書而誤、脱字爲小誤。小誤,貲一盾;大誤,貲一甲。誤毋(無)所害□□□殹(也),減罪一等。"[①]其中,"券",《説文・刀部》:"契也……券別之書,以刀判契其旁,故曰契券。"[②]這裏的"券書"很可能是指百姓在向官府借入馬、牛、羊、犬、彘等生産、生活必需品之際必須簽訂的契券,理由有二:其一,唯有官府與衆多百姓之間發生借貸關係纔有可能在爲券書之際産生"人""户"方面謬誤的可能性。而且,作爲各級官府治理依據的秦律,不大可能關注私人借貸之際産生的書寫錯誤;其二,秦律所謂"將牧公馬牛"云云表明,[③]官府擁有大量馬、牛,并委派專人放養。馬、牛如此,則羊、犬、彘等等亦有可能如此。因此,該律規定的是官吏在"爲券書"之際出現差錯而應當承擔的法律責任。與此相關的是,睡虎地秦簡記載的《金布律》規定:"縣都官坐效計以負賞(償)者。已論,嗇夫即以其直(值)錢分負其官長及冗吏,而人與參辨券。以效少内,少内以收責之。其入贏者,亦官與辨券,入之。其責毋敢隃(逾)歲,隃(逾)歲而弗入及不如令者,皆以律論之。"[④]其中,"坐"乃"主"之意。比如《讀書雜誌・史記第四・孫子吴起列傳》"坐爲計謀",王念孫按:"《文選・報任少卿書》注引此作主,於義爲長。"[⑤]"效"則有"考"以及"數"之意。前者如《管子・四時》"效會計,毋發山川之藏",[⑥]後者如《史記・淮陰侯列傳》"諸將效首虜"。[⑦] 整理者所謂"點驗"之解釋因而大致可從。"計",計帳也。"縣都官坐效計"意爲縣都官主持點驗、計帳。然後,他們將結果交給"賞(償)者"。其餘律文大意爲,在認定之後,嗇夫、官長、冗吏以及少内等官吏分工負責賞(償)者相關事務,違者承擔法律責任。《嶽麓書院藏秦簡(肆)》記載的所謂《賊律》規定的是官吏爲券書之際"少多其實"應當承擔的法律責任,而睡虎地秦簡所載《金布律》規定了嗇夫、官長、冗吏以及少内等官吏在百姓償還之際要對券書予以審核,二者之間顯然存在密切的關聯。

《嶽麓書院藏秦簡(肆)》記載的第一條所謂《具律》曰:"諸使有傳者,其有發徵、辟問、具殹(也)及它縣官事,當以書而毋□欲(?)□□者,治所吏聽行者,皆耐爲司寇。"[⑧]其中,

① 陳松長主編:《嶽麓書院藏秦簡(肆)》,上海辭書出版社,2015,142-143頁。
② [漢]許慎撰,[清]段玉裁注:《説文解字注》,上海古籍出版社,1988,182頁。
③ 睡虎地秦墓竹簡整理小組編:《睡虎地秦墓竹簡》,北京:文物出版社,1990,33頁。
④ 睡虎地秦墓竹簡整理小組編:《睡虎地秦墓竹簡》,61-62頁。
⑤ 王念孫:《讀書雜誌》,上海古籍出版社,1985,116頁。
⑥ 黎翔鳳:《管子校注》,北京:中華書局,2004,855頁。
⑦ 《史記》卷九二《淮陰侯列傳》,北京:中華書局,1959,2617頁。
⑧ 陳松長主編:《嶽麓書院藏秦簡(肆)》,143-144頁。

“傳”，整理者解釋爲“通行往返的文書。”[①]不甚準確。“傳”應是指在各級或者同級官府之間以次傳遞之文書。比如，南郡郡守騰對縣、道嗇夫發布公告并下令“以次傳，別書江陵布，以郵行。”[②]又如，“今咸陽發僞傳，弗智（知），即復封傳它縣，它縣亦傳其縣次，到關而得。”[③]“發徵”，整理者釋曰：“徵召”。[④] 在一定程度上可從。“發”，出也。“徵”既可指力役，比如《禮記·王制》：“升于司徒者不徵于鄉”，孔穎達曰：“徵，謂力役。”[⑤]“徵”也可指税，比如《禮記·王制》：“市廛而不税；關，譏而不徵。”孔穎達曰：“徵，亦税也。”[⑥]“徵”還可以指賦，比如《春秋左氏傳》“於是秦始徵晋河東”，杜預注：“徵，賦也。”[⑦]因此，這裏的“發徵”應該是指朝廷發布的關於力役或税賦的文書。“辟問”，整理者釋曰：“審理、詢問。”[⑧]不妥，上級或者同級官府不大可能通過文書對异地之人進行審理、詢問。“辟”可以指法、罪以及刑，也可以指天子、諸侯以及卿士等等，“辟問”大概是指官員向下級官府發布的就法、罪或者刑等事務進行詢問。在已經公諸於世的秦簡牘之中，人們已有機會目睹這類文書。比如，廿三年四月，江陵丞文就猩、敞知盗分贓案奏讞。事情的起因是，廿三年九月庚子，令下，劾録江陵獄：“猩智（知）人盗埱冢，分臧（贓），得。敞当耐鬼薪，猩黥城旦。遝戊午赦爲庶人。鞫審，讞。”江陵獄視故獄，并詳細彙報該案的發生、審斷經過以及結果。[⑨] 由前述秦文書傳遞相關做法可以合理推測，下令者爲南郡官府或者官員。[⑩] “具”，應當提供之意，比如《周禮·天官·大宰》：“與其具脩”，賈公彦疏云：“具，謂所當供。”[⑪]這裏很可能是指官府應就相關情况向上級或同級官府彙報或者答覆的文書。因此，《嶽麓書院藏秦簡（肆）》載第一條《具律》的意思是，經辦發徵、辟問、具毆（也）及它縣官府事務等文書之吏，應當書面辦理而出現種種謬誤者，依律將耐爲司寇。

《嶽麓書院藏秦簡（肆）》記載的第二條所謂《具律》曰：“有獄論，徵書到其人存所縣官，吏已告而弗會及吏留弗告、告弗遣，二日到五日，貲各一盾；過五日到十日，貲一甲；過十日到廿日，貲二甲；後有盈十日，輒駕（加）貲一甲。”[⑫]其中，“有獄論”并非意味着獄已經論斷，而

① 陳松長主編：《嶽麓書院藏秦簡（肆）》，172 頁。
② 睡虎地秦墓竹簡整理小組：《睡虎地秦墓竹簡》，16 頁。
③ 睡虎地秦墓竹簡整理小組：《睡虎地秦墓竹簡》，176 頁。
④ 陳松長主編：《嶽麓書院藏秦簡（肆）》，172 頁。
⑤ 朱彬著，沈文倬等點校：《禮記訓纂》，杭州：浙江大學出版社，2010，191 頁。
⑥ 朱彬著，沈文倬等點校：《禮記訓纂》，186 頁。
⑦ 杜預：《春秋經傳集解》，上海古籍出版社，1978，300-301 頁。
⑧ 陳松長主編：《嶽麓書院藏秦簡（肆）》，172 頁。
⑨ 陳松長主編：《嶽麓書院藏秦簡（叁）》，119-124 頁。
⑩ 寧全紅：《周秦時代獄訟制度的演變》，北京：人民出版社，2015，241-242 頁。
⑪ 孫詒讓：《周禮正義》，北京：中華書局，2013，134-135 頁。
⑫ 陳松長主編：《嶽麓書院藏秦簡（肆）》，144 頁。

是表示獄有待論斷。惟其如此,秦律纔規定對實施妨礙斷獄的“吏已告而弗會及吏留弗告、告弗遣”等行爲之人予以處罰。“徵書到其人存所縣官”爲“有獄論”後續行爲,與前述表示徵收力役或者賦税的“發徵”有所不同。其大意爲,向其人住所所在地縣官發出文書。其中,“徵”,行也。睡虎地秦簡記載的一個案例很可能與此相關:“敢告某縣主:男子某有鞫,辭曰:士五(伍),居某里。可定名事里,所坐論云可(何),可(何)罪赦,或覆問毋(無)有,遣識者以律封守,當騰,騰皆爲報,敢告主”。[①] 男子某在某縣有獄論,該縣縣官需要該男子住所所在縣之縣官協助辦理“定名事里”等事務,故而以“敢告某縣主”以及“敢告主”等言辭表示尊重。“會”,謂應書而往。比如,《漢書·淮南王傳》:“臣願會逮”,顔師古注:“會謂應書而往也。”[②]“吏已告而弗會”因而意爲吏已告知而不應書而往,這裏指的是本地官署之吏。“吏留弗告”意思是吏壓下這事而不告知相關之吏,仍然是針對本地官署之吏。“告弗遣”意爲已經告知而不“遣識者以律封守”等。至此,人們不難發現,《嶽麓書院藏秦簡(肆)》之中所記載的兩條所謂《具律》規定的均爲官吏如果不依律辦理文書相關事務應當承擔的法律責任。

在周秦時代的文獻之中,“賊”基本上與券書無關,而是表示無所顧忌地殺(傷)人、焚毁重要建築等之意。比如,《左傳》昭公十四年有所謂“殺人不忌爲賊”之説。[③] 在睡虎地秦簡記載的法律條文之中,“賊”亦有類似含義。比如,“甲告乙盗牛若賊傷人,今乙不盗牛,不傷人,問甲可(何)論?端爲,爲誣人;不端,爲告不審。”[④]又如,“求盗追捕人,罪人挌(格)殺求盗,問殺人者爲賊殺人,且斵(鬥)殺?斵(鬥)殺人,廷行事爲賊。”[⑤]其中,殺(傷)普通人爲“鬥殺(傷)人”,而殺追捕人犯的官府求盗則爲“賊殺人”。像“‘臣妾牧殺主。’可(何)謂牧?欲賊殺主,未殺而得,爲牧(謀)”[⑥]這樣的言説可以進一步證明上述推斷。其中,“賊殺主”與“賊殺求盗”相類。此外,睡虎地秦簡《法律答問》之中還有“‘以梃賊傷人。’可(何)謂‘梃’?木可以伐者爲‘梃’”這樣的説法。[⑦] 大概以可伐之木殺人,超出人們所普遍認同的常理、常識和常情,也有“殺人無忌”的意味在其中。在張家山漢簡之中有“賊燔城、官府及縣官積聚,弃市。賊燔寺舍、民……”[⑧]之類記載,表明焚燒城池、官府以及寺舍、民宅等等也屬肆無忌憚而在人們心目中爲“賊”。如果《賊律》的内容與其名稱一致的話,則《嶽麓書院藏秦簡(肆)》之中以官吏因爲券書之際“少多其實”而應予以處罰爲主要内容的所謂《賊律》就顯得非常

---

① 睡虎地秦墓竹簡整理小組:《睡虎地秦墓竹簡》,247–248 頁。
② 《漢書》卷四四《淮南王傳》,北京:中華書局,1962,2151–2152 頁。
③ 楊伯峻:《春秋左傳注》,北京:中華書局,1990,1367 頁。
④ 睡虎地秦墓竹簡整理小組:《睡虎地秦墓竹簡》,169 頁。
⑤ 睡虎地秦墓竹簡整理小組:《睡虎地秦墓竹簡》,179–180 頁。
⑥ 睡虎地秦墓竹簡整理小組:《睡虎地秦墓竹簡》,184 頁。
⑦ 睡虎地秦墓竹簡整理小組:《睡虎地秦墓竹簡》,190 頁。
⑧ 張家山二四七號漢墓竹簡整理小組:《張家山漢墓竹簡[二四七號墓]》,8 頁。

可疑。事實上,它與睡虎地秦簡所記載的《效律》如次之律文更具相關性:"計脱實及出實多於律程,及不當出而出之,直(值)其賈(價),不盈廿二錢,除;廿二錢以到六百六十錢,貲官嗇夫一盾;過六百六十錢以上,貲官嗇夫一甲,而復責其出毆(也)。人户、馬牛一以上爲大誤。誤自重毆(也),減罪一等。"[①]在睡虎地秦簡之中,《效律》與《秦律雜抄》一樣,很可能由一人書寫。而且,"《效律》的第一支簡,背面寫有'效'字標題,看來應爲一篇首尾完具的律文。"[②]遍觀《效律》之律文,它們與其律名亦基本一致。由此可以斷定,睡虎地秦簡記載的《效律》爲秦制定和實施的《效律》的組成部分。在《嶽麓書院藏秦簡(肆)》記載的所謂《賊律》與"賊"不相干却與前述《效律》在内容和精神方面極其相似的情况下,人們恐怕很難相信它屬於《賊律》,而是更加傾向於認爲它屬於《效律》。

或許有學者依據《二年律令・賊律》所載"諸詐增减券書,及爲書故詐弗副,其以避負償,若受賞賜財物,皆坐臧(贓)爲盗。其以避論,及所不當【得爲】,以所避罪罪之。所避毋罪名,罪名不盈四兩,及毋避也,皆罰金四兩"[③]以及"□□□而誤多少其實,及誤脱字,罰金一兩。誤,其事可行者,勿論"[④]之類律文認爲,《嶽麓書院藏秦簡(肆)》記載的《賊律》與《二年律令・賊律》相關律文涉及的事務、背後的法律精神均一致。在秦漢法律之間存在繼承關係的情况下,有理由據而認爲它屬於《賊律》組成部分,前面對於《嶽麓書院藏秦簡(肆)》記載的所謂《賊律》的質疑并不能成立。對此,需要指出的是,出土張家山漢簡記載的律名包括《行書律》《繇律》《置吏律》《效律》《金布律》《均輸律》《傳食律》以及《津關令》等二十餘種。與睡虎地秦簡記載秦律的情形不同的是,它們單獨寫在一支簡上,不與律文相連。[⑤] 因此,人們不應該因整理者在每篇律文之後加注的律名而誤以爲它們涵括前面列舉的法律條文。其實,人們所看到的整理報告《二年律令》之中《賊律》《具律》等包括的律文由整理者安排(其他二十餘種漢律亦如此)。由於相關文獻的匱乏以及整理者的認識難免存在局限性等因素的存在,包括前述學者據以反駁的法律條文在内的整理報告《二年律令・賊律》部分律文可能因爲與"賊"無關而不屬於西漢王朝曾經制定和實施的《賊律》,[⑥]故而不能據以反駁前面

① 睡虎地秦墓竹簡整理小組:《睡虎地秦墓竹簡》,125-126頁。

② 睡虎地秦墓竹簡整理小組:《睡虎地秦墓竹簡》,112頁。

③ 張家山二四七號漢墓竹簡整理小組:《張家山漢墓竹簡[二四七號墓]》,10頁。

④ 張家山二四七號漢墓竹簡整理小組:《張家山漢墓竹簡[二四七號墓]》,10頁。

⑤ 彭浩:《江陵張家山漢墓出土大批珍貴竹簡》,《江漢考古》1985年第2期。

⑥ 從字形書體的角度來看,第14、15支簡與前後幾支簡存在明顯差异。因此,這部分内容不排除爲兩個人書寫或者同一人在不同時間書寫的可能性。也就是説,第14、15支簡記載的律文很可能原本不屬於《賊律》。

針對《嶽麓書院藏秦簡(肆)》記載的所謂《賊律》提出的質疑。[①]

《嶽麓書院藏秦簡(肆)》記載的所謂《具律》也存在類似問題。《具法》始載於《法經》,係對於《盜法》《賊法》《網法》《捕法》以及《雜法》等法規定的懲罰措施按照一定的原則或者方法予以加減方面的規定。與其他諸法一樣,《具法》也以"罪名之制"爲其特徵。[②] 依據《魏律序》所謂"舊律(筆者注:指漢律)因秦法經,就增三篇,而《具律》不移,因在第六"可知,[③]《具法》後改稱《具律》,仍然爲秦漢法律重要組成部分。作爲"罪條例",《具律》排列在漢九章律之第六。在漢律於其後增加三篇律之後,《具律》既"不在始",又"不在終"。在魏律制定者看來,這樣的編排方式與篇章之義不合,故而他們"集罪例以爲《刑名》,冠於律首。"[④]晋律亦在漢九章律的基礎之上制定,以"仍其族類,正其體號"爲基本原則,并且改舊律爲《刑名》《法例》。[⑤] 這裏的"舊律"應該是指《具律》,理由有二:其一,修晋律者多爲魏國舊臣,熟悉包括《刑名》在内的魏律,難免一仍其舊,將漢之《具律》修改爲《刑名》。其二,後面交代《囚律》《盜律》等諸律的修改情況,却未涉及作爲總綱的《具律》。關於《刑名》,張裴指出,"律始於《刑名》者,所以定罪制也。"[⑥]而且,"《刑名》所以經略罪法之輕重,正加減之等差,明發衆篇之多義,補其章條之不足,較舉上下綱領。"[⑦]既然如此,由張斐關於《刑名》内容之闡述不難推知,《具律》是關於在定罪量刑過程中如何加減,在法律條文中語詞多義情況下如何理解或者解釋以及如何參照相關法律條文裁判等非常類似後世刑法總則之法律。[⑧] 對此,人們還可以進一步予以證明。如前所述,《具律》爲九章律組成部分。關於九章律,班固曰:"……四夷未附,兵革未息,三章之法不足以禦奸,於是相國蕭何攈摭秦法,取其宜於時者,作律九章。"[⑨]也就是説,九章律乃蕭何在"殺人者死,傷人及盜抵罪"等法律不適應治理需要的情况下主持制定的,是與三章之法相類的以"死""傷"等刑罰爲懲罰方式的法律。這樣的看

① 江陵張家山 136 號漢墓竹簡記載漢律十五種,各篇均有篇名,内容與 M247 出土竹簡記載的律令大體相同,不過内容不全(參見荆州地區博物館《江陵張家山兩座漢墓出土大批竹簡》,《文物》1992 年第 9 期)。《二年律令》整理者如果曾經予以參考,對《賊律》《具律》等漢律所包括的條文進行較爲準確的認定,應當會在整理報告中予以反映。在《二年律令》整理報告没有提供任何相關信息的情况下,人們有理由認定《二年律令》整理者并未或者没有條件從事相關工作。

② 《晋書》卷三〇《刑法志》,北京:中華書局,1974,922 頁。這裏之所以以《盜法》《賊法》等名各篇法律,是因爲名爲《法經》之著述顯然是以"法"爲主要内容的文獻。

③ 《晋書》卷三〇《刑法志》,924 頁。

④ 《晋書》卷三〇《刑法志》,924 頁。

⑤ 《晋書》卷三〇《刑法志》,927 頁。

⑥ 《晋書》卷三〇《刑法志》,928 頁。

⑦ 《晋書》卷三〇《刑法志》,928 頁。

⑧ 《魏律序》以及張斐之表,很顯然係修晋史者依據相關文書而納入,後又爲唐修《晋書》所采用,故而爲研究秦漢魏晋法律的可靠史料。

⑨ 《漢書》卷二三《刑法志》,1096 頁。

法可以得到諸如"漢章九法,太宗改作,輕重之差,世有定籍,述刑法志第三"[①]之類記載的進一步證實——九章律以定罪及量刑爲基本内容纔有可能在《刑法志》中予以記載。因此,正如一些學者所指出的,"律九章應是刑罰規定方面的法律。"[②]既然如此,結合前述《魏律序》以及張裴關於《刑名》的言説可知,作爲九章律之一部分的《具律》必然是對刑罰按照一定的原則或者方法予以加減爲主要内容的法律。也唯有如此,纔可與前述《法經》之《具法》"具其加減"一致。然而,至少《嶽麓書院藏秦簡(肆)》記載的第二條所謂《具律》却并非如此。

關於《具律》之"具其加減",人們可以有兩種理解:一種是對《盜》《賊》等所有法律規定的刑罰按照一定的原則或者方法予以加減,另外一種是與《盜》《賊》等法律一樣視情節輕重、危害大小等而分别規定相應的刑罰。比較合理的理解應該是前一種。"具",《説文》:"共置也。"[③]在戰國文獻之中常意爲"俱"。比如,《墨子·備梯》:"即具發之"。孫詒讓曰:"具與俱通。"[④]如果《具律》之律名與律文的内容一致,則秦漢時期將以《盜律》《賊律》等所有法律規定的刑罰適用的加減原則或者方法爲主要内容的法律稱爲《具律》就較爲妥帖。也唯有如此,人們纔能够理解魏晋法律何以將替代《具律》的《刑名》冠於律首。《唐律疏議》之《名例》與魏晋法律《刑名》之間存在輾轉繼承關係,[⑤]其主要内容在一定程度上可以作爲旁證。在張家山漢簡之中,人們不難發現有關刑罰加減之律文。比如,"上造、上造妻以上,及内公孫、外公孫、内公耳玄孫有罪,其當刑及當爲城旦舂者,耐以爲鬼薪白粲。"[⑥]在上造、上造妻以上類人違反《盜》《賊》等法律,當刑及當爲城旦舂者,法律規定"耐以爲鬼薪白粲"。這是人犯及其親屬因爲爵位而獲得減刑。又如,"公士、公士妻及□□行年七十以上,若年不盈十七歲,有罪當刑者,皆完之。"[⑦]這是年滿七十或者不滿十七歲的公士、公士妻之類人因爲違反《盜》《賊》等法律而應當施以刑罰者,法律規定予以不施肉刑的優待。在睡虎地秦簡記載的法律之中也有類似規定。比如,"司寇盜百一十錢,先自告,可(何)論?當耐爲隸臣,或曰貲二甲。"[⑧]又如,"當䙴(遷),其妻先自告,當包。"[⑨]由此可以合理推測,在秦法之中,違反

① 《漢書》卷二三《刑法志》,4242 頁。

② 李俊芳、劉冬青:《蕭何"作律九章"祛疑》,《河北學刊》2013 年第 1 期。在《法經》基礎上形成的《盜》《賊》《網》《捕》《雜》以及《具》等篇法律以及九章律非常類似後世刑律,與其他官府據以進行日常治理的以罰没、免官以及輕微刑罰等爲後果的律——比如十八種秦律之間存在明顯區别,不能混爲一談。

③ [漢]許慎撰,[清]段玉裁注:《説文解字注》,104 頁。

④ 孫詒讓:《墨子閒詁》,北京:中華書局,2001,545 頁。

⑤ 參見杜佑《通典》,北京:中華書局,2016,4216-4244 頁。

⑥ 張家山二四七號漢墓竹簡整理小組:《張家山漢墓竹簡[二四七號墓]》,20 頁。

⑦ 張家山二四七號漢墓竹簡整理小組:《張家山漢墓竹簡[二四七號墓]》,20 頁。

⑧ 睡虎地秦墓竹簡整理小組:《睡虎地秦墓竹簡》,154 頁。

⑨ 睡虎地秦墓竹簡整理小組:《睡虎地秦墓竹簡》,178 頁。

《盜》《賊》等法律之人犯或其親屬"自告"可以減免刑罰。又如,"夫有罪,妻先告,不收。"[①]也就是説,在丈夫違反《盜》《賊》等法律之後,妻子"先告",法律規定對其不予連坐。在目前已經公布的秦王朝法律之中,人們尚難以發現與前述漢律相類的減免性規定,以加重刑罰爲内容的法律也暫未發現。不過,在秦漢法律之間存在繼承關係的情况下,如果今後出土的秦漢《具律》包含上述内容一點也不會令人覺得奇怪。《嶽麓書院藏秦簡(肆)》記載的所謂《具律》却規定官吏如果不依律辦理文書相關事務應當承擔法律責任,是在具體事務中視情節輕重而給予相應處罰,與傳世文獻記載的《具律》類似後世刑法總則的特性不類,難免令人心生疑竇。就此問題,還可以從其他角度加以探討。在睡虎地秦簡之中有"行傳書、受書,必書其起及到日月夙莫(暮),以輒相報殹(也)。書有亡者,亟告官。隸臣妾老弱及不可誠仁者勿令。書廷辟有曰報,宜到不來者,追之"之類律文,[②]主要内容爲如何處理傳書以及受書。其後載"行書"二字,如果整理者所謂"律文的每條末尾都記有律名或者律名的簡稱"[③]無誤,該律文爲《行書律》之組成部分無疑。《嶽麓書院藏秦簡(肆)》記載的所謂《具律》的内容與其高度相關,因而更有可能屬於秦《行書律》之組成部分。

前面在辨析《嶽麓書院藏秦簡(肆)》記載的所謂《賊律》《具律》之際隱含着秦王朝《賊律》《具律》之名與其主要内容相一致的預設。就此而言,較爲不利的文獻記載是,《魏律序》指出,(作爲漢律組成部分的)《賊律》"有欺謾、詐僞、踰封、矯制""有賊伐樹木、殺傷人畜産及諸亡印"以及"有儲峙不辦"等與"賊"無關之内容,[④]《具律》"有出賣呈科,有擅作修舍事"等與刑罰加減無關之律文。[⑤] 撰寫《魏律序》之人有機會親眼目睹漢律,其説應較爲可靠。不過,諸如此類文獻記載未必意味着前述預設難以成立。這是因爲,在成、哀時代,"丞相王嘉等猥以數年之間,虧除先帝舊約,穿令斷律,凡百餘事,或不便於政,或不厭人心。"[⑥]此乃光武帝時期梁統上疏所言。梁統生活年代距成、哀治理時期較近,有條件目睹成、哀時代相關文獻,其説較爲可信。在梁統這段話之中,"穿",《説文・穴部》:"通也。"[⑦]"斷",《説文・斤部》:"截也。"[⑧]王嘉等人在"穿令斷律"的過程中很可能令漢律産生諸多律文與律名不符的問題。這是因爲,王嘉等人在法律領域的所作所爲導致"或不便於政,或不厭人心"。漢律若

① 睡虎地秦墓竹簡整理小組:《睡虎地秦墓竹簡》,224頁。
② 睡虎地秦墓竹簡整理小組:《睡虎地秦墓竹簡》,104頁。
③ 睡虎地秦墓竹簡整理小組:《睡虎地秦墓竹簡》,23頁。
④ 《晉書》卷三〇《刑法志》,924頁。
⑤ 《晉書》卷三〇《刑法志》,924頁。
⑥ 《晉書》卷三〇《刑法志》,918頁。
⑦ [漢]許慎撰,[清]段玉裁注:《説文解字注》,344頁。
⑧ [漢]許慎撰,[清]段玉裁注:《説文解字注》,717頁。

如《魏律序》所指出的那樣不正可以導致這樣的情形嗎？成、哀之後，除漢章帝在執政期間"禁絶鑚鑽諸酷痛舊制，解祅惡之禁，除文致之請，讞五十餘事，定著於令"，實施"决事比"以及"除蠶室刑，解贓吏三世禁錮，狂易殺人得減重論，母子兄弟相代死聽赦所代者"以外，東漢其他諸帝在立法修律領域基本無所作爲。[①] 也就是説，成、哀時代産生的法律問題在東漢時期并未得以糾正。因此之故，魏律制定者纔會面對存在雜糅問題的漢律。换言之，漢律名實不相符的問題有可能在成、哀時代纔出現。

王嘉等人穿令斷律的具體情形不得而知，成、哀之前秦漢法律的名實是否一致并不能因而得以證實，該問題之解决必須另尋他途。四川青川縣郝家坪 M50 出土的秦武王二年"更脩爲田律"木牘，内容無不與田相關。[②] 遍觀人們可以確切知悉律名與律文内容的睡虎地秦簡所記載的秦律不難發現，十八種秦律的主要内容與其律名也基本一致。在蕭何"攈摭秦法"而"作律九章"之後，成、哀之前，漢王朝唯武帝時期在立法修律方面動作較大，其餘諸帝多根據需要或者偏好而對既有法律作少許修改。景帝時期制定的《鑄錢僞黄金弃市律》值得一提。關於該律，應劭曰："文帝五年，聽民放鑄，律尚未除。先時多作僞金，僞金終不可成，而徒損費，轉相誑耀，窮則起爲盜賊，故定其律也。"[③]這樣的言説以及《漢書》相關記載表明，該律之内容與其名完全一致。在漢武帝時代，張湯、趙禹之屬"條定法令，作見知故縱、監臨部主之法，緩深故之罪，急縱出之誅。其後奸猾巧法，轉相比况，禁罔浸密"。[④] 也即是説，除制定"見知故縱、監臨部主之法"等少數法律以外，漢廷大量通過緩、急等法律實施方式以及"奸猾巧法""轉相比况"等法律解釋手段完成法律擴張。"見知故縱、監臨部主之法"之内容難知其詳，人們可以依據所謂《沈命法》而了解漢廷制定法律的名實情况。該法曰："群盜起不發覺，發覺而弗捕滿品者，二千石以下至小吏主者皆死。"對此，應劭曰："沈，没也。敢蔽匿盜賊者，没其命也。"孟康曰："沈，藏匿也。命，亡逃也。"師古曰："應説是。"[⑤]無論哪種解釋成立，人們都可據而認爲其名實相符。總之，出土秦簡以及《史記》《漢書》等傳世文獻均表明，直至武帝時期，名實一致很可能是秦漢立法修律之際的習慣甚至傳統，迄今爲止尚未發現例外。在此情形下，儘管目前仍然缺乏關於以嚴厲刑罰爲後果的秦法及其後繼者——九章律名實關係的第一手資料，人們仍然可以相信，在成、哀以前，秦漢律在名實方面很可能一致。[⑥]

---

① 《晋書》卷三〇《刑法志》,917-922 頁。

② 四川省文物考古研究院、青川縣文物管理所:《四川青川縣郝家坪戰國墓群 M50 發掘簡報》,《四川文物》2014 年第 3 期。

③ 《漢書》卷五《景帝紀》,148 頁。

④ 《漢書》卷二三《刑法志》,1101 頁。

⑤ 《漢書》卷六〇《杜周傳》,2662-2663 頁。

⑥ 就包括《賊律》《具律》在内的九章律之形成與發展，學術界曾圍繞楊振紅教授提出的"秦漢律篇二級分類説"進行激烈争鳴。囿於本文主題，筆者在另外一篇文章中对相關論述予以辨析，此處從略。

也唯有如此,《魏律序》關於漢律雜糅現象之批評以及梁統對於王嘉等人“穿令斷律”之指責纔能予以合理解釋。

在可能構成反證的文獻記載得以合理解釋以及成、哀以前秦漢法律的名實一致也能在一定程度上得以證實的情況下,人們不難相信《嶽麓書院藏秦簡(肆)》記載的所謂《賊律》和《具律》無疑存在名實不一致問題。不過,人們恐怕不能因而斷言《嶽麓書院藏秦簡(肆)》記載的所謂《賊律》和《具律》係後人作僞,理由有二:其一,如前所述,《嶽麓書院藏秦簡(肆)》中所謂《賊律》《具律》的内容與睡虎地秦簡記載的《效律》《行書律》等律文的内容之間存在密切的關聯,互爲補充。而且,有些内容之間甚至高度一致。比如,《嶽麓書院藏秦簡(肆)》中所謂《賊律》曰:“人、户、馬、牛以上,羊、犬、彘二以上及諸誤而可直(值)者過六百六十錢,皆爲大誤。”《睡虎地秦墓竹簡》之中有類似記載:“可(何)如爲‘大誤’? 人、户、馬、牛及者(諸)貨材(財)直(值)過六百六十錢爲‘大誤’,其他爲小。”[①]兩者之間差别不大,甚至不能排除官吏依據前者而做出答問的可能性。其二,《嶽麓書院藏秦簡(肆)》記載的一些法律條文與《張家山漢簡》記載的相關法律條文之間存在損益關係。比如,《嶽麓書院藏秦簡(肆)》載:“《繇律》曰:委輸傳送,重車、負日行六十里,空車八十里,徒行百里。”[②]與之相應的是,張家山漢簡記載的漢律規定:“委輸傳送,重車、重負日行五十里,徒行八十里。”[③]又如,《嶽麓書院藏秦簡(肆)》記載的秦律曰:“城旦舂亡而得,復爲城旦舂,黥;不得,命之,自出殹(也),笞百。”[④]而《張家山漢簡》記載的漢律規定:“城旦舂亡,黥,復城旦舂。鬼薪、白粲也,皆笞百。”[⑤]在睡虎地秦簡以及張家山漢簡係考古發掘而不可能爲人作僞的情況下,人們恐怕不能簡單依據《嶽麓書院藏秦簡(肆)》之中《賊律》《具律》存在錯誤而認定其僞,而是應着眼於如何合理解釋《嶽麓書院藏秦簡(肆)》記載的所謂《賊律》《具律》與其内容不相符合的現象。

爲此,人們應注意《嶽麓書院藏秦簡(肆)》記載的兩組竹簡書寫格式之不同。第一組簡在1991號簡背後有“亡律”二字作爲篇題,其與《睡虎地秦墓竹簡》記載十八種秦律的方式一致——直接書寫律文,并在後面或者背面書寫律名。第二組簡與第一組簡明顯不同,它們在“□□律曰”之後書寫法律條文的内容,律名與律文内容不盡相符的問題因而産生。自商鞅變法以來,法律在秦各級官府治理之中發揮不可替代之作用。秦律對於斷獄不直的處罰也异常嚴厲。因此,官吏們在抄寫法律條文以便應用的過程中肯定會非常慎重,不至於出現前

---

① 睡虎地秦墓竹簡整理小組:《睡虎地秦墓竹簡》,242頁。

② 陳松長主編:《嶽麓書院藏秦簡(肆)》,150頁。

③ 彭浩、陳偉、[日]工藤元男主編:《二年律令與奏讞書——張家山二四七號漢墓出土法律文獻釋讀》,上海古籍出版社,2007,248頁。

④ 陳松長主編:《嶽麓書院藏秦簡(肆)》,54頁。

⑤ 彭浩、陳偉、[日]工藤元男主編:《二年律令與奏讞書——張家山二四七號漢墓出土法律文獻釋讀》,156頁。

述較爲荒唐的錯誤。而且,如果整理者關於秦律十八種的看法——“抄寫人祇是按其需要摘録”無誤的話,[①]官吏們抄寫而成的法律當與睡虎地秦簡記載的十八種秦律以及《嶽麓書院藏秦簡(肆)》記載的《亡律》等在形式方面相類。因此,《嶽麓書院藏秦簡(肆)》記載的第二組法律很可能不是抄寫而是有人憑記憶書寫的結果,惟其如此纔可能出現律名與律文不一致的問題。在什麼樣的情況下人們會憑記憶書寫法律呢?人們很容易想到考試。在睡虎地秦簡所記載的《語書》之中,是否明法律令爲區分良吏或者惡吏之首要標準:“凡良吏明法律令,事無不能殹(也)……惡吏不明法律令,不智(知)事”云云。[②] 朝廷或者上級官府如何得知官吏們是否明法律令呢?當然是通過考試。喜於三年八月進用爲吏,四年十一月擔任安陸御史,六年、七年分别任安陸令史和鄢令史,十二年則在鄢治獄。[③] 可以肯定的是,在主持治獄之際,喜的職級肯定較在擔任處理文書事務的令史爲高。而在此五年之間,喜不大可能立下軍功。因此,其升遷很可能屬於符合法定條件的情形。在以是否明法律令作爲區分良吏、惡吏的重要標準的情況下,上級官府很可能在喜升遷之前對其進行法律令方面的考核。睡虎地秦簡之中出現“捕盗律曰……”以及“戍律曰……”等是否與此相關?依據目前的文獻可知,官府有可能对吏民進行法律知識測試。依據《商君書》之記載,秦孝公問公孫鞅曰:“法令以當時立之者,明旦欲使天下之吏民皆明知,而用之如一而無私,奈何?”公孫鞅提出系列解決辦法,其中包括“民敢忘行主法令之所謂之名,各以其所忘之法令名罪之”。[④] 官府何以知民是否忘記法令之名?人們非常容易想到考試。僅就目前出土的秦律而言就已經异常繁雜,很難設想人們能够準確無誤地記憶,在考試之際出現書寫的律文與其名稱不相符合的問題實屬可能。如果官府告知百姓《效律》《行書律》方面的律文而令其書寫律名,百姓在錯誤地書寫《賊律》《具律》之後依照公孫鞅的説法當以違反《效律》《行書律》而加以處罰,對於他們而言也不屬於無法承受之重。《定分》篇大概是秦王朝建立之後有人托商鞅之名闡述其應對治理需要——比如在新征服地區推行秦王朝法律令面臨人們并非“皆明知”的問題而提出的解决辦法,[⑤]故而存在爲朝廷采納并制定爲法令的可能性。在“以法治國”“凡事皆有法式”的法律環境中,官府在諸多情况下都有可能考察吏民是否明晰法律令,都意味着《嶽麓書院藏秦簡(肆)》第二組簡所記載的文書可能爲“試卷”。當然,此乃在目前資料條件下所做的推測,有待更多的出土文獻問世以後證實或者證僞。

在《周禮》之中,人們不難發現大量與“考”相關之記載。它們表明考核、考察以及考試

① 睡虎地秦墓竹簡整理小組:《睡虎地秦墓竹簡》,23 頁。
② 睡虎地秦墓竹簡整理小組:《睡虎地秦墓竹簡》,19 頁。
③ 睡虎地秦墓竹簡整理小組:《睡虎地秦墓竹簡》,6-7 頁。
④ 蔣禮鴻:《商君書錐指》,北京:中華書局,1986,140 頁。
⑤ 鄭良樹:《商鞅及其學派》,上海古籍出版社,1989,134-138 頁。

等在早期中國由來已久,甚至有可能上溯到西周時期。不過,《嶽麓書院藏秦簡(肆)》第二組簡所記載的可能是迄今爲止人們所能見到的中國歷史上最早的"試卷"。在此情形下,其中出現諸如律名與其内容不一致之類錯誤就可以得到合理解釋。因此之故,學者們如果簡單地用諸如此類的出土文獻來改寫有關秦漢刑律篇名及其内容之歷史就會犯嚴重錯誤。而且,學者們在利用《嶽麓書院藏秦簡(肆)》第二組簡文進行相關研究之際應該保持足够的審慎,不能簡單地以爲它們是關於秦律的真實記載。此外,之所以能够合理推測《嶽麓書院藏秦簡(肆)》第二組簡所載乃"試卷",與《語書》以及《商君書》之記載分不開。這就提示我們,對於出土秦簡中所藴含的秦法律令方面的信息,應結合不斷問世的出土秦簡進一步挖掘。

致謝:匿名評審專家對本文提出諸多富有建設性的修改意見,在此表示誠摯的謝意。

秦代婦女再嫁及相關問題研究
——以嶽麓秦簡爲中心的考察*

湖南大學嶽麓書院　程博麗

内容提要　嶽麓書院所藏秦律令簡牘,是了解秦代婦女再嫁及相關問題的重要出土資料。相關的法律處理涉及身份與財産兩個方面。就前者而言,涉及到與後父、與前夫子、與後夫子的法律關係。財産方面,則體現爲禁止財産的轉移,并附加了對捕亡者的購賞。國家對於婦女再嫁的基本態度與維持"户"的穩定性的意圖密不可分,也有世俗人情的考量。

關鍵詞　婦女　再嫁　嶽麓秦簡　身份　財産

秦漢之際,上至皇室宗親,下及普通民衆,皆頻見婦女改嫁之例。過去圍繞這一主題進行的研究多集中於對離婚、改嫁現象及其普遍的原因進行探討,且以漢代爲主要關注點。[②] 傳世文獻中有關秦的社會記録較爲匱乏,秦楚聯姻過程中,秦繆公先以宗女嫁與晉太子圉,

* 本文爲國家社科基金青年項目"出土簡牘所見秦漢家庭與社會中的女性研究"(18CZS008)階段性成果;2016 出土文獻與中國古代文明研究協同創新中心博士創新資助項目"戰國秦漢時期的婦女與信仰:基於生子與死亡的考察"(CTWX2016BS017)階段性成果。

② 有關婦女的婚姻狀況,學者討論頗多,就專著來看,楊樹達《漢代婚喪禮俗考》(上海古籍出版社,2002)、彭衛《漢代婚姻形態》(西安:三秦出版社,1988)、劉增貴《漢代婚姻制度》(臺北:華世出版社,1980)、賈麗英《秦漢家庭法研究:以出土簡牘爲中心》(北京:中國社會科學出版社,2015)等都有專章對婦女的離婚、再嫁現象進行了深入討論,包括從傳世文獻的角度和結合新出簡牘資料進行的探討。此外,彭衛、楊振紅《中國婦女通史(秦漢卷)》(杭州出版社,2010)與王子今、張經《中國婦女通史(先秦卷)》(杭州出版社,2010)兩書中也對這一社會現象給予了關注。

後又將其更嫁給公子重耳,是爲一例。[①] 婦女再嫁是相當重要的家庭事件,牽涉甚廣,特别是改嫁過程中有關財産的規定以及隨着婦女改嫁而帶來的母子關係的轉變更是相當重要的一個方面。[②] 近年來,隨着新材料的不斷公布,我們有可能對以往關注較少的秦代婦女再嫁及其相關問題進行比較深入的探索。嶽麓書院所藏秦簡的主體部分爲秦的法律文獻,其中有不少内容涉及秦代政府就婚姻、家庭方面不斷下達和調整的律令規範。以下,筆者將以《嶽麓書院藏秦簡》第五卷中的一組簡文爲例,展開論述。包含簡1025、1107、1108、1023、1024、1027、1026七枚編連完整的竹簡,具體内容如下:

> ·廿六年十二月戊寅以來,禁毋敢謂母之後夫叚(假)父,不同父者,毋敢相仁(認)爲兄、姊、弟└。犯令者耐隸臣妾而(簡1025)毋得相爲夫妻,相爲夫妻及相與奸者,皆黥爲城旦舂。有子者,毋得以其前夫、前夫子之財嫁及入姨夫及予(簡1107)後夫、後夫子及予所與奸者,犯令及受者,皆與盜同灋。母更嫁,子敢以其財予母之後夫、後夫子者,弃(簡1108)市,其受者,與盜同灋。前令予及以嫁入姨夫而今有見存者環(還)之,及相與同居共作務錢財者亟相(簡1023)與會計分异相去。令到盈六月而弗環(還)及不分异相去者,皆與盜同灋。└雖不身相予而以它巧詐(詐)(簡1024)相予者,以相受予論之。有後夫者不得告辠其前夫子└。能捕耐辠一人購錢二千,完城旦舂辠(簡1027)一人購錢三千└,刑城旦舂以上之辠一人購錢四千。女子寡,有子及毋子而欲毋稼(嫁)者,許之。謹布令,令黔首盡(簡1026)。[③]

一　婦女更嫁的緣由

我們需要首先探討的問題是,基於何種情况婦女選擇再嫁。從現有的出土材料來看,秦漢時期婦女再嫁主要涉及兩種情形。

一爲夫妻雙方婚姻關係終結之後的再嫁行爲。《漢書·孔光傳》就有"夫婦之道,有義則

---

① 《史記》卷五《秦本紀》(北京:中華書局,2014,241-242頁):"(繆公十四年)十一月,歸晋君夷吾,夷吾獻其河西地,使太子圉爲質於秦。秦妻子圉以宗女……(二十三年)秦怨與去亡,乃迎晋公子重耳於楚,而妻以故子圉妻。重耳初謝,後乃受。"

② 以往出土的秦簡牘資料,關於男子再娶現象的内容較多,比如,睡虎地秦簡日書中就有不少占卜男子結婚的記録,"畢……取妻,必二妻"(簡86正壹),"戊申、己酉,牽牛以取織女,不果,三弃"(簡155)等等(參見睡虎地秦墓竹簡整理小組《睡虎地秦墓竹簡》,北京:文物出版社,192、206頁)。《嶽麓書院藏秦簡》第五卷中有對"男子有子而更娶妻"所引發家庭衝突的法律處理的規定。此外,孔家坡漢簡日書簡381貳"女四日、七月、十月不死,三夫。六十七年以庚午死"(參見湖北省文物考古研究所、隨州市考古隊編《隨州孔家坡漢墓簡牘》,北京:文物出版社,2006,177頁)則是漢代簡牘材料中有關女子再嫁的資料。

③ 陳松長主編:《嶽麓書院藏秦簡(伍)》,上海辭書出版社,2017,39-41頁。

合,無義則去”。[①] 就以往出土的秦代簡牘材料來看,不少内容涉及到婚姻關係終結的記載。比如,睡虎地秦簡《法律答問》中所見到的男子弃妻,要上報官府登記,否則處以“貲二甲”之懲罰,“弃妻不書,貲二甲。其弃妻亦當論不當?貲二甲”(簡169)。[②] 嶽麓秦簡奏讞書案例中的《得之强與弃妻姦案》有“爲得之妻而弃”(簡0442),[③]《同、顯盗殺人案》“弃婦毋憂縛死其田舍”(簡0320)都是相關的記録。[④] 此外,法律簡牘中還有關於對“去夫亡”的女子得及自出、以及娶人亡妻的論罪。根據賈麗英的研究,“弃”是經過官府認可的離婚關係,“去夫亡”簡牘則是有關逃婚的記録。[⑤] 此説可從。則婚姻關係終結之後,婦女可再行婚配。與此同時,“弃妻”與前夫以及前夫子女之間的關係是值得深入探討的問題之一,將在後文中對此進行論述。

二爲寡婦再嫁。張家山漢簡奏讞書“和姦”案例中引故律“夫生而自嫁,及取(娶)者,皆黥爲城旦舂。夫死而妻自嫁,取(娶)者毋罪”(簡192),指出丈夫死亡埋葬之後,寡婦可自行婚嫁。[⑥] 寡婦在家内擁有較大的權威,《二年律令·置後律》中有一組關於寡婦代户的簡文:

> 寡爲户後,予田宅,比子爲後者爵。其不當爲户後,而欲爲户以受殺田宅,許以庶人予田宅。毋子,其夫;夫(簡386)毋子,其夫而代爲户。夫同産及子有與同居數者,令毋貿賣田宅及入贅。其出爲人妻若死,令以次代户。(簡387)[⑦]

有關這組簡文的理解,我們參考了王彦輝先生的意見。即寡婦可以代户或者另立户籍,寡婦代户後可以繼承田宅,并且比照兒子爲户後的爵位身份;在這樣的情形之下,寡婦是不允許再嫁的,如果其出爲人妻,原先繼承或受殺的田宅不能帶走,由前夫的其他直系親屬依次繼承。[⑧] 因此嶽麓簡1026中所言“女子寡,有子及毋子而欲毋稼(嫁)者,許之”的規定,既是對婦女“守貞”的認可,也是爲了保障田宅財産不外流,體現了財不出户的法律準則。誠如學者所言,“秦漢政府一方面强制將大家庭拆分爲個體核心家庭,并通過立法鼓勵分户析産,

① 《漢書》卷八一《孔光傳》(北京:中華書局,1962,3355頁)有定陵侯淳于長坐大逆誅,在是否株連已經“弃”的小妻的問題上,孔光認爲“大逆無道,父母妻子同産無少長皆弃市,欲懲後犯法者也。夫婦之道,有義則合,無義則離。長未自知當坐大逆之法,而弃去迺始等,或更嫁,而欲以爲長妻論殺之,名不正,不當坐”。由是觀之,婚姻關係解除之後,弃妻、更嫁之妻不受前夫家庭的牽連。

② 睡虎地秦墓竹簡整理小組:《睡虎地秦墓竹簡》,北京:文物出版社,1990,133頁。

③ 朱漢民、陳松長主編:《嶽麓書院藏秦簡(叁)》上海辭書出版社,2013,196頁。

④ 朱漢民、陳松長主編:《嶽麓書院藏秦簡(叁)》,179頁。

⑤ 賈麗英:《秦漢家庭法研究:以出土簡牘爲中心》,北京:中國社會科學出版社,2015,42-49頁。

⑥ 有關該案例的具體分析,可參見邢義田《秦或西漢初和姦案中所見的親屬倫理關係(訂補本):江陵張家山247號墓〈奏讞書〉簡180-196考論》,簡帛網,2008年6月28日。

⑦ 張家山二四七號漢墓竹簡整理小組:《張家山漢墓竹簡[二四七號墓]》(釋文修訂本),北京:文物出版社,2006,61頁。

⑧ 王彦輝:《論漢代的分户析産》,《中國史研究》2006年第4期。

另一方面以法律手段謹防‘户’的殘破以期穩定在籍户數”。[1]

囿於資料的局限,傳世文獻中有關秦代婦女再嫁的歷史記載相當匱乏。單就這組嶽麓簡文來看,我們認爲其所針對的當同時包含上述兩種情形。簡 1026 是説當丈夫去世後,寡婦無論有子與否,都可以不嫁。再進一步推測,“許之”説明當時社會中存在着不少寡婦不管是否有子,都會改嫁的事例,且被視爲合理。相較而言,第一種情形中的夫妻雙方離婚之後,婦女如若不嫁,則恐怕爲當時社會所不能容忍。

二 有關身份的法律處理

在前文論述的基礎上,接下來需要具體分析有關再嫁的法律處理,包括身份方面和財産方面的規定。前者主要關注由於改嫁而形成的兩個家庭之間的關係問題,特别是有關親屬範圍的劃定以及相關的倫理問題;後者主要討論婦女再嫁之後,在財産方面的權利和受到的限制。就身份來看,涉及以下幾個方面的問題。

(一)與後父的法律關係

根據嶽麓秦簡中的記載,自始皇二十六年後,法律對婦女改嫁之後所形成的家庭與原有家庭之間的關係進行了界定,并劃定了親屬的範圍。其中母親後嫁之夫,不得稱爲假父,同母异父之子女不得相互稱爲兄弟姐妹。由此可見法律條文中界定親緣關係的範圍,也即“同産”的概念,仍是以同父作爲主要的依據。犯令者將受到耐爲隸臣妾的處罰。另一方面,法律也明確規定,即使是同母异父,子女之間也不得結爲夫妻或者發生通姦的行爲,否則被黥爲城旦舂:

> 廿六年十二月戊寅以來,禁毋敢謂母之後夫叚(假)父,不同父者,毋敢相仁(認)爲兄、姊、弟乚。犯令者耐隸臣妾而(簡 1025)毋得相爲夫妻,相爲夫妻及相與奸者,皆黥爲城旦舂……(簡 1107)

這兩條簡文是對婦女改嫁所帶來的親屬稱謂變更的規定。秦始皇統一六國後,對各類名稱作了統一規定,《里耶秦簡》中的更名木方(8-461)便載有諸多更名記録。[2]

其中,“叚父”的涵義值得深思。《説文・又部》“叚,借也”,段玉裁注“《人部》假云非真也。此叚云借也。然則凡云假借當作此字”。[3] “假父”見於睡虎地秦簡《法律答問》:“父盗

① 王彦輝:《從户的相關立法談秦漢政府對人口的控制》,《東北師大學報(哲學社會科學版)》2013 年第 1 期。

② 陳偉主編:《里耶秦簡牘校釋(第一卷)》,武漢大學出版社,2012,155-160 頁。

③ [漢]許慎撰,[清]段玉裁注:《説文解字注》,上海古籍出版社,1988,116 頁。

子,不爲盗。今叚(假)父盗叚(假)子,可(何)論?當爲盗”(簡 19),根據整理小組的意見,假父,被視作義父,[①]假父盗竊假子的物品與父盗子之性質截然不同;彭衛等則認爲這條律令反映了繼、養父并不具有完整意義上的家父權。[②]《吕不韋列傳》裴駰《集解》引《説苑》曰“毐與侍中左右貴臣博飲酒,醉,争言而鬬,瞋目大叱曰:吾乃皇帝假父也,寠人子何敢乃與我亢!所與鬬者走,行白始皇”。[③] 由是觀之,“假父”有不同的指稱含義,在秦統一之後,“假父”不再用作對母親再嫁的丈夫的稱呼。從相關的記載來看,母之後夫多稱爲“後父”,而“後父”一詞在秦統一之前業已出現,并延續至後世。比如,睡虎地秦簡《爲吏之道》引魏《户律》記載了地位卑賤之人不得立户的規定,“自今以來,叚(假)門逆吕(旅)、贅壻後父,勿令爲户,勿鼠(予)田宅”;[④]又如,《史記・惠景閒侯者年表》記載侯“起”在孝文時“坐後父故奪爵級,關内侯”等都是有關“後父”的事例。[⑤]

後父的法律地位不同於親父母,在秦律中,父家長權發生的唯一根源是基於血統的關係。[⑥] 也就是説,法律所賦予的父之權威,乃是基於父系家庭,并且,血緣的、生育的因素在父名認定方面起着相當重要的作用,不同於秦漢歷史語境中母名的認定與母子關係的確立。

又,針對和姦行爲,睡虎地秦簡《法律答問》有“同母异父相與奸,可(何)論?弃市”(簡172),[⑦]而《二年律令》則是“同産相與奸,若取(娶)以爲妻,及所取(娶)皆弃市。其强與奸,除所强”(簡 191)。[⑧] 則嶽麓秦簡的犯罪懲罰較之睡虎地秦簡輕緩,而張家山漢簡僅就同産的通姦行爲判定弃市,非同産則未必如此。

(二)與前夫子的法律關係

母子關係是家庭内部基本的關係組合之一。相關研究顯示父母在家庭中擁有較大的權威,或者更確切地説是家長的權威。睡虎地秦簡《爰書》中明文規定如若父母以“不孝”等事由起訴子女,官府立即受理,并且基本上按照父母一方的要求執行對子女的懲處。尹在碩先生指出,“秦朝政府十分重視家族的功能,制定了掌握基層家族的具體方案,以便於順暢地徵

① 睡虎地秦墓竹簡整理小組:《睡虎地秦墓竹簡》,98 頁。

② 彭衛、楊振紅:《中國婦女通史(秦漢卷)》,杭州出版社,2010,171-175 頁。此外,王博凱認爲“假父”和“假子”的關係并不等同於“義父”和“義子”。“假父”稱謂的前提是已與其改嫁母親具有事實上的夫妻關係,而“義父”則不然。可備一説。見王博凱《讀〈嶽麓書院藏秦簡(伍)〉札記》,簡帛網,2018 年 3 月 12 日。

③ 《史記》卷八五《吕不韋列傳》,3049 頁。

④ 睡虎地秦墓竹簡整理小組:《睡虎地秦墓竹簡》,174 頁。

⑤ 《史記》卷一九《惠景閒侯者年表》,1194 頁。

⑥ 黄金山:《漢代家庭成員的地位和義務》,《歷史研究》1988 年第 2 期。

⑦ 睡虎地秦墓竹簡整理小組:《睡虎地秦墓竹簡》,134 頁。

⑧ 張家山二四七號漢墓竹簡整理小組:《張家山漢墓竹簡[二四七號墓]》(釋文修訂本),34 頁。

發税役和鞏固保持以家庭爲基礎建立的社會秩序,其具體方案之一就是保護家長權力”。[1]

母子關係并非一成不變,家庭内部的變故、衝突乃至暴力,都會對既存的關係模式構成挑戰,而相關的處理結果顯示出當時社會所側重的價值觀念。其中,父母婚姻關係的終止是影響母子關係的重要因素之一。這包括兩個方面,一是“弃妻”的法律處境及其與子女的關係;二是母親改嫁之後,與前夫子女之間相互的法律關係。根據嶽麓秦簡 1027 號簡文“有後夫者不得告辠其前夫子”,我們看到婦女改嫁之後,其與前夫子之間的母子關係旋即解除,對於起訴前夫子女這樣的行爲,法律在一定程度上并不保護。

(三)與後夫子的法律關係

家庭内部的繼母子關係是頗值得關注的問題。漢代的傳世文獻、出土漢畫與簡牘中有較爲豐富的材料。秦簡的記載則比較貧乏,嶽麓簡 1604 有“毆主母,黥爲城旦舂”,[2]而簡 1598 有“毆兄、姊、叚(假)母,耐爲隸臣妾”,[3]有關主母的理解,原指奴婢對女主人的稱呼,在這裏當是婢妾所生子女對父之正妻的稱呼;《二年律令・户律》“諸(?)後欲分父母、子、同産、主母、叚(假)母,及主母、叚(假)母欲分孽子、叚(假)子田以爲户者,皆許之(簡 340)”,[4]這裏“孽子”可佐證“主母”之義。至於“假母”一詞,《史記・淮南衡山列傳》有“元朔四年中,人有賊傷王后假母者,王疑太子使人傷之,笞太子”,裴駰集解引《漢書音義》曰“傅母屬”;[5]《漢書・衡山王劉賜傳》“人有賊傷后假母者”,顔師古注曰“繼母也。一曰父之旁妻”,[6]則“假母”的涵義也比較豐富。不過根據王子今的研究,傳世文獻中,更多的事例是將“假母”釋作“繼母”。[7] 兩條秦簡文所記録的不同的處理結果,與“子”的身份關係密切;至張家山漢簡,則對“主母、後母”的暴力行爲,皆統一判定爲“弃市”。

另一方面,繼母對於繼子的暴力行爲,秦簡中也給出了相應的處理辦法。嶽麓簡 1179 有“[黔][首]有子而更取(娶)妻,其子非不孝殹(也),以其後妻故,告殺、(罨)遷其子。有如此者,盡傳其所以告”。[8] 也就是説,在黔首因爲後妻的緣故而告殺、遷其子的情況下,法律要對“父母告子”的緣由,進行詳細的調查,再做判定。這也是從法律的層面保障繼子在家庭中的權益。

---

① [韓]尹在碩:《秦漢律所反映的後子制和繼承法》,中國秦漢史研究會編《秦漢史論叢》第 9 輯,西安:三秦出版社,2004,247-270 頁。

② 陳松長主編:《嶽麓書院藏秦簡(伍)》,135 頁。

③ 陳松長主編:《嶽麓書院藏秦簡(伍)》,136 頁。

④ 張家山二四七號漢墓竹簡整理小組:《張家山漢墓竹簡[二四七號墓]》(釋文修訂本),55 頁。

⑤ 《史記》卷一一八《衡山列傳》,3761 頁。

⑥ 《漢書》卷四四《衡山王傳》,2154-2155 頁。

⑦ 王子今、范培松:《張家山漢簡〈賊律〉“叚大母”釋義》,《考古與文物》2003 年第 5 期,52-56 頁。

⑧ 陳松長主編:《嶽麓書院藏秦簡(伍)》,137 頁。

三　有關財産的法律處理

(一) 禁止財産的轉移

除了對身份關係的重新劃定，嶽麓秦簡中還有對婦女更嫁過程中的財産轉移行爲進行嚴厲限制的内容，其主要的針對對象爲母親和前夫子。對於有子的婦女而言，如果將前夫或者前夫兒子的財産以嫁妝轉移到新的家庭，或者轉入同産姐妹的家庭，或者給予後夫、後夫之子以及相與通姦之人，那麽犯令的婦女以及接受財産的一方都將受到"與盗同灋"的處罰。對於前夫的兒子而言，如果他將財産給予母親的後夫或者後夫之子，那麽將被弃市，接受財産者將面臨"與盗同灋"的懲處。針對相同的行爲，前夫子所受到的懲處重於再嫁的婦女：

> ……有子者，毋得以其前夫、前夫子之財嫁及入姨夫[①]及予(簡1107)後夫、後夫子及予所與奸者，犯令及受者，皆與盗同灋。母更嫁，子敢以其財予母之後夫、後夫子者，弃(簡1108)市，其受者，與盗同灋……(簡1023)

律令的下達以秦王政二十六年爲準，在此之前所發生的妇女再嫁過程中的財産轉移，有現存者，當在律令下達六個月内歸還，否則面臨"與盗同灋"的懲處：

> ……前令予及以嫁入姨夫而今有見存者環(還)之，及相與同居共作務錢財者亟相(簡1023)與會計分异相去。令到盈六月而弗環(還)及不分异相去者，皆與盗同灋……(簡1014)

有關"同居"的討論頗多，根據賈麗英的研究，同居涵蓋範圍比較廣泛，既包括同居數，也包括同居不同數；同居多爲父系親屬聚集，也有妻系的親屬。[②]"作務"，又見於睡虎地秦簡《秦律十八種·關市律》"爲作務及官府市，受錢必輒入其錢缿中，令市者見其入，不從令者貲一甲"(簡97)。[③] 嶽麓秦簡的這條記載，應該描述的是由於婦女改嫁而形成的兩個家庭之間或者是與妻同産的家庭之間同居共財的情形，按照律令條文，屬於不合法行爲，應當盡快地分异相去。律令下達六個月之内，仍未分异者，將會受到相應的懲罰。這也與商鞅變法時期所提倡的"民有二男以上不分异者，倍其賦"的法律精神相一致。[④]

---

① 根據整理小組，"入"即"交、交納"，"姨夫"即妻之姐妹的丈夫(見陳松長主編《嶽麓書院藏秦簡(伍)》，73頁)。何有祖推測此處的"入"與張家山漢簡《二年律令》簡387"夫同産及子有與同居數者，令毋貿賣田宅及入贅"之"入"意義相同(見何有祖《〈嶽麓書院藏秦簡(伍)〉讀記(一)》，簡帛網，2018年3月10日)。

② 賈麗英：《秦漢家庭法研究：以出土簡牘爲中心》，208–229頁。

③ 睡虎地秦墓竹簡整理小組：《睡虎地秦墓竹簡》，42頁。

④ 《史記》卷六八《商君列傳》，2710頁。

(二)再嫁婦女的財産權

在討論了限制更嫁過程中的財産轉移之後,我們需要分析的是,相對於前夫家庭,再嫁的婦女可以獲得的財産權益。

以往研究顯示,秦漢時期女性的經濟收入,大致可以分爲三個部分,一是從父母繼承而來的財産,比如張家山漢簡《二年律令》中有關於女性的財産繼承權;二是作爲嫁妝的財産;三是從事家庭活動而獲得的財産。[①] 在夫婦雙方婚姻關係終結之際,前兩部分的財産應按照法律規定,還給妻子。《禮記・雜記》鄭玄注引漢律曰"弃妻畀所賫"遵循的也是這樣的處理原則。[②] 而夫婦雙方共同勞作所得收入的劃分,惜材料匱乏,暫時無從獲知。

從出土材料來看,里耶秦簡 8-1554 是"高里士五廣"將大量的資産贈予其女的記録,"謁以大奴良、完,小奴疇、饒,大婢闌、願、多、□,禾稼、衣器、錢六萬,盡以予子大女子陽里胡,凡十一物"。[③] 根據王彦輝的研究,所贈資財,可能是陪嫁的奩産。[④]《睡虎地秦簡・法律答問》"夫有罪,妻先告,不收。妻媵臣妾、衣器當收不當? 不當收"(簡 170)。[⑤] 這就説明隨妻子陪嫁的僕婢、衣物、用品等始終屬於妻子所有和支配,也暗含當婚姻關係終結之際同樣歸妻子所有。進一步的證明可以從《二年律令・置後律》中獲得,"女子为户毋後而出嫁者,令夫以妻田宅盈其田宅。宅不比,弗得。其弃妻,及夫死,妻得復取以爲户。弃妻,畀之其財"(簡 384)。[⑥] 婦女從父母處繼承而來的田宅財産,可以在婚後共同經營使用,但在離异或者夫亡故之後,婦女可取得田宅重新立户。夫妻關係終結之後,可以取回陪嫁之財産。

總體而言,嶽麓秦簡中有關婦女再嫁過程中的財産限制,顯示出國家對個體家庭既有財産的保護,也從側面反映了婦女在家内的權力。就婦女本身而言,改嫁之時,已從與前夫組成的家庭里獲得了屬於自己的財産權益,除此之外,不得動用其他的財産。

(三)對捕亡者的購賞

如上文所示,嶽麓秦簡中有關於在婦女改嫁過程中所涉及的違法行爲及相關的懲處措施的規定。與此同時,我們也需注意到,在秦漢社會中存在着犯罪者大量逃亡的現象。故而相關的法律明確規定了捕獲逃亡者的購賞規定:

……能捕耐辠一人購錢二千,完城旦舂辠(簡 1027)一人購錢三千,刑城旦舂以上

---

① 顧麗華:《漢代婦女生活情態》,北京:社會科學文獻出版社,2012,172-179 頁。

② [漢]鄭玄注,[唐]孔穎達疏,龔抗云整理、王文錦審定:《禮記正義》卷四三《雜記下》,北京大學出版社,1999,1231-1232 頁。

③ 陳偉主編:《里耶秦簡牘校釋(第一卷)》,356-357 頁。

④ 王彦輝:《從户的相關立法談秦漢政府對人口的控制》。

⑤ 睡虎地秦墓竹簡整理小組:《睡虎地秦墓竹簡》,133 頁。

⑥ 張家山二四七號漢墓竹簡整理小組:《張家山漢墓竹簡[二四七號墓]》(釋文修訂本),61 頁。

之臯一人購錢四千……（簡1026）

根據陳松長的研究，"購"在秦漢時期是一種很有針對性的獎賞，與一般的賞賜還有一定的區別。[①] 簡1027、簡1026所針對的犯罪者當是前文所説的在婦女更嫁過程中所産生的倫理或者財産方面的犯罪行爲。捕獲此類逃亡犯罪者的購賞，分爲三個等級，以耐罪、完城旦春罪和刑城旦春罪作爲求購的標準。但是我們也從其他的簡文中看到，即使捕得同一等級刑罰的犯罪者，所得購賞也有可能不同。比如陳松長在其有關"購賞"的文章中所公布的幾條嶽麓簡，簡1012"不爲舍人。有能捕犯令者，城旦辠一人，購金四兩。捕耐辠一人，購金一兩。新黔首已遺予之而能"；簡1738"捕犯令者黥城旦舂辠一人，購金四兩，署（遷）辠一人，購金二兩，免其婢以爲妻，有子其主所而不爲訾（貲）者勿"。按照"金一兩"爲五百七十六錢計算，這兩條簡文的購賞規定與簡1027、簡1026并不一致。之所以存在差异，陳松長指出"大概都是因購賞的對象不同而决定的"。而進一步的解釋，我們認爲是由於秦漢律令中有關"購賞"的規定都附於某一類特定的律令條文中。就目前看到的秦漢簡牘材料來看，《捕律》《盗律》《亡律》《金布律》以及數量衆多的秦令文中都有關於購賞的規定，且其賞格、範圍隨着不同性質的律令條文而做具體的調整。

四　國家對於婦女再嫁的基本態度

上文以嶽麓秦簡一組簡文爲中心，就婦女的再嫁問題進行了探索，重點關注了婦女再嫁過程中所涉及到的身份、財産方面的法律處理。在此基礎上，我們可以結合相關材料進一步歸納總結秦代統治者對於婦女改嫁的態度，特别是就文獻中所透露出來的或默許或批判的"矛盾觀念"進行思考。

傳世文獻中有關秦汉時期婦女改嫁的事例屢見不鮮。而國家對於婦女守貞和再嫁的態度，也有着微妙的轉變過程。通常認爲，婦女再嫁行爲的發生與其是否有子存在着很大的關聯。一般情況下，無子而嫁被視爲自然之理，董仲舒《春秋决獄》"《春秋》之義，言夫人歸於齊，言夫死無男有更嫁之道"。[②] 文獻中所記録的陳平之妻曾"五嫁而夫輒死"，[③]卓文君也曾"新寡"，都没有顯示其再嫁之前有子。[④] 如果有子，則國家并不鼓勵婦女再嫁，强調婦女的"守貞"。始皇會稽刻石云"飾省宣儀，有子而嫁，倍死不貞。防隔内外，禁止淫泆，男女絜誠。

① 陳松長：《嶽麓簡（三）"癸、瑣相移謀購案"相關問題瑣議》，《華東政法大學學報》2014年第2期。

② ［宋］李昉等撰：《太平御览》卷六四〇《刑法部六》，石家莊：河北教育出版社，1994，42頁。

③ 《史記》卷五六《陳丞相世家》，2494頁

④ 《史記》卷一一七《司馬相如列傳》，3638頁。

夫爲寄豭,殺之無罪,男秉義程。妻爲逃嫁,子不得母,咸化廉清”。[①]

不過,如若從律令條文的記載來看,可獲得一些新的思考。誠如上文所述,嶽麓秦簡中記載了秦始皇二十六年之後對於婚姻、家庭的規範和整飭,其中有婦女在更嫁過程中所涉及到的前夫與後夫兩個家庭的夫妻、子女等成員之間的財産關係和社會倫理等等,這其實説明在當時社會中,婦女有子而嫁的現象也是較爲普遍的。《商君列傳》中“民有二男以上不分异者,倍其賦”,國家發布政令,鼓励家庭的分户、促進人口的增長也暗示了對於更嫁的認可。[②]而簡1026“女子寡,有子及毋子而欲毋稼(嫁)者,許之”顯示出在倫理的導向方面,對於婦女守貞的認可和逐漸强化。

其中看似矛盾之處,既與秦代政府根據社會發展變化不斷調整有關家庭的規範有關,也緣於國家對於“户”的穩定性的重視。文獻中所見秦的户口登記制度始見於獻公十年“爲户籍相伍”,後孝公時期,推行商君之法,户籍制度得到進一步的貫徹執行,鼓勵分户,增加口數,并且人口的增長和死亡都要有詳細記録,“舉民衆口數,生者著,死者削”。[③]《法律答問》“何(可)謂匿户及敖童弗傅?匿户弗繇(徭),使弗令出户賦之謂殹(也)”(簡165)。[④] 里耶古城出土的户籍簡牘便是與秦代户籍和人口管理相關的例證。[⑤]《二年律令·户律》中規定立户時間“民欲别爲户者,皆以八月户時”(簡345),[⑥]嶽麓秦簡中亦有“户時”政府官員在基層社會申明律令的記載。諸種材料均反映了隨着社會的變革而産生的相應的治理政策。

另外,除了政府期望能够增加户數、徵收賦税、鞏固家庭的考量之外,恐怕也有世俗人情的因素。比如王符《潛夫論·斷訟》中便提到婦女再嫁現象背後的經濟利益:

> 又貞節寡婦,或男女具備,財貨富饒,欲守一醮之禮,成同穴之義,執節堅固,齊懷必死,終無更許之慮,遭值不仁世叔,无義兄弟,或利其聘幣,或貪其財賄,或私其兒子,則强中欺嫁,遽迫脅遣送……[⑦]

---

① 《史記》卷六《秦始皇本紀》,332-333頁。由此可見,除了將王令、制詔法律化,秦代統治者還通過立碑刻石的方式宣示教化,除會稽刻石以外,始皇本紀中還記載了其在巡行中爲宣示兩性規範所立的其他刻石,如二十八年梁父刻石“貴賤分明,男女禮順,慎遵職事”(312頁);琅邪刻石“尊卑貴賤,不踰次行。姦邪不容,皆務貞良”(314-315頁);三十二年碣石“男樂其疇,女修其業”(322頁)。總體而言,無論是律令的規範,亦或刻石的形式,都顯示出了政府對於核心家庭單位的重視。

② 《史記》卷六八《商君列傳》,2230頁。

③ 章詩同注:《商君書》,上海人民出版社,1974,19頁。

④ 睡虎地秦墓竹簡整理小組:《睡虎地秦墓竹簡》,132頁。

⑤ 張春龍:《里耶秦簡所見的户籍和人口管理》,中國社會科學院考古研究所等編《里耶古城、秦簡與秦文化研究》,北京:科學出版社,2009,188-195頁。

⑥ 張家山二四七號漢墓竹簡整理小組:《張家山漢墓竹簡[二四七號墓]》(釋文修訂本),56頁。

⑦ [漢]王符撰,[清]汪繼培箋,彭鐸校正:《潛夫論箋校正》,北京:中華書局,1985,233-238頁。

即再嫁行爲的發生，不僅關係婦女自身，同時也受到本生家庭中的父輩、同産等家庭成員的影響。

結語

本文以一組簡文爲例，具體探討了秦代有關婦女再嫁的法律處理。除却這組簡文之外，嶽麓秦簡中還有關於秦代婚姻、家庭的諸多面向的豐富記録，對之進行的探索，有助於我們從宏觀的視角理解秦代政府不斷演進的律令規範和國家教化政策，也有助於反觀本文所討論的婦女再嫁問題。這將是筆者未來的研究方向。

概括來説，嶽麓秦簡中的相關律令主要分爲兩個層面，就家庭關係而言，涵蓋了對家庭内部衝突的法律處理、吏卒歸寧制度、産子的身份歸屬以及政府對維繫家庭和諧的人子的表彰等等。其次，就婚姻層面的制度來看，嶽麓秦簡主要涵蓋了有關婚姻關係的確立、變更等方面的法律規定。比如，規定娶妻嫁女所需要的法律程序，并特别地對官員的入贅、娶妻做了説明。對男子再娶、女子再嫁所涉及的親屬關係、財産方面的變更，也有詳細規定。此外，奏讞書《識劫娓案》對於"娓"的不同量刑意見也促使我們思考有關"妻"的法律認定程序。

由秦律到漢律，既有繼承又有變革。即使秦律律令本身，也存在着緩慢的變化，而這種變化所反映的便是秦代政府關於家庭治理規範的不斷整合。比如，睡虎地秦簡《法律答問》有"毆大父母，黥爲城旦舂。今毆高大父母，可(何)論？比大父母"(簡 78)，[①]嶽麓秦簡則是"毆泰父母，弃市"(簡 1604)。[②] 根據陳偉的研究，"睡虎地秦簡大約抄録於秦王政時期，其中法律文獻底本形成的年代大概更早，嶽麓秦簡的主要年代則在秦統一之後"。[③] 這可以看出針對家庭的社會規範，在秦代便有着逐步的整合。因此，秦律和漢律的二分化，是一種簡單的取向。

關於這點，還可從律文的日期來看。秦代政府頒布的這類律令條文，多以某某日期起首，日期起首律文來源於設定法律規則的王命、王令或者制詔。[④] 具體到有關家庭規範的令文日期則包括了"十三年三月辛丑以來""二歲以來""廿六年十二月戊寅以來""自今以來"等等。這也説明秦代社會倫理的不斷發展變化，并非全然在秦統一之後。透過不斷整合的

---

① 睡虎地秦墓竹簡整理小組:《睡虎地秦墓竹簡》,111 頁。

② 陳松長主編:《嶽麓書院藏秦簡(伍)》,135 頁。

③ 陳偉:《"奴妾"、"臣妾"與"奴婢"》,華東政法大學法律古籍整理研究所編《第六屆"出土文獻與法律史研究"暨慶祝華東政法大學法律古籍整理研究所成立三十週年學術研討會論文集》,2016 年 11 月,200 頁。

④ 歐揚:《嶽麓秦簡〈亡律〉日期起首律條初探》,華東政法大學法律古籍整理研究所編《第六屆"出土文獻與法律史研究"暨慶祝華東政法大學法律古籍整理研究所成立三十週年學術研討會論文集》,2016,136 頁。

這一過程,我們便能够理解在本文中所呈現的再嫁制度的“矛盾”之處,也能够從宏觀上把握秦令背後的國家意志。

本文曾在第七届“出土文獻與法律史研究”學術研討會(湖南大學,2017 年 11 月 10—12 日)上宣讀,并得與會師長指正。投稿後,又蒙匿名審稿專家惠賜寶貴意見。特此一并致謝。

放馬灘簡《鐘律式占》"問病占疾"卜法考

復旦大學出土文獻與古文字研究中心　程少軒

内容提要　放馬灘簡編號爲《日書》乙種345、348、338、335、358a、364b諸簡，均應屬於式占古佚書《鐘律式占》。簡文内容爲對疾病的兩種占卜。一種是以日、辰、時數相加，根據十位與個位數字的差值來占卜疾病的預後。另一種是以日、辰、時數相加再乘以三，利用該得數求取鐘律，再根據鐘律對應之地支與得病時間之地支的前後關係來判斷疾病是否瘥愈；如果占卜的結果是没有瘥愈，就再根據鐘律對應地支在當月的建除來貞斷疾病的預後。

關鍵詞　放馬灘簡　《鐘律式占》　疾病預後　占卜

天水放馬灘竹簡數術文獻自2009年全部公布以來，衆多學者參與整理與研究，在釋文解讀、竹簡編聯等方面取得了大量成果。我們曾在研究中提出，放馬灘簡乙種《日書》中一些與式圖、鐘律等相關的竹簡，與一般認爲的"日書"不同，它們自成系統，是可以獨立成篇的式占古佚書，可命名爲《鐘律式占》。[①] 不過，當時放馬灘簡的紅外綫照片尚未發表，我們僅能利用很不清晰的原始照片進行研究，未能復原占卜方法的諸多細節，致使結論的可信度打了折扣。

或許正是由於占卜細節復原不徹底等原因，近年來利用紅外綫照片對放馬灘簡進行重新整理的研究者并没有采納我們的整理方案，在相關竹簡的分篇、編聯、命名等的處理上與

① 程少軒：《放馬灘簡式占古佚書研究》，復旦大學博士學位論文，2011。

我們存在相當大的分歧。幾種紅外綫照片整理新著,[①]仍將我們歸爲《鐘律式占》的竹簡,像處理一般“日書”那樣,分成許多散章,置於乙種《日書》之中,且并不關注各章之間的邏輯聯繫,更未對占卜方法的復原作任何嘗試。這是非常可惜的。

其實,利用依據紅外綫照片新校訂的釋文,可以更好地復原《鐘律式占》的許多占卜細節,能更進一步證明《鐘律式占》的獨立性和系統性。今舉紅外綫照片整理者命名爲《問病》和《占疾》的兩章竹書爲例,復原占卜全過程,藉此展示《鐘律式占》卜法系統之一斑。

編號爲放馬灘簡《日書》乙種 345、348、338、335、358a、364b 諸簡,内容與占卜疾病有關。紅外綫照片整理者將這些簡分爲兩章,命名爲《問病》和《占疾》。竹簡内容如下:

> 凡人來問病者,以來時投日、辰、時數并之:上多下占〈曰〉病已;上下等曰陲(垂)已;下多上一曰未已而幾已;下多上二曰未已;下多三曰 345 日尚久;多四、五、六曰久未智(知)已時;多七曰瘁(癃)不已;多八、九曰死。348
>
> 占疾,投其病日、辰、時:以其所中之辰閒,中其後爲巳(已)閒,中其前爲未閒。得其月之剽,恐死;得其 338 敫,瘁(癃);得其吉,善;得其閉,病中雖(唯?)巳(已);得其建,多餘病;得除,恐死;得其盈,駕(加)病;得其吉,善;得 335 其臽,病久不 358a【巳(已);得其 A……;得其 B,……;得其 C,……】乃復病。364b[②]

紅外綫圖版的整理者説,《問病》篇“以日、辰、時數的某種運算來占斷疾病的預後”,而《占疾》篇則“以日、辰、時數及建除諸日來占斷疾病的預後”。[③] 至於何種運算、如何占斷,語焉不詳。

我們在此前的研究中,早已解開了日、辰、時數的計算方法。紅外綫照片整理者未加參考,頗爲遺憾。《鐘律式占》中取日、辰、時計算的占卜是重要的占卜形式之一,占例頗多。其最基本的算法,見於下面一段簡文:[④]

> 殳(投)者(諸)參(三)合日、辰求〈罘-還〉星,從〈近〉期三而一,中期如參(三)合之數,遠數有(又)參(三)之,即以鐘音之數矣。321

① 孫占宇:《天水放馬灘秦簡集釋》,蘭州:甘肅文化出版社,2013;陳偉主編:《秦簡牘合集(肆)》,武漢大學出版社,2014;陳偉主編,孫占宇、晏昌貴等撰著:《秦簡牘合集·釋文注釋修訂本(肆)》,武漢大學出版社,2016。後兩部著作中《放馬灘秦墓簡牘(竹簡部分)》均由孫占宇執筆。

② 該釋文以《秦簡牘合集·釋文注釋修訂本(肆)》(武漢大學出版社,2016)所收孫占宇釋文爲底本,有所校改。簡 358a 與 364b 之間缺文爲我們新擬補,A、B、C 爲所缺建除術語,三個術語應爲“衝”“虛”“盈”,然三者排列順序已不可考。參照兩處“吉”文句相同例,所缺之“盈”的占辭很可能也是“駕(加)病”。“虛”與“盈”是一組反義詞,所以“虛”的占辭或許是與“加病”相反的“有瘳”之類。詳參程少軒《放馬灘簡〈鐘律式占〉“建除占疾”復原》,即刊。

③ 陳偉主編,孫占宇、晏昌貴等撰著:《秦簡牘合集·釋文注釋修訂本(肆)》,武漢大學出版社,2016,127-129 頁。

④ 以下所引放馬灘簡釋文均以《秦簡牘合集(肆)》所收孫占宇釋文爲底本,但有多處校改。後不一一出注。

"三合日、辰還星",指將所取的天干、地支、星宿三個數字相加。"近期三而一",指三個數字相加後除以三。"中期如三合之數",指三個數字直接相加不作任何處理。"遠數又三之",指三個數字相加後再乘以三。① 《鐘律式占》中有《干支表》《時稱表》等内容,列舉了十天干、十二地支和二十八個時稱的配數。同時,時稱又和星宿有一一對應的關係,因此在占卜中"時"與"星"是等價的。這些元素所配之數如下三表:

表1 天干數字對應表

天干	甲	乙	丙	丁	戊	己	庚	辛	壬	癸
數字	9	8	7	6	5	9	8	7	6	5

表2 地支數字對應表

地支	子	丑	寅	卯	辰	巳	午	未	申	酉	戌	亥
數字	9	8	7	6	5	4	9	8	7	6	5	4

表3 時稱星宿數字對應表②

時稱	暮食	人定	*夜未中	夜半	過中	大晨	前鳴
星宿	壁	室	危	虚	女	牛	斗
數字	7	6	?	5	6	8	7
時稱	中鳴	後鳴	*毚旦	平旦	日出	早食	食時
星宿	箕	尾	心	房	氐	亢	角
數字	6	5	?	9	8	7	7
時稱	晏時	莫食	東中	日中	西中	日昳	*餔食
星宿	軫	翼	張	星	柳	鬼	井
數字	8	6	5	5	9	8	
時稱	市日	夕時	夕市	日入	昏時	昏市	暮市
星宿	參	觜	畢	昴	胃	婁	奎
數字	7	6	6	5	9	8	7

據以上三表,天干取數區間從5至9,地支從4至9,星宿與時稱從5至9。因此,"三合日、辰還星"所得"中期"之數,最小爲14,最大爲27,必然是14至27之間的自然數。"中期"

① 關於簡321的詳細解釋,可參看程少軒《放馬灘簡式占古佚書研究》。

② 因竹簡殘損,二十八時稱的釋讀以及對應之數字尚存一些爭議。今暫取程少軒《談談放馬灘簡的一組時稱》(《簡帛研究二〇一二》,桂林:廣西師範大學出版社,2013,34-44頁)的意見。

之數再乘以三得到的“遠數”,必然是從 42 到 81 的自然數。十二鐘律律數,最大的黄鐘爲 81,最小的應鐘爲 42。“遠數”恰與鐘律之數的範圍完美契合,所以簡文説“遠數”“即以鐘音之數矣”。

《問病》章之占卜,便是以此取數法爲基礎,簡單以日、辰、時數相加爲占的。這裏的“上”和“下”,應當是指十位與個位。古代數學術語,區别十進制的不同數位的大小關係,往往用二元對立的一組術語相稱,如“高位”與“低位”、“前位”與“後位”、“首位”與“末位”等。以“上位”與“下位”稱數位之高低,雖不見於古代文獻,但由籌算時數位高低變換之術語“進位”與“退位”來看,稱“高位”爲“上”、“低位”爲“下”,也是很自然直接的。① 日、辰、時三數相加,求得的數字在 14–27 之間,占病的結果如下表:②

表 4 《問病》結果一覽表

得數	差值	結果	得數	差值	結果
14	下多上三	日尚久	21	上多下	病已
15	下多上四	久未知已時	22	上下等	垂已
16	下多上五	久未知已時	23	下多上一	未已而幾已
17	下多上六	久未知已時	24	下多上二	未已
18	下多上七	癃不已	25	下多上三	日尚久
19	下多上八	死	26	下多上四	久未知已時
20	上多下	病已	27	下多上五	久未知已時

可以看到,以上占卜結果中,概率最大的是“久,未知已時”,最差的結果是“死”,“病已”的概率是偏低的。這是因爲在古漢語中,“病”指嚴重的疾病。

較之於“病”,“疾”的程度要輕,因此占“疾”的各種結果中,痊愈的概率就大大提高了:

> 占疾,投其病日、辰、時:以其所中之辰閒,中其後爲巳(已)閒,中其前爲未閒。338

這段簡文是以日、辰、時三者相加,再乘以三求得前面講到的所謂“遠數”,找到數字對應的鐘律,再以鐘律對應的地支爲占的。

① 之所以傳世文獻中不見以“上”“下”表數位之高低,大概是因爲後來籌算乘除法中也有“上位”“中位”“下位”等術語,這些術語使用更爲普遍,爲避免歧義,以“上”“下”表數位之高低的用法就逐漸被廢弃了。

② 需要指出的是,實際上并不存在“下多上九”的情況。占書的撰寫者是以各種預後出現概率的大小來編排對應差值的,“癃不已”這個“次極端”的結果僅用了“下多上七”一組差值,“死”這一“最極端”結果却安排了“下多上九”與“下多上八”兩組差值,這説明占書的撰寫者其實很清楚“下多上九”出現的概率爲零。

表 5　十二鐘律數表

黄鐘	大吕	大簇	夾鐘	姑洗	中吕	蕤賓	林鐘	夷則	南吕	無射	應鐘
81	76	72	68	64	60	57	54	51	48	45	42

十二鐘律中,爲三之倍數的鐘律可直接求得。而不是三之倍數的鐘律的求取方式,在《鐘律式占》中也有十分詳細的規定:

凡殳(投)黄鐘,不合音婁(數)者是謂天絶紀殹。婁(數)有六十六,旦從六十八,夕從六十四。婁(數)七十五,占七十六。婁(數)有卌四,占卌二。陰陽鐘已備。368

【凡陰】陽鐘,各殳(投)所卜大婁(數)曰置婁(數)者。旦到日中從多,日中至晦從少。359

大吕多二,蚤(早)莫(暮)自列[①];夾鐘多一,自列;少二,旦至日中自列,後(?)日中,歸姑洗=(姑洗;姑洗)少一,列。姑洗以其子辰爲式,林鐘得其□……286

這段簡文討論的是取得的數字與律數不合時,這些數字該如何歸入相應的鐘律進行占卜。我們可將之概括爲三個"原則",即"就近原則""旦夕原則"和"卌四原則"。

爲方便討論,我們先看"數七十五,占七十六"這個例子,這是針對大吕舉的例子。據上揭十二鐘律數表,大吕律數爲 76。如果取到的數字不是 76 而是 75,則按照就近原則,用 76 來算。按照就近原則,絶大多數"不合音數"的情況可以得到解決。但從上表所列鐘律數可知,仍會碰到四個數字無法處理,因爲它們恰是相鄰兩律的中間數。這四個數分别是 74(大吕大簇中點)、70(大簇夾鐘中點)、66(夾鐘姑洗中點)、62(姑洗中吕中點)。於是又有了新的規定,即視條件或從多,或從少。第一個例子就是針對這種情況的。"數有六十六,旦從六十八,夕從六十四"是就夾鐘、姑洗兩律而言,如果取到的數字爲 66,恰好位於夾鐘 68、姑洗 64 的中點,在這種情況下如果是"旦"則以夾鐘 68 占卜,如果是"夕"則以姑洗 64 占卜。這種將一天兩分的規則還見於簡 359、簡 286、簡 297 等,從這些相關簡文來看,此處的"旦"應指旦到日中,"夕"應指日中到晦。有了"就近原則"和"旦夕原則"後,74、70、66、62 這四個距前後兩律皆相差 2 的數也都可以取到律數了。但是,在所有的數中,44 最爲特殊,它不按照"就近原則"處理,而是直接取 42。原因在於,42 對應的應鐘比較特殊。若計算精確值,它的實值是 42.67,[②]之所以取 42 而非 43,是爲了照顧自蕤賓至應鐘皆爲相差 3 的等差數列,而且取 42 也使得應鐘距清黄鐘(高一個八度的黄鐘)爲 2,符合與前律差值不小於與後律差值的

① 簡 286 諸"列"字,原整理者釋"亂",紅外綫照片整理者釋"死"。據文意,此字當與"歸"意義相近,所以應改釋爲"列"。"大吕多二,早暮自列",是説取得的數如果是比大吕之律數多二的 78,無論上半日還是下半日,均自行歸入(列入、納入)大吕律數之列。

② 詳參看程少軒《放馬灘簡所見生律法補説》,《天籟(天津音樂學院學報)》2011 年第 4 期。

規律。但無射和應鐘兩律律數太接近了,這使得 44 這個數字地位很尷尬——它看似與無射律數更接近,但實際上却并非如此。倘以夾鐘數 68 下生無射,爲 45.33,較之應鐘 43.67,兩數與 44 距離相等。在這種情况下再規定一條"卌四原則",即"數有卌四,占卌二"——只要取到 44,就不執行"就近原則",而直接按應鐘 42 占卜。如此三個例子,就把黄鐘 81 到應鐘 42 之間所有的數如何取律全部解釋清楚了。可以看到,簡文所舉例子大多數都是三的倍數,如簡 368 的"數有六十六"、"數七十五",簡 286 的"大吕多二"(78)、"夾鐘多一"(69)、"夾鐘少二"(66)、"姑洗少一"(63),等等。可見絶大多數情况下,在取鐘律時需要處理的數都是以日、辰、時之和再乘以三所得諸"遠數",所以纔會不厭其煩地舉很多三的倍數的例子加以解釋。諸"遠數"取鐘律及其對應之地支如下表:

表 6　遠數鐘律地支對應表

地支	子	丑	寅	卯	辰	巳	午	未	申	酉	戌	亥
鐘律	黄鐘	大吕	大簇	夾鐘	姑洗	中吕	蕤賓	林鐘	夷則	南吕	無射	應鐘
律數	81	76	72	68	64	60	57	54	51	48	45	42
遠數	81	75 78	72	69 66(旦)	63 66(夕)	60	57	54	51	48	45	42

有了上表,就可以方便地占卜"疾"的預後了。例如,若以甲辰日食時染疾,查表可知甲對應 9,辰對應 5,食時對應 7,三者相加爲 21,再乘以 3 爲 63。根據以上"就近原則",取律數爲 64 的姑洗。姑洗對應地支爲辰,與得病之地支一致,所以該疾的結果是"閒",可以痊愈。

又如,若以乙卯日日中染疾,查表可知乙對應 8,卯對應 6,日中對應 5,三者相加爲 19,再乘以 3 爲 57,取律數爲 57 的蕤賓。蕤賓對應地支爲午,在得病之地支卯之後,所以該疾的結果是"未閒",尚未痊愈。

那麼在尚未痊愈這一情况下,疾病會如何發展呢?隨後的簡文説:

得其月之剽,恐死;得其 338 敫,痒(癃);得其吉,善;得其閉,病中雖(唯?)巳(已);得其建,多餘病;得除,恐死;得其盈,駕(加)病;得其吉,善;得 335 其臽,病久不 358a【巳(已);得其 A……;得其 B,……;得其 C,……】乃復病。364b

這裏的建除術語,與睡虎地秦簡《日書》乙種《徐》篇基本一致,如下表所示:

表 7　《徐》與《鐘律式占》建除對應表

《徐》篇建除及异文	建	余/徐	吉 1	實 1	窞	徼/敫	衝	剽	虚	吉 2	實 2	閉
《鐘律式占》建除	建	除	吉 1	盈 1*	臽	敫*	衝*	剽	虚*	吉 2	盈 2*	閉

*"敫"據殘字釋;"衝""虚"據《徐》篇補;"盈"尚存一例,據《徐》篇兩例"實"補加一例。

根據睡虎地簡《徐》篇,可構擬出《鐘律式占》建除表如下:

表 8 《鐘律式占》建除表

	建	除	吉 1	盈 1	臽	敫	衡	剽	虚	吉 2	盈 2	閉
正月	寅	卯	辰	巳	午	未	申	酉	戌	亥	子	丑
二月	卯	辰	巳	午	未	申	酉	戌	亥	子	丑	寅
三月	辰	巳	午	未	申	酉	戌	亥	子	丑	寅	卯
四月	巳	午	未	申	酉	戌	亥	子	丑	寅	卯	辰
五月	午	未	申	酉	戌	亥	子	丑	寅	卯	辰	巳
六月	未	申	酉	戌	亥	子	丑	寅	卯	辰	巳	午
七月	申	酉	戌	亥	子	丑	寅	卯	辰	巳	午	未
八月	酉	戌	亥	子	丑	寅	卯	辰	巳	午	未	申
九月	戌	亥	子	丑	寅	卯	辰	巳	午	未	申	酉
十月	亥	子	丑	寅	卯	辰	巳	午	未	申	酉	戌
十一月	子	丑	寅	卯	辰	巳	午	未	申	酉	戌	亥
十二月	丑	寅	卯	辰	巳	午	未	申	酉	戌	亥	子

在"未閒"的情况下,需要再查上揭建除表。假定前述未閒之疾發生在正月,蕤賓之"午"對應的建除爲"臽",則該疾病的預後爲"病久不已";如果發生在三月,對應建除則爲"吉",預後爲"善"。

《鐘律式占》中處處可見取日、辰、星、時、黄鐘、麗首(隸首,指九九表)[①]諸種數字爲占的例子。簡 241 等以日、辰、時取"遠數",再看此數與鐘律數和麗首數是否匹配,以此占卜;簡 242 僅取鐘律數,依據得數之大小爲占;簡 243、288 取日、辰之數,比較兩者大小爲占;簡 355、343 以日、辰、時取"遠數",經過一番處理後,用九來除,根據餘數推定疾病部位。這些例子,本文就不一一展開解説了。總之,這些占卜本身并無太多神秘之處,無非是規定一套數字對應體系,再建立各種數術模型,將占卜内容代入運算求得結果而已。以《問病》《占疾》兩章占卜過程的完整復原爲例,足以證明我們此前的思路是完全正確的,《鐘律式占》的確自成系統,可以獨立成篇。

① 程少軒:《也談"隸首"爲"九九乘法表"專名》,《出土文獻研究》第 15 輯,上海:中西書局,2016,119-126 頁。

秦漢簡牘法律文獻中的"通錢"

長沙簡牘博物館　雷長巍

内容提要　睡虎地秦簡《法律答問》中的"通錢",或釋爲"行賄",或認爲"通錢"之"通"的含義是通有於無,通錢具體指"把境外的私鑄錢偷運入境"。張家山漢簡《二年律令·錢律》相關記載爲"通錢"的訓釋提供了新的材料。綜合秦漢律文及漢語詞義發展規律,"通錢"之"通"應爲"流通""交换"之義。"通錢"當指將"私鑄錢"换成市場法定許可流通的貨幣,將其流通于市,是"私鑄錢"中不可或缺的一個環節,在秦漢律令規定中都屬於重罪行爲。

關鍵詞　秦律　漢律　通錢　行錢

"通錢",見於睡虎地秦簡《法律答問》181:"邦亡來通錢過萬,已復,後來盜而得,可(何)以論之? 以通錢。"整理小組注:"疑指行賄。《漢書·張湯傳》有'與錢通',注釋爲'錢財之交',意義不同,但可參考。"[①]其他兩處記録,如:

> 智(知)人通錢而爲臧(藏),其主已取錢,人後告臧(藏)者,臧(藏)者論不論? 不論論。(182)
>
> 甲誣乙通一錢黥城旦罪,問甲同居、典、老當論不當? 不當。(183)

整理者也皆作行賄解。將"通錢"訓釋爲"疑指行賄",其實於文義仍未安,整理者也提出所

---

① 睡虎地秦墓竹簡整理小組:《睡虎地秦墓竹簡》,北京:文物出版社,1990,136 頁。除特别注明外,本文所引睡虎地秦簡皆出自該書,以下不再注出。

舉《漢書·張湯傳》中的例子僅僅是“可參考”,還有待進一步研究。但“通錢”這一秦代法律用語以及整理者推測的訓釋在法律史研究,特别是關於歷史上貪腐現象的研究中,却被作爲秦律對“行賄罪”判處的案例而廣泛引用。[①]

張世超、張玉春對此提出了不同意見。他們認爲,秦律“通錢”之“通”是“通有於無”之意。“邦亡來通錢過萬”是説“把境外的私鑄造錢偷運入境,就是‘通錢’。”[②]張家山漢簡刊布後,《二年律令·錢律》中有兩處與“通錢”相關的記載,分别是:

> 智(知)人盜鑄錢,爲買銅、炭,及爲行其新錢,若爲通之,與同罪。(203)
>
> 盜鑄錢及佐者,智(知)人盜鑄錢,爲買銅、炭,及爲行其新錢,若爲通之,而能頗相捕,若先自告、告其與,吏捕,頗得之,除捕者罪。(206-207)

整理者注釋:“通,指通錢。參看《睡虎地秦墓竹簡·法律答問》之‘邦亡來通錢過萬’等條。”[③]秦律“通錢”與漢律“若爲通之”顯然是同一行爲。學界多認同張世超、張玉春對“通錢”的理解,將張家山漢簡《二年律令·錢律》“若爲通之”之“通”釋作“流通”。[④] 結合秦、漢律的相關規定,本文擬在前人研究的基礎上,嘗試對“通錢”的含義再作探討。

首先,“通錢”罪的判罰要重於“行賄”罪。按張家山漢簡《二年律令·盜律》60:“受賕以枉法,及行賕者,皆坐臧(贓)爲盜。罪重於盜者,以重者論之。”整理小組注:“受賕即受賄。”“行賕,行賄。”[⑤]又《二年律令·盜律》56:“盜臧(贓)直(值)過六百六十錢,黥爲城旦舂。六百六十到二百廿錢,完爲城旦舂。不盈二百廿到百一十錢,耐爲隸臣妾。不盈百一十錢到廿二錢,罰金四兩。不盈廿二錢到一錢,罰金一兩。”漢代,賕以枉法,及行賕者,贓直值過六百六十錢,黥爲城旦舂;贓值一錢到二十二錢,罰金一兩。“通錢”罪則不同,據張家山漢簡《二年律令·錢律》簡203、206—207的規定,“通錢”應與“盜鑄錢”同罪。《二年律令·錢律》201規定:“盜鑄錢及佐者,弃市。”可知,漢代“通錢”當爲死罪。由此看來,秦漢時期對“通錢”罪處罰要遠重於“行賄”罪。

其次,秦律中提到“知人通錢”而幫助其“藏錢者”也有罪,如睡虎地秦簡《法律答問》182:“智(知)人通錢而爲臧(藏),其主已取錢,人後告臧(藏)者,臧(藏)者論不論?不論論。”整理小組注:“此處重文號原應在問句第二個‘論’字下,誤衍‘不論’二字,本應作‘……

① 張誠:《中國古代的懲貪倡廉的措施》,《領導科學》1993年10期,11-12頁。

② 張世超、張玉春:《“通錢”解——秦簡整理札記之二》,《古籍整理研究學刊》1986年第4期。

③ 張家山二四七號漢墓竹簡整理小組:《張家山漢墓竹簡[二四七號墓]》(釋文修訂本),北京:文物出版社,2006,36頁。除特别注明外,本文所引張家山漢簡皆出自該書,以下不再注出。

④ 彭浩、陳偉、[日]工藤元男主編:《二年律令與奏讞書——張家山二四七號漢墓出土法律文獻釋讀》,上海古籍出版社,2007,171頁。

⑤ 張家山二四七號漢墓竹簡整理小組:《張家山漢墓竹簡[二四七號墓]》(釋文修訂本),17頁。

論不論? 論。'"[①]如若此次"通錢"指行賄,恰如張世超、張玉春二位所質疑的那樣:"行賄何以把錢藏在他人處? 爲别人保管錢財何至致論罪?"[②]"行賄"者并非"受賄"者,没有必要"藏錢",與"其主已取錢"也互相矛盾。另,睡虎地秦簡《法律答問》183:"甲誣乙通一錢黥城旦罪,問甲同居、典、老當論不當? 不當。"發掘報告及《秦簡牘合集》均讀作"甲誣乙通一錢黥城旦罪"[③],但根據張家山漢簡《二年律令·告律》簡 126"誣告人以死罪,黥爲城旦舂;它各反其罪",此枚簡釋文或可斷句作:"甲誣乙通一錢,黥城旦罪,問甲同居、典、老當論不當? 不當。"[④]從上文已知,"通錢"罪當弃市,那麽,甲誣告乙通錢,恰恰屬誣告乙的死罪,按律甲當黥爲城旦舂。而甲誣乙"通一錢"即要受到"黥城旦罪"的審判,又從側面説明"通錢"無論數量多少,其結果均屬死罪。

再次,從"通"的詞義發展來看,《説文·辵部》:"通,達也。"[⑤]引申爲貫通、流通等意義,古今均無與"賄賂"相關之義,釋"通錢"爲"行賄"不符合詞義發展的規律,於文獻亦無證。

值得指出的是,張世超、張玉春二先生認爲"史書上未見秦明令禁止行賄受賄的記載,簡文中的'通錢'也顯然不是指'行賄'",并據《漢書·鄧通傳》提出:"秦律所處的時代,當時尚未統一,鑄錢者可以在秦法約束之外的鄰國從容冶鑄,而鄧通所處的時代,天下一統,没有了專營私鑄的條件,也就不存在專營偷運的'通錢'者了。大概因爲這個原因,漢代不見有關'通錢'的記載。"[⑥]其實張家山漢簡《二年律令》《漢書·刑法志》多有關於行賄受賄的律令,雖然目前未見秦代明令禁止行賄受賄的記載,并不能由此判斷秦代無此律文。而且,秦律同樣未見"把境外的私鑄錢偷運入境"的記載,但從張家山漢簡《二年律令》中關於"盜鑄錢"和"通錢"的律文可見:在漢代天下一統的情況下,事實上仍然存在"通錢"這一行爲,顯然將"通錢"理解爲"把境外的私鑄錢偷運入境"的行爲仍然於文義未安。

又張家山漢簡《二年律令》簡 63:"智(知)人爲群盜而通歓(飲)食餽遺之,與同罪;弗智(知),黥爲城旦舂。其能自捕若斬之,除其罪,有(又)賞如捕斬。"此處之"通"即共有、互通之意,亦即提供之意思。將"通"做"通飲食"理解,放之張家山漢簡《二年律令》簡 203、206—207 似亦能説通,但置之於睡虎地秦簡《法律答問》簡牘之 181、182、183 則説不通,再者,强行

① 睡虎地秦墓竹簡整理小組:《睡虎地秦墓竹簡》,136 頁。

② 張世超、張玉春:《"通錢"解——秦簡整理札記之二》。

③ 陳偉《秦簡牘合集》之睡虎地秦簡《二年律令》簡 183 條注:"整理者:此句是説甲誣告乙行賄一錢,行賄一錢即應判處黥城旦。"(武漢大學出版社,2014,271 頁)

④ 對於該簡文斷句,從漢律來推,甲誣乙通錢罪,而對甲的判罰何以"問甲同居、典、老當論不當? 不當。"睡虎地秦簡《法律答問》簡 43 可作一解:"甲告乙盜牛若賊傷人,今乙不盜牛、不傷人,問甲可(何)論? 端爲,爲誣人;不端,爲告不審。"(睡虎地秦墓竹簡整理小組:《睡虎地秦墓竹簡》,103 頁)因爲告發存在故意與非故意(端與不端)之區分,故 183 簡文之甲同居、典、老當認爲不能單純判甲爲黥城旦罪。

⑤ [漢]許慎:《説文解字》卷二下《辵部》,北京:中華書局,1985,53 頁。

⑥ 張世超、張玉春:《"通錢"解——秦簡整理札記之二》。

將“通飲食”省作“通”,且無上下文作鋪墊,恐不妥。

故,綜合秦漢簡牘法律文獻中的記載,我們認爲“通”爲“交换,流通”義,“通錢”是指將私鑄錢换成市場法定許可流通的貨幣,與《二年律令》所説的“行其新錢”,性質相同。

首先,張家山漢簡《二年律令》中的“通錢”均與“盜鑄錢”有關,如上文所舉簡203、206—207,它與“行賄”“受賄”行爲毫無關係。

其次,“通”有“流通”“交换”之義,先秦兩漢文獻均常見,如《周禮·考工記》序:“通四方之珍异以資之,謂之商旅。”[①]《荀子·儒效》:“通財貨,相美惡,辯貴賤,君子不如賈人。”[②]張家山漢簡《二年律令》簡203、簡206—207均有“及爲行其新錢,若爲通之”之語,值得注意的是,“行其新錢”并非《漢書·百官公卿表》所述的“(武帝三年)鄲侯周仲居爲太常,坐不收赤側錢收行錢論”之“行錢”。[③]《周禮·夏官·司爟》:“司爟掌行火之政令。”鄭玄注:“行,猶用也。”[④]“行其新錢”謂使用其盜鑄之錢。張家山漢簡《二年律令》簡197—198:“錢徑十分寸八以上,雖缺鑠,文章頗可智(知),而非殊折及鉛錢也,皆爲行錢。金不青赤者,爲行金。敢擇不取行錢、金者,罰金四兩。”“行錢”是國家規定流通貨幣,即使在一定的範圍内有所缺陷,仍具流通合法性。兩者相比,前者爲盜鑄錢,而後者則包括質次的銅錢,但是這種“行錢”不僅可以流通,而且拒用者還要受重罰。兩者不是同一概念。“通錢”則是將盜鑄之錢與人交换爲通行之錢,它與“行新錢”都是將“盜鑄錢”流通到市面上的方法,也是歷代僞造假幣犯罪活動中極其重要的一環。因此在漢律中,將“行新錢”“通錢”并舉,其罪責和“盜鑄錢”者等同,都是“弃市”之死刑。

最後,“通錢”釋爲將私鑄錢换成市場法定許可的流通貨幣,將其流通於市,不僅在張家山漢簡兩處律文中文從字順,在睡虎地秦簡《法律答問》三處律文中也均合乎情理。如簡182:“智(知)人通錢而爲臧(藏),其主已取錢,人後告臧(藏)者,臧(藏)者論不論?〈不論〉論。”該簡大意爲,明知别人交易假幣而代爲窩藏者,即使“通錢”者已經取走交易的錢幣,也應當嚴懲。簡183:“甲誣乙通一錢,黥城旦罪,問甲同居、典、老當論不當?不當。”即甲僅僅誣告别人將一私鑄的錢换成市場法定許可流通之錢,則要被判罰徒刑中只比死刑低一級的“黥城旦罪”。[⑤]簡181:“邦亡來通錢過萬,已復,後來盜而得,可(何)以論之?以通錢。”“復”,整理小組引《後漢書·杜詩傳》:“謂優寬也。”[⑥]但參與“私鑄錢”者歷代都是重罪,何以“優寬”?且此處若理解爲逃亡出境的人(因某種原因)得以優寬,接下來行盜了,又舊事

① [清]阮元校刻:《十三經注疏》,北京:中華書局影印本,1980,905頁。
② [清]王先謙:《荀子集解》,北京:中華書局,1988,122頁。
③ [漢]班固:《漢書》卷一九下《百官公卿表下》,北京:中華書局,1962,778-779頁。
④ [清]阮元校刻:《十三經注疏》,843頁。
⑤ 韓樹峰認爲:“因此,在秦漢法律中黥城旦春應該僅次於死刑。”見其《秦漢徒刑散論》,《歷史研究》2005年第3期。
⑥ 睡虎地秦墓竹簡整理小組:《睡虎地秦墓竹簡》,136頁。

重提,以通錢罪論之? 我們認爲這裏的“復”乃“還”“返回”之義,《易・訟》:“復即命渝。”孔穎達疏:“復,返也。”[①]則該簡大意爲,逃亡出境的人,此前曾將私鑄之錢换做流通之錢流通於市面之數目超過一萬錢,現已經返回國内,後來因爲盗竊被捕獲,應如何論處? 以通錢罪論處。按張家山漢簡《二年律令・具律》簡 99:“一人有數［罪毆］,以其重罪罪之。”秦律也有相關規定,如睡虎地秦簡《效律》:“爲都官及縣效律:其有贏、不備,物直(值)之,以其賈(價)多者罪之。”通錢超過萬錢,必爲死罪無疑,則不治其盗竊之罪,而從最重的“通錢”罪。

綜上所論,秦漢簡牘律文中的“通錢”既非“行賄”,也非“把境外的私鑄錢偷運入境”,而是將私鑄錢充當通行之錢,并將其流通於市,是僞造假幣行爲中不可或缺的一個環節,因此按照秦漢法律都會受到嚴懲。

---

① ［清］阮元校刻:《十三經注疏》,24 頁。

秦漢法律簡牘中的“鞫”研究*

——兼論秦漢刑事訴訟中的相關問題

吉林大學文學院、古籍研究所　于洪濤

内容提要　秦漢時期的“鞫”又稱之爲“鞫獄”，是刑事訴訟的庭審階段。其程式組成主要有廷訊調查取證、刑訊驗問口供、當庭質詢被告人、驗證案件調查階段文書，以及犯罪事實認定等部分。“鞫獄”與“斷獄”是兩個不同的訴訟階段，宋代的“鞫讞分司”制度很可能與此有相應的聯繫。“鞫”是通過法庭調查、法官逐步驗證案件事實所形成的，司法文書中的“它如某某”等用語，是案件驗證的重要佐證，其認定的犯罪事實，也是對罪犯定罪量刑的重要依據。

關鍵詞　秦漢簡牘　刑事訴訟　奏讞制度　鞫讞分司

“鞫”的概念在秦漢時期有廣義和狹義之分，廣義是指刑事訴訟中的庭審過程，也就是對犯罪人員最終的審訊，其中包含了庭審時的訊問、詰問、診問以及驗等部分，相當於今天的法庭調查、取證、事實認定等階段。[①] 狹義則指庭審的最終驗證環節，也就是秦漢奏讞類文書中的“鞫之”部分，是對案件的最終事實認定。《史記・酷吏列傳》：“傳爰書，訊鞫論報。”張晏云：“鞫，一吏讀爲狀，論其報行也。”[②]沈家本指出：“鞫者，推勘之詞，斷者，論決之事，可區爲

＊ 本文係國家社會科學基金重大項目“簡牘學大辭典”（項目批號：14ZDB027）階段性成果之一。吉林大學科學前沿與交叉學科創新項目“唐律中的罪名：立法語言、核心與宗旨（2017QY025）階段性成果。

① 這裏所説的庭審“訊問”指的是庭審期間司法官吏的當堂訊問階段，與“訊鞫論報”中的“訊”有所不同。《史記・酷吏列傳》中“訊”指的是“偵訊”，是庭審之前的一個階段，這一點與本文主旨偏差較大，故筆者會有另文進行詳細説明。

② 《史記》卷一二二《酷吏列傳》，北京：中華書局，2013，3783－3784 頁。

二,而事實相因,實難分别。”[①]至於“鞫”概念的理解,目前學界均采用狹義的概念。張建國先生指出:“基本程式是告劾、訊、鞫、論、報,而訊論報是其中的審判程式。”[②]程政舉先生也認爲:“漢代的訴訟程式應包括告劾、案件的受理、證不言情之辨告、訊、驗、鞫、論、當、報等幾個階段。”[③]閆曉君先生指出:“秦漢案件一般的訴訟審理程序,一般要經過報案、偵破、訊問、詰問、驗問、讀鞫、乞鞫、議罪、論、報、執行等重要程序和環節。”[④]歐揚博士對這一問題研究得更爲細緻,其文指出:“‘鞫’是程序中的關鍵部分,有官吏的行爲‘鞫’,行爲的對象是特定的刑事案件即‘獄’,於是官吏的這一行爲可以稱爲‘鞫獄’,‘鞫獄’程序完成後形成了‘鞫’文書,於是讀這一文書就被称为‘读鞫’,而有罪者面临‘鞫’的狀態則是‘有鞫’。”[⑤]以上幾位學者的觀點均將偵訊的“訊”和庭審的“鞫”兩者并稱,并認爲是案件的審訊階段。筆者認爲,《酷吏列傳》中的“訊鞫論報”皆是指刑事訴訟中的廣義概念而言,這四點再加上“告劾”構成了秦漢時期完整的刑事訴訟程式。本文着重針對刑事訴訟程序中的“鞫”進行論述,結合秦漢法律簡牘中的材料,對“鞫”的概念、訴訟庭審程序的復原,以及“鞫”書的形成等問題進行討論,敬祈學界批評指正。

一　“鞫”即爲“窮審”

“鞫”就是“審”的含義。秦漢簡牘中的“有鞫”是指案情没有最後確定,仍然處於審定階段,但是在法律上可以對被告人采取封守、刑訊等的强制措施。睡虎地秦簡《封診式·有鞫》:“敢告某縣主:男子某有鞫,辭曰:‘士五(伍),居某里’。”[⑥]這是一份有關罪犯鞫訊前,核驗案犯情況、封守其財産的文書,也是訊問、核查財産文書的範文。籾山明先生指出:“‘鞫’是指確定罪狀即犯罪内容,宫宅潔則推定在‘鞫’的前階段必須要通知嫌疑犯的原籍所在地。”[⑦]李文玲先生則認爲,睡虎地秦簡中的《有鞫》和《覆》都是由上級司法機構所發出的,用以瞭解上訴案件情況的調查文書。[⑧] 從這兩份文書内容上來看,“敢告某縣主”爲秦漢時期的

① [清]沈家本:《歷代刑法考》,北京:中華書局,1985,1480頁。

② 張建國:《漢簡〈奏讞書〉與秦漢刑事訴訟程式初探》,《中外法學》1997年第2期。

③ 程政舉:《漢代訴訟制度研究》,北京:法律出版社,2010,209頁。

④ 閆曉君:《秦漢法律研究》,北京:法律出版社,2012,79頁。

⑤ 歐揚:《〈奏讞書〉司法文書考論》,華東政法大學博士論文,2012,57-58頁。

⑥ 睡虎地秦簡整理小組:《睡虎地秦墓竹簡》,北京:文物出版社,1990,148頁。

⑦ [日]籾山明著,李力譯:《中國古代訴訟制度研究》,上海古籍出版社,2009,61頁。[日]宫宅潔先生之説,筆者不太認同,《有鞫》文書中的主要内容是訊問,案犯所在地一些有關案件情況的具體問題,屬於案驗的部分,“通知”之説似乎不太妥當。嶽麓簡“癸、瑣相移購案”中的“沙羡書”,就是州陵縣法書詢問後的回執文書,可證。

⑧ 李文玲:《中國古代刑事訴訟法史》,北京:法律出版社,2011,73頁。

文書用語,并不能證明發文單位的身份是什麼,其文書是由平行機構發出的情況也是有可能的。由於《封診式》是官文書書寫的範文,其中的身份、姓名等信息都不具有明確的指向性,所以簡單地將這兩份文書説成是上級機構調查案件的文書,是有欠妥當的。“鞫”并不具有上訴的含義,“乞鞫”衹是乞求再審或者重新審理之意。高恒先生指出:“案件審理結束,當事人(一般均爲被告人)請求重審,稱爲乞鞫。”[①]實際上,對於“有鞫”,栗勁先生的解釋則是正確的,其云:“被查封的某里士伍某甲,僅僅因爲是‘有鞠’者,即受審問的刑事被告人,而不是被判决的刑事罪犯。”[②]簡文之後的“當騰騰皆爲報”,説明需要將這類由司法機構認定的,報給囚犯的所在縣鄉,聽取其回饋意見的文書,爲案件事實的最終認定提供依據。睡虎地秦簡《封診式·封守》:“以縣丞某書,封有鞫者某里士五(伍)甲家室、妻、子、臣妾、衣物、畜産。”[③]這裏的“有鞫者”是指罪狀待定之人,即犯罪嫌疑人,其行爲還沒有定罪,對財産的封守,是一種臨時性的行爲,并没有没收之意,判决後財産會根據審判結果進行處理。劉海年先生指出:“封守是在訴訟提出後至判决前,官府對被告人及其家屬財産采取的一種臨時性强制措施。”[④]由此,“鞫”是刑事案件審判中,處於案驗之後、判决之前的訴訟階段,被告人罪行仍然待定,身份類似於今天的犯罪嫌疑人。

“鞫”也是秦漢時期刑事訴訟的庭審階段,其中反映了案情反復推演過程,亦可稱之爲“鞫獄”。《漢書·刑法志》云:“今遣廷史與郡鞫獄,任輕禄薄”,如淳注:“以囚辭决獄事爲鞫,謂疑獄也”,李奇云:“鞫,窮也,獄事窮竟也”,顔師古則申李説。[⑤] 陳曉楓先生却認爲,顔注偏李注較多,而如淳注則被認爲是錯誤的,“自後論及兩漢鞫獄者,多偏引李注和顔注,而且將‘獄事窮竟’,錯誤理解爲案件審判結束”。[⑥] 實際上,比較如、李二人注解,我們發現李注就是在補充如注之説,“囚辭”就是案犯的供詞,“疑獄”則是根據宣帝詔書内容進行的解釋,指代上文所説的“决獄不當者”。“鞫”的含義,是根據案卷中的供詞,對原有的案件進行重新審核。而李奇解釋的“窮也”,指的是“供詞”需要窮盡,也就是掌握案件所有的供詞情况,“窮竟”并不是指案件結束之意。顔師古申李説,衹是認爲李注補充説明得很清楚而已,顔師古注的解釋是正確的。這種“窮盡供詞”的情况,在漢代是有法律要求的。張家山漢簡《具律》云:“鞫(鞫)獄故縱、不直,及診、報、辟故弗窮審者,死罪,斬左止趾爲城旦,它各以其

① 高恒:《秦漢簡牘中的法制文書輯考》,北京:社會科學文獻出版社,2008,375頁。
② 栗勁:《秦律通論》,濟南:山東人民出版社,1985,300頁。
③ 睡虎地秦簡整理小組:《睡虎地秦墓竹簡》,149頁。
④ 劉海年:《戰國秦代法制管窺》,北京:法律出版社,2006,180頁。
⑤ 《漢書》卷二三《刑法志》,北京:中華書局,1962,1102頁。
⑥ 陳曉楓:《兩漢“鞫獄”正釋》,《法學評論》1987年第5期。

罪論之。”窮審,整理小組注:“將案情追查到底。”[1]唐律中也有與此相類的内容,《唐律疏議·斷獄律》“死罪囚辭窮竟”條:“諸死罪囚辭窮竟”,《疏》云:“謂犯死罪囚,辭狀窮竟。”[2]審訊死罪囚犯時需要對案件追查到底,其犯罪是否有同犯,而在唐律的解釋中“辭狀”是否“窮竟”成爲審判量刑的重要依據。《唐律疏議·斷獄》“訊囚察辭理”條:“諸應訊囚者,必先以情,審察辭理,反復參。”《疏》云:“依獄官令,察獄之官,先備五聽,又諸證信,事狀疑似,猶不首實者,然後考掠。”[3]也就是説在審訊囚犯時,官吏需要先以證詞、證物等,作爲首要參考,如果案件情況與案犯口供相左,纔能進行刑訊。無論秦漢律還是唐律,案件審理時都要以證詞爲准,需要在各類口供、證據驗證無誤後,方可進行判決。

二　“鞫”即爲“庭審”

“鞫”的“審”是指“庭審”而言,并不包含判決的階段,也就是説“鞫”與“論”是兩個不同的訴訟階段。蕭永洪先生指出:“從嶽麓秦簡與張家山漢簡《奏讞書》所見司法案例來看,‘鞫’與‘論’的確屬於兩個各自獨立的程式階段。”[4]高恒先生却認爲:“‘鞫’即法官對審訊案件作出的結論:所審問的案情是否真實、行爲是否構成犯罪,以及罪行的性質、輕重,適用何種法律,應判何種罪行。若案件難以判决,則呈請上級審判機關。”[5]秦漢簡牘司法文書中的“鞫”,處於案件判決之前的階段,是審判機構根據案件調查、取證、訊問的結果,而得出的案件最終認定,反映和描述的均是案件具體事實。在簡牘司法文書的書寫上也是有明顯區分的,例如嶽麓秦簡、張家山漢簡奏讞類文書有這樣幾處:

鞫之:多與兒邦亡荆,年十二歲,小未能謀。今年廿二歲,已(已)削爵爲士五(伍)。得。審。疑多辠(罪)。毄(繫)。它縣論。敢潚(讞)之·吏議曰:除多。或曰:黥爲城旦。(“多小未能與謀案”)[6]

·鞫之:媚故點婢,楚時亡,降爲漢,不書名數,點得,占數,復婢,賣祿所,媚去亡,年卌歲,得皆審。·疑媚罪,它縣論,敢讞之,謁報,署史廥發。·吏當:黥媚顔,畀祿,或曰

---

① 張家山二四七號漢墓竹簡整理小組:《張家山漢墓竹簡[二四七號墓]》(釋文修訂本),北京:文物出版社,2006,22頁。

② [唐]長孫無忌等撰:《唐律疏議》,北京:中華書局,1983,547頁。

③ [唐]長孫無忌等撰:《唐律疏議》,552頁。

④ 蕭永洪:《嶽麓秦簡所見秦刑事訴訟程式的歷史價值》,《湖南大學學報(社會科學版)》2013年第3期。

⑤ 高恒:《秦漢簡牘中法制文書輯考》,456頁。

⑥ 朱漢民、陳松長主編:《嶽麓書院藏秦簡(叁)》,上海辭書出版社,2013,142頁。標點有所改動。

當爲庶人。(案例二)[①]

比較以上兩個案例,我們發現簡文中的“鞫之”多用點號作出了標注,以區分上部訊問階段的供詞,之後則爲奏讞的文書用語,即“疑某罪,它縣論,敢讞之”的簡文,這一句有的案例中也用點號隔開。而郡級的“吏議”即論的部分,則都用點號隔開。“論”與前文書隔開是秦漢簡牘奏讞類文書的常態,很明顯可以説明兩者是分别的訴訟環節。案件事實陳述完後,多用“審”“皆審”等語結尾。張家山漢簡整理小注:“審,《淮南子·本經》注:‘明也’。”劉國勝先生認爲:“‘鞫’録完後,一般都有‘審’或‘皆審’等詞,‘審’就是確實的意思,表明經官方認可。”[②]實際上,“審”就是明確的意思,張家山漢簡整理小組之説是可從的。這種用法頗類似於現今法院判決書中所説的“根據法庭調查”“事實清楚明白”“依據上述調查”,等等。“鞫”的文書内容,基本是對案件的複述,而這種由審判機關複述的内容是有認定效果的,文書中的内容需要與前面案件調查的情况相吻合。所以説,“鞫”并不包含最終判決,而是其下達前的案件概述、認定階段,這一部分與之前的案件調查陳述還是有所區别的,應是案件訊問的終了階段。審判機關判決的意見則在“鞫”的後面,屬於“論”的部分,即“吏議”或者“吏當”,其中會有對案件量刑的依據和對案犯的裁決意見。如果對案件中的某一問題存有疑問,則需要向上級機關申請覆核,屬於上報的階段,即“疑某某,它縣論,敢讞之”。從這一點來看,“鞫”是案件判決得出所依憑的重要事實依據,而這一内容也是由案件調查中的證據、證詞所得來的。

“鞫獄”與“斷獄”在概念上有明顯的區别。閆曉君先生指出:“‘斷獄’與‘鞫獄’爲兩個不同的學術術語,絶不能混同”,并且“遇有法律適用的疑難問題,一般官吏可以參與討論,出土文獻稱之爲‘吏議’”。[③] 縣級審判機構單獨對案件進行調查和審判,其上報的案件事實都已認定,就是“鞫獄”。案件最終判決結果的認定審核,即罪行的適用律令以及量刑是否合理,稱之爲“斷獄”。“斷獄”的情况可分爲三類,一是案件事實清楚,審訊與判決皆無疑問的案件。這類案件可以由縣級機構直接論處。二是具有疑難問題未決,需要由上級機構進行判處的,這類也稱之爲“讞獄”。這類案件一般是需要上報到上級機構,并由其給出相應的判決意見。張建國先生指出:“法律規定需要上報的案件,需要上級批准後纔能使判決發生法律效力,也就是説被告被判決的刑罰是否能執行,取決於上報是否被批准。”[④]三是被告人及家人請求重審的案件,則由上級機構根據案情重新進行審理,也就是“乞鞫”。這三類中,第

① 張家山二七四號漢墓竹簡整理小組:《張家山漢墓竹簡[二七四號墓]》(釋文修訂本),92 頁。案例二中結尾部分的“得,皆審”,原釋文做“得皆審”,根據其他文書内容改之。

② 劉國勝:《雲夢龍崗簡牘考釋及其相關問題的探討》,《江漢考古》1997 年第 1 期。

③ 閆曉君:《秦漢法律研究》,309 頁。

④ 張建國:《漢簡〈奏讞書〉和秦漢刑事訴訟程式初探》。

一類縣級斷獄的文書,需要每年定期上交到郡。《周禮·鄉士》:“士師受中。”鄭司農云:“士師受中,若今二千石受其獄也。”孫詒讓云:“中者,獄訟之大成,即司寇與群士、司刑衆定之者也”,又曰:“漢時廷尉斷獄訖,郡國守相受其獄也”。[①] 沈家本云:“二千石官受其獄者,爲郡守受在下之爰書也。”[②]孫詒讓與沈家本的解釋在方向上是相左的,不過從秦漢簡牘的内容上來看沈家本的解釋更爲可靠,例如《奏讞書》案例十六,就是由新郪縣上報案件爰書,後由淮陽守發現問題而舉劾的録囚案件,亦可證沈家本“受其下爰書”之説。第二類需要先由縣交付到郡,如果可以解決的,文書再次返回到縣,最終定案的文書需要再次上交到郡。不能解決的文書需要上報到廷尉,由廷尉處理後再次返回到縣級機構。“鞫獄”與“斷獄”之間既有區分又相輔相成。第三類再次審理案件,需要由被告人或者其家屬申請,并由上級機構接受并重新審理,秦漢時期并不存在二審制度。[③]

三　“鞫書”即“廷審文書”

“鞫獄”過程中所形成的文書稱之爲“鞫書”。是對法庭調查狀況進行記録的文書,包括原告被告雙方的訊辭、證人的證詞、對前期調查驗證的情況,以及案件的事實認定等内容,作用主要是清晰案件事實,爲案件上奏所用的“讞書”“爰書”提供事實依據。里耶秦簡、嶽麓秦簡中就有這類文書的實物,反映了當時行政運作的原貌。

廿六年八月丙子,遷陵拔、守丞敦狐詣訊般芻等,辤(辭)各如前。8-1743+8-2015

·鞫之:成吏、閒、起贅、平私令般芻、嘉出庸(傭),賈(價)三百,受米一石,臧(贓)直(值)百卌,得。成吏亡,嘉死,審。8-1743+8-2015 背

廿七年【八月掩蔽丙戌,遷陵拔】訊歐,辤(辭)曰:上造,居成固畜□□☑□獄,歐坐男子毋害詐(詐)僞自☑ 8-209

① [清]孫詒讓:《周禮正義》卷六七,北京:中華書局,1987,2797頁。

② [清]沈家本:《歷代刑法考》,北京:中華書局,1985,1497頁。

③ 郭洪伯先生在談到秦漢時期的乞鞫時,將其從性質上分爲兩種情況,即上訴要求二審和申訴要求再審,并舉《法律答問》中的例子進行佐證。實際上,檢索秦漢律文均要求是案件審結之後,如果被告人及其家屬不服的纔可進行重申。郭先生所引《法律答問》的答案也是“獄斷乃聽之”,而張家山漢簡《具律》的要求也是“罪人獄已決”,兩者相互印證,并不存在“二審”這一概念。楊振紅先生引之,并舉《漢書·趙廣漢傳》《漢書·王嘉傳》,以及《唐律疏議》中的内容來進行補充説明。兩則案例均是法律官吏運用自己權力,誤判錯殺的冤案。從案件事實來看,都是已經判決後,其家屬要求重新進行案件審理,屬於“重審”,與秦漢律中的規定無异,而其所引《唐律疏議》中的内容則可與漢代“讀鞫”制度比況,并不是“乞鞫”制度,而其云“從唐律來看,也允許判決生效前乞鞫”之論,文後所引《疏議》已經説是當庭認爲不確切的内容,需要改正和補充,此時審判機構没有發生變更,是屬於補充審判或改判的階段。參見郭洪伯:《“郡守爲廷”——秦漢時期的司法體系》,《第八屆北京大學史學論壇論文集》,北京大學歷史系,2012;楊振紅:《秦漢“乞鞫”制度補遺》,《出土文獻與古文字研究》第6輯,上海古籍出版社,2015。

・鞫:歐失捧(拜)騶奇爵,有它論,貲二甲□□□☑ 8-209 背[①]

簡 1743+8-2015 應該有上接文書,簡文“辤(辭)各如前”,表示上一簡册的内容很可能是與廷審時的供詞有關。這枚簡也不應該是遷陵縣上報的所有内容,根據秦漢簡牘中奏讞類文書的慣例,應該包括庭審時訊辭、縣級機構給出的審判意見等等,也就是一組文書,而簡 8—209 就是將庭審的訊辭與案件的“鞫”寫到了一起。里耶秦簡中的這兩份司法案卷,很可能都是遷陵縣向洞庭郡上報文書的副本,也可能是案件審結後的存檔檔案,不過從里耶秦簡中秦代文書的狀況來看,有兩種可能性:一是遷陵縣上報的“讞書”;二是遷陵縣案件存檔的“鞫”書,而後者的可能性比較大。如果是案情上報文書則需要轉換爲爰書,例如嶽麓秦簡“譊盜殺安、宜等案”就是根據廷審的“鞫”書,轉換而成的上報爰書,即“奏書”,“同、顯盜殺人案”也是如此。張家山漢簡《奏讞書》案例二十二亦是秦代案件上奏的一類文書。案例十六則直接稱爲“新郪信爰書”,高恒先生解釋爲:“秦漢簡牘中所見‘爰書’,内容多爲司法案件的訟詞、供詞,現場檢驗紀要和案件綜述等”。[②] 上引這幾個案例應該都是案件的綜述。如果是“讞書”,根據秦漢簡牘中“讞書”的格式,需要將“鞫”書原封不動地謄抄,并且開頭需要加“年月日,某某敢讞之”,結尾加“疑某罪,它縣論,敢讞之”這樣的文書用語,由於里耶簡這兩份文書不完整,并不能證明是對“某罪”的疑問,而且文書開頭則爲“遷陵拔、守丞敦狐詣訊般芻等”“遷陵拔訊歐”這樣的文書用語,文書作爲存檔備驗的可能性比較大。

“鞫”書是案件審理事實過程中所形成的,從性質上來説是對案件情況的審結文書,案件中所有的訊辭,以及最終的結論部分都屬於“鞫”書的内容,它既是考核法官工作的重要依據,也是案件重新審理或核驗的憑證。閆曉君先生指出:“鞫即審訊結束後製作的‘鞫辭’”,并列舉了《漢書・景武昭宣元成功臣表》中的如淳注“鞫者以其辭決罪也”來進行解釋。[③] 實際上,睡虎地秦簡中就有“獄鞫”,《法律答問》:“吏弗直(值),其獄鞫乃直(值)臧(贓)”,整理小組注云:“鞫,審訊問罪,《尚書・吕刑》正義:‘漢世問罪謂之鞫。’”[④]官吏在訊問案件的時候没有將贓物進行估價,而是在案件最終定案時進行了估價,如果是主觀故意的行爲,根據秦律的規定,屬於官吏的過失犯罪,需要受到處罰,而罪行的體現,顯然需要“鞫辭”等文書内容來進行證實。嶽麓簡“癸、瑣相移謀購案”的“鞫辭”中就有這類的内容,簡 1346、1301正:“死辠(罪)購四萬三百廿;群盜盜殺人購八萬六百卌錢”。“芮盜賣公列地案”中也有“費六百九錢,□……地積(?)四百卌五尺……千四百,巳(已)受千錢,盡用。後環(還)二

① 陳偉主編:《里耶秦簡牘校釋(第一卷)》,武漢大學出版社,2012,114、385 頁。標點有所改動。

② 高恒:《秦漢法律文書輯考》,369 頁。

③ 閆曉君:《秦漢時期的訴訟審判制度》,《秦漢法律研究》,86 頁。

④ 睡虎地秦簡整理小組:《睡虎地秦墓竹簡》,101 頁。

百。地臧(贓)直(值)千錢。”“識劫婉案”中也有“肆、室直(值)過六百六十錢。”[①]這些在“鞫辭”中出現的內容,不僅是案犯量刑的重要依據,同時也是體現官吏嚴格公正辦案的工作態度。所以,睡虎地秦簡中的“獄鞫”應指結案文書中的內容,而并非是整理小組所説“訊問案件”的含義。漢律中也有要求司法官吏根據案件事實進行斷案的內容,《具律》:“治獄者,各以其告劾治之。敢放訊杜雅,求其他罪,及人毋告、劾而擅覆治之,皆以鞫獄故縱不直論”。[②]“告劾”“訊”顯然都與司法文書有關,官吏會根據這些內容來整理案情,如果內容缺失而擅自審斷,或者歪曲供詞含義而判處的,皆需要負有相應的法律責任,而這些問題在秦漢時期,都是通過司法文書的內容來體現。嶽麓簡“芮盜賣公列地案”就是由南郡太守在審核案件的時候發現了問題,而再次交由江陵縣重新審理。因此,郡一級機構對縣官吏的審判具有司法監督的權力。

傳世典籍中也記載漢代有“讀鞫”的內容,這裏的“鞫”就是囚犯所犯罪狀的文書,可與秦漢簡牘中“鞫”書的性質相互比照。《周禮・小司寇》:“至于旬,乃弊之,讀書則用灋。”鄭司農云:“讀書則用灋,如今時讀鞫已乃論之。”[③]這裏所説的“讀書”中的“書”是指“獄囚之書”而言,“用法”則是論罪和處罰的階段,就如同漢代“讀鞫”的含義是一樣的,鄭司農的解釋也將“鞫”與“論”的部分分開了。《禮記・文王世子》:“公族其有死罪,則磬於甸人。其刑罪,則纖剸,亦告于甸人。”鄭玄注云:“告讀爲鞠,讀書用法曰鞠。”孔穎達疏:“讀書,讀囚人之所犯罪狀之書。用法,謂明其法律平斷其罪。”[④]孫詒讓云:“謂其獄訟既定,則録先後訊辭及其所當之罪爲書,使刑史對衆宣讀,囚不反覆,聽者亦無辯論,則是情罪允當,乃用法署其牘,明刑定也。”[⑤]孔穎達的解釋與鄭司農所解釋的內容是一致的,在法庭調查完成後,需要將案件供詞及情況寫成文書,這種文書就稱之爲“鞫書”,文書寫成之後還需要面對囚徒進行宣讀,而這種行爲就類似漢代的“讀鞫”,鞫書中的內容只是包含犯罪人員的罪行,并没有針對罪行的審判結果。孫詒讓的解釋就忽略了這一點,將“所當之罪”也列入文書內容,而“用法”孫氏則解釋爲“用法署其牘”,這裏却是指文法而言,并非指法律。鄭司農、孔穎達之注都是將“法”解釋爲用法律來斷罪,與“鞫”并不是一個階段。所以“讀鞫”就是當衆宣讀有關犯罪人員的鞫辭文書,如果囚徒没有辯解,其他有關的審判人員没有提出异議,則説明罪行成立,審判人員會再根據法律來進行量刑。延至唐代,《唐律疏議・斷獄》中有:“諸獄結竟,徒以上,各呼囚及其家屬,具告罪名,仍取囚服辯,若不服者,聽其自理,更爲審詳。違者笞五

---

① 朱漢民、陳松長主編:《嶽麓書院藏秦簡(叁)》,上海辭書出版社,2012,101、102、136、137、161頁。

② 張家山二四七號漢墓竹簡整理小組:《張家山漢墓竹簡[二四七號墓]》(釋文修訂本),北京:文物出版社,2006,24頁。

③ [清]孫詒讓:《周禮正義》卷六六,北京:中華書局,1987,2766頁。

④ [漢]鄭玄注,[唐]孔穎達疏:《禮記正義》,北京大學出版社,1999,644-646頁。

⑤ [清]孫詒讓:《周禮正義》卷六六,2767頁。

十。死罪,仗一百。”[①]由此看來,唐律對秦漢律具有承襲關係,劉俊文先生指出:“此條蓋延自魏晉,而源出於漢律”。[②] 至於“讀鞫”所適用的範圍,唐律中的告知罪名者主要是判有徒刑以上的重刑犯,而秦漢“讀鞫”的適用範圍,有一則東漢案例可以説明。《續漢書·律曆下》劉昭注引蔡邕的戍邊上章云:“元初中故尚書郎張俊,坐漏泄事,當伏重刑,已出谷門,復聽讀鞫,詔書馳救。”[③]可以説東漢時期的“讀鞫”也是針對重刑犯而言的,但是根據此材料來説明秦及西漢的情況仍顯不足。

四 “鞫書”的實例分析

前文已經論述,“鞫”具有“窮審”和“廷審”兩方面的含義。案件廷審的所有過程皆可稱之爲“鞫”,其中包括訊問、詰問、驗問、診問、鞫之等環節,而“鞫書”是記録以上這些環節的廷審文書。由於“鞫”具有“窮審”的含義,所以文書中的“鞫之”部分的内容是經過反復案驗而最終形成的。程政舉先生指出:“(鞫)在訴訟階段上,處於‘案驗’之後判决作出前的階段,就訴訟文書内容來看屬於事實認定部分,不包括判决書的主文。”[④]“鞫”書是在核驗案件中逐漸形成的法律文書,是案件認定的最後階段。從案件審判的整體性上而言,“驗”并不是一次完成的,有可能是在審判過程中逐漸審定,也可能是在案件終了,由審判人員根據案件審訊情況最終整理而形成的,“驗”與“審定”的階段并不能截然分開。這種循序漸進式的法律證明,體現了秦漢時期“有罪推定”的刑事訴訟原則,庭審過程基本是對被告人有罪的驗證,窮盡式的證據搜羅目的亦是如此。栗勁先生指出:“在訴訟過程中,刑事被告人不僅没有任何辯護權利,而且分擔有舉證責任。”[⑤]仁井田陞先生言:“作爲證據,最受尊重的是被告人自己的口供。在中國,‘自供是證據之王’,作爲判罪,是需要有自供的”。[⑥] 秦漢司法文書中反復驗證的都是原告、被告、證人的口供,防止案件審判中的查證不實。根據目前我們能够發現的秦漢簡牘中的司法文書來看,無論是一審、再審,還是請求重審,都將案件認定的文書稱爲“鞫”。蕭永洪先生指出:“嶽麓秦簡所見司法案例也充分反映了‘鞫’所具有的這一特徵,即使是在第二、三審中,‘鞫’仍然是上級司法機關對下級司法機關所認定的犯罪事實予

① [唐]長孫無忌等撰:《唐律疏議》,1983,568頁。

② 劉俊文:《唐律疏議箋解》,北京:中華書局,1996,2089頁。

③ 《續漢書·志第三·律曆下》,北京:中華書局,1962,3083頁。

④ 程政舉:《漢代訴訟制度研究》,北京:法律出版社,2010,218頁。

⑤ 栗勁:《秦律通論》,濟南:山東人民出版社,1985,302頁。筆者按:嶽麓秦簡、張家山漢簡中的奏讞案例最終結論,基本上都是懷疑被告人有罪,栗勁先生説明的是秦代的情況,實際漢代的情況也是如此。

⑥ [日]仁井田陞著,牟發松譯:《中國法制史》,上海古籍出版社,2011,83頁。

以重新認定。”[①]其實張家山漢簡《奏讞書》中的情況也與嶽麓秦簡中的情況類似,例如案例十七,講乞鞫復審,案件審結時仍稱“鞫之”,這實際上代表了再審機構,根據重審案件所訊問的結果。根據司法文書中訴訟程式的情況,可以將“鞫”書制定的程式分成兩類,即首次審理和多次審理案件所形成的“鞫”書。嶽麓秦簡與張家山漢簡奏讞類文書共有三十七則案例,排除《奏讞書》中的六到十三没有訊辭的案例,十九到二十一戰國案例,《嶽麓秦簡(三)》中的案例八、案例十三等殘損案件,還剩下二十四則案例,其中首次審理的案件二十二例,多次審理案件兩例。以下選取其中較爲典型的張家山漢簡《奏讞書》中的案例五和《嶽麓秦簡(三)》中“得之强與弃妻奸”案進行分析。

(1)首次審理案件

首次審理案件文書中的“它如某”“它如某書”等文書用語,是案件核驗時逐漸添加上去的,并不是案件原告、被告訊辭的原文,是具有排他性質的用語,其法律作用是排除、減省已經掌握的案件事實,并逐漸添加新的案件情況,對於“鞫”書的形成具有指向性作用。邢義田先生根據《奏讞書》案例五,認爲:“江陵縣在調查此案件,詢問各當事人,本應各有完整的供詞記録。江陵縣因疑難决,要‘讞之’廷尉,不可能將全案原件上呈,只可能節略要點。爲避免情節太過重複,凡池已説過的,武和池的説辭無不同的,即不再照録武的話,而以‘它如池’一語代過。”[②]邢先生對口供簡省的理解是十分正確的,秦漢簡牘中我們能够發現,審判之前單獨成書的訊問口供,即睡虎地秦簡《封診式·訊獄》有“笞掠之必書爰書”,“爰書”指的就是記録被告人口供的文書,居延漢簡中則有“自證爰書”。[③] 不過,文書中這類詞語的使用,并非簡單如邢先生所説,而是具有其相關的法律含義的,它們是法庭核驗時所添加的,也是“鞫”書形成的重要法律依據。筆者選取了張家山漢簡《奏讞書》中的案例五進行列表説明。

<table>
<tr><td>告(軍)</td><td colspan="3">大奴武亡,見池亭西,西行。</td></tr>
<tr><td>證詞(池)</td><td colspan="3">池以告,與求盗視追捕武。武格鬭,以劍傷視,視亦以劍傷武。</td></tr>
<tr><td>人名</td><td>武(被)</td><td>視(被)</td><td>軍(原)</td></tr>
<tr><td>訊辭</td><td>故軍奴,楚時去亡,降漢,書名數爲民,不當爲軍奴,視捕武,以劍擊傷視。</td><td>以軍告,與池追捕武,武以劍格鬭,擊傷視,視恐弗勝,誠以劍擊傷武而捕之。</td><td>武故奴,楚時亡,見池亭西。以武當復爲軍奴,即告池所,曰武軍奴,亡。告誠不審。</td></tr>
<tr><td>驗(1)</td><td>它如池。</td><td>它如武。</td><td>它如池、武。</td></tr>
</table>

① 蕭永洪:《嶽麓秦簡所見秦刑事訴訟程式的歷史價值》,《湖南大學學報(社會科學版)》2013年第3期。

② 邢義田:《治國安邦——法制、行政與軍事》,北京:中華書局,2011,519頁。

③ 秦漢時期的“爰書”種類繁多,用途也多樣。根據[日]籾山明先生的總結有自證爰書、吏卒相牽證任爰書、病死(病診)爰書、死馬爰書、毆殺爰書、貰賣爰書、稱呼不明的爰書等。其文引陳槃先生的觀點認爲爰書的作用無非是“自辯書”“證書”這樣兩類。《中國古代訴訟制度研究》,上海古籍出版社,2009,154-157、199頁。

續表

人名	武(被)	視(被)	
詰問	武雖不當受軍弩(奴),視以告捕武,武宜聽視而後與吏辯是不當狀,乃格鬭,以劍擊傷視,是賊傷人也,何解?	武非罪人也,視捕,以劍傷武,何解?	
	自以非軍亡奴,毋罪,視捕武,心恚,誠以劍擊傷視,吏以爲即賊傷人,存吏當罪。	軍告武亡奴,亡奴罪當捕,以告捕武,武格鬭傷視,視恐弗勝,誠以劍刺傷捕武。	
驗(2)	毋解。	毋它解。	
診問	武士五(伍),年卅七歲,診。		
驗(3)	如辭。		
鞫	武不當復爲軍奴,軍以亡弩(奴)告池,池以告與視捕武,武格鬭傷視,視亦以劍刺傷捕武,審。		

"它如池"排除了池所説的視追捕武,而互相擊傷的情況。"它如武"則是排除了武所説的其不認爲自己爲軍奴的原因,以及承認擊傷視的案件事實。"它如池、武"是排除了池、武所説的情況,添加了軍誣告的經過,承認其告是錯誤的事實。通過整理各方的供詞,審判官吏總結了兩個問題,分别詰問了視和武。對於案情,審判官吏認爲武是賊傷人,而武當庭承認了傷視的犯罪事實,即"毋解"。而對於視,審判官吏認爲武不是罪人,確抓捕和擊傷了武,視承認了是因爲抓捕不了武,而用劍擊傷了武,即"毋它解"。審判官吏比對了偵訊時所做的訊問供詞和勘驗報告,認爲報告中所説如實,即"如辭"。審判官吏對供詞所説的情况一一確認,并最終得出了案件認定意見,其主要有這樣兩點:一是武不爲奴,軍誣告池其爲奴;二是,池、視抓捕武的過程中出現械鬥,視與武互相用劍擊傷。從以上的審判過程看,官吏選取的供詞是根據各自的法律責任環環相扣的,證據與事實互相印證,對最終得出的結論具有指向性作用,所以"它如某"或者"它如辭"等用語,都是審判官吏驗證案情所加上的文書用語,對供詞的描述具有節略作用,同時也是官吏認定案件事實的重要依據。

司法文書中的"它如辭""如辭"是對案件診、問階段所形成文書的驗證。程政舉先生認爲,《奏讞書》中的記載反映了漢代獄案審理中"驗"的程式,并指出《奏讞書》中出現的"問",當理解爲"驗問"的含義,"它如辭"是經過"驗問"後得到的事實與前述訊問的事實相符的記載。[①] 根據《奏讞書》案例二“問,媚年卌歲,它如辤(辭)”[②],從《奏讞書》其他文書的格式來看也都類似,例如:案例三“問,如辭”、案例四“問,解故黥,它如辭”、案例五“問:武士五(伍),年卅七歲,診如辭”等等。籾山明先生就曾根據案例二中的内容,指出:“‘問’以下的部分相當於通知其原籍所在地進行的核實。”[③]也就是説“問”的訊問對象是被告人户籍所在縣的官吏,其内容主要是對被告人基本情况、犯罪事實的核實。陶安先生根據嶽麓簡内容,指出:“問,詢問、查詢,文書中多指函詢。”[④]筆者不太贊同籾山明、陶安二位先生的觀點,“問”應該指與官府已經形成的診驗文書相互印證,如果庭審内容與拘捕官吏上報的文書内容一致,則在文書中寫上“問,如辭”,并不是指訊問某一對象而言,而是指文書。嶽麓秦簡“芮盗賣公列地案”中有“獄史豬曰”,後以“它如辭”結尾的語句,在案例中没有出現“問”這一環節,説明“問”很可能就指“獄史豬書”或者獄史豬上報的爰書。在秦漢司法程式中,“問”與“診”處於同一階段,睡虎地秦簡《封診式・群盗》爰書格式中包含了複述群盗案件的具體情况,初步的供詞和調查情况,簡文中還有“診首毋診身可也”的要求内容,説明案件調查的“問”和案件勘驗的“診”是同時進行的。[⑤] 嶽麓簡“癸、瑣相移謀購案”中“診、問”出現在1473簡上,《奏讞書》案例十六中也有“診問”并稱的情况。閆曉君先生指出:“檢驗的最後一道程式是案情調查,之所以如此,是爲了防止辦案人員在未明案情以前被誤導。”[⑥]也就是説在案件勘察的同時,需要調查案件的基本情况,形成相應的檢驗報告和供詞文書,所以前引程先生所説的“問”爲“驗問”的解釋也是不準確的。“如辭”“它如辭”纔是真正案驗部分審判官吏所後來添加上去的。另外,“診問”階段文書的内容有時是不收入“鞫”書之中的,例如《奏讞書》案例五,雖然“問”提供了武是士伍的身份和三十七歲的信息,但是在“鞫”書中就没有出現,案例二“問”中有媚四十歲的信息,“鞫”書中收入了此項内容。由此,“鞫”書所收録的是與案件有直接證據關係的信息,其他没有寫入的信息可能衹是具有補充和參考的作用,這也能够看出“鞫”書是審判官吏根據情况,謹慎作出的案件認定。

(2)多次或重新審理案件

多次或重新審理案件在訴訟程式上與首次審理案件一致,不過需要將原審的判决過程、意見進行重新認定,是對案件事實的回顧,即“復視其獄”“它如故獄”,等等。案件再審的官

① 程政舉:《漢代訴訟制度研究》,217頁。

② “張家山漢簡釋文修訂本”作“問媚:年卌歲,它如辭”,筆者根據理解《二年律令與奏讞書》中的釋文,進行重新斷讀,以下例子如與“釋文修訂本”斷讀不同,情况皆是如此。

③ [日]籾山明著,李力譯:《中國古代訴訟制度研究》,上海古籍出版社,2009, 63頁。

④ 朱漢民、陳松長主編:《嶽麓書院藏秦簡(叁)》,上海辭書出版社,2013,109頁。

⑤ 爲行文簡潔,并未全引《群盗》全文,簡文處可參考《睡虎地秦墓竹簡》,152頁。診、問在時間上可能有所區别,但都出現在同一文書中,説明診問是案件調查的必要階段。

⑥ 閆曉君:《出土文獻與古代司法檢驗史研究》,北京:文物出版社,2005,8頁。

吏認定意見，則是根據原有審理意見與當庭審理意見相互比照，而最終做出的。嶽麓秦簡“得之强與弃妻奸案”就是一起由被告人不服判决的二次乞鞫案件。案件首判是由當陽縣論，而其他兩次“乞鞫”均是由廷尉審理，訴訟程式多次反復，案件認定結果也是經過幾番調查之後纔形成。爲方便論述和理解，將此案件的審訊程式清單進行説明，從而明確案件最終事實認定的過程。①

【首次審判】【縣判】

告(变)	爲得之妻而弃，晦逢得之，得之捽偃变，欲與变奸，变弗聽，有(又)毆变。	
人名	变(原)	得之(被)
訊辭	(缺損)	捽偃变，欲與奸。
詰問		
驗	【言如告】	它如变。
鞫	得之與人奸，未飲(蝕)。	

此次審判是由當陽縣作出的判决，根據文書中的記載，“【言如告】”是官吏當庭驗證原告供詞所加的，爲整理者所後補充，变的訊辭則由於簡的殘斷而缺失，也可能原文書就没有此項，不過整理者所添加的文書用語是正確的。“它如变”則排除了变供詞中提到的，推搡、控制变并想强奸她的情况，得之也承認其具有主觀犯罪的意願。審判官吏根據庭審證詞的驗證結果，認爲得之是强奸未遂。這其中的訴訟和事實認定過程，與上引《奏讞書》案例五的過程是一致的。這次縣判得之的文書作爲乞鞫附屬文書，下面簡文中所説的“它如故獄”實際指的就是這份文書中的内容。

【第一次乞鞫】【廷尉判】

乞鞫書	和與变卧，不奸。	
人名	变(原)	得之(被)
訊辭	得之庰(屏)变、欲與奸。变弗聽，捽捞毆变。	欲强與变奸，未飲(蝕)。
詰問		
驗	它如故獄。	它如变
鞫	得之毆，欲强與奸，未飲(蝕)。氣(乞)鞫不審。	

① 以下表中的釋文皆取自《嶽麓書院藏秦簡(叁)》(上海辭書出版社，2013)。其書後“附録一”有《文書層次表》可以參看，但是比對案件發現筆者的認識與整理者所給出的表格，還是有所不同。

得之不服當陽縣的判决,向上級審判機構提起重審,即"乞鞫"。根據文書的記載,筆者認爲重審機構應該是廷尉。陶安先生在注釋簡文中的"廷"時,給出了爲縣廷和廷尉的兩種意見,不過其更傾向於爲"廷尉"一説,認爲"縣廷審理乞鞫案件,與上引《二年律令》簡116-117的明文規定不合"。[①] 實際上,陶安先生如果認定"廷"爲"廷尉"一説的話,整理者的《文書層次表》中却給出了"郡覆"的意見,顯然是相互矛盾的。筆者又比較了《奏讞書》案例十七,發現也是一份秦案卷宗,最後給出意見的也是廷尉而不是郡,《二年律令》中所規定的乞鞫程式是否符合秦代還有待考慮,所以秦代很有可能是直接將乞鞫案件上報給廷尉,由廷尉給出相應的答覆。上表引"它如故獄"指當陽縣的審判文書,此次廷尉審理,変的供詞衹是比當陽縣審理時描述得更爲詳細。"它如変"則排除了変所描述的供詞内容,得之也在第二次庭審的時候承認了其主觀犯罪的意願,但是没有得逞。廷尉根據庭審供詞情況認爲,得之毆打変,并想强奸変的犯罪事實成立,希望重審的意見是不當的。

【第二次乞鞫】【廷尉判】

乞鞫書	【……】不(?)强(?)與(?)弃(?)妻(?)変奸,未餘(蝕)。當陽論耐【得之爲】隸臣。得之气(乞)鞫(鞫),廷覆之,以得之不審,毄(繫)得之城旦【……】		
人名	顛(證)	睢(證)	
證詞	見得之牽変,変謂顛:'救吾!'得之言曰:'我□□□□□□毆(也)。'顛弗救,去。	変言:'逢得之,得之欲與変奸。弗聽,即毆【……】【……】'	
驗(1)	不智(知)它。	不智(知)它。	
人名	得之(被)	変(原)	得之(攺)
訊辭	逢変,和與奸。未巳(已),聞人聲。即起,和與偕之変里門宿。得之【□】弗能與奸。	晦逢得之,得之欲與奸。□ 変弗聽,即倍(踣)庰(屏)変,欲强與変奸。変與務,毆搒変。変恐,即逯謂得之:'迺(道)之変里門宿。'到里門宿,【逢顛,弗能】與変奸,即去。	逢変,欲與奸。変不肎(肯),得之即捽庰(屏)変,搊群(裙)欲强與奸。変與得之務,未餘(蝕)奸,変謂得之:'迺(道)之里門【宿。】'得之與偕,欲與奸。不肎(肯),有(又)毆之。
驗(2)	它如气(乞)鞫書	它如故獄。	它如変。
詰問(得之)	得之强與変奸,未餘(蝕),可(何)故而气(乞)鞫?		
	幸夬不得得之請(情)。【□】气(乞)鞫,气(乞)鞫爲不審。辠(罪)毆(也)。		

① 朱漢民、陳松長主編:《嶽麓書院藏秦簡(叁)》,上海辭書出版社,2012,202頁。

續表

診問	【……】气(乞)鞫。
驗(3)	它如辭(辭)。
鞫	得之气(乞)鞫不審。

根據二次審判的結果,得之需要“繫城旦六歲”,判决執行之後,得之逃亡,即“得之去系亡”。得之不服從廷尉的第二次審判,再次向當陽縣要求乞鞫,廷尉再次受理。得之的乞鞫書中將前兩次的情况具體做了説明。廷尉根據得之的要求,再次向得之等人訊問了案情,此次訊問還找了兩個證人提供證詞。“它如气(乞)鞫書”“它如故獄”説的都是排除了原有審判過程中已知的案件情况。最後一次庭審,出現了兩位證人的證言,得之的説辭則在證言出現之後發生了變化,鞫訊的結果則證明,得之想强奸変,并采取了推搡、撲倒、毆打等强暴措施的犯罪事實。審判人員最終認定,得之的再次要求重審的意見是不妥當的。這則案例是極爲特殊的兩次乞鞫的案件,嶽麓簡“田與市和奸案”、張家山漢簡《奏讞書》案例十五均是一次乞鞫而最終宣判的案件。實際上,“得之强與弃妻奸案”也是在第二次審判就已經得出結論并執行,期間得之逃亡,被抓捕後又再次提出重審要求。以上案件訴訟的程式符合漢律的要求,《具律》云:“气(乞)鞫不審,駕(加)罪一等;其欲復气(乞)鞫,當刑者,刑乃聽之”。[①] 這可以從廷尉再次發給當陽縣的“覆獄書”中得到證實。由於簡文缺失,對於得之逃亡行爲的認定,没有在廷訊過程中體現出來。

綜上,“鞫”就是根據原、被告雙方供詞,證人的證言,官府勘驗的結果,經過比對推演最終形成案件事實的認定階段。“乞鞫”則多是對首次審判的案件事實不認同而産生的,案件經過多次審理後最終的事實認定階段仍稱爲“鞫”。蕭永洪先生指出:“衹是由於被告人或其家人對於犯罪事實認定的質疑,即對‘鞫’的質疑或否定。”[②]“驗”是包含在“鞫”這一訴訟階段的重要一環,“驗”是“鞫”能够得出的前提條件,“鞫”則是“驗”的結果。由於秦漢時期的刑事案件采用“有罪推定”的原則,一般在案件中的被告多被推定爲罪犯,“驗”的作用主要是對其供詞做有罪性的驗證,“鞫”則是在此基礎上得出結論。目前看到的奏讞類文書,除了一些描述性或者上報性的文書外,大部分案件的被告都是有罪的,這也是秦漢時期民事訴訟與刑事訴訟的最大區别。

① 張家山二七四號漢墓竹簡整理小組:《張家山漢墓竹簡[二七四號墓]》(釋文修訂本),24頁。
② 蕭永洪:《嶽麓秦簡所見秦刑事訴訟程式的歷史價值》,《湖南大學學報(社會科學版)》2013年第3期。

五 結論

根據以上的論述可以得到如下幾點結論:

第一,秦漢時期,"鞫"與"論"是刑事訴訟中兩個不同的階段,"鞫"又可稱爲"鞫獄"或者"鞫訊",而"論"可稱爲"斷獄"或者"吏議"。全部的庭審過程都稱之爲"鞫",其中包括了訊問、詰問、診問、驗等四個環節,每一個過程的供詞都需要相互印證,而最終得出案件的事實情況,即"鞫之"。審判官吏則根據案件情況,進而給出相關的判決意見。至於宋代則有"鞫讞分司"制度,可能與秦漢時期的"鞫""論"區分,相互比證。戴建國先生指出:"宋代的刑事審判分爲鞫與讞兩大步驟。鞫,爲審理犯罪事實;讞,謂檢法議刑。依據這兩大步驟,審判機構也相應地分成兩大部分:鞫司(亦稱獄司)和讞司(亦稱法司)。"[①]秦漢時期雖然没有宋代這樣在官制上進行劃分,但是審判上已經有所區分。

第二,秦漢時期没有"二審"制度,所謂"乞鞫"是乞求重審的含義,無論是首次還是重審案件,審判過程都稱之爲"鞫"。根據秦漢律的要求,"乞鞫"在判决之後纔能進行,法律允許進行第二次"乞鞫",但是必須要在第一次乞鞫刑法執行後,纔能進行新一次的案件審判。所以,秦漢時期的刑事訴訟没有今天所謂的"二審"制度,即使單次"乞鞫"也是在判决下達之後纔能進行,這也是最大的區别。"讀鞫"則是對案件事實的再次確認,如果囚犯對"鞫"書中所記提出疑問,官吏可以當庭訊問理由并重新進行修改,嶽麓簡"得之强與弃妻奸案"中被告人就在第二次鞫訊時當庭修改了供詞。

第三,目前我們見到的奏讞類文書,可分爲"奏書""讞書"兩類。張建國先生認爲,"奏讞"一詞爲合成詞,"除了讞的部分案例外,還有奏的部分文案,也許我們可以分别稱它們爲'奏書'和'讞書'"。[②]"讞書"一般是對疑難案件進行上報,由上級機關給出相應的判决意見。根據秦漢簡牘中的文書格式,我們發現"讞書"是由庭審時文書,即"鞫"書,以及開頭、結尾的慣用文書用語組成。後來的"吏當""吏議"則是根據上級機構的回執文書添加上去的。"奏書"則有明顯的區别,基本上是爰書的格式,結尾多用"敢言之"的文書用語,内容則多是"鞫"書的轉述。

第四,"鞫"是通過驗證和法庭推演逐漸形成的,簡文中的"它如某""它如某書"是由審判官吏後來添加上去的,具有排除已知事實的法律作用,這些詞語的添加表明"鞫"書中的案件事實認定,是證據層層驗證所産生的,"鞫"與"驗"相輔相成。簡文中的"它如辭""如辭"

① 戴建國:《宋代刑事審判制度研究》,《文史》第31輯,北京:中華書局,1988,118頁。

② 張建國:《漢簡〈奏讞書〉和秦漢刑事訴訟程式初探》,《中外法學》1997年第2期。

則是診問階段驗證所添加的文書用語,“診”“問”指的都是案件調查階段所形成的文書而言。多次審理的案件,每次審理都需要重新進行法庭調查和確認,上一次的法庭調查和判決結果,則作爲下一次廷審的佐證,簡文中有“它如故獄”“它如乞鞫書”,等等。

2017 年 11 月 16 日修改定稿

附記:感謝匿名評審專家和歐揚兄對本文提出的修改意見。

秦漢簡帛中的“磿”和“磨”*

華東師範大學中國文字研究與應用中心　張再興

内容提要　根據秦漢簡帛材料,隸定作“磨”的字多是“磿”字,秦漢簡中習慣借磿表“曆”“歷”二字。磨石的“磨”在現有秦漢實物文字中出現較晚,且比較罕見。秦漢簡中研磨、摩擦等義多借用“靡”記録,或者增加“手”作“摩”。

關鍵词　秦漢簡用字　磿　磨

秦漢簡帛文獻中,有一個可以隸定爲“磨”的字,字形與“磿(厤)”①比較相近,各家的處理方式很不一致。或直接釋“磨”,或釋“磿”,或認爲“磨”通假作“歷”,或認爲“磨”是“磿”的訛字。也有學者將从“秝”的形體也歸入“磨”字。這種處理方式的不一致,説明學術界對兩者的形義關係的認識還存在一定的不足。本文擬對兩字在秦漢簡帛文字中的字形演變源流和用法作一系統整理,理清兩者之間的關係,在此基礎上,對幾個相關字的釋讀提出新的看法。

＊ 本文係教育部人文社會科學重點研究基地重大項目“秦漢出土實物文字資料庫語料深加工研究”(16JJD740011)的階段性研究成果。

① 古文字中从“广”和从“厂”常常通用。因此,這裏直接將磨、磿作爲异體對待。

一

“曆”字在秦漢簡帛文獻中的出現頻率比較高。部分从“林”的形體可以隸定作“磿”。我們先按照時代先後羅列相關文例。爲了保存各家的觀點,相關字形按照整理者或相關考釋者的考釋隸定。下述例句中所對應的字形見表三,表中的字形編號即例句編號。

一、秦:

1.此所謂戎磿(曆)日殹(也)。(周家臺秦簡《日書》132 叁)[①]

二、西汉早期:

2.當殺蒼芙、薺、亭磿(歷)之時也。(銀雀山漢簡《陰陽時令、占候之類·【三十時】》1769)整理者注:“亭歷,亦作葶藶。”[②]

3. 磿(歷)……時。(銀雀山漢簡《陰陽時令、占候之類·【人君不善之應】》1933—1936簡)共有 8 例,“磿(歷)”後面的搭配均爲“二時”“四時”“六時”“八時”。整理者釋作“磿(歷)”。

4.無方而戰者小勝以付磿者也。(銀雀山漢簡《孫臏兵法·月戰》331、332)整理者注三謂:“以上言戰爭勝敗與日月星之關係”。[③]“磿者”,即“曆者”,主星象預測者。

5.起磿(礫)石。(馬王堆帛書《地剛占·地剛解說》4)[④]

6.冶亭(葶)磿(藶)、莁夷(荑)。(馬王堆帛書《五十二病方·加(痂)》351)

7.數日,磿〈曆-歷〉月,計歲,以當日月之行。(馬王堆帛書《十六經(立命)》79 上)

8.皇后屯磿(歷)吉凶之常。(馬王堆帛書《十六經(雌雄節)》112 上)

三、西漢中晚期:[⑤]

9.磨〈曆〉八時。(北京大學藏西漢竹書《陰陽家言》8)整理者標記作訛字。注云:“‘磨’,当作‘曆’,通‘歷’。”[⑥]

---

① 湖北省荊州市周梁玉橋遺址博物館編:《關沮秦漢墓簡牘》,北京:中華書局,2001,120 頁。

② 銀雀山漢墓竹簡整理小組編:《銀雀山漢墓竹簡(貳)》,北京:文物出版社,2010,221 頁。

③ 銀雀山漢墓竹簡整理小組編:《銀雀山漢墓竹簡(壹)》,北京:文物出版社,1985,59 頁。本文所引銀雀山漢簡簡文均出自二書,以下不再注出。

④ 裘錫圭主編:《長沙馬王堆漢墓簡帛集成》,北京:中華書局,2014,第 5 册,59 頁。本文所引馬王堆帛書均出自該書,以下不再注出。

⑤ 敦煌簡、居延簡、金關簡等西北屯戍漢簡的時代,根據有紀年的簡,早至漢武帝時期,晚至東漢初期,甚至東漢中期。但是絕大多數簡的時間爲西漢中晚期。由於許多簡没有紀年及其他時代標誌,無法確切斷代,故除非特殊需要,一并歸入西漢中晚期。

⑥ 北京大學出土文獻研究所編:《北京大學藏西漢竹書(叁)》,上海古籍出版社,2015,下册 232 頁。

10.爰磨次貤少巧功。(水泉子漢簡暫 30)[①]此例梁静説:

《蠡測》原釋爲"磨",并認爲可能是抄手誤抄。胡平生指出,張文大概是混淆了从麻與从厤,在敦煌懸泉漢簡《四時月令詔條》中,"靡不躬天之磨數","磨"用爲"曆"。"磨""歷""曆"皆从厤聲,可以通假。暫 30 的"磨"字形有點殘損,但不管原字寫成什麼(如寫成"磨"是誤寫),此字讀爲"歷"是没有問題的。[②]

11.☐諸絶、大黄,主靡穀去熱,亭磨。(敦煌漢簡 2001)[③]此字上所从"林"省寫,與上文"靡"字作[表二:1]同。

羅振玉《流沙墜簡·方技類》考釋:"亭磨,《本草經》作'葶藶',《説文》無葶藶,乃'亭歷'之俗作。古書'歷'字多作'磿',其字从厤从石,見《説文》石部,而皆傳訛作从麻从石之'磨'……此簡亦訛磿爲磨。"[④]

12.靡不躬天之磨(曆)數。(敦煌懸泉月令詔條 2 行)注釋:"'磨',一作'磿',通'歷''曆法'。"[⑤]

13.磨(曆)象日月☐……(敦煌懸泉月令詔條 85 行)

14.及竹札磨☐。(居延新簡 EPS4T2:128A)原釋"磨"。[⑥]《居延新簡集釋》改釋"磨",下字補釋作"日",注云:"'磨'通'曆',曆象之義。"[⑦]

15.伏靈二分,亭磨二分,以牛膽丸☐(居延新簡 EPT65:350B)原釋"曆"。《居延新簡集釋》據圖版改釋作"磨"。[⑧]

16.☐磨。(肩水金關 T5:121)[⑨]此簡上端殘,語境不全。

17.凡出磨六十石。(肩水金關 T21:188)

18.元始六年磨日。(肩水金關 T23:317)

---

① 張存良:《水泉子漢簡七言本〈蒼頡篇〉蠡測》,《出土文獻研究》第 9 輯,北京:中華書局,2010,69 頁。圖版見插頁彩色圖版拾。

② 梁静:《出土〈蒼頡篇〉研究》,北京:科學出版社,2015 年,56 頁。

③ 甘肅省文物考古研究所編:《敦煌漢簡》,北京:中華書局,1991,297 頁。

④ [清]羅振玉、王國維:《流沙墜簡》,北京:中華書局,1993,97-98 頁。

⑤ 中國文物研究所、甘肅省文物考古研究所編:《敦煌懸泉月令詔條》,北京:中華書局,2001,10 頁。

⑥ 甘肅省文物考古研究所、甘肅省博物館、中國文物研究所、中國社會科學院歷史研究所編:《居延新簡》,北京:中華書局,1994,上册 250 頁。

⑦ 張德芳主編:《居延新簡集釋》,蘭州:甘肅文化出版社,2016,第 7 册,713 頁。

⑧ 張德芳主編:《居延新簡集釋》,蘭州:甘肅文化出版社,2016,第 6 册,307 頁。本文所引居延新簡均出自《居延新簡》及《居延新簡集釋》,以下不再注出。

⑨ 甘肅簡牘保護研究中心、甘肅省文物考古研究所、甘肅省博物館、中國文化遺産研究院、中國社會科學院簡帛研究中心編:《肩水金關漢簡(壹)》,上海:中西書局,2011,中册 118 頁。本文所引肩水金關簡文均出自《肩水金關漢簡(壹—伍)》,以下不再注出。

19.甘露二年磿日。(肩水金關 T27:71)此簡左側略殘。

20.田卒上黨郡涅磿焦里不更李過程年廿五。(肩水金關 H2:1)

21.☐子游卿□□二年磿日□□。(肩水金關 T33:12B)此簡左側殘,字形略模糊。

肩水金關漢簡的 6 例中,例 16—17、19—20 整理者釋“磿”,例 18、21 整理者釋作“曆”。18、19 二例何茂活改釋作“磿”,讀作“歷”,表示曆法後作“曆”。[①] 例 21 的語境與例 18、19 相同,兩者應當是同一個字,這些例子裏用作“曆”。

四、東漢:

22.亭磨二分。(漢代武威醫簡·第二類簡 70—71 簡,共 2 例)整理者云:“‘磨’爲‘磿’字之訛。”[②]

23.繆磨年朔。(長沙東牌樓漢簡·書信 35 正面)

24.推昔分别繆磨。(長沙東牌樓漢簡·書信 35 背面)[③]

23、24 兩例整理者均釋“磨”,未作其他説明。伊强認爲“磨”爲“磿”字之訛,讀作“歷”。[④]

我們從字形和意義兩個方面來分析上述 24 個例子。

從字形上看,上述秦漢簡牍的 24 個例子中,秦、西漢早期多从“秝”。馬王堆帛書《十六經》中的 2 例開始从“林”。西漢中晚期以後的例子均从“林”。从“禾”与从“木”的混同在出土文獻裏常見。因此,這些字應該都是“磿”字。而且從演變過程來看,應該是从“秝”到从“林”。西漢中晚期的例 14 所从二“木”的撇筆和捺筆粘連變直成一横筆,似“井”字形。例 11 所从則進一步訛變作“艹”。肩水金關的例 21 所从似乎也是“艹”。金關簡“摩”字作[表二:2],所从“林”也發生了同様的訛變。但是這種寫法顯然没有被後世楷書繼承。

可以隸定作“磨”的字形与“磿”字一些學者處理成訛字。我們認爲一般的訛字具有很强的偶然性。而這個字形中的構件从“秝”到“林”是一種系統性的變化,其性質可以看作是構件的訛變,也可以看作是省變,或者是義近形旁的换寫。因此我們認爲不應該看作是訛字,而應該直接處理成异體。在簡帛釋文中写作“磨(磿)”,如果用作“曆”或“歷”,則写作“磨(磿-曆)”或“磨(磿-歷)”。

《增訂漢印文字徵》“磿”字頭下收有兩個字形:[表二:3] 磿城丞印、[表二:4]李磿。[⑤]

---

① 何茂活:《〈肩水金關漢簡(貳)〉疑難字形義考辨》,《簡帛研究二〇一四》,桂林:廣西師範大學出版社,2014。

② 甘肅省博物館、武威縣文化館編:《武威漢代醫簡》,北京:文物出版社,1975,11 頁。

③ 長沙市文物考古研究所、中國文物研究所編:《長沙東牌樓東漢簡牘》,北京:文物出版社,2006,88 頁。

④ 伊强:《讀〈長沙東牌樓東漢簡牘〉札記》,《簡帛》第 6 輯,上海古籍出版社,2011。

⑤ 羅福頤:《增訂漢印文字徵》,北京:紫禁城出版社,2010,427 頁。

後者爲人名。前者又見於西漢封泥,[①]字形與此一致,出土地點都是山東臨淄。“磨”,即“磿”字。“磿城”當即《漢書·地理志》濟南郡之“歷城”。[②]《秦漢魏晋篆隸字形表》“磿”字頭下除了漢印外,還收了簡帛的4個字形以及光和斛二的一個字形。[③] 其中所收的武威醫簡、光和斛字形都作“磨”。這兩種工具書的歸字處理無疑是正確的。

從意義上看,上述例子中的“磨”除了例5讀作“礫”,例16語境不全,例20用作地名外,大多用作“歷”或“曆”,還有5例用作“䕻”。“磿”字《説文》釋作“石聲”。字从“厤”得聲,與“歷”“曆”“䕻”的聲符相同,因此可以借用。

例17整理者釋“磨”,也應是“磿”。西北屯戍漢簡中多見“出……多少石”這樣的句式,多指糧食而言。此“磿”也許可以讀作“糲”。从“萬”的“厲”字與“厤”有通假的例子。秦和西漢早期的睡虎地秦簡、嶽麓秦簡、張家山漢簡、鳳凰山漢簡共有19例。西漢中晚期以後簡帛則不見“糲”字。

例20中的“磨”是個地名,也應該是“磿”。文獻中以“磿”爲地名者多見,如《山海經·中山經》:“歷山之石”,郭璞注:“或作磿。”《史記·春申君傳》:“濮磿之北”,《新序·善謀篇》作“歷”。

秦漢簡中也有“歷”“曆”二字,但是從數量統計來看,“歷”“曆”的使用頻率很低。

“歷”字祇有4例:

25.棧歷(櫪)浚除。(嶽麓秦簡《爲吏治官及黔首》77)[④]

26.☐東,莫居其鄉,國大實,民歷居与六畜□☐(銀雀山漢簡《陰陽時令、占候之類·【占書】》2110)

27.□㔫歷□。(肩水金關T24:182)此簡上下及下部右側均殘,語境不全。

28.爰歷次貤。(阜陽漢簡《倉頡篇》10)[⑤]此句内容與水泉子漢簡暫30簡同。

“曆”字則只有2例:

29.鄉課志:□□□;□食□□課;黔首曆課;寡子課子課;·凡四課。(里耶秦簡8-483)整理者釋“醫”。[⑥] 陳偉改釋“曆”,“疑訓爲數。”[⑦]

---

① (1)西漢泥封“磨城丞印”,見於周曉陸主編《二十世紀出土璽印集成》,北京:中華書局,2010,478頁。此泥封出土於臨淄,引自王獻唐《臨淄封泥文字目録》,山東省立圖書館,民國二十五年(1936)本。(2)封泥“磨城丞印”,見於《臨淄新出封泥集》,杭州:西泠印社,2005,23頁。

② [清]羅振玉、王國維編著:《流沙墜簡》,北京:中華書局,1993年,98頁。

③ 徐中舒主編:《秦漢魏晋篆隸字形表》,成都:四川辭書出版社,1986,666頁。

④ 朱漢民、陳松長主編:《嶽麓書院藏秦簡(壹)》,上海辭書出版社,2010,143頁。

⑤ 文物局古文獻研究室、安徽省阜陽地區博物館阜陽漢簡整理組:《阜陽漢簡〈蒼頡篇〉》,《文物》1983年第2期。

⑥ 湖南省文物考古研究所:《里耶秦簡(壹)》,北京:文化出版社,2012,35頁。

⑦ 陳偉主編:《里耶秦簡牘校釋(第一卷)》,武漢大學出版社,2012,165頁。

30.行磿日詔書。(懸泉漢簡釋粹 30)[①]此例未見圖版,字形真實性待核。

可見借“磿”作“歷”“曆”是秦漢時期的一種用字習慣。這一習慣從秦開始,一直延續到東漢末。[②] 漢靈帝光和銅斛的“黄鐘律歷”,一作[表二:5],依然作“磿”。但是東漢晚期,“歷”字的使用頻率已經很高。如同時期的光和銅權寫作[表二:6]。另一光和銅斛則寫作[表二:7],似是“曆”字。[③] 我們在漢碑資料庫中共檢索到 30 例“歷”字,除了 2 例安帝時期外,其餘 23 例都是東漢晚期的。另有東漢晚期的 5 例拓片模糊,無法看清字形,或者下部殘泐。

這種借字習慣在傳世文獻中也多有遺留。[④] 因此,給傳世文獻的釋讀造成一定的影響。比較著名的一個例子,是顏之推《顔氏家訓・勉學》所批評的太山羊肅的錯誤:“《世本》:‘容成造歷。’以歷爲碓磨之磨。”段玉裁:“古書字多假借,《世本》假‘磨’爲‘歷’,致有此誤。”[⑤] 段氏假借之説似不當。

二

漢簡中“磿”字从“林”的形體與研磨、石磨的“磨”字衹是同形,并不是一個字。從現有資料來看,雖然磨的使用比較早,[⑥]但秦漢出土文字中的“磨”字的産生則較晚,且很罕見。

秦漢簡帛中未見意義明確的“磨”字。[⑦] 其他文字材料中較早的例子是西漢晚期湖南省阿彌嶺 M7 出土滑石模型磨腹部的刻文“磨”字,[⑧]字形作[表二:8]。這個字應該就是模型磨的自名。戰國楚簡有从林的“磨”字:郭店簡《緇衣》17:“白珪之石,尚可礳(磨)也。”字形作

① 胡平生、張德芳編著:《敦煌懸泉漢簡釋粹》,上海古籍出版社,2001,35 頁。

② 發掘報告定東牌樓簡爲東漢靈帝時期。見長沙市文物考古研究所、中國文物研究所《長沙東牌樓東漢簡牘》,北京:文物出版社,2006,28 頁。

③ 國家計量總局、中國歷史博物館、故宫博物館院主編:《中國古代度量衡圖集》,北京:文物出版社,1984,97、118 頁。徐正考編著:《漢代銅器銘文選釋》,北京:作家出版社,2007,471-473 頁。

④ 參宗福邦、陳世鐃、蕭海波主編《故訓匯纂》,北京:商務印書館,2003,1590 頁。漢語大字典編輯委員會《漢語大字典》(第二版),武漢:崇文書局,成都:四川辭書出版社,2010,2629 頁。

⑤ 轉引自王利器《顔氏家訓集解(增補本)》,北京:中華書局,2013,259 頁。

⑥ “石磨可能出現於戰國晚期,秦代已有一定程度的使用。”見中國社會科學院考古研究所編著《中國考古學・秦漢卷》,北京:中國社會科學出版社,2010,585 頁。

⑦ 英圖藏斯坦因所獲漢文簡牘有 3 例“磨”字,簡號分别是 1960、3353、3531。由於語境不全,尚無法確認其意義。見汪濤、胡平生、吴芳思主編《英國國家圖書館藏斯坦因所獲未刊漢文簡牘》,上海辭書出版社,2007。居延新簡有一個从“磨”的字形:“恩以大車半㯝軸一,直萬錢。”(EPF22:24)肖亢達認爲字不識,與 11 簡語境相同的“椈轴”是同一種東西。據簡文分析,或許是大車的某一種形制的車軸。見《“粟君所責寇恩事”簡册略考》,《文物》1978 年第 1 期。李明曉、趙久湘直接翻譯作大車軸、車軸。見所著《散見戰國秦漢簡帛法律文獻整理與研究》,重慶:西南師範大學出版社,2011,329 頁。由於不明爲何字,尚無法確定所从是“磨”還是“磨(磿)”。

⑧ 湖南省博物館:《長沙樹木嶺戰國墓阿彌嶺西漢墓》,《考古》1984 年第 9 期。

。上博簡《紂衣》18:“白珪之砧,尚可磊(磨)。”字形作。

漢代碑刻中有兩個“磨”字。東漢晚期桓帝建和二年《石門頌》:“平阿湶(泉)泥,常蔭鮮晏。木石相距,利磨确磐。臨危槍碭,履尾心寒。”字形作[表二:9]。① 翟雲升《隸篇》注引《説文》作“礳”。高文認爲“磨”借作“摩”,“利磨”猶言鋭利。② 另外,漢碑中還有西漢末期的《魚山刻石(禳盜刻石)》:“□□使犯磨□”,字形作[表二:10],字形右下殘。③ 從殘餘部分來看字形確是“磨”。但是上下文殘缺,無法確定其意義。

《説文》有“礳”字,釋作“磑”,即石磨。但《説文》無“磨”字。段玉裁認爲“磨”是“礳”字之省。④《正字通·石部》也説:“礳,磨本字。”但是在秦漢出土文字資料中尚未見到“礳”字。因此,結合西漢晚期滑石磨模型中的“磨”字,“磨”爲“礳”省的説法并不一定可靠。秦漢簡帛文字中“麻”字的使用頻率很高,“磨”可能直接就是从“石”“麻”聲的字。《汗簡》“麻”部收了“磨”字的异體“磠”,字形作[表二:11],左右結構。出自《義雲切韻》。黄錫全注:“此省作。”⑤黄氏并引《石門頌》字和《秦漢魏晋篆隸字形表》9.21 字所收漢印字形爲證。⑥

西北屯戍漢簡中稱石磨爲“磑”,共 34 例。⑦ 這些例子中,“磑”的量詞是“合”,肖從禮認爲是石磨的專用量詞。⑧ 漢代磨的使用已經推廣到南北各地。⑨ 史游《急就篇》:“碓磑扇隤舂簸揚”,使用的就是“磑”。應該説“磑”的通用程度要高於“磨”。而長沙出土滑石磨自稱“磨”,西北簡稱磨爲“磑”,也有可能正如釋玄應所説,有地域的差异。⑩

記録動詞研磨、摩擦、磨滅一類意義的字,在秦漢簡帛中有三種情况:

一是借用“靡”字。

秦簡 12 例,如睡虎地簡《秦律十八種》中的“靡蚩”、嶽麓秦簡中的“靡(磨)除”,意指磨滅;周家臺簡中的“靡之”,則指按摩;北大秦簡《魯久次問數於陳起》04-135 中的“靡(磨)矢”,指磨光。⑪

西漢早期 36 例,除了張家山漢簡《引書》11 的“以足靡(摩)胻”一例外,主要見於馬王堆

---

① 徐玉立主編:《漢碑全集》,鄭州:河南美術出版社,2006,第 1 册,68 頁。

② 徐玉立主編:《漢碑全集》,第 2 册,571 頁。

③ 高文:《漢碑集釋》(修訂本),開封:河南大學出版社,1997,97 頁。

④ [清]段玉裁《説文解字注》:“礳,今字省作磨。引申之義爲研磨,俗乃分别其音。”

⑤ 黄錫全:《汗簡注釋》,武漢大學出版社,1990,269 頁。

⑥ 《秦漢魏晋篆隸字形表》所收漢印字形从“秝”,黄氏誤作从“林”。且印文中的“磿城”即“歷城”,非“磨”字。

⑦ 居延漢簡 30 例,其中 29 例見於東漢永元器物簿。居延新簡 3 例,肩水金關漢簡 1 例。

⑧ 肖從禮:《從漢簡看兩漢時期量詞的發展》,《敦煌研究》2008 年第 4 期。

⑨ 孫機:《漢代物質文化資料圖説(增訂本)》,上海古籍出版社,2011,18 頁。

⑩ [唐]釋玄應:《一切經音義》卷一四:“(磑)北土名也,江南呼磨。”見徐時儀《一切經音義三種校本合刊》,上海古籍出版社,2008,上册 304 頁。

⑪ 韓巍、鄒大海整理:《北大秦簡〈魯久次問數于陳起〉今譯、圖版和專家筆談》,《自然科學史研究》2015 年第 34 卷第 2 期。

帛書的《五十二病方》《養生方》《十問》《天下至道談》等醫學文獻,表示按摩、研磨、磨滅等意義。另外,《周易繫辭上傳》1 下“是故剛柔相靡(摩)”,指摩擦。

西漢中晚期西北簡 4 例。如見於居延新簡 EPT59:110、肩水金關漢簡 T23:412 的“殺身靡(磨)骨”,居延新簡 EPT59:122 的“靡(磨)刀”,居延新簡 EPF16:38 的“靡(磨)爲灰土”。

此外,居延新簡 EPC:58 的“□木靡一”,應該是一器物名,或許就是木頭製作的磨。

二是借用“麻”字。

這一寫法的用例比較少,且只見於西漢早期的馬王堆簡帛書。

1.以産豚家(喙)麻(磨)之。(馬王堆帛書《五十二病方・蚖》89)

2.欲上之麻(摩)且摢也。(馬王堆三號墓醫書簡《天下至道談》52)

3.旁欲麻(摩)也。(馬王堆三號墓醫書簡《天下至道談》52)

4.小白麻(摩)大白。(馬王堆漢墓《五星占・火星》49)

“麻”字或寫作“痲”:

5.若痲(麻-摩)近繞環之。(馬王堆漢墓《五星占・金星》34)

《長沙馬王堆漢墓簡帛集成》注:《開元占經》卷六十四“順逆略例五”引甘氏:“相切爲磨。”“去之寸爲靡。”引石氏:“相至爲磨。”

三是在“靡”字上增加“手”旁。具體書寫形式有三種:㩕、攠、摩。這三種寫法應該只是一個字的异體。《説文》:“摩,研也。”《集韻》:“摩,或作攠。”從時間上看,西漢早期的例子均从手,从靡。西漢晚期及以後的例子則从“麻”作“摩”。見表一。

表一

	西漢早期	西漢中晚期	東漢
㩕	4①		
攠	4②		
摩		3③	5④

從碑刻材料來看,寫作“摩”的情況一直延續到東漢晚期:

6. 琢癘(礪)摩(磨)治。(桓帝永壽三年《許安國墓祠題記》)⑤

① 見於張家山漢簡。張家山二四七號漢墓竹簡整理小組編著:《張家山漢墓竹簡[二四七號]》(釋文修訂本),北京:文物出版社,2006,106 頁。本文所引張家山漢簡均出自該書,以下不再注出。

② 羅泊灣漢簡 1 例(廣西壯族自治區博物館編:《廣西貴縣羅泊灣漢墓》,北京:文物出版社,1988,82 頁),馬王堆帛書 3 例。

③ 肩水金關漢簡 1 例,居延新簡 2 例。

④ 武威醫簡 5 例。

⑤ 毛遠明校注:《漢魏六朝碑刻校注》,北京:綫裝書局,第 1 册,207 頁。

7.文字摩(磨)滅。(桓帝延熹八年《西嶽華山廟碑》)①

從時間上來看,借用"麻"只見於西漢早期,借用"靡"主要見於秦和西漢早期,西漢中晚期比較少見。而从"手"的"摩"則出現於西漢早期,西漢中晚期亦多有使用。可以看出"摩"是一個增加義符"手"的後起本字,有逐步取代借字"靡"的趨勢。

在討論"摩"字時,有一個情況需要加以區別。《説文》釋"麾"字云:"旌旗,所以指麾也。从手靡聲。"這個字與簡帛中表示按摩義的"摩"應該只是同形關係。簡帛中的字形諸家多隸定作"摩",讀作"麾",見於下舉8—14例。古文字中的構件"毛""手"形近易混。只是銀雀山簡和上孫家寨簡的圖版均不清,無法具體判斷。衹有尹灣漢簡中的一個例子比較清晰,字形作[表二:12]。

西漢早期:

8.舉手指摩(麾),姦詐之所橐(托)也。(銀雀山漢簡《守法守令等十三篇·一》786)

西漢晚期:

9.乘與摩(摩-麾)七百一十八。(尹灣簡《武庫永始四年兵車器集簿》YM6D6)②

10.乘與摩(摩-麾)柎百六十四。(尹灣簡《武庫永始四年兵車器集簿》YM6D6)

11.乘與鉦車、鼓車、武摩(摩-麾)車十八乘。(尹灣簡《武庫永始四年兵車器集簿》YM6D6)

12.☐把摩(麾)□☐(上孫家寨漢簡101)③

13.兵車御右及把摩(麾)干(竿)、鼓正(鉦)成者。(上孫家寨漢簡339)

14.☐□其亡摩(麾)☐(上孫家寨漢簡227)

三

通過上面的討論可以得出這樣一些結論:1.秦漢簡中的"磨""磨"兩個字形都是"曆"的异體,秦漢簡中習慣用這個字表示"歷"和"曆"。2.研磨、按摩一類的意義,秦漢簡中習慣借用"靡",或者增加表義構件"手"作"摩""攠""摩"。3.石磨之義習慣使用"磑"記録。石磨的"磨"在現有秦漢出土文字材料中比較罕見。秦漢簡帛中可以隸定作"磨"的字絶大多數與它衹是同形字關係。

---

① 毛遠明校注:《漢魏六朝碑刻校注》,第1册,247頁。

② 連雲港市博物館、東海縣博物館、中國社會科學院簡帛研究中心、中國文物研究所編:《尹彎漢墓簡牘》,北京:中華書局,1997,104-105頁。本文所引尹灣漢簡均出自該書,以下不再注出。

③ 青海省文物考古研究所:《上孫家寨漢晋墓》,北京:文物出版社,1993,187頁。本文所引上孫家寨簡均出自該書,以下不再注出。

“磿”的寫法與“磨”同形，導致傳世文獻中也時有“磿”寫作“磨”的情況。王念孫云：“《史記》及《山海經》注‘磿’字，今本皆訛作‘磨’。”王氏討論了兩個例子：一個是《墨子·非攻下》：“禹既已克有三苗，焉磨爲山川，别物上下”，王念孫云：“‘磨’字義不可通，‘磨’當爲‘磿’。‘磿’與‘歷’通。”“歷之言離也。”“磿爲山川，亦謂離爲山川也。離與磿皆分别之義，故曰磿爲山川，别物上下。”“世人多見‘磨’，少見‘磿’，故書傳中‘磿’字多訛作‘磨’。”另一個例子是《墨子·備城門》：“城四面四隅，皆爲高磨襳。”王引之認爲“磨”當爲“磿”，“襳”，爲“檷”訛字。“磿檷”疊韻，樓之异名。[①]

根據這些情況，我們對秦漢簡中的幾個原釋“磨”的字提出一些新的疑問。

1.如切如磋，如琢如磨。（定縣漢簡《論語·學而》1）[②]此簡未見圖版。我們懷疑釋文所用的字形“磨”并非原簡字形，而極有可能用的是後世通用字。

根據上面的結論，漢代文字中的字形“磨”絶大多數是“磿”字异體，并不表示研磨之義。因此，“琢磨”的“磨”這樣寫的可能性極小。定縣漢簡本身提供了一個有力的證據。《論語·陽貨》514：“子曰：‘然。有是言也。不曰堅乎，靡（磨）而不［磷］☑。’”字形写作“靡”，不作“磨”。整理者注14：“今本作磨。”[③]另外還有一些相關材料的證據。“如琢如磨”一句陸德明《經典釋文》引作“摩”，注：“一本作磨。”[④]可見其所見本子正作“摩”。段玉裁“礳”字注：“《詩》《爾雅》皆言治石，非謂以石治物。然則作‘摩’是矣。”洪适《隸釋》卷三所收《張公神碑》有“刊鑿涿（琢）摩”，“琢磨”正寫作“摩”。顧藹吉《隸辨》二引《州輔碑》作“摩”。[⑤]這些例子中所用的“靡”“摩”正是漢簡中研磨之義的習慣寫法。

2.臣謹案説所以切肉刀新磨（?）甚利。（張家山漢簡《奏讞書》164）字形作［表二：13］。字形不是很清晰。整理者釋“磨”，但括注了問號。彭浩等改釋“段”，讀作“鍛”，意爲打造。[⑥]從殘存筆劃看，所从“广”一直延續到字形右邊，字形作“磿”的可能性很大。“磿”即“歷”，可以讀作“厲（礪）”，即磨礪的意思。漢簡中“厲”字有這種用法。銀雀山漢簡《陰陽時令、占候之類·【四時令】》1898：“擅（繕）甲厲兵”。敦煌漢簡1566：“鼻緣，刃麗厲不硜硾，神爵四年繕。”典籍中講刀具類鋒利常與磨礪相關。如庖丁解牛講其刀鋒利，《莊子·養生主》説“刀刃若新發於硎”，《淮南子·齊俗訓》講“刀如新剖硎”，《吕氏春秋·精通》講“刃若新鄜研”。

① ［清］王念孫：《讀書雜誌》，南京：江蘇古籍出版社，2000，576、613頁。

② 河北省文物研究所、定州漢墓竹簡整理小組：《定州漢墓竹簡·論語》，北京：文物出版社，1997，106頁。

③ 河北省文物研究所、定州漢墓竹簡整理小組：《定州漢墓竹簡·論語》，86頁。

④ ［唐］陸德明：《經典釋文》，上海古籍出版社，1985，下册1351頁。

⑤ ［清］顧藹吉：《隸辨》，北京：中華書局，1986，54頁。

⑥ 彭浩、陳偉、［日］工藤元男主編：《二年律令與奏讞書：張家山二四七號漢墓出土法律文獻釋讀》，上海古籍出版社，2007，371頁。

又如《荀子·勸學》:“金就礪則利。”

“磿”字本身就有磨礪之義。“厤”,《説文》:“治也。”各家對這個“治”的理解頗有分歧。戴家祥先生的説法頗有啓發性:“(从厂)當是从石之省。古代人們都用石磑碾米去殼,厤字从石从秝,疑即以石磑碾米去殼的本字。”[①]《説文》:“案,轢禾也。”“轢”,《説文》釋“車所踐也”,引申就有碾壓的意思,如《太平御覽》卷七六二引服虔《通俗文》:“石碢轢榖曰碾。”“厤”“轢”古音相近,應該具有同源關係。

3.郵各具席,設井磿。(張家山漢簡《二年律令·行書律》267)字形作[表二:14]。諸家對此字均無説法,應該是覺得無需説。朱紅林引《居延漢簡釋文合校》534.9“其毋井者各積冰亭十石。”[②]從前面的結論來看,這個字應該不是“磨”,而是“磿”。《墨子·備高臨》:“以磨廘卷收”,“磨”字孫詒讓《墨子閒詁》引吴抄本、道藏本作“磨”,孫氏謂“不成字”,其實可能就是漢簡中中間部分寫作“𠦃”的進一步訛變。孫氏并引王引之説云:“‘磨廘’當爲‘磿鹿’。上文云‘備臨以連弩之車’,則此謂車上之磿鹿,轉之以收繩者也,故曰‘以磿鹿卷收’。磿鹿猶鹿盧,語之轉耳。《方言》曰:‘維車,趙魏之間謂之轣轆。’《廣雅》曰:‘維車謂之厤鹿。’并字异而義同。”[③]此簡中的“磿”也應該是“磿鹿”之“磿”,指井上提水之轆轤。這樣,與前面的“井”字的意義也十分契合。漢墓出土陶井中即有模印之轆轤。[④] 西北屯戍漢簡中常見的“鹿盧”則多用作升舉烽火等。[⑤]

4.“上辟磨”“下辟磨”,見於放馬灘秦簡牘古地圖。何雙全釋“磨”,[⑥]曹婉如釋文讀作“磿”,未作解釋。[⑦] 當初發表的圖版不是特别清晰。《秦簡牘合集[四]》發表了比較清晰的圖版,字形作[表二:15－18][⑧],中間所从明顯是“秝”,而非“林”。因此,此字實際上就是“磿”字。

這裏的“磿”可能也讀作“歷”。《史記·天官書》:“夫雷電、蝦虹、辟歷、夜明者,陽氣之動者也,春夏則發,秋冬則藏。”[⑨]《漢書·揚雄傳上》:“立歷天之旂,曳捎星之旃,辟歷列缺,吐火施鞭。”[⑩]蔡邕《上封事陳政要七事》:“辟厤數發。”[⑪]“辟厤”“辟歷”即“霹靂”。“霹靂”也見於馬王堆帛書《刑德甲篇·日月風雨雲氣占》45,寫作“避磨”。劉樂賢疑上部所从“厤”

① 戴家祥:《金文大字典》,上海:學林出版社,1995,上册636頁。
② 朱紅林:《張家山漢簡〈二年律令〉集釋》,北京:社會科學文獻出版社,2005,179頁。
③ [清]孫詒讓:《墨子閒詁》,北京:中華書局,2001,538頁。[清]王念孫:《讀書雜誌》,616頁。
④ 陝西省考古研究院:《陝西咸陽渭城區民生工程漢墓發掘簡報》,《考古與文物》2017年第2期。
⑤ 沈剛:《居延漢簡語詞彙釋》,北京:科學出版社,2008,236頁。
⑥ 何雙全:《天水放馬灘秦墓出土地圖初探》,《文物》1989年第2期。
⑦ 曹婉如:《有關天水放馬灘秦墓出土地圖的幾個問題》,《文物》1989年第12期。
⑧ 陳偉主編,孫占宇、晏昌貴撰著:《秦簡牘合集[四] 放馬灘秦墓簡牘》,武漢大學出版社,2014。
⑨ 《史記》卷二七《天官書》,北京:中華書局,1959,1339頁。
⑩ 《漢書》卷八七上《揚雄傳上》,北京:中華書局,1962,3546頁。
⑪ 《後漢書》卷六〇下《蔡邕傳》,北京:中華書局,1965,1992頁。

是“厤”之訛。[1]《長沙馬王堆漢墓簡帛集成》注：“‘靡’上部所从‘厤’似不必看做訛誤，秦漢文字‘厤’‘麻’二形常混同。”[2]又北大漢簡《反淫》3：“辟（霹）磨（靂）之所繳（激）也。”地名“辟磨”之得名或許即與“霹靂”相關。

5.北大秦簡醫方4-261：“腸辟（澼），取稻米善簡（瀰）析（淅），磨取亓泔，孰（熟）煮之而歙之，毋食它物。”[3]陳侃理先生直接釋作“磨”，未作進一步解釋。[4] 該字形作［表二：19］，《北京大學藏秦代簡牘書迹選粹》改釋作“磿”。[5] “磿”即“曆”。簡中可以讀作“瀝”，是過濾的意思，與前面的“瀰淅”正相應。《集韻・錫韻》收“瀝”字或體作“濿”。

表二

1	2	3	4	5	6	7	8	9	10

11	12	13	14	15	16	17	18	19	
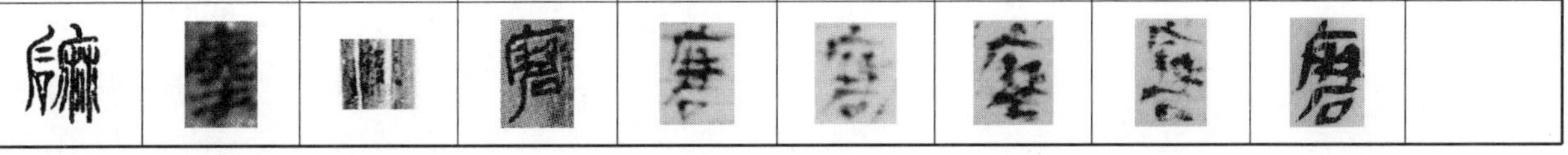									

表三

例句号	1	2	3	4	5	6	7	8	9
字形									
例句号	11	12	13	14	15	16	17	18	19
字形									
例句号	22		23	24	25	26	27	28	29
字形	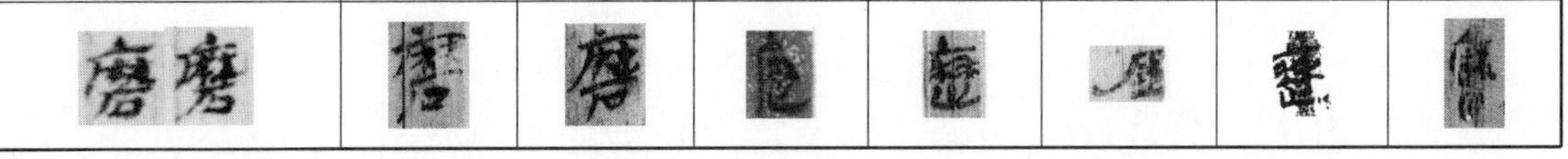								

附記：感謝匿名評審專家提出的寶貴修改意見。

① 劉樂賢：《〈日月風雨雲氣占〉甲篇考釋》，載《馬王堆天文書考釋》，廣州：中山大學出版社，2004，187頁。

② 裘錫圭主編：《長沙馬王堆漢墓簡帛集成》，北京：中華書局，2014，第5册，15頁。

③ 北京大學出土文獻研究所：《北京大學藏秦簡牘概述》，《文物》2012年第6期。

④ 陳侃理：《北大秦簡中的方術書》，《文物》2012年第6期。

⑤ 北京大學出土文獻研究所：《北京大學藏秦代簡牘書迹選粹》，北京：人民美術出版社，2014，39頁。

“質日”釋詁*

吉首大學文學與新聞傳播學院　龍仕平

内容提要　學界往往將“質日”文書與簡帛界習稱爲“曆譜”的干支類文書進行繫聯,特别是與漢簡中的“視日”文書比附而論,從而産生“質日”與“視日”簡單混同的認識傾向。或以爲“質”爲“對質、驗證”之義,或以爲“質日”即“視日”,或以爲“質日”即“執日”。通過查考可知,“質日”之“質”當取質對、查驗之義,里耶秦簡所見“質日”可爲其證。“質日”與“視日”存在本質差异,“質”有質證之義,意在强調其可追溯性,質日内容以記事爲主,以利記録、查證;“視”有查看之義,强調其可選擇性,視日内容以擇日爲主,以示節氣、宜忌。

關鍵詞　質日　視日　里耶秦簡　質證

簡帛學界在解讀“質日”時,往往采取繫聯的方法,一是將嶽麓秦簡、睡虎地漢簡、張家山漢簡等自帶“質日”標題的文書進行繫聯,對“質日”文書的形式和内容進行研究;二是將“質日”與簡帛界習稱爲“曆譜”的干支類文書進行繫聯,特别是將“質日”與銀雀山漢簡“視日”文書比附而論,從而産生“質日”與“視日”簡單混同的認識傾向。通過對二者的比較研究,我們認爲“質”有質證之義,意在强調其可提示性和追溯性,内容以記事爲主,以利事前的提示、比對,事後的質證、查驗;“視”有查看之義,强調其可選擇性,内容以擇日爲主,以示節氣、

* 基金項目:湖南省教育廳重點課題“秦簡詞彙研究”(15A152);2017年度國家出版基金重點資助項目“《〈睡虎地秦墓竹簡〉文字研究》”。

宜忌。由於學術界對於此類文書的命名并未統一,爲討論方便,暫且統稱爲干支類文書。在具體討論時,則將其析分爲干支類記事文書和干支類非記事文書,二者大致上與“質日”“視日”有内在的對應關係。在界定“質日”文書類屬時,嶽麓秦簡、睡虎地漢簡具有明顯的尺規意義。

一 “質日”類文書的出土及特徵

“質日”標題在至今公布的簡帛材料中并不多見,1992年,張家山漢簡中首次發現自帶“七年質日”標題的簡帛文書。時隔十余年之久,2008年睡虎地漢簡再度公布“質日”類材料,然所見圖版仍爲有限。2009以來嶽麓秦簡陸續公布,讓我們有幸看到“質日”的鮮活面貌。2010年北大秦簡“質日”,其所記曆日分别爲秦始皇三十一年(前216)、三十三年(前214);竹簡卷〇和卷五分别爲秦始皇三十一年(前216)、三十三年(前214)的“質日”。四批簡牘的先後出土,爲“質日”的深入研究提供了詳實可據的材料。需要補充説明的是,張家山漢墓簡報介紹:該書以干支編排日曆,形式及排列方式與銀雀山漢墓竹簡曆譜相似。肖從禮先生據此認爲“銀雀山漢墓竹簡所自書‘๏日’與張家山漢墓M136所出自書名‘質日’爲异名同義”,①則不免以前律後之嫌。張家山漢簡公布之時,“質日”的概念可謂前所未聞,周家臺秦簡、睡虎地漢簡、嶽麓秦簡均尚未出土,在當時條件允許的範圍内,整理者將其與先前出土格式相似的文書進行比照,應在情理之中。换句話説,如果有機會將張家山漢簡“質日”與之後出土的幾批“質日”進行比較,得出的結論可能會截然不同。

將已公布圖版資料的睡虎地漢簡和嶽麓秦簡“質日”材料進行比對,不難發現,雖經秦漢之隔,二者形制并無二致,至少有以下相同之處:一、標題均爲“××年質日”,分月記月之大小;二、均爲六欄書寫,各欄按月干支横向書寫,整齊劃一;三、各欄分日記事,而其内容大抵不外吏署之事,二者頻繁出現的“視事”事項甚爲相契。

以上述三點爲基礎,可對出土的秦漢之際的類似記事文書進行繫聯,可舉者凡有數種:

周家臺秦簡干支類記事文書。《關沮秦漢墓簡牘》一書發表了周家臺三十號秦墓簡牘的完整資料,據整理者介紹:“本組曆譜分書竹簡和木牘兩個部分。竹簡曆譜包括秦始皇三十四年、三十六年、秦始皇三十七年。木牘曆譜僅有秦二世元年。”其中三十四年“曆譜中,該年十三個月分次排列,雙月排在前面,單月排在其後,閏月(後九月)排在最後。每枚簡自上而下分作六欄(後九月分作五欄),每欄記一日干支”。此形制與嶽麓秦簡和睡虎地漢簡所見“質日”文書形制完全相同,只是由於標題缺失,學界對其命名尚存争議。另外,“三十六年、

① 肖從禮:《秦漢簡牘“質日”考》,《魯東大學學報(社會科學版)》2011年第3期。

三十七年曆譜由六十二枚竹簡所組成,其中有秦始皇三十六年朔日干支簡十一枚,秦始皇三十七年朔日干支簡十二枚,以及屬於上述兩年的日干支簡三十九枚(含首端殘斷簡十四枚)。""其内容亦爲日干支下記事,當爲曆譜。"另外秦二世元年木牘正面"分壹、貳兩欄列有全年十二個月朔日干支和月大小……我們推定本牘正面兩欄所列曆表當屬秦二世元年曆譜"。①

尹灣漢簡干支類記事文書。《尹灣漢墓簡牘》一書發表尹灣漢簡的完整資料,其中包括干支類記事文書一種,整理者稱之爲"日記";干支類非記事文書兩種,整理者稱之爲"曆譜"。據整理者介紹:"元延二年日記在預先編製成册的元延二年曆譜上記事。如果某日有需記之事,就在此日干支或所記節氣下的空白處加以記録……曆譜(即元延二年日記——筆者注)將大小月分開排,應由六十二支整簡組成,包括書有'元延二年'四字的標題簡一支,分記大月月名和小月月名的簡二支……記事文字大都記録何時出發,至何地住宿以及其他公私事務,可能是墓主的記事日記。"②該份文書形制與前揭嶽麓秦簡、睡虎地漢簡、周家臺秦簡形制相類,略顯差别的是標題爲"元延二年",與"××年質日"的名稱相异,各簡上端標有"第一""第二"……等字樣,亦爲新增的内容。

在研究干支下記事現象時,劉樂賢先生舉有數例③,例如:江蘇邗江胡場五號漢墓出土的日記木牘、居延元延元年曆譜殘簡、敦煌鴻嘉四年曆譜殘簡。具體釋文可參看劉氏《尹灣漢墓出土曆譜及其相關問題》,對於三者形制之間的差别,劉氏并未展開討論。鄭傳斌先生結合周家臺秦簡和劉氏的舉證認爲,"這種形式的簡牘在秦漢時期,應該是一種比較重要的官文書檔案"。④ 對該類文書的性質進行了較爲明確界定。

就其形制方面來看,居延元延元年曆譜殘簡、敦煌鴻嘉四年曆譜殘簡與尹灣漢簡干支類記事文書極爲相似,之間當有承遞關係;而胡場五號漢墓出土的日記木牘并没有體現出日期上的連續性,可能是對完整干支類記事文書内容的抄録或參照曆譜日期隨事而記的結果,與前述諸種文書似不能等量齊觀。

不難看出,干支類記事文書皆有相對固定的形制。兹將上述諸種干支類記事文書列表如下,以清眉目:

---

① 湖北省荆州市周梁玉橋遺址博物館編:《關沮秦漢墓簡牘》,北京:中華書局,2001, 96–104 頁。
② 連雲港市博物館、中國文物研究所編:《尹灣漢墓簡牘綜論》,北京:科學出版社,1999,3 頁。
③ 劉樂賢:《尹灣漢墓出土曆譜及其相關問題》,羅福頤主編《華學》第 3 輯,北京:紫禁城出版社,1998,247 頁。
④ 鄭傳斌:《出土秦漢簡帛中的"曆記"》,《中原文物》2004 年第 4 期。

	文書標題	分欄	排列方式	記事内容	所載年月
嶽麓秦簡	■廿七年質日、■卅四年質日、■卅五年質日	六欄	雙月在前,單月在後	大多爲官府之事	秦始皇二十七年、三十四年、三十五年
周家臺秦簡	缺失	六欄	雙月在前,單月在後	大多爲官府之事	秦始皇三十四年
北大秦簡	卅一年質日、卅三年質日	六欄	雙月在前,單月在後	不詳	秦始皇三十一年、卅三十年
張家山漢簡	七年質日	不詳	不詳	不詳	漢文帝前元七年
睡虎地漢簡	元年質日、七年質日等	六欄	雙月在前,單月在後	大多爲官府之事	漢文帝前元十年—文帝后元七年
居延元延元年曆譜殘簡	缺失	六欄	不詳	載有官府之事	漢成帝元延元年
尹灣漢簡	●元延二年	六欄	雙月在前,單月在後	大多爲官府之事,兼記八節、伏臘	漢成帝元延二年
敦煌鴻嘉四年曆譜殘簡	缺失	六欄	不詳	載有官府之事	漢成帝鴻嘉四年

通過以上列表可以看出,在出土的各種干支類文書中,此類文書形制最爲嚴格,雖經秦漢易代,仍以相對固定的形態延續下來。當然,在看待像“元延二年”這樣的標題與“質日”的差异時,還可以從時間邏輯上予以考慮。尹灣漢簡的年代與張家山漢簡相距百年以上,一方面官府文書在標題規範上可能并非如秦末漢初那樣嚴格,表現出一定的標題處理的靈活性;另一方面人們在具體操作時可能受到其他干支類文書的影響,如敦煌漢簡標題爲“永光元年”的曆譜(只具體到月朔,没有具體到日,含八節、伏臘等信息)[①],而有混同的趨向,但二者在具體形制上存在明顯差异却是不争的事實。

據此可以推測,在秦漢官府文書系統下,此類干支類記事文書的初名皆當爲“質日”,而其中大量的記事成分,正是行政記録真實性、可追溯性原則的高度體現。從形制、内容上綜合考慮,可以發現嶽麓秦簡、睡虎地漢簡“質日”文書在判斷此類文書歸屬方面具有明顯的尺規意義。

① 甘肅省文物考古研究所編:《敦煌漢簡》,北京:中華書局,1991,279 頁。

二 “視日”標題的確定及其類屬

隨着簡牘文獻的大量出土,學界對干支類文書作了大量的繫聯工作。然而干支類文書種類繁多,其中交叉迭合的情形也極爲複雜。由於所據材料以及觀察角度的差异,學者們往往得出不同的認識。

上世紀初期,我國西北邊陲的敦煌、居延一帶出土了大量零散的簡牘,羅振玉、王國維將其中一些記載有月日干支的簡牘定名爲“曆譜”,[①]如“元康三年曆譜”“神爵三年曆譜”“五鳳八年三月曆譜”“永光五年曆譜”“永光六年曆譜”等。羅、王二氏的這種命名幾成定論,多年以來一直被學界所遵循。

近些年來,湖北張家山漢墓、湖北周家臺秦墓、江蘇尹灣漢墓等曆譜性質文書的大量出土,爲“曆譜”篇題研究提供了更爲詳實的材料。然而由於標題缺失或對於標題文字釋讀上的争議,關於該類文書的命名,學界仍莫衷一是。鄧文寬先生稱爲“曆日”;[②]尹灣漢墓整理者稱爲“日記”;[③]鄭傳斌先生稱爲“曆記”;[④]趙平安先生稱爲“記”;[⑤]李零先生則認爲,“視日”和“質日”纔是此類簡的真正名稱。[⑥]

其中“日記”“曆記”“記”皆爲各家結合文獻内容自擬,尚缺乏確鑿的文獻依據,“曆日”“視日”“質日”則在秦漢文獻中間有出現。關於“質日”的概念,前已詳論,此不贅。其中“曆日”一詞,肖從禮先生曾揭懸泉漢簡之例:

> 御史守屬太原王鳳,元鳳元年九月己巳,假一封傳信,行曆日詔書。亡傳信。外二百七十九(《懸泉》Ⅰ0112④:1)[⑦]

“視日”一詞,劉樂賢先生曾舉傳世文獻爲證:

> 《史記·陳涉世家》:“周文,陳之賢人也,嘗爲項燕軍視日,事春申君,自言習兵,陳王與之將軍印,西擊秦。”《集解》引如淳曰:“視日時吉凶舉動之占也。司馬季主爲日者。”[⑧]

---

① 羅振玉、王國維:《流沙墜簡》,北京:中華書局,1993,83頁。

② 鄧文寬:《出土秦漢簡牘“曆日”正名》,《文物》2003年第4期。

③ 連雲港市博物館、中國文物研究所編:《尹灣漢墓簡牘綜論》,3頁。

④ 鄭傳斌:《出土秦漢簡牘中的“曆記”》,《中原文物》2004年第4期。

⑤ 趙平安:《周家臺30號秦墓竹簡秦始皇三十四年〈曆譜〉的定名與性質》,長沙市文物考古所編《長沙三國吴簡暨百年來簡帛發現與研究國際學術研討會論文集》,北京:中華書局,2005,315-322頁。

⑥ 李零:《簡帛古書與學術源流》,北京:生活·讀書·新知三聯書店,2004,286頁。

⑦ 胡平生、張德芳:《敦煌懸泉漢簡釋粹》,上海古籍出版社,2001,35頁。

⑧ 《史記》卷四八《陳涉世家》,北京:中華書局,1959,1954頁。

《荀子·禮論》:“卜筮視日,齋戒修涂,几筵、饋、薦、告祝,如或饗之。”①

劉氏認爲:“視日,看日,選日的意思,與日者之術有關。”②劉氏對於“視日”的研究,實際涉及到學界關於銀雀山漢簡一段干支類文書標題的討論,《臨沂漢簡概述》首先公布此批簡帛材料,③然而“日”前一字較爲漫漶,羅福頤先生釋作“覛”;《銀雀山漢簡釋文》釋作“硯(曆)”;④劉樂賢先生釋作“視”。此字各家皆經目驗,而結論不同。三説在簡帛學界各有信衆,鄧文寬先生、鄭傳斌先生認爲該字應校改爲“曆”,而與“曆日”之説關聯;肖從禮先生則贊同“硯”的隸定,并引《太平御覽》注“市,猶至也”一説,而市古音屬心母脂部,與底、致、質三字古音相近可通,故認爲硯日與質日“爲异名同義,其本義皆指測定冬、夏二至時日之義”;⑤李零先生認同劉氏所釋,認爲“質”古音爲端母質部,“視”爲禪母脂部,“乃音近對轉,估計是通假字”,并認爲“主要是供作填寫政事記録,類似值班日誌那樣的曆表,在檔案中是比較特殊的一類。”⑥

三種意見皆有一定的文獻依據,并不煩據引,以示通融。衆所周知,簡帛文獻有其特殊性,殘泐漫漶在所難免,銀雀山漢簡亦莫能外,這在客觀上增加了釋讀的難度。然而簡帛的一切相關研究又必須立足於文字的正確釋讀之上,試想此根基不固,則與沙上建塔何异?然此字究竟以何者爲是,尚有進一步討論的必要。兹結合漢簡相關材料,略作申論。

此字左半之形,或隸定爲“曆”、或隸定爲“市”、或隸定爲“示”,欲作取捨,則與漢代簡帛中的相同構件進行比較尤爲關鍵。觀察照片⑦,此字雖有殘泐,大體構形仍隱約可辨,兹選取漢代簡帛字形,相與比勘:

銀雀山漢簡	構件爲“示”的漢隸舉例	構件爲“市”的漢隸舉例
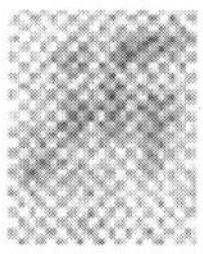	 馬王堆帛書老子乙本⑧	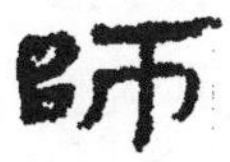 馬王堆帛書陰陽五行乙種
	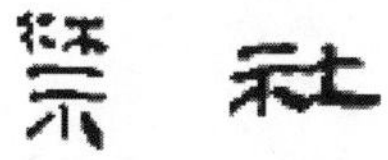 銀雀山漢簡⑨	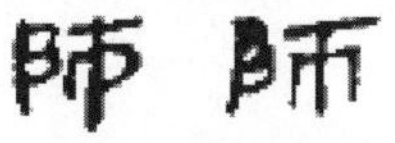 銀雀山漢簡

① ［清］王先謙撰,沈嘯寰、王星賢點校:《荀子集解》卷一三《禮論》,北京:中華書局,1988,446 頁。
② 劉樂賢:《簡帛數術文獻探論》,武漢:湖北教育出版社,2003,25 頁。
③ 羅福頤:《臨沂漢簡概述》,《文物》1974 年第 3 期。
④ 吴九龍:《銀雀山漢簡釋文》,北京:文物出版社,1985,233 頁。
⑤ 肖從禮:《秦漢簡牘“質日”考》。
⑥ 李零:《簡帛古書與學術源流》,286 頁。
⑦ 照片見《文物》1974 年第 3 期圖版壹、貳。
⑧ 字形選自陳松長《馬王堆簡帛文字編》,北京:文物出版社,2001,4 頁。
⑨ 字形選自駢宇騫《銀雀山漢簡文字編》,10 頁。

所存左半字形,一横筆和三豎筆的筆劃相對獨立,并無聯貫之意,特别是三豎畫之間并無横畫殘留的迹象,近於“川”而非“巾”,且巿在漢隸中的書寫,中豎畫往往較左右兩筆爲長;相反,漢隸中“示”字的書寫,兩點收筆位置則可能比豎畫低,可以斷定,現存構件與“示”之下部構形相近。問題在於,該構件横畫之上,是否尚存筆劃,值得討論。值得注意的是,“見”字的上部亦殘損,此正與該構件的上部處於同一水準綫上,因此完全有理由懷疑,此構件上部完全可能有筆劃的殘存,而爲“示”字。

另一方面,䙲、䙳二字,字書皆未見,有無這兩種構形,實爲可疑。又該字載諸曆譜,供日常翻檢之用,當有廣泛的群衆基礎,想當時之世,此字必不爲難。故此,我們同意劉樂賢先生的意見,將其隸定爲“視”,標題爲“七年視日”,爲看日、擇日之義。

從“視日”簡形制來看,“此曆譜共三十二簡,第一簡記年。第二簡記月,以十月爲歲首,順序排列至後九月,共十三個月。第三至三十簡記日,書每月一至三十日的干支。”[①]爲延光元年全年日曆。記月簡按月分十三欄,與“質日”簡分六欄的雙月在前、單月在後的排列方式存在明顯差别。從内容來看,“視日”簡記有伏臘、八節、反支等相關信息。如:

> 八節:戊子夏日至　甲戌立秋
> 伏臘:戊戌臘　庚子初伏　庚戌反中伏　庚辰後伏
> 反支:壬申反　癸卯反

反支爲漢季術書之説,《顔氏家訓·雜藝》:“世傳術書,皆出流俗,言辭鄙淺,驗少妄多。至如反支不行,竟以遇害;歸忌寄宿,不免凶終。”[②]陳夢家先生對漢代出土曆譜曾做過系統的整理:“曆譜除記月朔大小以外,兼附記八節、伏臘和建除日忌等事”,内容“可分爲兩部分:一爲朔閏、月大小及八節伏臘;一爲有關於日之吉凶,禁忌的建除、反支、血忌、八魁,歸忌等事,乃是占家之用。”[③]可見作用在看日、選日,與此正相吻合。

因此,“視日”實際上和王國維、羅振玉、陳夢家三位先生所指“曆譜”,有异曲同工之妙。

三　“質日”與“視日”的异同

圍繞“質日”“視日”的命名、形制以及功用等問題,學界展開了較爲廣泛和長久的争論。學者們傾向於將“質日”“視日”作爲同等概念看待。如前文所述,李零先生認爲“視日”和“質日”纔是此類簡的真正名稱,“質古音爲端母質部,視爲禪母脂部,乃音近對轉,估計是通

---

① 吴九龍:《銀雀山漢簡釋文》,北京:文物出版社,1985,9頁。
② 王利器:《顔氏家訓集解》卷七《雜藝》,北京:中華書局,1993,583頁。
③ 陳夢家:《漢簡綴述》,北京:中華書局,1980,234-239頁。

假字”。肖從禮先生則從形制角度加以考慮,認爲皆爲質日,形制上較爲統一。我們認爲此二説皆有可商之處,故試爲駁論。

李零先生認爲,此類簡的真正名稱應爲“視日”“質日”,這一點在銀雀山漢簡、嶽麓秦簡等文書中得到了印證。然而,“視日”“質日”是否爲一,則頗可商榷。固然,“視”“質”音理上可以溝通,具有通假的可能,但“一音之轉”的條件又較爲寬泛,甚至有着“無所不轉”的流弊,因此在看待通假的問題上必須十分謹慎。又李零先生當時所及惟張家山漢簡中“質日”一種,加之只是耳聞,而非目驗,因此對質日簡的形制和功用并不能得出全面細緻的認識。

肖從禮先生認爲:“從質日(此處所指爲曆譜)類的秦漢簡牘記載可知,諸如每月朔日、月大小、二至、二分、四立、三伏等,這些曆日的基本内容一般會照録。這些曆表簡牘册書,不管有無篇名或自書不同篇名,它們的三項基本功能主要是供人們查找時日、作爲出行宜忌指南或案頭記事之用。”[①]按:此論不無皮相之嫌。實際情況是,“作爲出行宜忌指南”的視日與“案頭記事”的質日,二者功用相去甚遠,目前所能見到自帶“質日”標題的文書無一件與伏臘、八節、宜忌有關。即使比較特殊的尹灣漢簡“元延二年”簡,也只是記録了全年的八節、伏臘等内容,而更重要的方面則在記事,與“宜忌指南”并無關涉。因此,曆譜不宜以“質日”概念統攝。

這種差别也曾引起一些學者的高度關注,鄭傳斌先生對周家臺秦簡與曆譜類文書進行比較後認爲:“這種簡牘有月份大小、每日干支,更重要的是記述了秦漢時期管理的住宿點、行事以及其他的情況,的確是較爲少見的形式。從事曆法研究的學者,一般都把它稱作‘曆譜’,但是,如果把它和前面的曆日相比較,就可以清楚地看出,它們是明顯不同的兩種形式。所以,如果仍然把他們統稱爲‘曆日’,這顯然是不妥當的。”[②]工藤元男先生也認爲:“秦代的三種‘質日’(嶽麓秦簡)與西漢武帝時期的《七年視日》(元光元年曆譜)相比,就干支日下所記内容而言,前者是官吏公務記録,而後者則是節氣、節日和曆注,這是最基本的差异,故二者不是同一類東西。[③] 都認爲二者内容上存在明顯差异,可謂卓識。

結合上述討論,我們認爲至少有七個批次的秦漢簡帛文獻屬於“質日”範圍,有其特定的形制、内容和功用,而與“視日”徑庭有别。爲瞭解“質日”“視日”各自的對應關係,兹列一表,以明指歸:

---

① 肖從禮:《秦漢簡牘“質日”考》。

② 鄭傳斌:《出土秦漢簡牘中的“曆記”》,《中原文物》2004 年第 4 期。

③ [日]工藤元男著,薛夢瀟譯:《具注曆的淵源——“日書”·“視日”·“質日”》,《簡帛》第 9 輯,上海古籍出版社,2014,331 頁。

類别	標題	形制	干支下所記内容	功用
質日	存標題者多以“××年質日”命名	皆爲編册横讀式,簡分六欄,雙月在前,單月在後,形制固定。年月日俱全	多爲官府之事,記録行程、人員除免、視事等内容,間記私事	可供日期的查檢。重在依日記事,以備遺忘
視日	標題多失,“××年視日”凡一見,其他或以年月標記	形制主要有六種。編册横讀式;編册直讀式;穿繫横讀式;單板直讀式;數板直讀式;單板環讀式,形制不一,或按需要將月日選擇記録	多爲八節、伏臘、建除、反支、血忌、八魁、歸忌等事	可供看日、選日,以明節日、宜忌

二者异同一目了然。“質日”和“視日”的共同點在於都與日曆有關,以日、月分其經緯;二者的形制、干支下所記内容、功用方面則存在根本差异,因此不宜將二者等量齊觀。

四　對“質日”含義的一點臆測

通過以上梳理,大抵可以明確“質日”與“視日”非一,然而,對於“質日”的含義尚待進一步討論。關於這點,李零先生認爲:“質”有“比對”的意思。① 又認爲:“‘質日’,即‘視日’,‘視日’一詞,是查看時日的意思。它也見於包山楚簡,是當值官員的代稱。秦漢墓葬隨葬這類竹簡,可能是供當值官員填寫政事記録,類似值班日誌。”②又認爲:“質字,古可訓正、訓約、訓對、訓證,有核對、驗證之義,視字也有視察、觀驗之義,讀音、含義都很接近。”③前後認識有所調整。嶽麓秦簡整理小組認爲:“質日即執日,主要内容爲政事記録。”④蘇俊林先生則羅列“底子”和“對質、驗證”兩種義項,并傾向於後者;⑤肖從禮先生認爲銀雀山曆譜之字當隸定爲“硯”,并引《太平御覽》注“市,猶至也”一説,而市古音屬心母脂部,與底、致、質三字古音相近可通,認爲硯日與質日“爲异名同義,其本義皆指測定冬、夏二至時日之義。”⑥工藤元男先生則認爲:“質日主要是作爲官吏公務手記使用的曆譜,但我們仍然不清楚其原意是什麽。”⑦較爲審慎。

以上諸説,皆有一定理據,究竟何者爲是,尚需進一步討論。首先來看“質”“視”相通

---

① 李零:《簡帛古書與學術源流》,286 頁。
② 李零:《視日、日書和葉書——三種簡帛文獻的區别和定名》,《文物》2008 年第 2 期。
③ 李零:《秦簡的定名與分類》,《簡帛》第 6 輯,上海古籍出版社,2011。
④ 朱漢民、陳松長:《嶽麓書院藏秦簡(壹)》,上海辭書出版社,2010,47 頁。
⑤ 蘇俊林:《關於“質日”簡的名稱和性質》,《湖南大學學報(社會科學版)》,2010 年第 7 期。
⑥ 肖從禮:《秦漢簡牘“質日”考》。
⑦ [日]工藤元男著,薛夢瀟譯:《具注曆的淵源——“日書”·“視日”·“質日”》。

説,“質日”與“視日”皆與日曆有關,“質”“視”溝通,也應有相適的語音基礎,但通過前文的討論,已知二者形制、内容差异明顯,應是性質不同的兩種干支類文書。再看“質日”即“執日”説,“執”上古屬章紐輯部,“質”屬章紐質部,二者雙聲,但韻部相隔較遠,亦缺乏相應的書證支持,通假關係恐難以成立,而“執日”所指何義,亦不清楚。最後看“硯日與質日爲异名同義”説,前文已述,“硯”實爲“視”之誤,从而并不可信,因此結論也就失去了相應的形音基礎,難以依從。

排除了以上三種可能,我們認爲“質”仍當从本字,爲“對質、驗證”之義,强調其事前的提示性和事後的追溯性。理由在於:

一、嶽麓秦簡“質日”簡,從廿七年到卅五年,時間跨度達八年之久。睡虎地漢簡,據整理者介紹:“這幾組簡的時間跨度爲西漢文帝十年(前170)至文帝後元七年(前157)。”時間跨度達十四年。北大秦簡分别爲秦始皇三十一年、三十三年,跨度亦達三年。作爲重要資料長時間加以保存,當係有意爲之的結果,而“視日”類出土文書則尚未發現連續性保存這一特點,顯示“質日”的功用在於可查證、可追溯。

二、嶽麓秦簡有“質日”與“私質日”之分。通過書體考察不難發現,“質日”標題爲篆書,“私質日”標題爲隸書,二者有嚴格的對應關係,提示《質日》當有公私之别。一公一私同時保存,無疑更有利於考核和比對。

三、里耶秦簡亦見“質日”一詞,經整理者繫聯,簡文如下:

> 廿六年六月壬子,遷陵□、[丞]敦狐爲令史更行廟詔:令史行☐
> 失期。行廟者必謹視中□各自署廟所質日。行先道旁曹始,以坐次相屬。
>
> 8-138+8-174+8-522+8-523
>
> 十一月己未,令史慶行廟。十一月己巳,令史應行廟。十二月戊辰,令史陽行廟。十二月己丑,令史夫行廟。□□□□,令史章行。端月丁未,令史應行廟。[①]
>
> 8-138背+8-174背+8-522背+8-523背

《史記·秦始皇本紀》:“方今水德之始,改年始,朝賀皆自十月朔。”[②]故秦曆以“十月”爲一年之始,所記爲預行告知來年行廟之安排。高一致先生認爲:“從簡文‘謹視’‘以坐次相屬’等措辭知,行廟是一項由令史執行、有一定規律性的政務活動。”[③]結合簡文來看,的確如此。“失期”或爲誡告令史之辭,行廟之事,爲既定安排,不能耽誤。時間從十一月至六月,跨度長

① 陳偉主編:《里耶秦簡牘校釋(第一卷)》,武漢大學出版社,2012,78頁。按,以下尚有不同官員姓名者十人,兹從略。

② 《史記》卷六《秦始皇本纪》,北京:中華書局,1959,237頁。

③ 高一致:《里耶秦簡(壹)校釋四則》,《簡帛》第8輯,上海古籍出版社,2013,242頁。

達半年多之久,且行廟者十六人,時間不一,因此有必要在各自的“質日”中加以記録。“各自署廟所質日”,即諸位令史各自記録上行廟所之日,以便隨時提示、比對。

“質”有質對、質詢、質證、質問之義,《禮記·曲禮上》:“雖質君之前,臣不諱也。”鄭玄注:“質,對也。”[①]《漢書·王陵傳》:“面質吕須於平前。”顔師古注:“質,對也。”[②]又有保證之義,《左傳·成公十一年》:“齊盟,所以質信也。”杜預注:“質,成也。”[③]當爲詞義引申。置諸簡中,考慮“質日”作用有二,一是方便事前的提示、比對,二是事後的質證、查驗。

通過上述討論,可知簡帛中的“質日”“視日”判然有别,“質”當取其“質證”之義,意在强調其提示性和追溯性,内容以記事爲主,以利事前的提示、比對,事後的質證、查驗;“視”有查看之義,强調其可選擇性,内容以擇日爲主,以示節氣、宜忌。里耶秦簡的“質日”用例爲我們探尋“質日”詞義,提供了鮮活語料。嶽麓秦簡、北大秦簡、睡虎地漢簡、張家山漢簡的“質日”文獻,則爲我們探尋此類文書的形制、内容和功用,提供了可信的文獻依據。

① [漢]鄭玄注,[唐]孔穎達疏:《禮記注疏》,北京大學出版社,2000,101頁。
② 《漢書》卷四〇《王陵傳》,北京:中華書局,1962,2048頁。
③ [晋]杜預注,[唐]孔穎達疏:《春秋左傳正義》,北京大學出版社,2000,859頁。

《二年律令》之“二年”與“漢二年”諸問題解*

河南大學中國古代史研究中心　宋　潔

内容提要　將《二年律令》之“二年”理解爲“漢二年”,其立論的基礎是要確定《二年律令》中的二十七種律名及一種令名皆出現於“漢二年”纔能成立。但《津關令》并不支持這一點。《二年律令》從内容上或可與“漢二年……爲法令約束”存在關係,但時間上,《二年律令》之“二年”并非指“漢二年”。且“漢二年”僅能視爲“爲法令約束”的起始時間。《史記》所説的“於是漢興,蕭何次律令”與“漢二年……爲法令約束”并非同指。《史記·太史公自序》所云“誅籍業帝,天下惟寧,改制易俗。作高祖本紀第八”,這有助於理解“次律令”是在天下惟寧之後所進行的編制。正因此,《漢書》的記載與《史記》并不相違,而是互爲發明。

關鍵詞　《二年律令》　漢二年　《津關令》　爲法令約束　次律令

關於《二年律令》之“二年”具體所指的問題,學界有持續討論,“吕后二年説”爲主流觀點。此外,尚有“高祖二年”“惠帝元年”“惠帝二年”等説法。其中尤以“高祖二年説”最具影

* 本文得到河南省哲學社會科學規劃項目“兩漢法律變遷問題研究”(2015BLS017)、中國博士後科学基金第 59 批面上資助項目“秦漢法律演變與法律之儒家化”(2016M592280)資助。

響。[①] 此觀點由張建國先生最早提出,[②]其後有几位學者做了進一步的論證。[③]

學者將《二年律令》之"二年"定爲"高祖二年"(即"漢二年"),這是基於《史記・蕭相國世家》"漢二年……爲法令約束"的記載。兩者在時間上暗合,故"高祖二年説"的論證由此展開。

關於蕭何的制法,《史記》中有兩處記載:一是《蕭相國世家》"漢二年……爲法令約束";[④]二是《太史公自序》"於是漢興,蕭何次律令"。[⑤] 對此記載,持"高祖二年説"的學者是將"於是漢興,蕭何次律令"與"漢二年……爲法令約束"歸爲一事。而反對者指出司馬遷所説的"漢二年……爲法令約束"與"於是漢興,蕭何次律令"不是指同一件事。一個是臨時的,一個是較爲系統的捃摭秦律。由此可見,學者們對兩條史料的解讀截然不同。因此,要探求《二年律令》之"二年"便需要回答這兩條史料之間的關係。

綜上,要解答《二年律令》與"漢二年……爲法令約束"的關係,需要面對如下兩個問題:

其一,"漢二年……爲法令約束"與《二年律令》的"二年"是异指還是同指?

其二,《史記》所載"漢二年……爲法令約束"與"於是漢興,蕭何次律令"是否爲一事兩説?

通過以上兩個問題的提出,可使我們在"吕后二年説"作爲主流看法的背景下,對進一步討論"高祖二年説"的必要性有所認識。因爲,"高祖二年説"直接影響到對漢初法律進程的認識,尤其涉及到"約法三章""九章律"等相關問題的後續討論。譬如,《二年律令》的主體内容如制定於高祖二年,那麽《漢書・刑法志》所説的"約法三章"貫穿於整個楚漢時期的説法就不可信,并且會直接將《九章律》形成時間往前推移,這將進一步否定《漢志》的記載。因此,無論《二年律令》之"二年"與"漢二年"的關係如何,都將對我們理解《漢志》的可信度有一個重新認識。因此,有必要對"高祖二年说"做進一步的討論。

① 考慮到已有學者對邢義田"惠帝二年説"、曹旅寧"惠帝元年説"進行了駁證,故拙文在此不予討論。可參看李力《關於〈二年律令〉題名之再研究》,《簡帛研究二〇〇四》,桂林:廣西師範大學出版社,2006,148-149頁;張忠煒《〈二年律令〉年代問題研究》,《歷史研究》2007第3期。

② 張建國:《試析漢初"約法三章"的法律效力——兼談"二年律令"與蕭何的關係》,《法學研究》1996年第1期。

③ 李力:《關於〈二年律令〉題名之再研究》,《簡帛研究二〇〇四》,148-149頁;王樹金:《〈二年律令〉法律内容制定年代考——兼談"二年"的時間問題》,簡帛研究網,2005年4月24日;王偉:《論漢律》,《歷史研究》2007年第3期。王偉先生近年對所持"高祖二年説"似乎有所鬆動,在肯定了李力"高帝二年説"從邏輯上能自圓其説後,提出了自己對"二年律令"的看法。王先生將律令定期校讎的制度納入考慮,提出"是否還可以認爲《二年律令》是某二年校讎的某官之'用律'呢?"并對此指出"需要等待一份或多份自題非'二年'的'〇年律令'的法律文本的出土來加以驗證,而李力先生的"高帝二年説"則同樣需要等待一份或多份自題'二年律令'的法律文本的出土來加以驗證"。可參見《〈二年律令〉文本性質與題名臆説》,簡帛網,2016年5月12日。

④ 《史記》卷五三《蕭相國世家》,北京:中華書局,1959,2014頁。

⑤ 《史記》卷一三〇《太史公自序》,3319頁。

一 《二年律令》“律名”“令名”與“漢二年”之關係

“漢二年……爲法令約束”與《二年律令》的“二年”是异指還是同指?

關於《二年律令》之中存有“漢二年”以後的律令,張建國先生將之解釋爲增補的結果。這從方法上來講是没有問題的,即:不能簡單地通過部分條文的出現時間去判斷其成書年代。但是,“高祖二年説”主要依靠“漢二年……爲法令約束”的記載,判斷出《二年律令》之“二年”是指“漢二年”,這從方法上來説也存在問題。日本學者宫宅潔就曾指出其結論成立的幾個假定條件被作爲了自明的事實。① 即,“高祖二年説”的結論是建立在幾個假設的條件之上的,在張氏没有對幾個假定條件予以堅實論證之前,這樣的結論是值得懷疑的。

懷疑歸懷疑,但被懷疑的結論未必不存在真實的可能性,“高祖二年説”的提出也正是在質疑它説的基礎上而展開。因此,在衆多的觀點結論下,我們所要做的就是將多種可能性盡量降低,直至唯一的結論。分歧的目的是爲了最後的統一。針對“高祖二年説”,學者已有過一些反駁。下面我們從方法上做一些嘗試,先不考慮“高祖二年説”的觀點能否成立,而是先將其觀點做進一步的推演,因爲一個正確的觀點在應用時必然不會出現邏輯解釋上的矛盾,而錯誤的觀點必然會出現不能自洽的現象。

《二年律令》由“二年律”和“二年令”組成。這點無疑問。按照“高祖二年説”的觀點,那應該是“漢二年”同時制定了“二年律”與“二年令”。張建國先生提出《二年律令》之中存在着漢二年之後的條文是其後增補而來的。這種説法,在反方無法判斷律文出現的最早時間時,是難以反駁的。當然,這也是正反兩方都無法證明的事情,即:“高祖二年説”無法證明哪些律文是漢二年制定的,而反方也無法證明哪些律文不是漢二年制定的。不過,這種難以證無的情形,似乎對“二年令”不太適用。下面對此予以説明。

實際上,“高祖二年説”的提出,應該基於一個前提,即《二年律令》中的二十幾種律名(賊律、行書律等等)、令名(津關令)必須是在漢二年被制定,否則,“高祖二年説”難以成立。因爲只有在這些律名、令名的統攝之下,纔能吸納漢二年之後制定的律文、令文而繼續稱之爲“二年律令”。試想,如果“漢二年”頒布了幾條律文,“漢三年”頒布了幾條律文,“漢四年”又頒布了幾條律文,如没有“賊律”“行書律”等律名加以統攝,那麽,漢二年的律就是漢二年

① [日]宫宅潔説:“張氏的高祖二年説是建立在這樣的理解之上的,即:《二年律令》是國家的編纂物,并且是因其編纂之年而被命名的。爲了證明其主張之成立,必須弄清:(1)蕭何所完成的法令集曾流傳於全國;(2)出土於張家山的這些簡是其抄本。加之,(3)“二年”是法典編纂之年。這些都是假定的條件……張氏將(1)(2)(3)的假定條件作爲自明的事實,而没有作爲論證的對象,這讓人感到其説存在的風險。”[日]宫宅潔著,李力譯:《張家山漢簡〈二年律令〉解題》,《法律文化研究》,北京:中國人民大學出版社,2010,349-357頁。

的律,漢三年的律就是漢三年的律,漢四年的律就是漢四年的律,各自會保持時間上的獨立性,不會將三年、四年的律説成是二年的律。因此,只有在“漢二年”確立了“賊律”“行書律”等律名之後,纔能將其後制定的律文吸納進來。《二年律令》中之所以會有各個時期的律文,也正是因爲有不受時間限制的律名、令名的存在。

以上這一道理在“二年令”上反映的將更爲直觀。我們知道,《二年律令》中只有唯一一種“令”——《津關令》。《津關令》是由包括高祖、惠帝、吕后不同時期的詔書而來。如果没有“津關令”這種令名加以總領,那麽對於漢二年之後頒布的任何詔書,是絶不會稱之爲“漢二年詔書”的。譬如,絶不會將高祖十年頒布的詔書稱之爲“二年詔令”,吕后元年頒布的詔書稱之爲“二年詔令”,除非有“津關令”這個令名作爲統攝,將不同時期的令條收納在此令名之下。因此,“高祖二年説”要想“二年令”指代漢二年,必須是漢二年確立了令名,并同時頒布了首條令條,否則,不同年份制定的令條在没有“令集名”的統攝下,還要被稱之爲“二年令”,這是匪夷所思的。此原則當然亦適用於《津關令》。“津關令”的第一條令文以及令名,應該要在漢二年出現,否則,不能將制定於漢元年或漢三年以後的首條“津關令條”稱之爲“二年令”。

從已有的《二年律令·津關令》來看,其令文是由不同時期的詔書組成。一共23條,有“一”“二”……的編號。從第“一”條的時間來看,屬於劉邦登上皇位之後的詔書,并且從《津關令》之中看不到任何一條漢二年的令,甚至統一之前的令文。因此,怎麽可能將没有漢二年的令,稱之爲“二年令”呢?

當然,或許有學者會指出,楚漢時期的令條没有被抄録進《津關令》之中,抄手是自己編號,第一號津關令之前也可能存在漢二年的令文。如此,關於《二年律令·津關令》中的編號是否爲抄手行爲,就值得留意。如果是抄手臨時編號,那就不能排除只摘抄了統一之後的令條的可能性;但如果是底本原有的編號,那麽文本第一號之前就不應該存在統一之前的津關令了。因此,要確認“二年令”與“漢二年”無關,就需要探求《津關令》的編號并非抄手行爲,而是照抄底本編號。

《津關令》中的編號值得留意。在《津關令》之中,最大序號爲23號,但其中只有18條令文。這説明抄手是摘抄了底本《津關令》的編號。試想,如果是抄手編號,必然只存在最大的18號,不會出現23號。[①]

① 編號最大爲23,而竹簡所見只有18條,缺五個編號。因此,應該考慮考慮殘損等情況。不過,《津關令》共38簡,保存較好。有學者就説過:“《津關令》是《二年律令》中較特殊的一章:其簡數多達三十八枚,對其出土位置的分析有一定的科學性,可減少竹簡出土位置隨機變動的干擾;三十八簡中的大多數簡文即可確定條文編聯順序;條文篇章歸屬很容易判斷;部分條文有條文序號,可據此確定篇章内條文順序。”見王偉《張家山漢簡〈二年律令〉編聯初探》,《簡帛》第1輯,上海古籍出版社,2006,354頁。因此,《津關令》應該是官方底本摘抄本。這點與“二年律”也是一致的。“二年律”也不是當時所見律篇的全部内容,而是摘抄的部分律文。

另外，從《津關令》中所見有編號的令條來看，是按照時間順序，即高祖、惠帝、吕后的次序來抄寫的。如果《津關令》的底本中没有編號，作爲一個抄手是不會考慮在衆多令條之中，細心找出其時間先後再編號抄寫的。這至少説明，《津關令》所抄的底本已按照時間次序予以了編聯。

由上可見，《津關令》中的編號非抄手所爲，而是底本所固有的編號。但接下來又引申出一個新的問題。以往學界肯定了《二年律令》的摘抄本性質，那麼這個摘抄本之下的底本是何性質，也應該再考慮。即：《二年律令》的底本是來自官本還是另外一個抄本的問題。具體到《津關令》而言，這些編號雖然出自某一底本，但這一底本的編號究竟是官方編號還是私家擅自編號呢？下面將抄本、底本、官本的可能關係，大致歸納爲四種：

1.摘抄本(《津關令》)——底本(官本)

2.摘抄本(《津關令》)——一層底本(完抄本)——二層底本(官本)

3.摘抄本(《津關令》)——一層底本(摘抄本，忠實於二層底本)——二層底本(官本或官本的完抄本)

4.摘抄本(《津關令》)——一層底本(摘抄本，没有忠實於二層底本，捨弃了劉邦稱帝之前的津關令，并私自重新編號)——二層底本(官本或官本的完抄本)

這四種情形中，前三種無論經過多少次摘抄、節録，都是官本的反映，編號屬於官方編號。只有第四種情形纔無法將《津關令》的編號認定爲官方編號，即：一層底本在抄寫二層底本之時，没有遵守官方編號，而是捨去楚漢時期的津關令，并將劉邦稱帝之後的津關令設定爲第一號；爾後，《二年律令・津關令》的抄手正是摘抄了這樣一個未忠實於官本的一層底本。基於第四種情形，如果“高祖二年説”采用這種詰語，那麼似乎應該放弃用《津關令》的編號來論證“二年律令”的“二年”問題。① 所幸，由於近些年來帶有編號的出土法律文獻逐漸增多，對於編號的性質問題，可以借助傳世文獻與出土文獻去做一些穩妥的探求。

首先，武威旱灘坡漢簡記載：“坐臧爲盗，在《公令》第十九。”②這是説《公令》之中的第十九條，是涉及“坐臧爲盗”的令文。由此可以確定《公令》是進行官方編號的。以此套用《津關令》，應該會説出“越塞闌關，在《津關令》第一”之類的話，這與今日司法，“根據《刑法》第某某條”的情形一樣。即通過官方編號來作爲判案依據，避免所指不清。

其次，從秦漢時期法律文本的下達規範可以得到理解。如《秦律十八種・尉雜》簡199：

① 高祖二年説，在采用第四種説法的時候，也必須要考慮，一層底本摘抄二層底本的時候，二層底本《津關令》的第一條必須是在“漢二年”制定的纔能支撑其“高祖二年説”采用此説法。

② 參見李均明、劉軍《武威旱灘坡出土漢簡考述——兼論“挈令”》，《文物》1993年第10期。

歲讎辟律於御史[①]

又如《里耶秦簡》:

□年四月□□朔己卯,遷陵守丞敦狐告船官Ⅰ□:令史應讎律令沅陵,其假船二樓,勿Ⅱ留。Ⅲ6-4[②]

卅一年六月壬午朔庚戌,庫武敢言之:廷書曰令史操律令詣廷讎,Ⅰ署書到、吏起時。有追。·今以庚戌遣佐處讎。Ⅱ敢言之。Ⅲ8-173[③]

這幾條材料説明各級吏員每年都要對法律條文進行校讎,要與中央律令保持一致。《嶽麓書院藏秦簡(肆)》中的第三組簡中有幾枚簡值得注意:

廷内史郡二千石官共令●第己●今辛(簡 0081+0932)

廷内史郡二千【石】官共令●第庚●今壬(簡 1131)[④]

這可以看出令條的編號,是處於變化之中的。兩條令文之前一定被補充進了新的兩條令文,所以,舊編號從己、庚,變成了新編號辛、壬。這正是律令從中央調整之後,地方律令編號也隨之進行調整的結果。這恰好是"歲讎辟律"後法律文本改動的真實寫照,也極好地説明了編號屬於法律文本的一個重要組成部分。又,《商君書》云"主法令之吏有遷徙物故,輒使學讀法令所謂,爲之程式,使日數而知法令之所謂。不中程,爲法令以罪之。有敢剟定法令一字以上,罪死不赦",[⑤]這明確了個人對法律文本的嚴格遵守原則,任何人不可擅自改定。

再次,漢人如淳云:"令有先後,故有令甲、令乙、令丙。"[⑥]又《蕭望之傳》云:"望之、强復對曰:'先帝聖德,賢良在位,作憲垂法,爲無窮之規,永惟邊竟之不贍,故《金布令甲》曰:"邊郡數被兵,離饑寒,夭絶天年,父子相失,令天下共給其費。"固爲軍旅卒暴之事也。'"[⑦]這些也説明令的編號非個人行爲,而是由官方確立。

因此,在没有證據顯示《津關令》底本編號爲私家編號之前,《津關令》的編號屬於官方編號當無大的疑問。

綜上所述,從《二年律令·津關令》中的第一號是統一之後的令條這一點就能摇動"高祖二年説"。其無法做到邏輯上的自洽。

---

① 睡地虎秦墓竹簡整理小組:《睡虎地秦墓竹簡》,北京:文物出版社,1990,釋文 64 頁。

② 陳偉主編,何有祖、魯家亮、凡國棟撰著:《里耶秦簡牘校釋(第一卷)》,武漢大學出版社,2012,19 頁。

③ 陳偉主編,何有祖、魯家亮、凡國棟撰著:《里耶秦簡牘校釋(第一卷)》,104 頁。

④ 陳松長主編:《嶽麓書院藏秦簡(肆)》,上海辭書出版社,2015,224 頁。

⑤ 蔣禮鴻:《商君書錐指》,北京:中華書局,1986,140-141 頁。

⑥ 《漢書》卷八《宣帝紀》,252 頁。

⑦ 《漢書》卷七八《蕭望之傳》,3278 頁。

本節從方法上推演了“高祖二年説”所存在的問題。對此,“高祖二年説”需要證明《二年律令》中的二十七種律名與一種令名都是在漢二年被確立的。下面借助第二個問題,即:《史記》所載“漢二年……爲法令約束”與“於是漢興,蕭何次律令”是否爲一事兩説? 來對“高祖二年説”予以進一步論證。

二　“爲法令約束”与“天下惟寧,改制易俗”之關係

《史記》所載“漢二年……爲法令約束”與“於是漢興,蕭何次律令”是否爲一事兩説?

由於《史記》對漢初制定法律的記載僅有此明確的兩條,故此兩條史料直接關係到對漢初法律情實的理解。“漢興”一詞在《史》《漢》中有不同的起始時間用法:一是漢元年;二是漢五年。正因爲有“漢元年”的用法,故而“於是漢興,蕭何次律令”可理解爲漢五年劉邦統一之前的某一時間;“高祖二年説”也就此將“漢興”與“漢二年”等同了起來;并進而否定了《漢書》對兩者明確的區分。

《漢書》的記載是將兩事分别對待。《史記》所説的“漢二年……爲法令約束”,《漢書》記載爲“漢二年……爲令約束”,將“法令”説成“令”;而《史記》所説的“於是漢興,蕭何次律令”,《漢書》記載爲“天下既定,命蕭何次律令”,將“漢興”説成“天下既定”。

班固的觀點是一以貫之的,在“漢二年……爲令約束”與“天下既定……次律令”的關係上,明確了區别。班固認爲漢二年是以“令”的形式出現,而在天下既定之後,却是編次“律令”。但是,由於《二年律令》之“二年”恰巧和《史記》“漢二年……爲法令約束”相合,故而“高祖二年説”認爲《二年律令》就是“於是漢興,蕭何次律令”的産物,并由此質疑《漢書》將“漢興”改爲“天下既定”的可信度。對此,下面分爲兩個問題進行討論:一是“漢二年……爲法令約束”的情形;二是“爲法令約束”與“次律令”的關係。

關於“漢二年……爲法令約束”的情形,《史記·蕭相國世家》記載:

> 漢二年,漢王與諸侯擊楚。何守關中,侍太子,治櫟陽。爲法令約束,立宗廟社稷宫室縣邑,輒奏上,可,許以從事;即不及奏上,輒以便宜施行,上來以聞。關中事計户口轉漕給軍,漢王數失軍遁去,何常興關中卒,輒補缺。上以此專屬任何關中事。①

此段話,有幾點值得斟酌:其一,“爲法令約束”并非僅指“漢二年”這一年之中的行爲。因爲,“關中事計户口轉漕給軍,漢王數失軍遁去,何常興關中卒,輒補缺”這段話説明“關中事計户口轉漕給軍”“漢王數失軍遁去”“何常興關中卒”并非僅是漢二年的事情。“數”“常”

① 《史記》卷五三《蕭相國世家》,北京:中華書局,1959,2014-2015頁。

表達的是持續性的行爲。同篇《史記·蕭相國世家》記載關内侯鄂君在評論蕭何之功時進言:"夫上與楚相距五歲,常失軍亡衆,逃身遁者數矣。然蕭何常從關中遣軍補其處,非上所詔令召,而數萬衆會上之乏絶者數矣。夫漢與楚相守滎陽數年,軍無見糧,蕭何轉漕關中,給食不乏。陛下雖數亡山東,蕭何常全關中以待陛下,此萬世之功也。"①可見,"漢二年"只能算是一個起始時間。

其二,"漢二年"可視爲"漢王與諸侯擊楚"的時間狀語。也就是説,"漢二年"主要修飾的是"漢王與諸侯擊楚"這一件事。其後表述的是劉邦與諸侯擊楚的整個楚漢時期,蕭何所做的一些事情,包括:蕭何守衛關中,侍奉太子,治理櫟陽,進行法令約束,計户口轉漕給軍,興發關中卒,等等。如果將"漢二年"認定爲一整年的時間段的話,那就應該理解爲:"漢二年,蕭何守關中""漢二年,蕭何侍奉太子""漢二年,治理櫟陽""漢二年,計户口轉漕給軍""漢二年,劉邦數失軍遁去""漢二年,興發關中卒""漢二年,奏上,可,許以從事;即不及奏上,輒以便宜施行,上來以聞"。這樣理解頗爲直觀,可以看出其問題之所在。因爲,蕭何守衛關中,侍奉太子,治理櫟陽,進行法令約束,計户口轉漕給軍,興發關中卒都是長期性的行爲。基於此,我們不能將"漢二年"視爲整體時段,而只能理解爲起始時間。

綜上可知,"爲法令約束"并非僅限定在"漢二年"這一年之中,而是一個持續性的行爲。② 因此,《二年律令》中的二十幾種律,如果按照"高祖二年説"是"爲法令約束"的結果,那麽,到底是制定於漢二年,還是三年、四年呢? 又或者漢二年頒布幾種律篇,三年、四年又頒布了幾種律篇,但其中這些三年、四年頒布的律篇,又能否叫二年律呢? 這些情況恐怕都不能將《二年律令》之"二年"視爲漢二年。

接下來要解決的是,《史記》所説的"爲法令約束"與"於是漢興,蕭何次律令"之間的的關係。

上文已提到《漢書》對此是分爲兩事,但由於"高祖二年説"質疑《漢書》對《史記》的改動,故在本文的論證中一直回避使用《漢書》的記載,而僅從《史記》與《二年律令》上立論。因此,本篇論證還需要進一步從《史記》中找尋相應的證據。《史記·太史公自序》有兩條記載:

> 於是漢興,蕭何次律令,韓信申軍法,張蒼爲章程,叔孫通定禮儀,則文學彬彬稍進,《詩》《書》往往間出矣。
>
> 子羽暴虐,漢行功德;憤發蜀漢,還定三秦;誅籍業帝,天下惟寧,改制易俗。作《高

① 《史記》卷五三《蕭相國世家》,2016 頁。

② 在"漢二年,漢王與諸侯擊楚……"之下,緊接着是説到"漢三年"。雖然漢二年與漢三年依次表述,但不能將漢二年這一段,視爲漢二年一整年發生的事情。漢三年的内容,主要説的是在楚漢對峙期間,劉邦懷疑蕭何,蕭何派遣子女爲質的事情。這只是描述了蕭何坐守關中期間,漢三年發生的一幕場景。

祖本紀》第八。[①]

《史記》第一條史料提到“於是漢興，蕭何次律令，韓信申軍法，張蒼爲章程，叔孫通定禮儀”，這説明漢興之後進行了一系列的改制。在斟酌“於是漢興，蕭何次律令”具體指漢二年還是天下既定之時，我們可借助《史記》的第二條史料，“誅籍業帝，天下惟寧，改制易俗。作《高祖本紀》第八”。這明確説出了高祖“改制易俗”是在“誅籍業帝，天下惟寧”之後。由司馬遷《太史公自序》中的這兩條史料，可以判斷“蕭何次律令，韓信申軍法，張蒼爲章程，叔孫通定禮儀”是在項羽被滅、天下一統之後。“改制”之舉，禮制、法制爲其大宗。因此，通過《史記・太史公自序》可窺知漢初的制法實分爲兩大塊：一個是漢二年開始的“爲法令約束”，一個是天下統一之後的系統“改制”。可見，《漢書》的記載與《史記》并不相違，而是互爲發明。

實際上，《史記》所説的“次律令”與“爲法令約束”是值得玩味的。“爲法令約束”側重於描述持續性、補充性的創制，“次律令”更多的是進行綜合考量、系統整理。“次律令”的行爲，可以肯定是在兩種來源上開展的：一是從秦律而來；一是從楚漢時期漢政府的各項法令而來。第一種來源無需贅言，第二種來源是將前期的“法令”融入進統一之後的律令之中。譬如，漢四年八月，“初爲算賦”，這在《二年律令》中有所反映，《具律》簡 124：“庶人以上，司寇、隸臣妾無城旦舂、鬼薪白粲罪以上，而吏故爲不直及失刑之，皆以爲隱官；女子庶人，毋算事其身。”《亡律》簡 162：“奴婢爲善而主欲免者，許之，奴命曰私屬，婢爲庶人，皆復使及算，事之如奴婢。”《復律》簡 278：“□□工事縣官者復其户而各其工。大數率取上手十三人爲復，丁女子各二人，它各一人，勿算繇賦。”這些都涉及到了算賦。劉邦初算賦之時，當以“王令”形式通告全境。這些涉及“算賦”的簡文同時出現在《具律》《亡律》《復律》之中，正是對該“王令”做了統籌的考慮，將免除算賦作爲身份的補償及權利的一種措施編入了《二年律令》。這也就説明，在漢四年八月“初算賦”之後，該“算賦”被系統納入了諸律之中。當然，《二年律令》中存在着大量皇帝稱謂的律令，這肯定都是統一之後所制定。因此，不可否認的是，楚漢戰争結束之後，漢王朝對律令做過一次大規模的編次、修訂。這正符合“次律令”的説法。而這種大規模的編次、修訂律令，是在劉邦授權之下進行的，此即班固所説的“命蕭何次律令”。

三　結語

前文通過兩個問題的帶入，對《二年律令》之“二年”與“漢二年”的關係做了相關的論

① 《史記》卷一三〇《太史公自序》，3319、3302 頁。

述,有助於對“高祖二年説”的立論基礎有進一步的認知。大致可以歸納爲如下幾點:

其一,“高祖二年説”應該建立在《二年律令》的二十七篇律名、令名制定於“漢二年”這一前提之下。只有這樣,其後頒布的律文、令文纔能在“篇名”“令名”的統攝下而稱之爲“二年律”“二年令”。但是從“二年令”之《津關令》的情形來看,無法支撑“高祖二年説”。

其二,《二年律令》作爲抄本的性質衆所周知,但抄本之下的底本性質也是一個值得思考的問題,并且抄本與底本之間的編號問題,尤其應當引起注意。抄本所記録的編號是私人所加還是官方編號?這一點,從目前的材料來看,編號应屬於官方与私家自上而下的傳遞,是法律文本的重要組成部分,是秦漢律令定期校讎制度下的一種反應。

其三,“漢二年,漢王與諸侯擊楚。何守關中,侍太子,治櫟陽。爲法令約束”中的“漢二年”是一個起始時間,可視爲“漢王與諸侯擊楚”的時間狀語,而不能簡單地將“爲法令約束”限定在“漢二年”這一歲之中。

其四,《太史公自序》所記“於是漢興,蕭何次律令”應將“誅籍業帝,天下惟寧,改制易俗。作高祖本紀第八”之語納入視野。“天下惟寧,改制易俗”至少説明了天下既定之後,劉邦確有改制之舉。禮法之變當出其中。因此,“蕭何次律令”與“爲法令約束”是不同時間的不同之舉,不可混一。

本文考察了“高祖二年説”,但并不涉及對其他諸説的論證。這樣做是因爲“高祖二年説”的出現牽一發動全身,對《漢書》所載“約法三章”的時效及“九章律”的形成時間産生了極大的衝擊,而其他諸説并不會造成對《漢書》記載的相關問題的衝擊。由於筆者目前正在對漢初法律問題進行思考,故不得不檢視“高祖二年説”。這正是本篇成文的動因。

附記:匿名審稿人的意見十分細密而中肯。感謝感謝!

張家山漢簡《津關令》考釋(二則)*

武漢大學歷史學院、簡帛研究中心　何有祖

内容提要　新資料如嶽麓秦簡、里耶秦簡的陸續公布,带來認識、解讀張家山漢簡《津關令》的新契机。張家山漢簡《津關令》493 號簡"鐵",應作"錫",指金屬錫;"籍器"之"籍",應作"箸",指筷子。《津關令》498—499 號簡"皆入傳書"之後可補作"見吏(事)里",意指現在的職事及居住的里。

關鍵詞　考釋　津關令　文字　箸　見吏里

張家山漢簡《津關令》自公布以來,[①]其文本經過學者們多年的研究揣摩和系統的注釋工作,[②]總的來説,在釋字、文意疏通方面已有較爲成熟的研究。此後,新資料如嶽麓秦簡、里耶秦簡的公布,讓人應接不暇。當看完新資料之後再度閱讀《津關令》,發現以往晦澀難解的文句,漸漸變得可以疏通,進而帶來一些新的認識。本文將討論二條《津關令》的文句,淺陋之處,敬請方家指教!

* 本文寫作得到國家社會科學基金重大項目"雲夢睡虎地 77 號西漢墓出土簡牘整理與研究"(16ZDA115)資助。

① 張家山二四七號漢墓竹簡整理小組编:《張家山漢墓竹簡[二四七號墓]》(釋文修訂本),北京:文物出版社,2001。

② 彭浩、陳偉、[日]工藤元男主編:《二年律令與奏讞書:張家山二四七號漢墓出土法律文獻釋讀》,上海古籍出版社,2007。《二年律令與奏讞書》"參考文獻"部分對已有研究論著收集頗詳,早期學者的研究可以參看該部分,此不贅引。

一

張家山漢簡《津關令》493 號簡:

□、制詔御史,其令諸關,禁毋出私金器、鐵。其以金器入者,關謹籍書。出,復以閲出之。籍、器飾及所服者,不用此令。[1]

“金器”下一字,整理小組指出,字左从“金”。[2] 鄔文玲先生釋爲“釦”。[3] 謝桂華先生疑可補釋作“鐵”。[4] 張家山漢簡研讀班、釋文修訂本改爲“□”,[5]作未釋字。《二年律令與奏讞書》據紅外綫影像贊同釋作“鐵”的意見,并注曰:“鐵,鐵器。禁止向關外輸出銅器的規定見 492 號簡。鐵器被列爲禁物的規定見《漢書·汲黯傳》顔師古注引應劭曰:‘律,胡市,吏民不得持兵器及鐵出關。雖於京師市買,其法一也。’”[6]

今按:該字原簡作:

 (紅外綫影像)

與《二年律令》437 號簡“采鐵者”之“鐵”字作:

有較大差别。字與《二年律令》454 號簡“鍚”字作:[7]

形體相同,即“鍚”。鍚可指馬額上的金屬飾物,如《詩經·大雅·韓奕》“鈎膺鏤鍚”鄭玄《箋》:“眉上曰鍚,刻金飾之,今當盧也。”[8]也可指盾背的金屬飾物,如《禮記·郊特牲》“朱干、設鍚”鄭玄注:“干,盾也,鍚傅其背如龜也。”孔穎達疏:“謂用金琢傅其盾背,盾背外高,

① 釋文參看彭浩、陳偉、[日]工藤元男主編:《二年律令與奏讞書:張家山二四七號漢墓出土法律文獻釋讀》,309 頁。

② 張家山二四七號漢墓竹簡整理小組编:《張家山漢墓竹簡[二四七號墓]》,206 頁。

③ 鄔文玲:《漢初“禁物”略考》,《出土文獻研究》第 6 輯,2004,151 頁。

④ 謝桂華:《張家山漢墓竹簡[二四七號墓]校讀舉例》,《簡帛研究二〇〇二、二〇〇三》,桂林:廣西師範大學出版社,2005,173-174 頁。

⑤ 張家山漢簡研讀班:《張家山漢簡〈二年律令〉校讀記》,《簡帛研究二〇〇二、二〇〇三》,2005,193 頁。張家山二四七號漢墓竹簡整理小組編:《張家山漢墓竹簡[二四七號墓]》(釋文修訂本),北京:文物出版社,2006,84 頁。

⑥ 彭浩、陳偉、[日]工藤元男主編:《二年律令與奏讞書:張家山二四七號漢墓出土法律文獻釋讀》,309 頁。

⑦ 彭浩、陳偉、[日]工藤元男主編:《二年律令與奏讞書:張家山二四七號漢墓出土法律文獻釋讀》,269、274 頁。按:“鍚”,原釋文作“錫”,現據圖版和紅外綫影像改釋。《漢書·地理志上》漢中郡下有“鍚”。漢印有“鍚丞之印”。

⑧ 《毛詩正義》卷一八,《十三经注疏》(清嘉慶刊本),北京:中華書局,2009,1230 頁下欄。

龜背亦外高,故云‘如龜也’”。[①]

不過“鍚”在文中與“私金器”并列,恐怕是與“私金器”性質差不多的金屬材料,如果指“馬額上的金屬飾物”則較難説通。頗疑“鍚”是“錫”之訛寫。秦漢簡昜、易有混用的現象,如嶽麓伍 112 號簡“有請,必物一牒,各㪴(徹)之,令昜〈易〉智(知)”、113 號簡“令約具别白昜〈易〉智(知)殹(也)”,[②]其中“昜”,即是“易”的訛寫。里耶秦簡 2227“買請銅錫”,[③]“錫”与“銅”并列,指金属錫。秦簡中多见“錫”作爲礦石的記載,如里耶秦簡 12—3 號簡“倉徒悉采錫,徒盡,毋遣也”、12—447 號簡“遣佐□將徒□采錫蒼”,即有“采錫”的説法,其中“錫”指錫礦石。[④] 嶽麓秦簡《猩、敞知盜分贓案》中也多次提及“買銅鍚”“分鍚”“得鍚”等,整理者疑“鍚”可讀爲“鋈”,指銅之美者。銅鍚,在簡文中應指盜墓所出青銅器。[⑤] 方勇先生則認爲嶽麓秦簡中這幾處“鍚”可釋作“錫”,簡文中的“銅”“錫”應是兩種金屬器具。[⑥] “鍚”在文中與“私金器”并列,當指金屬“錫”。

“其令諸關,禁毋出私金器、鍚”,指令諸關禁止私金器及錫向關外輸出。

“出之”下一字,原釋文作“籍”,鄔文玲先生斷句作“其以金器入者,關謹籍書,出,復以閲,出之,籍。器飾及所服者不用此令。”[⑦]張家山漢簡研讀班:“籍器,飾”改讀爲“籍器、飾”。“籍器”指借用的公家器。[⑧] 陳偉老師認爲,“飾及所服者不用此令”,大概是説裝飾在衣物上的金製品不適用這條法令。即不需要在入關時登記,出關時逐一點數。籍器,即前述入關時“籍書”之“金器”,不能説是“不用此令”。相關文句的斷讀恐當是:“或以金器入者,關謹籍書。出,復以閲出之籍器。飾及所服者不用此令”。[⑨] 今按:“籍器”之“籍”作:

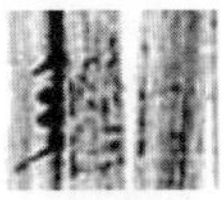 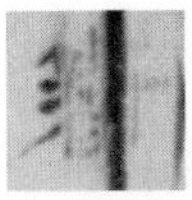(紅外影像)

該字占據簡的中間位置,上从竹下从者,與同篇的“籍”字作:

 493  495

---

① 《禮記正義》卷二五,《十三經注疏》(清嘉慶刊本),3136 頁上欄。
② 陳松長主編:《嶽麓書院藏秦簡(伍)》,上海辭書出版社,2017,105 頁。
③ 陳偉主编,何有祖、魯家亮、凡國棟撰著:《里耶秦簡牘校釋(第一卷)》,武漢大學出版社,2012,447 頁。
④ 里耶秦簡牘校釋小組:《新見里耶秦簡牘資料選校(三)》,簡帛網,2015 年 8 月 7 日。
⑤ 朱漢民、陳松長主編:《嶽麓書院藏秦簡(叁)》,上海辭書出版社,2013,119-124、126 頁。
⑥ 方勇:《讀嶽麓秦簡(叁)札記一則》,簡帛網,2014 年 2 月 21 日。
⑦ 鄔文玲:《漢初“禁物”略考》,151 頁。
⑧ 張家山漢簡研讀班:《張家山漢簡〈二年律令〉校讀記》,《簡帛研究二〇〇二、二〇〇三》,193 頁。
⑨ 陳偉:《張家山漢簡雜識》,單周堯、陸鏡光主編《語言文字學研究》,北京:中國社會科學出版社,2005。

相比較,在字形上與"籍"相去甚遠。《奏讞書》58 號簡有"箸"字作:

與之形近。字應分析爲从竹从者,即"箸"字。《説文・竹部》:"箸,飯攲也。"[①]禮書中提及食黍的時候不用筷子。《禮記・曲禮上》:"毋揚飯,飯黍毋以箸。"[②]到漢代則普遍使用筷子,《史記・絳侯周勃世家》:"頃之,景帝居禁中,召條侯,賜食。獨置大胾,無切肉,又不置箸。條侯心不平,顧謂尚席取箸。"[③]這里的"箸"用於食。《史記・留侯世家》:"漢王方食……張良對曰:'臣請借前箸爲大王籌之。'"[④]後者所載也見於《漢書・張良傳》作:"漢王方食……良曰:'臣請借前箸以籌之'。"注引張晏曰:"求借所食之箸用指畫也。或曰,前出湯武箸明之事,以籌度今時之不若也。"顔師古注:"或説非也。箸,音直庶反。"[⑤]這裏的"箸"用於食,也被借用於指畫。

關於筷子所用材質,從東漢許慎《説文解字》分析爲从竹來看,一般用竹製作。不過中國古代貴族會製作其他材質的箸,如傳説中商紂王曾製作象箸,《韓非子・喻老》:"昔者紂爲象箸而箕子怖。"[⑥]也有鐵箸,如《漢書・王莽傳》:"夙夜連率韓博上言:'有奇士,長丈,大十圍,來至臣府,曰欲奮擊胡虜。自謂巨毋霸,出於蓬萊東南,五城西北昭如海瀕,軺車不能載,三馬不能勝。即日以大車四馬,建虎旗,載霸詣闕。霸卧則枕鼓,以鐵箸食,此皇天所以輔新室也。"[⑦]這是文獻方面的記載。不過這兩例所見"象箸""鐵箸"似都不是當時人日常生活所常用。

考古發掘所得的"箸"多作爲隨葬品被發現,王仁湘先生曾做過細緻梳理:

> 制箸的材料很多,除大量采用竹木,也用金、銀、銅、鐵等。由於形小易朽,埋葬在地下的箸很難保存下來,我們現在所能發現的箸之所以以銅質和銀質占多數,其原因正在於此。最早的竹箸見於西漢早期的雲夢大墳頭一號墓,長 24 釐米。最早的銀箸見於隋代長安李静訓墓,長 29 釐米。最早的銅箸則是在雲南祥雲大波那銅棺中發現的,長 24—28 釐米,屬春秋中晚期。
>
> 祥雲大波那銅箸共有三支,整體爲圓柱形,是考古發掘所見最早的箸。同屬春秋晚期的銅箸還見於安徽貴池徽家沖,斷面爲少見的長方形,長 20.3 釐米。漢代的箸出土較

① [漢]許慎:《説文解字》卷五上,北京:中華書局,1963,96 頁下欄。
② 《禮記正義》卷二,《十三經注疏》(清嘉慶刊本),2690 頁上欄。
③ 孫機:《漢代物質文化資料圖説》,北京:文物出版社,1991,330 頁。
④ 《史記》卷五五《絳侯周勃世家》,北京:中華書局,1959,2040 頁。
⑤ 《漢書》卷四〇《張良傳》,北京:中華書局,1962,2029-2030 頁。
⑥ [清]王先慎撰,鐘哲點校:《韓非子集解》卷七,北京:中華書局,1998,162 頁。
⑦ 《漢書》卷九九下《王莽傳下》,北京:中華書局,1962,4157 頁。

多,除銅箸外,發現更多的是竹箸,如前述雲夢和江陵所見即是,新疆民豐尼雅遺址還發現屬漢代的木箸。在漢代壁畫和漢畫像磚上,都見到用箸進食的圖像,表明漢代箸確已廣爲使用。長沙馬王堆一號漢墓出土的一具漆案上,置有漆盤、耳杯和酒卮等器具,還有一雙竹箸,長僅 17 釐米。春秋時代的箸上下一般粗細,分不出哪是手握的首部和哪是夾食的足部。漢代所見的箸大都具備首粗足細的特徵,如雲夢大墳頭的竹箸,首足直徑分别爲 0.3 和 0.2 釐米,是古箸中較爲纖細的一種。①

由上引王先生論述可知,考古發掘所見箸有銅、銀、竹、木等材質,其時代歷春秋晚期至明代。春秋時期已有銅箸,漢代箸已經廣泛使用。從文獻記載與考古實物來看,“箸”的材料包含銅、鐵、象牙、竹等多種可能。不过,“箸”所在語境爲“□、制詔御史,其令諸關,禁毋出私金器、錫。其以金器入者,關謹籍書。出,復以閱出之。”可知此處的“箸”很可能是金屬製品。竹木材質的箸應該不用考慮是否能出入關的問題。

器飾,見於《史記・平準書》:“而珠玉、龜貝、銀錫之屬爲器飾寶藏,不爲幣。然各隨時而輕重無常。”②器飾所用材料有珠玉、龜貝、銀錫等。本簡“器飾”從所在的語境來看,可能用金屬製成。從服“器飾”者“不用此令”,可知該器飾并不能算是重要的戰略物質。

基於以上討論,可將此處文句斷讀作“箸、器飾及所服者,不用此令”。此句大意是,箸、器飾以及裝配使用這些物品的人,可以出入諸關,不受此令約束。

二

張家山漢簡《津關令》498—499 號簡:

□、御史請諸出入津關者,詣入傳□□吏(?)里□長物色□瑕見外者及馬職(識)物關舍人占者,津關謹閲,出入之。縣官馬勿職(識)物者,與出同罪。・制曰:可。

“津關者”後一字,原釋文作“詣”,王偉先生釋作“皆”,③“傳”後一字原未釋,《張家山漢簡〈二年律令〉釋文校訂》《二年律令與奏讞書》釋作“書”,④魯家亮先生將“傳”“書”斷開,⑤均

① 王仁湘:《中國古代進食具匕箸叉研究》,《考古學報》1990 年第 3 期。

② 《史記》卷三〇《平準書》,北京:中華書局,1959,1442 頁。

③ 參見王偉《張家山漢簡〈二年律令〉編聯初探》,簡帛研究網,2003 年 12 月 21 日。

④ 荆州博物館、武漢大學簡帛研究中心、早稻田大學長江流域文化研究所:《張家山漢簡〈二年律令〉釋文校訂》,《中國文字》新 32 期,臺北:藝文印書館,2006。彭浩、陳偉、[日]工藤元男主編:《二年律令與奏讞書:張家山二四七號漢墓出土法律文獻釋讀》,312 頁。

⑤ 魯家亮:《〈津關令〉集釋》(稿本),2005。

可從。“書”後一字原未釋,《張家山漢簡〈二年律令〉釋文校訂》釋作“奴”。[①]楊建先生在討論相關問題時曾引居延漢簡 303.15、513.17:“馬長吏即有吏卒民屯士亡者,具署郡、縣、里、名、姓、年長、物色、所衣服賫操、初亡年月日、人數白報與病已。”[②]《二年律令與奏讞書》作“郡”。[③] 今按:因爲有居延漢簡的文例,把此字及相鄰的下一字釋作“郡、縣”似乎不應再有疑。不過居延漢簡與《二年律令》就材料所在年代而言仍有較長的間隔,相關詞語是否可以全然對應?恐仍需要基於字形加以考慮。

“書”後一字簡文作:

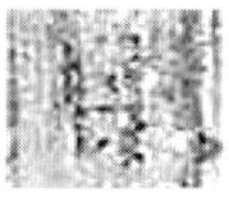 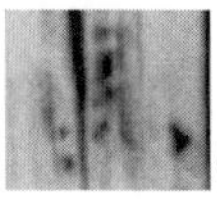(紅外綫影像)

其殘存筆劃與 498 號簡“見”:

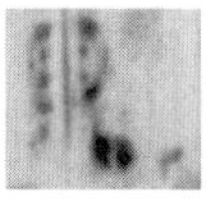

字形相似,字疑是“見”字。見,現有。《漢書·王莽傳下》“倉無見穀”,顔師古注:“見,謂見在也。”[④]《漢書·王嘉傳》:“是時外戚貲千萬者少耳,故少府水衡見錢多也。”顔師古注:“見在之錢也。”[⑤]秦漢出土文獻中有以訓作“現有”的“見”作爲限定語的,如里耶秦簡 6—5 號簡“見錢”、8-487+8-2004“見户數”、8—518“見户”等詞語中的“見”都訓作見在或現有。

再下一字原釋文疑爲“吏”,《張家山漢簡〈二年律令〉釋文校訂》釋作“婢”。[⑥]《二年律令與奏讞書》作“縣”,[⑦]簡文作:

 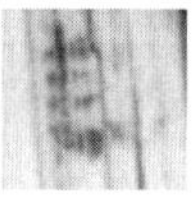(紅外綫影像)

與同簡的“縣”字作:

有較大的差别,而與 496 號簡“吏”作:

---

① 荆州博物館、武漢大學簡帛研究中心、早稻田大學長江流域文化研究所:《張家山漢簡〈二年律令〉釋文校訂》。

② 楊建:《張家山漢簡〈二年律令·津關令〉簡釋》,丁四新主編《楚地出土簡帛文獻思想研究(一)》,武漢:湖北教育出版社,2002,328 頁。

③ 彭浩、陳偉、[日]工藤元男主編:《二年律令與奏讞書:張家山二四七號漢墓出土法律文獻釋讀》,312 頁。

④ 《漢書》卷九九下《王莽傳下》,4158、4159 頁。

⑤ 《漢書》卷八六《王嘉傳》,3494、3495 頁。

⑥ 荆州博物館、武漢大學簡帛研究中心、早稻田大學長江流域文化研究所:《張家山漢簡〈二年律令〉釋文校訂》。

⑦ 彭浩、陳偉、[日]工藤元男主編:《二年律令與奏讞書:張家山二四七號漢墓出土法律文獻釋讀》,312 頁。

字形相近,字疑是"吏",原整理者所釋應可從。"見吏里"之"吏里"見於:

☐其問官下此書軍吏弗下?下,定當坐者名吏里、它坐、訾能入貲不能,遣詣廷。Ⅱ

☐□獄東。/義手。Ⅲ8-198+8-213+8-2013[①]

説,説所爲除貲者名吏里、它坐、訾遣 8-1090[②]

這是"吏里"并提的例子。還有"吏"與"縣"并提的,如:

及令丞令吏主遣者名吏縣、它坐。Ⅰ

令貲遣。Ⅱ8-1438

獻泰　　遷陵守丞陵□爲爲Ⅰ

爲爲爲Ⅱ8-1438 背[③]

此外還有單言"吏"的,如:[④]

☐□□名吏、它坐、遣言。·問之有名吏(事),定,故旬陽隸臣,以約爲Ⅱ

☐□□史,有沓耐罪以上,毄(系)遷陵未夬(决),毋遣毆。謁報覆獄治所,敢言Ⅲ8-136+8-144

綜合以上簡文可知,"吏"可與縣、里或邑里并言,也可單獨出現,里耶秦簡校釋小組參考睡虎地秦簡整理小組的意見把"吏"讀作"事",如 8-136+8-144 號簡《校釋》注:

名,原釋文未釋,指名字。吏,原釋文作"事",當釋爲"吏",讀爲"事",指身份。它坐,其他罪行。《封診式·有鞫》記云:"敢告某縣主:男子某有鞫,辭曰:'士五(伍),居某里。'可定名事里,所坐論云可(何),可(何)罪赦,或覆問毋(無)有,遣識者以律封守。"整理小組注釋云:"事,《説文》:'職也。'名事里,姓名、身份、籍貫。居延漢簡 239.46 有'鞫繫,書到,定名縣爵里'。"遣,疑當讀爲"譴",罪過。《後漢書·蔡邕傳》:"詔書每下,百官各上封事,欲以改政思譴,除凶致吉。"言,語已之辭。[⑤]

當是。睡虎地秦簡《倉律》:"而書入禾增積者之名事邑里於廥籍"[⑥],"事"與"邑里"同見,與

① 陳偉主編,何有祖、魯家亮、凡國棟撰著:《里耶秦簡牘校釋(第一卷)》,109-110 頁。
② 陳偉主編,何有祖、魯家亮、凡國棟撰著:《里耶秦簡牘校釋(第一卷)》,276 頁。
③ 陳偉主編,何有祖、魯家亮、凡國棟撰著:《里耶秦簡牘校釋(第一卷)》,325 頁。
④ 陳偉主編,何有祖、魯家亮、凡國棟撰著:《里耶秦簡牘校釋(第一卷)》,76 頁。
⑤ 陳偉主編,何有祖、魯家亮、凡國棟撰著:《里耶秦簡牘校釋(第一卷)》,76-77 頁。
⑥ 睡虎地秦墓竹簡整理小組編:《睡虎地秦墓竹簡》,北京:文物出版社,1990,25 頁。

《封診式·有鞫》"可定名事里"一樣,直接寫作"事"。可知將"吏"通作"事"的意見可從。

"吏(事)"以下的"年、長、物色、疵瑕見外者"從謝桂華先生、《張家山漢簡〈二年律令〉釋文校訂》《二年律令與奏讞書》釋。[①] 現在將新的釋文書寫如下:

> □、御史請諸出入津關者,皆入傳,書見吏(事)、里、年、長、物色、疵瑕見外者及馬職(識)物關舍人占者,津關謹閲出入之。縣官馬勿職(識)物 498 者,與出同罪。·制曰:可。499

需要指出的是,簡文"見吏(事)里",與里耶簡所見"名吏(事)里"在文例上十分接近,"吏(事)"前的"見"如能改釋作"名",在文例上似也能説得通。不過從字形上看,該字殘存筆劃與 507 號簡"名":

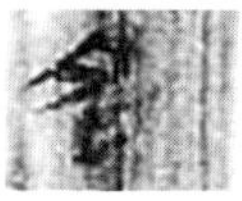

相比較,似不好解釋向右下的一捺筆。這裏仍釋"見"爲妥。見吏(事)、里、年、長、物色、疵瑕見外者,大致指出入津關者現在的職事、居住的里、年齡、身高以及體貌特徵(物色、疵瑕)。

已有觀點把"事"解釋爲身份,似還可推敲。睡虎地秦簡小組在注釋中把"名事里"解釋作姓名、身份、籍貫,引居延漢簡 239.46"鞫繫,書到,定名縣爵里"爲證,其中"爵"應跟身份對應,至於名、縣、里,分别是對所記載對象姓名、居所在縣里等基本情況的描述,其實并没有解決"事"所指爲何的問題。《説文·又部》:"事,職也"[②]。"事"在這里當指職事或事由。由此可知,本簡記載了"傳"的詳細内容,除了出入津關塞者的體貌特徵、財産身份情況外,還需交代出入津關塞者的職事或事由。

津關謹閲出入之,《二年律令與奏讞書》斷句作"津關謹閲,出入之"。此前各家也有討論,如楊建先生指出:閲,檢查、核驗。[③] 張家山漢簡研讀班認爲,"出復以閲"讀爲"出,復以閲"。[④]

《二年律令》類似文句還有一些,如:

> 有縣官致上中大夫、郎中,中大夫、郎中爲書告津關,來復傳,津關謹閲出入。504-505

> 爲致告津關,津關謹以藉(籍)、久案閲,出。諸乘私馬入而復以出,若出而當復入

① "色"後一字原未釋,謝桂華先生疑爲"疵"字。參看謝桂華:《張家山漢墓竹簡[二四七號墓]校讀舉例》,《簡帛研究二〇〇二、二〇〇三》,174 頁;荆州博物館、武漢大學簡帛研究中心、早稻田大學長江流域文化研究所:《張家山漢簡〈二年律令〉釋文校訂》;彭浩、陳偉、[日]工藤元男主編:《二年律令與奏讞書:張家山二四七號漢墓出土法律文獻釋讀》,312 頁。

② [漢]許慎:《説文解字》卷三下,北京:中華書局,1963,65 頁上欄。

③ 楊建:《張家山漢簡〈二年律令·津關令〉簡釋》,《楚地出土簡帛文獻思想研究(一)》,324 頁。

④ 張家山漢簡研讀班:《張家山漢簡〈二年律令〉校讀記》,《簡帛研究二〇〇二、二〇〇三》,193 頁。

者,出,它如律令。507-508

及爲致告津關,津關案閲,津關謹以傳案出入之。509-510①

以上爲《二年律令與奏讞書》斷句。這些文句現有斷句中"閲"與"出"有斷開的,如493、507、509—508號簡,也有連讀的,如504—505號簡。我們在這裏支持連讀的意見,即讀作"案(或"謹")閲出""閲出之""謹閲出入""謹閲出入之"。《津關令》507號簡有"案閲"連用的例子,"津關謹以傳案出入之"則是"案"單用的例子。上列文句所含"閲出之""謹閲出入""謹閲出入之",則是"閲"單用的例子,"案""閲"語義可互補仍略有差别,二者語法地位相當。510號簡"津關謹以傳案出入之"與498號簡"津關謹閲出入之"、504—505號簡"津關謹閲出入"表述極爲接近,可證連讀爲是。

通過以上討論,大致可以獲得如下新認識:

其一,《津關令》中出入津關所用傳所記信息包含該人員現在的職事、居住里、年齡、身高以及體貌特徵(物色、疵瑕)等。

其二,私金器及錫,在禁止運出津關的名單之列,至於箸、器飾品不在其列,配服這二者的人可以自由出入津關。

附記:小文承《簡帛研究》匿名審稿老師提供寶貴意見,謹致謝忱!

① 張家山二四七號漢墓竹簡整理小組:《張家山漢墓竹簡[二四七號墓]》,208頁。

天回醫簡中的量詞*

中國中醫科學院中國醫史文獻研究所　劉　陽

内容提要　天回醫簡中量詞十分豐富,目前統計共有38種,其中量制單位達13種,序列細密完備爲文獻僅見。出現不少罕見甚至僅見的量詞實例,如料、參、駟、撮、簪頭、掬等,極具資料價值。天回醫簡的量詞具有早期量詞搭配不固定的特徵,還有較多不精確的量名和用法。物量詞用法未發現"數·量·名"的結構。

關鍵詞　天回醫簡　量詞　參　駟　撮

2012年,四川省成都市天回鎮一處西漢墓地發掘出一批醫學簡書(簡稱天回醫簡),整理發現,内含量詞文例非常豐富,集中在《治六十病和齊湯法》和《醫馬書》中。[①] 物量詞和動量詞均有實例,含不少文獻罕見甚至僅見的單位。物量詞中廣泛覆蓋了度量衡量詞、個體量詞、集體量詞、借用量詞、時量詞這些大類,其中尤其是"石、斗/料、參、駟、升、合、龠、方寸匕、撮、圭、簪頭、黍粟"這一系列的量制單位十分細密完備,亦爲文獻僅見。以下分類列舉并簡考之。

---

* 基金項目:中醫藥傳統知識與技術挖掘示範研究(一):老官山漢墓出土醫簡及醫藥文物整理研究(項目編號:201507006)(國家中醫藥管理局科研基金,中醫藥行業科研專項)。

① 《治六十病和齊湯法》和《醫馬書》均醫簡書名,據中國中醫科學院中國醫史文獻研究所、成都文物考古研究所、荆州文物保護中心《四川成都天回鎮漢墓醫簡整理簡報》,《文物》2017年第12期。下《脈書·上經》《脈書·下經》及《刺數》同。

一　天回醫簡量詞分類簡考

(一)物量詞

1. 度量衡量詞

(1)度制單位

尺、寸

取白昌根七尺,圭(桂)尺。(簡191)

圭(桂)尺五寸,桼(漆)半升,犂(利)如三寸。(簡281)

取柳、楊、荆、藜枝葉,莝(剉),長寸。(简124)

以餅藥,大如人耳,厚少半寸。(簡125)

沃以糜(糜)汁,令亓(其)上三寸,蓋涂。(簡162)

天回醫簡内的"尺""寸"集中在《治六十病和齊湯法》,普通用法有簡125、簡162兩處,其餘全部作樹皮類、根莖類藥物的計量單位。由於缺少粗細的維度,這種藥量很不精確。《脈書・上經》《脈書・下經》及《刺數》内則未見用例。對照其他出土醫書,張家山《脈書》58有一例"病甚而上於環二寸益爲一久(灸)",[①]表示經脈同身寸。馬王堆醫書内,"尺""寸"用於表示普通物體長度(《五十二病方》191"坎方尺有半")、[②]樹皮類藥物藥量(《養生方》174"后(厚)箁(朴)五寸")、[③]根莖類藥物藥量(《五十二病方》73"取杞本長尺")、[④]動物類藥物藥量(《養生方》174"白膉蛇若蒼梗蛇長三四寸")、[⑤]經脈同身寸(《陰陽十一脈灸經》甲本24"去内腂(踝)一寸"),[⑥]皆有其例。

就藥物計量單位而言,"尺""寸"在天回簡内與特定藥物并没有非常嚴整的搭配關聯:首先是可搭配多種類型的藥物,樹皮類如桂(桂也可能是桂心,則屬根莖類),根莖類如犂如、柳枝;其次是同一藥物如"桂"可以使用多種類型的計量單位,如尺、斗、撮、分等。馬王堆醫書内也體現同樣的特點,且用例比天回醫簡更爲豐富。至東漢的《武威漢代醫簡》,"尺""寸"則只與"桂"關聯;[⑦]傳世文獻此類用法最早見於《傷寒論》麻子仁丸、《金匱要略》厚朴

① 張家山二四七號漢墓竹簡整理小組:《張家山漢墓竹簡[二四七號墓]》(釋文修訂本),北京:文物出版社,2006,125頁。

② 裘錫圭主編:《長沙馬王堆漢墓簡帛集成(伍)》,北京:中華書局,2014,249頁。本文涉及馬王堆醫書的書名、引文及序號,一律以《長沙馬王堆漢墓簡帛集成》爲準。

③ 裘錫圭主編:《長沙馬王堆漢墓簡帛集成(陸)》,59頁。

④ 裘錫圭主編:《長沙馬王堆漢墓簡帛集成(伍)》,229頁。

⑤ 裘錫圭主編:《長沙馬王堆漢墓簡帛集成(陸)》,59頁。

⑥ 裘錫圭主編:《長沙馬王堆漢墓簡帛集成(伍)》,201頁。

⑦ 甘肅省博物館、武威縣文化館編:《武威漢代醫簡》,北京:文物出版社,1975。見簡號44、46、80甲。

大黄湯,有"厚朴一尺"之例,[①]然而兩書其他方内厚朴皆用斤、兩等衡制單位,"桂"則全用衡制單位了。這些實例大致可以看出,西漢初藥物的計量方式還比較粗放,度制單位量詞使用較多。隨着時代的推移,藥物使用的規範程度在增加,度制單位的使用頻率明顯減少。

根據《〈傷寒論〉方藥劑量與配伍比例研究》的考證,漢制一尺折算爲今制 23.20 厘米,一寸折算爲今制 2.32 厘米。[②] 該書另將"厚朴一尺"實測重量并推薦折算今制用量爲 45 克,[③]可參。陶弘景在《本草經集注·序例》中對常用藥物"一尺"的度量進行了規範:"凡方云用桂一尺者,削去皮竟,重半兩爲正。甘草一尺者,重二兩爲正。"[④]若同比按漢代一斤約合今制 240 克折算,一尺桂約當今制 7.5 克,一尺甘草約當今制 30 克。

(2)量制單位

石、斗、升

> 一 治風痹汗出方。水三石,陳粟三斗,鹽三斗,煮之。(简 118)
> 牛膂肉三升,麻垸(쭔)三升。(簡 203)

《漢書·律曆志上》:"量者,龠、合、升、斗、斛也,所以量多少也。本起於黄鐘之龠,用度數審其容,以子穀秬黍中者,千有二百實其龠,以井水準其概。合龠爲合,十合爲升,十升爲斗,十斗爲斛,而五量嘉矣。"[⑤]漢代量制單位一石等於一斛。《國語·周語下》:"關石和鈞,王府則有。"韋昭注:"石,今之斛也。"[⑥]根據《〈傷寒論〉方藥劑量與配伍比例研究》的考證,漢制一升定爲今制 200 毫升,可推出一斗爲 2000 毫升,一石(斛)爲 20000 毫升。

料

> 用犂盧(藜蘆)屑(屑)二料,烏〈烏〉喙屑(屑)三料。(简 114)
> 取一料,以蠠(蜜)完(丸)。(簡 131)
> 十月如故,所以料藥小斗……(簡 282)

"料"字作爲一個療程藥物總和的概念,是從宋代開始出現。天回醫簡中的"料"字,顯然不是此義。從已有材料看,漢代容量有大小制,大斗與小斗的容量比 5∶3。[⑦] "料"爲會意字,從"斗","米"在其中,結合簡 282"料藥小斗"推測,"料"字或專指小斗,容量應合今制

---

① 劉渡舟主編:《傷寒論校注》,北京:人民衛生出版社,1991,166 頁。何任主編:《金匱要略校注》,北京:人民衛生出版社,1990,128 頁。

② "尺""寸"及下文"斤""兩""升"的折算數據,采用李宇航主編《〈傷寒論〉方藥劑量與配伍比例研究》(北京:人民衛生出版社,2015,64 頁表 4)"漢制度量衡的古今折算"的考證結論。

③ 李宇航主編:《〈傷寒論〉方藥劑量與配伍比例研究》,66 頁。

④ [梁]陶弘景撰,尚志鈞、尚元勝輯校:《本草經集注》,北京:人民衛生出版社,1994,54 頁。

⑤ 《漢書》卷二一上《律曆志上》,北京:中華書局,1962,967 頁。

⑥ 徐元誥撰,王樹民、沈長云點校:《國語集解》,北京:中華書局,2002,106 頁。

⑦ 張顯成、高魏:《量詞"步、石、斗、升、參"意義辨正——以出土文獻爲新材料》,《成都師範學院學報》2014 年第 7 期。

1200 毫升。

參、駟

以水半參。(簡 168)

☐□醯一參,殽洎,鬺(煮)烏蒙(喙)一參段(煅),鬺(煮)猷。(《醫馬書》簡 041)

朐脯、叔(菽)一參,(簡 240)酓(飲)潘二參。(簡 247)

以截一駟,煮棗卌。(簡 125)

量制單位"參""駟",此前僅在一些出土文獻中有零星使用實例。根據這些實例,考證出"參"爲三分之一斗(當今制 666 毫升),"駟"爲四分之一斗(當今制 500 毫升)。《中國考古學・秦漢卷》:"上海博物館藏兩詔銅橢量……實測此器容 650 毫升,推測爲三分之一斗量,即云夢秦簡《效律》中所謂的'參'。"①睡虎地秦簡《效律》6-7:"半斗不正,少半升以上;參不正,六分升一以上;升不正,廿分升一以上;黄金衡羸(纍)不正,半朱(銖)【以】上,貲各一盾。"②又睡虎地秦簡《司空律》133-134:"居官府公食者,男子參,女子駟。"③睡虎地秦簡《倉律》59:"免隸臣妾、隸臣妾垣及爲它事與垣等者,食男子旦半夕參,女子參。"④每日兩餐,每餐配給定量,旦多於夕,男多於女,半、參、駟之降序非常明確。對比《墨子・雜守》記載守城士卒每餐配給量:"升食,食五升。參食,食參升小半。四食,食二升半。五食,食二升。六食,食一升大半。日再食。"⑤"半""參""駟"正相當於"升食"(半斗)、"參食"(三分之一斗)、"四食"(四分之一斗)。以此印證於《馬王堆漢墓帛書・老子甲本卷後古佚書》432"朱(侏)襦(儒)食良(粱)肉,戰士食參駟之食",⑥亦完全吻合。《急就篇》:"蠡斗參升半卮箪。"《考异》云:"參,帖作厽,即參字。《玉海》作三。"⑦其"斗參升"次序亦合,惟"半"作半升,與秦簡《效律》不同。其他文獻中,里耶秦簡 8-1369+8-1937 與《五十二病方》194 均出現"一參",⑧《養生方》85 有"泰半參";⑨里耶秦簡 9—19 出現的"半飷""半四",9—20 出現的"一駟""二駟",⑩均可互爲印證。天回醫簡内出現的"參""駟"量詞應用實例,進一步完善了文獻證據鏈,有助於學界對秦漢度量衡制度的全面認識。

---

① 中國社會科學院考古研究所編著:《中國考古學・秦漢卷》,北京:中國社會科學出版社,2010,760 頁。

② 睡虎地秦墓竹簡整理小組編:《睡虎地秦墓竹簡》,北京:文物出版社,1990,70 頁。

③ 睡虎地秦墓竹簡整理小組編:《睡虎地秦墓竹簡》,51 頁。

④ 睡虎地秦墓竹簡整理小組編:《睡虎地秦墓竹簡》,34 頁。

⑤ 吴毓江撰,孫啓治點校:《墨子校注》卷一五《雜守》,北京:中華書局,1993,975 頁。

⑥ 國家文物局古文獻研究室編:《馬王堆漢墓帛書(壹)》,北京:文物出版社,1980,36 頁。

⑦ [清]孫星衍:《急就章考异》,《續修四庫全書》,第 243 册,上海古籍出版社,2002,582 頁。

⑧ 陳偉主編:《里耶秦簡牘校釋(第一卷)》,武漢大學出版社,2012,317 頁。裘錫圭主編:《長沙馬王堆漢墓簡帛集成(伍)》,249 頁。

⑨ 裘錫圭主編:《長沙馬王堆漢墓簡帛集成(陸)》,48 頁。

⑩ 湖南省文物考古研究所編著:《里耶秦簡(貳)》,北京:文物出版社,2017,釋文 5-6 頁。

合、龠

> 㓷大黄,大如大豆二龕(合),黄芩、半夏、薑各一龕(合)。(簡 216)
> 取藥一合。(簡 268)
> 取藥一籥(龠)。(簡 250)

《漢書·律曆志上》:"量者,龠、合、升、斗、斛也,所以量多少也。本起於黄鐘之龠,用度數審其容,以子穀秬黍中者千有二百實其龠,以井水準其概。合龠爲合,十合爲升,十升爲斗,十斗爲斛,而五量嘉矣。"①按此則一龠爲 1/20 升,當今制 10 毫升;一合爲 1/10 升,當今制 20 毫升。

方寸匕

> 合和,以方寸半匕取藥,直(置)酒中酓(飲)之。(簡 306,圖 1)
> 合和,以方寸匕,直(置)酒中酓(飲)之。(簡 190)

天回醫簡内"方寸匕"出現了十次,包括"方寸簡匕"(簡 220)、"方寸簡"(簡 234)、"方寸半匕"(簡 306)、"方寸半刀"(簡 166)各一次。其用法基本是"以方寸匕取藥置酒中"這一固定模式,乃作名詞,指量器實物,未直接作量詞用。簡 190 之例與其餘九例不同,省去了"取藥"二字,就大致可視爲量詞了(省去了數詞"一")。從"方寸簡""方寸簡匕"這樣的器物名稱來看,"方寸匕"容量已固定化,以至於其量器已可在規範容量前提下使用不同材質製作。梁陶弘景云:"凡散藥,有云刀圭者,十分方寸匕之一,準如梧桐子大也。方寸匕者,作匕正方一寸,抄散取不落爲度。錢五匕者,今五銖錢邊五字者以抄之,亦令不落爲度。一撮者,四刀圭也。十撮爲一勺,十勺爲一合。"②梁代一寸與西漢時相差無幾,故"方寸匕"大小應該也差不多,陶説可從,是則一方寸匕等於十刀圭(當今制 5 毫升)。"方寸半匕"或"方寸半刀"僅看字面判斷其容量應是十五刀圭(當今制 7.5 毫升),必非陶氏所稱的"錢五匕",因五銖錢須至漢武帝元狩五年(前 118)方始鑄造,晚於天回醫簡的時代甚多。文獻所見量制單位"方寸匕"的實例,此前最早爲《武威漢代醫簡》,屬東漢早期,而天回醫簡將此時代大幅提早到了西漢早期。此外從"方寸半匕""方寸半刀"名稱來看,似乎當時還存在着固定容量爲 1.5 倍"方寸匕"(當今制 7.5 毫升)的量器。

撮、圭

> 夕食以一刀圭,爲後飯,削(稍)益至一擸(撮)。(簡 164)
> 合入刀刲(圭)一。(簡 143)
> 取一刀圭。(簡 134)

---

① 《漢書》卷二一上《律曆志上》,967 頁。

② [梁]陶弘景撰,尚志鈞、尚元勝輯校:《本草經集注》,38 頁。

“刀圭”即“圭”。《説文·手部》:“撮,四圭也。”[①]《漢書·律曆志上》:“量多少者,不失圭撮。”應劭注:“圭,自然之形,陰陽之始也。四圭曰撮,三指撮之也。”孟康注:“六十四黍爲圭。”[②]陶弘景云:“凡散藥,有云刀圭者,十分方寸匕之一,準如梧桐子大也……一撮者,四刀圭也。”[③]圭、撮均爲固定量制單位,且有標準量器。從出土量器來看,新莽始建國銅撮銘文“容四圭”,實測容 2.07 毫升;陝西旬陽新莽銅圭正容 0.5 毫升,均與《説文》、應劭及陶弘景説合。文獻所見量制單位“刀圭”的實例,此前最早爲《武威漢代醫簡》,屬東漢早期,而天回醫簡將此時代大幅提早到了西漢早期。單用的量詞“撮”(非“三指撮”)在傳世早期文獻及出土文獻内均爲罕見,晋代以上僅見《史記·扁鵲倉公列傳》有“臣意飲以芫華一撮”,[④]而天回醫簡内則存在大量應用實例,可補文獻之闕。

簪頭

☑再酓(飲)簪頭一,日三酓(飲)。(簡 471,圖 2)

“簪頭”爲罕見的量制單位。除天回醫簡外,此量詞未見其他文獻實例。傳世文獻中,《外臺》卷二八:“《古今録驗》療蠱方:巴豆十枚,去心、皮,熬,豉半升,熬,釜底墨方寸匕。右三味,擣篩爲散,清旦以酒服如簪頭大小,行,蠱主當自至門,勿應之,去,到家立自知其姓名。”[⑤]僅作爲估算容量之參照物,而非固定量制單位。《醫心方》引《范汪方》云:“二麻子爲一小豆,三小豆爲一梧實,二十黍粟爲一簪頭,三簪頭爲一刀圭,三刀圭爲一撮,三撮爲一寸匕,五撮爲一夕,十夕爲一合。”[⑥]按此則“簪頭”確爲規範的量制單位,約相當於 1/3 刀圭。《范汪方》裏刀圭、撮、方寸匕、合等單位的进制與漢代大不相同,也异於甚晚於其時代的陶弘景,但憑“二十黍粟爲一簪頭,三簪頭爲一刀圭”來看,《范汪方》裏的一刀圭(60 黍)與漢代的一刀圭(64 黍)仍是基本相當的,則“簪頭”的大致今制劑量仍是可以折算的,約當 0.16 毫升。

黍粟

容六十四黍粟,俩然盈。(簡 188,圖 3)

“黍粟”爲計算容量的最基本量制單位。一黍粟約合今制 0.008 毫升。

(3)衡制單位

斤

① [漢]許慎撰,[清]段玉裁注:《説文解字注》,上海古籍出版社,1988,599-600 頁。
② 《漢書》卷二一上《律曆志上》,956-957 頁。
③ [梁]陶弘景撰,尚志鈞、尚元勝輯校:《本草經集注》,38 頁。
④ 《史記》卷一〇五《扁鵲倉公列傳》,北京:中華書局,1959,2809 頁。
⑤ [唐]王燾:《外臺秘要》,北京:人民衛生出版社,1955,764 頁。
⑥ [日]丹波康賴:《醫心方》,北京:人民衛生出版社,1955,19 頁。

膠一斤。(簡 197)

用鉛十斤。(簡 225)

《漢書·律曆志上》:"權者,銖、兩、斤、鈞、石也,所以稱物平施,知輕重也。本起於黄鐘之重。一龠容千二百黍,重十二銖,兩之爲兩。二十四銖爲兩,十六兩爲斤,三十斤爲鈞,四鈞爲石。"[①]根據《〈傷寒論〉方藥劑量與配伍比例研究》的考證,漢制一斤折算爲今制 240 克。

兩

甘草一兩。(簡 231)

取弓膠八兩捽之。(簡 252)

根據《〈傷寒論〉方藥劑量與配伍比例研究》的考證,漢制一兩折算爲今制 15 克。

2.個體量詞

顆

薑五果(顆)。(簡 318)

隻

取款冬、菀各百隻。(簡 126)

枚

取鯉魚長尺者二枚。(簡 197)

以煮前、密芳、桀揁一枚。(簡 316)

丸

以所常溲涂完(丸)之,以爲七完(丸)。(簡 121)

一日呻(吞)三垸(丸)。(簡 169)

以美桼(漆)丸,大如起實,始吞十九〈丸〉,衰益。(簡 154)

丸藥不是統一規格的,也有大小差异,一般使用常見種實或圓形物體作爲參照物來類比,作"大如某某"或"如某某",此亦可視爲一類容積估量。天回簡内此類詞有"浚〈酸〉棗"(簡 169)、"起實"(簡 202、189、154。即薏苡。簡 173 又作"起以")、"赤豆"(簡 125、140)、"小棗"(簡 265)、"梧實"(簡 115。此即後世丸藥大小極常見的類比物梧子)、"羊矢"(簡 127)、"中李"(簡 261)、"桃"(簡 163、172、208)、"豆"(簡 248)、"大豆"(簡 216)、"米"(簡 236)。另有"取消石大如桃"(簡 172)、"半夏毀之如叔(菽)二合"(簡 245),此二條非指丸藥大小,實指藥物原料的形狀大小。

① 《漢書》卷二一上《律曆志上》,969 頁。

3.集體量詞

劑

以知爲濟(劑)。(簡 153)

以知毒爲齊(劑)。(簡 129)

稍以利爲齊(劑)。(簡 173)

天回醫簡内“劑”作量詞(省略了數詞“一”),或是文獻中最早實例。傳世文獻最早見於《素問·腹中論》:“一劑知,二劑已。”[①]可與天回醫簡内普遍的“以知爲劑”説法互相印證。

束、把

有異[樓]桂半束。(《醫馬書》簡 045)

茱三罷(把)。(簡 270)

取穀〈榖〉三把。(簡 144)

“束”與“把”并非多少隨意的量。通常十件條形物品捆在一起稱一束,[②]在醫藥學應用過程中逐步有量化趨勢。《本草經集注·序例》:“云某草一束者,以重三兩爲正;云一把者,重二兩爲正。”[③]按此説則“一束”相當於今制 45 克,“一把”相當於今制 30 克。

菜

細辛一小抍〈拼-菜〉。(簡 232)

茈菀(紫菀)五并〈幵-菜〉。(簡 318)

《説文》:“菜,小束也。”[④]此量詞後世没有繼承下來。

掬

接取善棗一掬。(簡 168)

“掬”爲“匊”之俗字。《説文·勹部》:“在手曰匊。”[⑤]傳世文獻中早有其例,《詩經·采緑》:“終朝采緑,不盈一匊。”[⑥]而在醫書内却是首例。《小爾雅·廣量》:“一手之盛謂之溢,兩手謂之掬。”注:“一升也。”[⑦]《康熙字典·掬》:“今俗謂兩手所奉爲一掬,則數合也。”[⑧]簡

① 《黄帝内經素問》,北京:人民衛生出版社,1956,84 頁。

② 《儀禮·聘禮》:“釋幣,制玄纁束,奠於几下,出。”鄭玄注:“凡物十曰束。”見《儀禮注疏》,北京大學出版社,2000,418 頁。

③ [梁]陶弘景撰,尚志鈞、尚元勝輯校:《本草經集注》,54 頁。

④ [漢]許慎撰,[清]段玉裁注:《説文解字注》,1988,276 頁。

⑤ [漢]許慎撰,[清]段玉裁注:《説文解字注》,433 頁。

⑥ 《毛詩正義》,北京大學出版社,2000,1075 頁。

⑦ [清]胡承珙:《〈小爾雅〉義證》,合肥:黄山書社,2011,149 頁。

⑧ 漢語大詞典編纂處整理:《康熙字典》(標點整理本),上海:漢語大詞典出版社,2002,387 頁。

168之“掬”應即兩手一捧之量,若按舊注則大致相當於一升之量,合今制200毫升。

分

段(煅)亓(其)圭(桂)、(簡318)薑、菀(菀),壁(擘)亓(其)棗,合,分以爲三分,置一分,炊令沸,止火,入一分,凡三分,濟(擠)取亓(其)汁,酓(飲)之。(簡315)

·治心痹。蜀朱(椒)六分,少辛四分,圭(桂)、薑各二分,杏核中實、蕉荚各一分,合和,則(煎)半一分,并合和。(簡113)

《流沙墜簡·方技類·醫書》按語云:“古醫方傳世最古者爲《傷寒》《金匱》諸方,凡言藥劑皆以兩計,其分量同者則曰‘等分’,其散劑則言方寸匕。今簡中諸方皆言‘幾分’,其義與‘等分’之‘分’同,非謂兩以下幾錢幾分之謂。蓋漢以前兩下但云‘銖’,不云錢與分也。”[①]則“分”相當於現在的“份”。《五十二病方》48+49“小嬰兒以水【半】斗,大者以一斗,三分藥,取一分置水中,撓,以浴之”用法相同。[②]

4.借用量词

杯

取美淍、酒相半,合而一小杯。(簡261)

温美酒一桮(杯)。(簡228)

以酉(酒)一栝(杯)漬。(《醫馬書》簡045)

目前出土的漢代杯器形制、材質都呈多樣性,無法統一計算其容量。常見的耳杯容量約400毫升。另從出土較多的高足玉杯來看,通高都在半尺上下(11—12厘米),口徑4.5厘米上下,估算容量在150毫升左右。

指

☐□盈四指,接取善棗一掬,漬而以水半参煮之使靡(糜)。(簡168)

此簡前端殘,從剩餘文字内容來看,應指物體在容器内積滿横并四指的高度。這是一種非固定容量的單位,其實際容量須視具體容器而定。

三指撮

乾肩(屑),三(簡187)指最(撮)一,以爲後飯。(簡198)

教取麥鞠(麴),肩(屑),三指撮至節,直(置)美酒中歓(飲)之。(簡204)

《漢書·律曆志上》應劭注:“四圭曰撮,三指撮之也。”[③]按應劭説,“三指撮”同標準量制

① 羅振玉、王國維:《流沙墜簡》,北京:中華書局,1993,97頁。

② 裘錫圭主編:《長沙馬王堆漢墓簡帛集成(伍)》,224頁。

③ 《漢書》卷二一上《律曆志上》,957頁。

“撮”的容量是相同的，但是實際應用中没有一定的標準，且有多種撮法，如“三指小撮”“三指大撮”“三指撮至節”等，傳世文獻中屢見。“三指撮”作爲量詞亦見於《五十二病方》《養生方》，可見西漢早期這種稱量方法應用已非常普遍。

5.時量詞

宿

醸之一宿。（简 122）

日

服藥七八十日而止。（简 119）

月

服之一月，必已。（简 229）

歲

[此]壹食藥支八九歲。（簡 159）

（二）动量词

沸

炊令三沸。（简 187）
煮以水六斗，一潰（沸）。（简 128）
煮以水九斗，令三費（沸）。（简 126）

出

飲之使人泄，三出之後即渴。（簡 267）

沥

以美酒六斗，三沥煮之。（簡 214）

温

以水洎，三温[煮]而浴若洗之。（簡 117）

天回醫簡内的動量詞帶有典型的醫學專業性特徵。“沸”是藥水開滚的次數；“出”指患者泄下的次數；“沥”“温”與湯液醪醴製作方法密切關聯。它們本身的動詞意味仍很濃厚。《五十二病方》中出現過與此用法相同的“沥/乃”字六例，[1]與此相同用法的“温”字在周家臺

① 《五十二病方》140、190、202、286、427、436 行，見裘錫圭主編《長沙馬王堆漢墓簡帛集成（伍）》。

秦簡與《五十二病方》中各有兩例。[①] 除“沸”“出”字用法在後世得到繼承之外,“沥”“温”不見沿用。

二 天回醫簡量詞表

<table>
<tr><th colspan="3">量詞類别</th><th>量詞名稱</th><th>折合今制</th></tr>
<tr><td rowspan="21">物量詞</td><td rowspan="17">度量衡量詞</td><td rowspan="2">度制單位</td><td>尺</td><td>23.2 cm</td></tr>
<tr><td>寸</td><td>2.32 cm</td></tr>
<tr><td rowspan="13">量制單位</td><td>石</td><td>20000 ml</td></tr>
<tr><td>斗/料(小斗)</td><td>2000 ml/1200 ml</td></tr>
<tr><td>参</td><td>666 ml</td></tr>
<tr><td>駟</td><td>500 ml</td></tr>
<tr><td>升</td><td>200 ml</td></tr>
<tr><td>合/龠</td><td>20 ml</td></tr>
<tr><td>籥(侖)</td><td>10 ml</td></tr>
<tr><td>方寸匕</td><td>5 ml</td></tr>
<tr><td>撮/最</td><td>2 ml</td></tr>
<tr><td>刀圭/刀封</td><td>0.5 ml</td></tr>
<tr><td>箸頭</td><td>0.16 ml</td></tr>
<tr><td>黍粟</td><td>0.008 ml</td></tr>
<tr><td rowspan="2">衡制單位</td><td>斤</td><td>240 g</td></tr>
<tr><td>兩</td><td>15 g</td></tr>
<tr><td colspan="2">個體量詞</td><td colspan="2">果(顆);隻;枚;丸/完/垸</td></tr>
<tr><td colspan="2">集體量詞</td><td colspan="2">濟/齊(劑);束;把/罷;拼/幵(筭);掬;分</td></tr>
<tr><td colspan="2">借用量詞</td><td colspan="2">杯/棓/桮;指;三指撮</td></tr>
<tr><td colspan="2">時量詞</td><td colspan="2">宿;日;月;歲</td></tr>
<tr><td colspan="3">動量詞</td><td colspan="2">沸/潰/費;出;沥;温</td></tr>
</table>

① 周家臺秦簡324、374,見湖北省荆州市周梁玉橋遺址博物館編《關沮秦漢墓簡牘》,北京:中華書局,2001。《五十二病方》197、198行,見裘錫圭主編《長沙馬王堆漢墓簡帛集成(伍)》。

三　小結

天回醫簡中的量詞種類多樣，用例豐富，本文統計共有38種。相較於其他早期文獻，具有一些自身的特點：

（一）有關容量方面的量詞特別豐富。量制單位達13種之多，其序列細密完備，爲其他文獻所不及。借用量詞表達容量的也有3種。此外還使用了"鋻""料藥小斗""豪早"等罕見容器，因不作量詞用，本文未收。

（二）出現不少文獻罕見甚至僅見的量詞實例：1."簪頭"作爲固定量制單位的實例，是傳世文獻和出土文獻中都未曾見的；2."料"作爲固定量制單位使用，可能相當於"小斗"，亦爲文獻僅見；3."参""駟"作爲固定量制單位，其用法不見於傳統文獻，在出土文獻中亦極罕見，天回醫簡的實例可補文獻之闕；4."方寸匕"文獻所見實例，此前最早爲《武威漢代醫簡》，屬東漢早期，而天回醫簡將此時代大幅提早到了西漢早期。此外從"方寸半匕""方寸半刀"名稱來看，似乎當時還存在着固定容量爲1.5倍"方寸匕"（當今制7.5毫升）的量器；5."刀圭"（圭）的用例此前最早見於《武威漢代醫簡》，天回醫簡將其實例提前到西漢早期；6."撮"（非"三指撮"）在天回醫簡内有大量應用實例，可補文獻之闕；7."掬"爲醫書首見；8.動量詞"氻""温"非常罕見。

天回醫簡的量詞使用具備早期量詞的特徵：

（一）最典型的是搭配不固定。如細辛搭配有重量量詞"兩"，有容量量詞"撮"，還有集體量詞"拼（檗）""分"；薑搭配有個體量詞"果（顆）"，有容量量詞"撮""佥（合）"，還有集體量詞"分"。這説明在漢代早期，量詞的使用、藥物的使用都還不够規範。

（二）不精確的量詞和用法較多。如尺、寸、束、把、檗、三指撮，等等。

（三）物量詞用法未發現"數・量・名"的結構。

天回醫簡内量詞的使用特點表明，西漢早期醫學語言中的量詞名稱正處於一個擴大發展時期，有很多不規範的用法，但也顯示出逐漸規範的趨勢。大多數量詞名稱在後世都得到了繼承，而少數量詞如"簪頭""氻"則逐漸消失了。

圖 1

圖 2

圖 3

天回醫簡中的刮削校改痕迹研究*

中國中醫科學院中國醫史文獻研究所　周　琦

内容提要　天回漢墓醫簡中存在大量刮削校改的痕迹,這些痕迹大致有:單字局部的削改,一字以上的削改,補字,局部筆畫添筆,塗改,增注,增斷句標識等形式。本文就以上幾類削改情況,選取成都天回漢墓 M3—121 號墓醫書中較爲典型的例證予以分别闡述。經過分析統計刮削校改痕迹的分布狀況,説明原書手在抄寫這批醫書時應有一個謄抄的底本,且這些醫書的閲讀者或是誦習者纔應當是留下這些主要校改痕迹的人,而非抄寫原書的書手或是專職的校讎者,他們既是醫書的校改者,也是醫書的傳承人。

關鍵詞　天回醫簡　刮削痕迹　校改　削改

在簡牘文獻中,書手或校讀者對簡牘文字的訛誤之處進行刮削以改字或補字的情況十分常見,從戰國時期的郭店楚簡、清華大學藏戰國竹書至西漢武威漢簡等,都可見到許多經削改補正過的簡文。英國國家圖書館藏斯坦因所獲未刊漢文簡牘中,甚至殘留有從木觚上削下的《倉頡篇》薄片,以往有學者稱其爲"削衣",[①]即《説文》中的"柿"。從竹簡與木牘、木觚的質地及厚薄比對而言,削刀在竹簡上的改誤應主要以刮爲主(刮的動作更便於修改簡文局部的筆畫錯誤,這在後文的示例中會有所體現)。不過,并非所有簡牘上的改字或補字都

* 本文爲基金項目"中醫藥傳統知識與技術挖掘示範研究(一):老官山漢墓出土醫簡及醫藥文物整理研究"(項目編號:201507006)(國家中醫藥管理局科研基金,中醫藥行業科研專項)和"出土經脈文獻與經脈人的比照研究"(課題編號:ZZ11-108)(中國中醫科學院育苗培育專項課題)的階段性成果。

① 汪濤、胡平生、吴芳思:《英國國家圖書館藏斯坦因所獲未刊漢文簡牘》,上海辭書出版社,2007,93 頁。

會進行刮削,校改者,尤其是簡牘的閱讀者,有時會用毛筆直接在文字上或空白處進行塗改或添補。大體而言,"刊削的字,有些是鈔手因鈔錯而改正的,有些則是讀者據它本有所更正的"[①]。不論是書手抄寫完成之後自行校對後的削改,亦或是書籍的所有者在閱讀時進行的刪改和補闕,都或多或少會留下改動的痕迹。

雖然大多數書手都有熟練的書寫技巧,但諳熟文字形態的他們并不一定理解其所書寫的内容。如抄寫張家山醫書、馬王堆漢墓醫書及成都天回漢墓醫簡的書手,他們未必懂得自己所書醫書中的經脈、刺灸、方藥等醫學專業術語的含義,只是照應之前已有的底本例行謄寫之事而已。不過,這些竹簡的所有者(墓主人)對於醫學的了解程度及其對這些竹書的閱讀使用與否,却會在竹簡文字的削改痕迹上有相應的體現。本文通過分析成都天回漢墓醫簡中的刮削校改痕迹,試述這幾部醫書與墓主人之間的關係。文中所涉及的天回醫簡中的書名及書手書寫風格的編號,請參閱《四川成都天回鎮漢墓醫簡整理簡報》(以下簡稱《簡報》)一文。[②]《簡報》中曾簡述過天回醫簡削改痕迹問題,本文謹就此結合近期研究成果進行系統補充説明。由於 M3—137 中的殘存經脈文獻及 M3—121 中的 20 枚法律文書殘損程度較重,原文字迹已模糊難辨,因而本文未就這兩部份竹簡進行相關分析與統計。

一　刮削校改痕迹的甄别標準與分類

需要首先説明的是,天回簡中部分竹簡的竹黄表層有大量黑色霉斑附着,這些霉斑爲尋找表面刮削殘餘筆畫設置了較大的障礙。除非是像"肺氣者"(見圖 21)這類削補狀況——在原有一個字的間隙内削補上兩個字,且其原來的訛字殘筆未被削盡而無霉斑覆蓋,較難發現書手自行改誤的痕迹。從科學考古已出土的大量漢以前銅削來看,這些製作精良的削刀十分鋒利,能够輕易幫助刀筆吏們刮去竹黄一側附着墨迹的表層且盡可能地保持刮削表面光滑平整。再者,成都文物考古研究院文保中心的工作人員在實驗室中已從部分天回醫簡的竹黄表層分離出一種有機質,這種有機質爲與桐油相類的植物油。這些植物油是在書手書寫完成後塗抹在竹簡表層上的,具有防腐和保護墨迹的功效。那麽,經由書手刮削後所修改的字,因書風字迹與原文相同,又有植物油作爲保護,則其削改痕迹較難辨識。但若刮去有植物油覆蓋的墨迹表層再行補寫,則其所補墨迹在浸入水中之後會比原文更易脱落而顯得更淡。因此,有别於專業書手所作的削改痕迹的是,閱讀者所校改之處的文字較原文往往筆畫略粗,字迹模糊,墨色更淡,多數字形會偏大。所以,竹書的閱讀者留下的校改痕迹較之

① 陳夢家:《漢簡綴述》,北京:中華書局,1980,304 頁。

② 中國中醫科學院中國醫史文獻研究所、成都文物考古研究所、荆州文物保護中心:《四川成都天回鎮漢墓醫簡整理簡報》,《文物》2017 年第 12 期。

書手的削改痕迹往往更容易被發現。本文對於天回醫簡中刮削及校改痕迹的甄别與判斷，大致依照以下幾點（以下將由書手書寫在竹書上的主體文字稱爲“原文”）：

1.筆畫粗細及墨色濃淡程度與原文出入較大；2.書寫間距較原文正常字間距明顯更窄；3.簡文中出現與原文字形體相差較大的字；4.原文中參有書寫風格迥异的字；5.原文上有不同的墨色筆迹添補、塗寫痕迹或未刮盡的筆畫殘留；6.竹簡空白或天頭地脚處有與原文書風迥异的字。符合以上六點中的一點，我們即認爲該部分簡文經過了刮削或校改。書手在書寫過程中，有時會對自己所書的某些筆畫局部進行添筆矯正，如某一撇的長度太短，書手會添一筆以補長此筆畫，類似這樣的添筆，并非糾正字形訛誤的書寫行爲，本文不計算在削補及校改痕迹之列。若校改之字占據原文的書寫空間，則判斷其進行了刮削；明顯校改於竹簡的空白處的字迹與筆畫，即判斷其未進行刮削；校改痕迹與原文書風、筆畫粗細、墨色濃淡差异較大者，判斷其係原書手之後的閲讀者所爲。

陳夢家先生以武威漢簡爲例，歸納簡册關於改寫、補寫或删除的方法有三種：一爲削改；二爲塗改；三爲添寫。這是一個較爲籠統的分類，在各類出土簡牘文獻中，校改情況會呈現出與其内容相應的特异性。根據天回醫簡中校改痕迹的内容與形式，大致分爲以下幾類：

一、一字以上的削改：原文中訛誤幾字，則削去訛字之後在原處改寫幾字，削字與補字數目相同；

二、單字局部的削改：原文中此字的形旁或聲旁有誤，僅削去此字錯誤的部分，只改寫該字誤寫的局部；

三、補字：原文中有訛脱一字或數字，則在訛脱處削去一字或數字，在脱漏之處進行補寫，所補字數多於所削之字數；

四、局部筆畫添筆：原文筆畫有誤，校改者徑於原字上添筆改正，不作刮削；

五、塗改：校改者在訛字上涂上筆畫以示有誤，并於旁側或下方空白處補出正確之字，不作刮削；

六、增注：仿原文體例，對某些藥物异名情況於文末空白處增注，不作刮削；

七、增補斷句標識：校改者對原文所作添補的斷句標記，不作刮削。

茲就以上七類校改痕迹舉典型條例予以説明。以下釋文中，所削改之字、增添標識或注文之處，皆在下方標注着重符號，如“喘呼”表示喘字經校改。

二　刮削校改痕迹示例

(一)局部筆畫添筆、增補斷句標識、一字以上的削改

·□汗寒熱,取瞻諸(蟾蜍)一,圭(桂)二尺,薑五果(顆),桼(漆)一合,肉醬一升,牛膂肉三升,麻垸三升,蘖垸三升,203 鹽一升,穀〈穀〉∟、達桼(漆)∟、柳莖(剉)之各二斗……149……已,煮穀〈穀〉∟、斲桼(漆)∟、柳,浴之。146《治六十病合齊湯法》

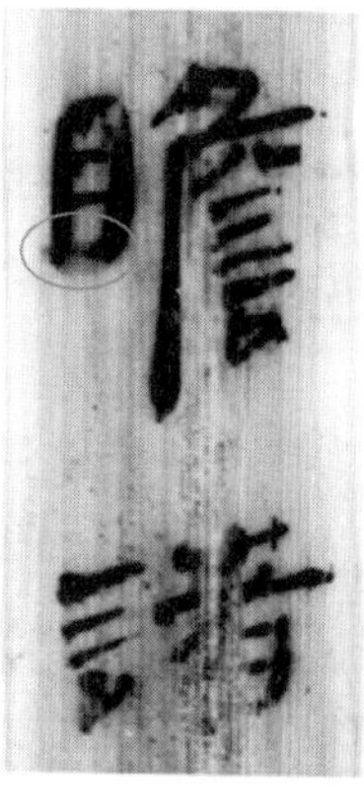
圖 1

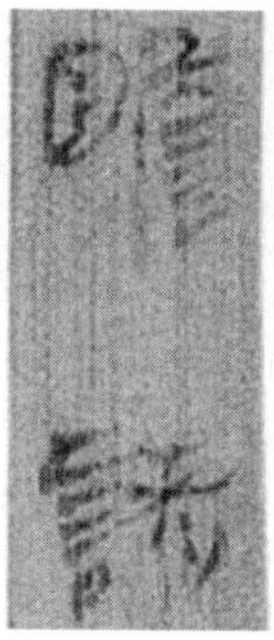
圖 2

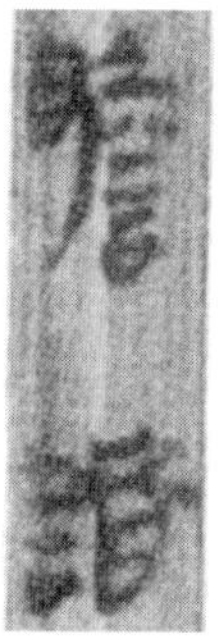
圖 3

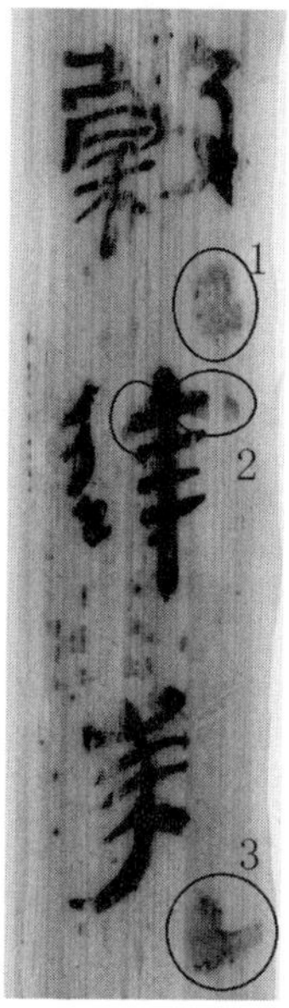
圖 4

從上述三支順序編連簡的情況來看,校改痕迹有"局部筆畫添筆""增斷句標識"及"一字以上的削改"三種。

1. 局部筆畫添筆

校讀者徑於"瞻"(圖 1)"達"(圖 4)二字上添筆。從添筆痕迹看,校讀者認爲蟾蜍的蟾字應當寫作从"目"的"瞻"而非从"肉"的"膽";"達漆"之"達",校讀者認爲原字右上部四筆平行的寫法可能更像是一個"辛"而非"羍",因而在第一筆處添補了向左右兩側傾斜的墨迹以示矯正。作爲蟾蜍意義而言的"瞻諸"二字,在馬王堆的《合陰陽》(圖 2)、《天下至道談》(圖 3)中均有出現,[①]"瞻"皆从"目"不从"肉"。由於目字下端封口與否會判若兩字,因而書手們書寫目字的簡省習慣是左側豎筆下端連筆往右側稍斜上鈎出封口的一横,哪怕僅是個

① 裘錫圭主編:《長沙馬王堆漢墓簡帛集成(貳)》,北京:中華書局,2014,218、213 頁。

極爲細短的示意,如簡 366 中“聰明”的“明”字的目旁(圖 5),而右側的竪筆往左側下端的横筆彎曲合攏,類似一個撇的筆畫。在天回簡中,不論作爲目的獨體字,還是目字偏旁,左側下端封筆的這一小横皆不作簡省。撇開簡 203 中“瞻”字由校改者添補上那一短横筆畫不看,其左側偏旁的形態與書風同爲二號字的簡 534 中的“膻”字(圖 6)相同,皆爲肉月旁。在原文左下端所添的一短横説明校讀者認爲原文偏旁的書寫是錯誤的。由於校讀者相較於書手有更高的醫學素養,“瞻諸”的添筆之例或有助於我們了解蟾蜍在當時的一個正確書寫字形。校讀者添筆的痕迹,其墨色往往較淡,且著與較小的局部。在天回醫簡中,約有八處局部筆畫添筆痕迹。但并非所有的添筆都是改誤,如簡 682 中的首字“凡”(圖 7)字的局部添筆。從細節可見此字原文右側筆畫末端爲向左向内收之勢,添筆者認爲此筆當向外向右延伸作類似捺筆書寫,因而添上了圖示圓圈中的筆畫。但原文書手此處怪异的筆畫書寫形態并非訛誤,而是由其書寫習慣所致。參考同樣書風的 716 簡“東北風”三字(圖 8)中“風”(風字外包圍結構與凡同形)的書寫特徵可知,其右側筆畫的書寫與簡 682 中的凡字右側筆畫的形態結構與筆勢完全一致。説明 682 簡中的“凡”字右側怪异的寫法完全是此書手書風所致,并非訛誤。此後,文中未再見到諸如簡 682 “凡”字中的局部添筆。或許是這個“凡”字爲此篇首字,校讀者在接下去的閲讀中發現其并非訛寫,於是便未再行類似的添筆。

添筆之例較爲典型者還有簡 123 中的“縠”字。此簡釋文作:

> 取薑十果(颗),圭(桂)五尺,蜀椒(椒)、少辛各一升,綬裹以縠,與再釀俱入,初食一升。123(圖 9)

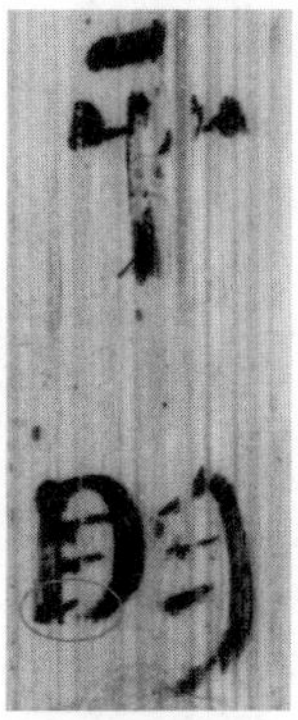
圖 5

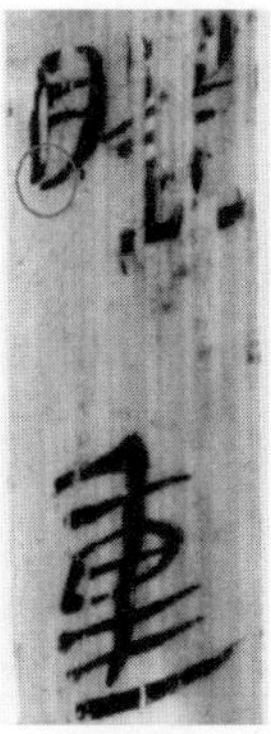
圖 6

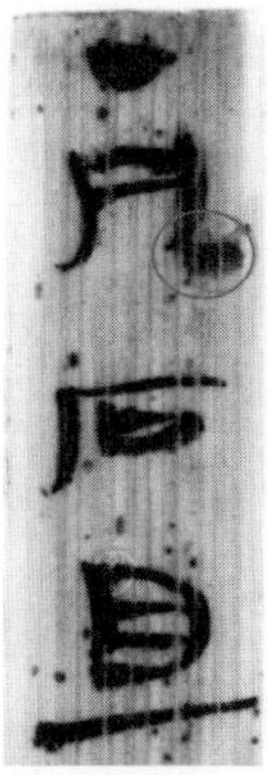
圖 7

圖 8

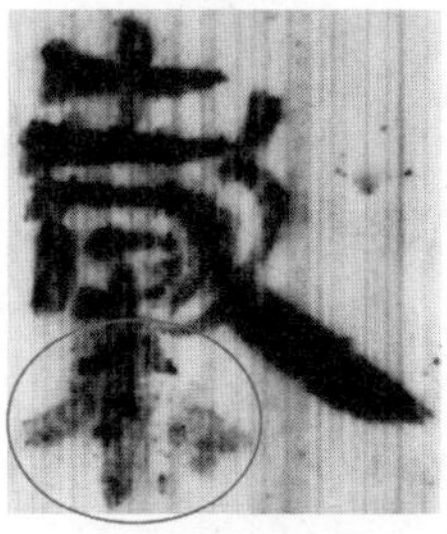
圖 9

校讀者在原文作“穀”的左下部周邊添補一個墨痕較淡而粗的“糸”字形,而將此字改作“縠”。《説文》:“縠,細縳也。”①按文義此處當作“縠”。

① [漢]許慎撰,[清]段玉裁注:《説文解字注》,上海古籍出版社,1988,648 頁。

2. 增補斷句標識

在以上三簡中,校改者於四處增添了“∟”(圖2編號1、3)句讀符,這在簡牘中是極爲常見的斷句標識。書手在謄抄簡文時也會將這種斷句標識一并點上,但常有疏漏之處未及標點。如圖所示(圖10),這類藥物間的句讀符,同一書風的書手所作的句讀標誌,其墨色濃淡和筆畫粗細是與原文一致的。除外此類藥物之間的句讀標識,在某些文義當斷之處,讀書者亦同樣添補了“∟”符標記。如簡343(圖11),校讀者在“喜而俞(愈)∟,恐而甚。”六字中間留下了一個粗大而朦朧的淡墨痕。説明讀簡之人在閲讀的同時,會根據簡文意義作出這樣的句讀標識。在M3墓葬的醫書中“∟”標識約有四十餘處,類似上述三簡中經由閲讀者二次標點的痕迹有八處。

圖10

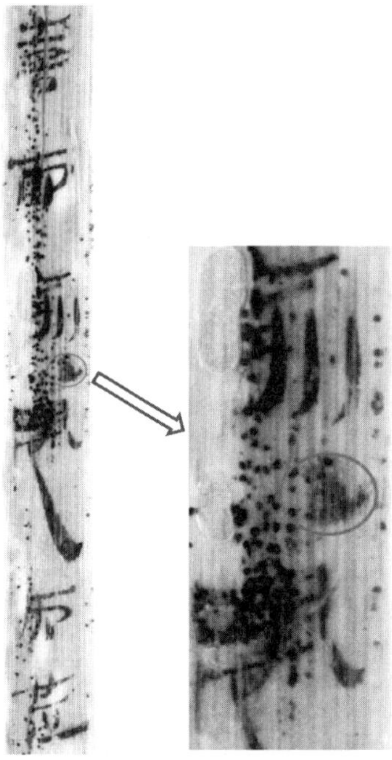
圖11

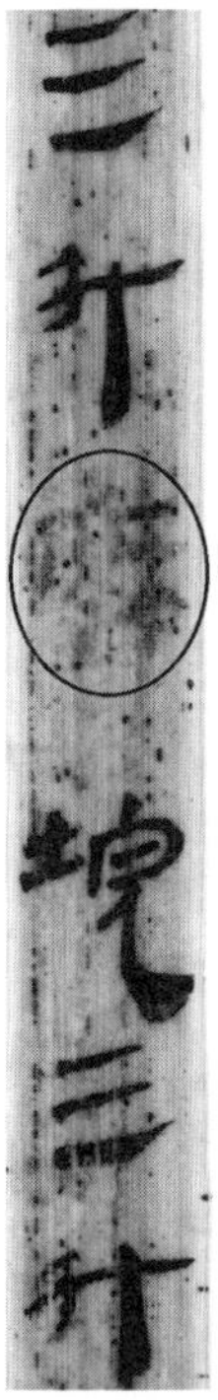
圖12

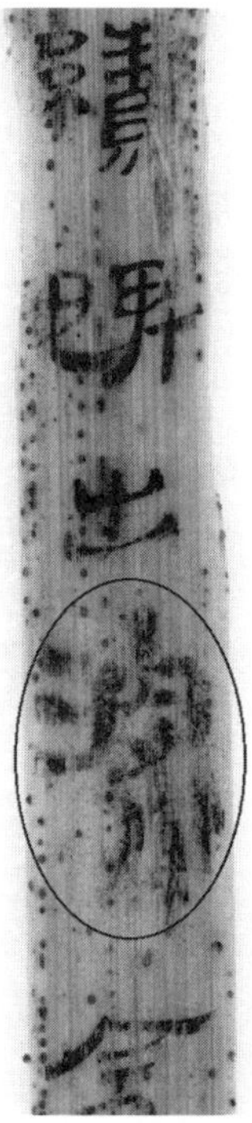
圖13

3. 一字以上的削改

一字以上的削改,如“麻”字的改寫(圖12),削改者削去幾字則補足幾字,是所有削改痕迹中最爲常見的一種。這類削改的字較之書手所抄原文,筆畫更模糊,字迹更淡。有些字會比原文大許多,如簡419的“深”字(圖13)。另有部分削改之字需要通過書風及用筆細節進行判斷。如在簡714中,該簡共有四個“曰”字,校改者只削改了一處,仍有一處誤作“自”。

圖 14

釋文作：

白乘白，曰在皮，亡外曰傷肺；黄乘黄，自〈曰〉在肉，亡外曰傷肬（脾）；赤乘赤，曰在脈 714　　《逆順五色脈臧驗精神》（圖 14）

此書手書寫的穩定性稍差，但仍能從墨迹的濃淡和一些用筆細節比對出後補之字與原文的差异。從書寫習慣上看，削補的“曰”字（圖 15 編號 2）用筆與其餘三個“曰”字有所不同，中間一筆寫作一横而非原文曰字常寫作的一點，且墨痕較淡，因考慮這是經校改之字。下文“黄乘黄，自〈曰〉在肉”中原文將“曰”字訛作“自”，應當是書手在書寫時産生了某種訛寫慣性，但此處校改者未予改正。根據前後文意，此段論述五臟五色相乘的内容，文例工整清晰，可運用本校法，改“自”爲“曰”。

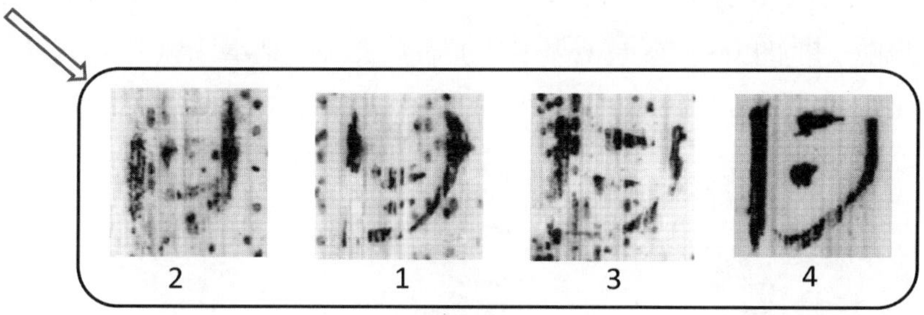

圖 15

圖 16

此次出土的天回醫簡中，有幾十支簡在出土時已經乾縮。但經過後期文保人員悉心處置，通過紅外掃描取像，我們仍能在這些保存情况較差的竹簡表面清晰見到校改痕迹。如簡 054（圖 16）：

·汗出如貫朱（珠），槫不流，氣已死，朝則夕死，夕□⧄。054

“榑不流”(《脈書・上經》),張家山《脈書》作“榑而不流”,[①]馬王堆《陰陽脈死候》作“傳而不流”,[②]傳世文獻《針灸甲乙經》作“轉出不流”。[③] 由於竹簡的保存狀況較差,削改處的字迹已模糊不清,無法辨識,但仍可根據墨色濃淡及書風的比對判斷此二字爲校改之字。又據以上三部出土文獻及傳世文獻的相同條文,簡 054 中模糊不清的二字可補作“不流”。現在雖已不知校改者削去的訛文爲哪兩個字,但從文獻對讀的情況看,諸如此類扁鵲診死生要訣的經典文句應是當時經脈醫學傳人皆諳熟的内容。當他們手捧這些醫學經卷誦讀至此,若發現有誤,應當不會置之不理。

(二)單字局部的削改

單字局部的削改多爲削去形聲字的形旁或聲旁,再於刮削處補上校改者認爲正確的部分。削改之處墨迹與原文墨迹的濃淡、粗細及字形結構的差异極大。此類削改情況與武威王莽新簡《儀禮・士相見之禮》中“視”“埶”等字的削改情況十分相似。

例 1.簡 466“喘呼”(《脈書・下經》)

簡 466 的“喘”字(圖 17),從字形布局上看,此“喘”字在改从口之前應另有偏旁。口字偏旁墨迹的濃淡及筆畫粗細與右側“耑”差别較大,原書手書寫口字旁的形態應如其下的“呼”字偏旁。可以判斷,此當是校讀者刮削之後改从口之迹。从口表示喘息之義的喘字於天回醫簡中出現十二處,皆在《脈書・下經》中,均寫作“喘”。《脈書・上經》與《逆順五色脈臧驗精神》中各有一處喘字,即簡 043 與簡 673 中的“耑”:“肺,志曰耑(喘)”(簡 043),“肺氣盈則氣耑而(喘)”(簡 673)(圖 18、圖 19)。在馬王堆醫書中,表示喘息之喘意的喘字,《天下

圖 17

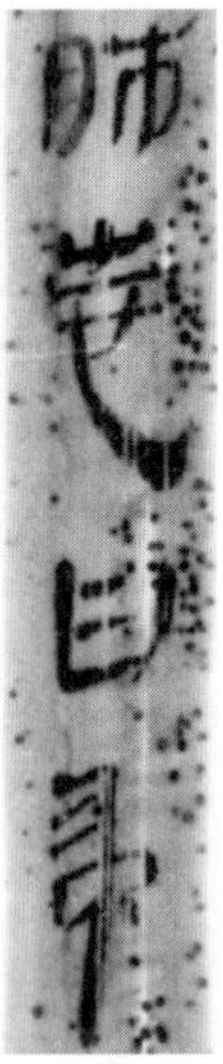

圖 18

圖 19

① 張家山二四七號漢墓竹簡整理小組編:《張家山漢墓竹簡[二四七號墓]》,北京:文物出版社,2006,124 頁。
② 裘锡圭主編:《長沙馬王堆漢墓簡帛集成(貳)》,210 頁。
③ [晋]皇甫謐撰,周琦校注:《針灸甲乙經》,明醫統正脈本,北京:中國醫藥科技出版社,2011,42 頁。

至道談》中出現四處,皆寫作"椯";《合陰陽》中一處,寫作"㥲";[①]《陰陽十一脈灸經甲本》一處作"喘"。《陰陽十一脈灸經甲本》中的喘字在少陰脈條,釋文(馬繼興先生編撰《馬王堆古醫書考釋》釋文同此[②])作:

【是動則病】:28/62 悒 (悒悒—喝喝)如喘,坐而起則目瞙如毋見。[③]

但細觀圖版,[④]此句中喘字字形模糊,"坐"字之上依稀能見其他筆畫(或爲帛書背面印文),似當作"耑"或"巣",至少不應有左側偏旁。《馬王堆簡帛文字編》中未收録"喘"字。[⑤]由此可知,馬王堆醫書中尚未有从口旁的喘字出現。天回醫簡中僅於《治六十病合齊湯法》"治心腹爲病"條中出現一處"椯"字:

椯動(動)歎能息,案(按)之避手。171

此乃描述蟲動於腹中的病狀。《靈樞·厥病》論及此症時云"心腸痛,憹作痛,腫聚,往來上下行,痛有休止"。[⑥] 則"椯"應讀爲"摶"或"團",是聚集成團之義,與喘息之喘義無涉。可見在天回醫簡中,作喘息之義的喘字已絶大部分被改从口,簡466中的喘字原本是個"漏網之魚",但也被校讀此書之人發現并削改一過。大概於西漢初年(馬王堆三號墓下葬年代,前168)之前,未有"喘"字。天回漢墓M3下葬年代約在景武之際,與馬王堆三號墓相去約二三十年光景,由馬王堆及天回醫簡中喘字的寫法可管窺形聲字於此時孳生嬗變之一斑。簡466中被削改處原文不論作何偏旁皆當不錯,校改者或以時行寫法而改之。同時,《脈書·上經》與《逆順五色脈臧驗精神》中兩例寫作"耑"的喘字或也提示,《脈書·上經》及《逆順五色脈臧驗精神》的底本當早於《脈書·下經》的底本。

例2.(圖20)

·胃風,酓(飲)食不下,隔塞不通。535《脈書·下經》

由圖可知,塞字下部經過削改。該簡條文可與傳世文獻對讀,"隔塞不通"《素問·風論》作"膈塞不通"。此處塞字原文或訛作"寒"。在出土醫學文獻中,塞與寒互爲形訛的現象極爲常見。如張家山《脈書》《引書》中共計有十六處寒字,其中就有六處將寒訛爲塞之例,分别爲:

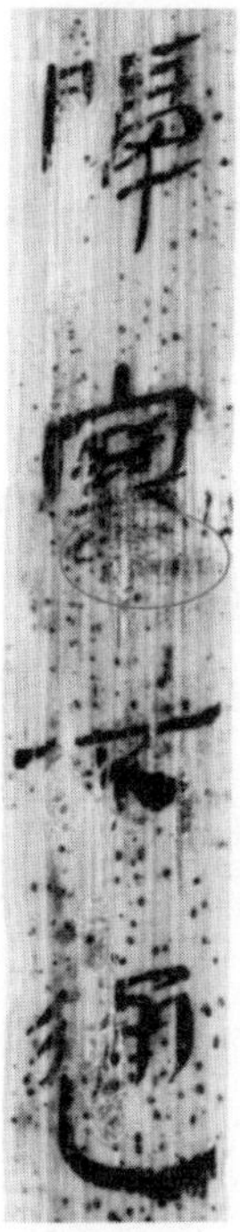

圖20

① 裘锡圭主編:《長沙馬王堆漢墓簡帛集成(貳)》,214頁。
② 馬繼興:《馬王堆古醫書考釋》,長沙:湖南科學技術出版社,1992,259頁。
③ 裘锡圭主編:《長沙馬王堆漢墓簡帛集成(伍)》,202頁。
④ 裘锡圭主編:《長沙馬王堆漢墓簡帛集成(貳)》,65頁。
⑤ 陳松長:《馬王堆簡帛文字編》,北京:文物出版社,2001,51頁。
⑥ 《靈樞經》卷五,明趙府居敬堂本,北京:人民衛生出版社,1956,58頁。

(1)张家山《脈書》:

在腸,左右不化,爲塞〈寒〉中。九
身塞〈寒〉熱,渴,四節痛,爲瘧。一五
郗(膝)外廉痛,晨(振)塞〈寒〉二一
洒洒病二三塞〈寒〉,喜信(伸),數吹(欠),二四[①]

(2)张家山《引書》:

潰産(顔)以塞〈寒〉水如三三粲(餐)頃
郗(膝)善痛,兩胻善塞〈寒〉四〇[②]

若是一位通曉醫理的醫者閱讀此書,應當很難容忍如此衆多的訛字存在。這種訛寫直至晋唐仍有傳承,如《千金翼方》陽明病狀第八中首句“阳明之为病,胃中寒是也”。[③] 此句中的“胃中寒”,《太平圣惠方》同,《傷寒論》《金匱玉函經》皆作“胃中實”。《傷寒論》於此後有小字注文:“一作寒”。可見當時宋臣在校勘此條時選擇了醫理較通的版本刊訂,而從以上出土文獻中“寒”“塞”相淆的狀況可知,唐孫思邈《千金翼方》的“胃中寒”無疑訛自“胃中塞”。從用字情況看,《千金翼方》中的《傷寒論》文本應當源自更早的底本。馬王堆《十問》中亦有“尚(上)下皆精,塞〈寒〉温安生”,[④]“塞”“寒”互訛一例,與張家山醫書一樣,皆未行校改。

(三)補字

例1.簡322“桔梗圭”;簡696“氣者”;簡175“心腹”

《簡報》中已對簡696“氣者”的刮削增字情況做過簡單介紹,因篇幅所限未能公布一些局部細節(圖21)。由圖可見,圓圈中的墨迹即是書手增補“氣者”二字之前未刮削殆盡的筆畫殘留。從書寫風格而言,簡322中所補之字“桔梗圭”(圖23)及簡696中的“氣者”二字均與原文的書風相同,只是因爲將三個字寫在兩個字的位置上,兩個字寫在一個字的位置上,改寫處的字間距顯得比原文正常間距小,所增之字顯得更爲扁濁偪促。從墨色的濃淡情況來看,也與原文相同。因此,簡322與簡696兩處的增字,應是書手自行校對削改的痕迹。而簡175中的“心腹”(圖22)二字墨迹較原簡文字更淡,結字用筆也與原文相去甚遠,它應當爲有别於原文書手的校讀者所增。簡175可與北大藏西漢竹書中的藥方簡2978號對讀,[⑤] 二者間稍有异文。可見此簡内容或爲當時的醫學經典文句,醫者能誦之,校改這樣的訛誤應

① 張家山二四七號漢墓竹簡整理小組編:《張家山漢墓竹簡[二四七號墓]》,115、117、119、120頁。
② 張家山二四七號漢墓竹簡整理小組編:《張家山漢墓竹簡[二四七號墓]》,176、177頁。
③ 錢超塵:《影印孫思邈本〈傷寒論〉校注考證》,北京:學苑出版社,2015,116頁。
④ 裘锡圭主編:《長沙馬王堆漢墓簡帛集成(伍)》,143頁。
⑤ 北京大學出土文獻研究所:《北京大學藏西漢竹書墨迹選粹》,北京:人民美術出版社,2012,32頁。

當是信手拈來的事。

圖 21

圖 22

圖 23

例 2.簡 126“各百”；簡 412“畲亢狼”

與上三例補字方式不同，簡 126 中的“各”（圖 24）與簡 412 中的“亢”字（圖 25）明顯要比原文小很多，且墨迹濃淡和書寫風格也均與原文差异甚大。“各”字的增補較好理解，因爲“款冬”和“菀”分屬兩種藥物。稍令人費解的是 412 的“畲亢狼”中的“畲”字。從《脈書・下經》中間别脈的内容體例來看，間别脈前文主要描述此間别脈的大致循行部位，後文羅列與本經脈循行部位相應的病症。前文提及“亢狼”這個部位,那麼下文“酓亢狼痛”中的“酓亢狼”必定與前文所指的“亢狼”相應。若“酓”字訛衍,則校改者或在没有攜帶削刀的情况下應對此訛字進行塗畫,如塗改簡 120 中的“皃”字一樣。① 但此“酓”字周邊未見任何塗畫痕迹,説明此字可能并非訛字,在補足“亢”字之後,此句或讀爲“酓(歓),亢狼痛”,其義或與吞咽痛之症相仿。

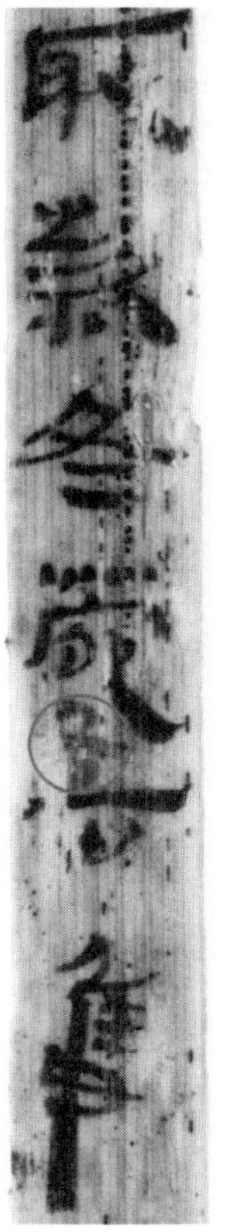

圖 24

圖 25

書手所增,往往刮削訛脱之文處一字或數字,再於刮削處書寫,這便會呈現兩個字占據原文一個字位置的現象。而讀者所增,常縮小字形,添補於脱漏處或相應位置的簡側空白處,且不行刮削。如例 2 所舉,這些補寫上去的字往往比原文偏小或扁,從其生硬的用筆與結構亦可知校補者并非善書之人。

(四)增注

> 治煩心。取管茭細莖(剉),洎以水,財(纔)足,三沥煮孰(熟),浚去宰(滓),酓(歓)亓(其)汁。管茭者,茅索□地者也。244 《治六十病合齊湯法》(圖 26)

在《治六十病合齊湯法》中,偶有對藥方中提到的藥物异名作注釋的體例,如“·山芥,茉也”(簡 275)、“榮揩,螿蝥也”(簡 312)等凡五例,這五例注文皆爲書手抄寫原文時所書,且皆書於本方末空白處。在簡 244 下部方框標注的區域内,隱約可見一列字迹。通過局部放大(圖 27),大致能辨識是一個“管茭者……者也”的句式。這一列墨迹極淡的文字應是校讀者仿前者注解藥物异名之例所增,用以説明“管茭”爲何物。在整個天回漢墓竹書中,這樣的增注形式僅此一見。

① 後文“(五)塗改”例中有詳述。

圖 26

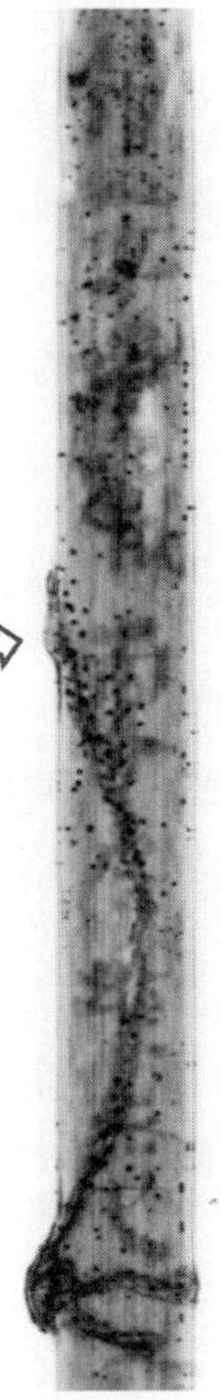

圖 27

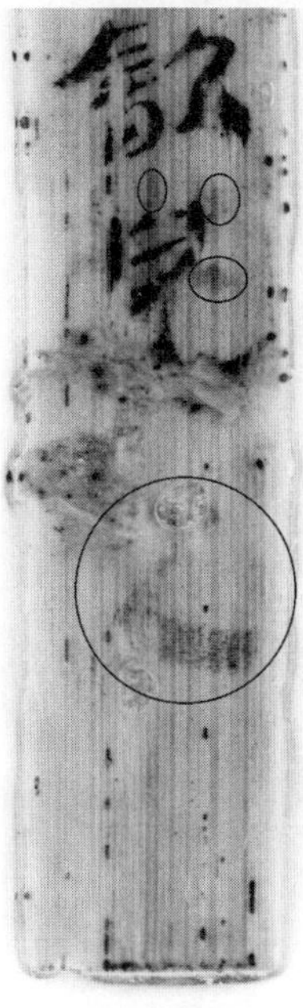

圖 28

圖 29

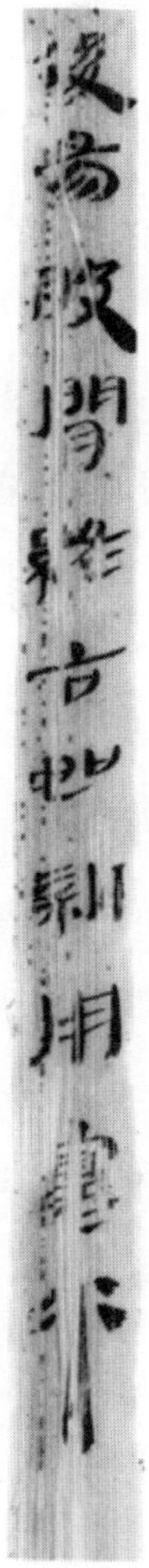

圖 30

(五)塗改

塗改之例,目前僅發現一處。即簡121下端近編繩處的最末一字(圖28)。此簡至此意盡,後接簡338,二簡相接的釋文爲:

以所常溲涂完(丸)之,以爲七完(丸),燔一使赤,卒(焠)一入淳酒中,歙(飲)皃之。121 一曰,取屏前弱(溺)涂,丸之五十,燔令火,卒(焠)之美酒中,酓(飲)之。338《治六十病合齊湯法》

這是兩首治療"沓欬"的方子,兩方所用的藥物、製法及行文體例皆相近。比對簡338中末句的表述,簡121末句應當也以"歙之"收尾。因此,編繩上方的原文"皃"字應是訛寫之字,在此字周邊,依稀能見到淡淡的墨痕,這些墨痕筆畫穿越了"皃"字主體,應當是校改者想要用筆涂去該字所作的改誤標識。在編繩下方模糊不清的"之"字當爲校改者所補的正確之字。校改者未將此訛字削去,或許因爲編繩遮擋不便下刀,遂用筆塗改之。

另外,有一些竹簡局部的校改情況較爲複雜,在五六字的間距裏既有刮削增字,又有單字局部削改痕迹,如簡538(圖29)。"股間終古"四字在天回醫簡《脈書·下經》中出現過兩處,《簡報》中提及"終古"爲齊地方言,"股間終古黏(黏)"與"股間終古如新用寒水"表示一種兩大腿根部内側皮膚患病時的自覺病狀。簡624所述病症爲"水",簡538所述病症爲"膚脹",此二簡文例相近。二簡末句釋文分別作:

後易,股間終古如新用寒水。624(圖30)

後[難],股間終古黏(黏)。538(圖29)

根據簡624文例,參合殘存筆畫,大致補釋"難"字,不過已經無法根據殘存的字迹分辨其與原文是否同屬一人所書。從字間距看,"難,股間"三字占據了原文的兩個字空間。簡538與簡624同爲二號字書手所書,比對二簡中的"股間"二字,簡538中的"股間"顯然非原書手字迹。"黏"字右部的聲符亦明顯經過校改,其筆迹墨色、用筆特徵及筆畫粗細皆與原文不同,屬於刮削單字局部的削改。因而,綜合538簡末句的削改狀況看,這些校改痕迹亦當是校讀者所爲。

結論

以上大致列舉了天回漢簡M3—121六部醫書中的七類刮削校改痕迹。按照這個分類,筆者對簡文中出現的刮削校改痕迹進行了全面統計。在六部醫書九百餘支(編號)竹簡中,明顯可辨的刮削校改痕迹約有93簡、127字,其具體分布見下表:

表1　天回醫簡刮削校改痕迹分類統計表

校改分類	一字以上削改	單字局部削改	補字		局部添筆	塗改	增注	增斷句標識
校改字數	60	20	13	6	8	1	9	8
校改者	校讀者			書手	校讀者			
刮削與否	刮削				不作刮削			

這些校改痕迹在M3墓醫書中的分布情況大致爲：

表2　天回醫簡刮削校改痕迹分類統計表

書名	《脈書·上經》	《治六十病合齊湯法》	《脈書·下經》	《刺數》	《逆順五色脈臧驗精神》	《醫馬書》
簡數	133	208	258	48	63	194
校改字數	32	36	35	0	13	11
校改簡數	22	22	29	0	9	11

由上表所列出的校改痕迹分布數據，大致可做以下判斷：

（一）讀者所校改之處高達121字，可以確定由書手削改者，僅6字。從這個數據看，原文書手在繕寫完成之後，似乎并未參與校讎工作。僅有的幾處書手自行削改的文字説明，書手可能是在抄完該句或該簡時即發現了訛誤并順手進行削改，而這種情況似不常見。有學者認爲"校讀書手補脱，是指所補脱文與原文字迹有明顯的不同，推測爲專門校對古書的人，抑或是閲讀古書的人對脱文進行的補寫"。[①] 在張家山漢墓竹簡中，《算數書》是有確鑿證據證明經過系統校讎的一部較爲特殊的竹書。在該書竹簡下段編繩以外的竹簡空白處有幾處"楊已讎""王已讎""楊""王"字樣的行款，[②]表明這部分内容是經過楊、王二位校書者讎對過的文字，證明了"專門校對古書的人"的存在。與《算術書》這種參照一定底本進行的專職校讎工作不同的是，天回醫簡的校改者或許是在誦習醫書時依據他們的專業醫學知識而進行的校改，這些屢屢出現的校改痕迹"是閲讀古書的人對脱文進行的補寫"。因此，我們傾向於認爲，天回醫簡中百餘處的校改痕迹應當主要由閲讀這批醫書的讀者所爲。只有具備專業醫學知識的醫者纔能如此系統全面地校改這幾部醫書，他們極有可能是擁有這批醫書的墓主人或是傳承其醫術的師門中人。

（二）在這幾部醫書中，校改字數最多者爲《治六十病和齊湯法》與《脈書·下經》，《脈書·上經》《逆順五色脈臧驗精神》《醫馬書》相繼次之，《刺數》未見明顯校改痕迹。但由於《脈書·上經》的簡數比《脈書·下經》及《治六十病和齊湯法》少近一半，竹簡尺寸也短六七

① 賈連翔：《戰國竹書形制及相關問題研究》，上海：中西書局，2015，178頁。

② 張家山二四七號漢墓竹簡整理小組編：《張家山漢墓竹簡［二四七號墓］》，86、87頁。

公分,再加之殘損嚴重,其字數不及《脈書・下經》或《治六十病和齊湯法》的三分之一。倘若《脈書・上經》仍存完帙,按已知的校改痕迹數量推測,缺失的簡文中應當還有不少校讀者改動之處。因此,可以判斷校讀者校改用力最勤的書應是《脈書・上經》,即這幾部醫書中最深奥莫測的内容。《刺數》保存情況雖然相對完好,没有乾縮變形的簡,但其字迹却是所有竹簡正文中最淡、最模糊的。從書體上判斷,《刺數》簡的字形已接近西漢中後期的漢隸,基本脱離了古隸的形態。因此,這 48 支簡是整批天回簡中最晚抄寫完成的。墨迹未經過"入木三分"的沉澱便隨墓主人浸入水中,字迹顯得淡而模糊自然合情合理。這應當也是那些校改後文字的墨迹有同樣狀況的主要原因——校改者削改補字的時代要遠晚於原書抄寫的時代。

(三)武威漢簡出土之後,學者開始關注竹簡表面所塗抹的膠質物。如陳夢家先生認爲:"在刮削平整、打磨光滑以後、書寫之前,似經過一道用特殊液體涂染的手續。此事不見記載,我們所以如此推斷者,一由於武威木簡(尤其是《燕禮》的若干簡)寫字的一面光亮有澤,不同於背面;一由於凡削改的字的墨痕往往化開暈開。削改重寫的字迹,其所以化開暈開者,一則可推測爲表面曾涂染液體,使其易受墨;一則或者削去一薄層後的木質尚有潮氣所致。"[①]從天回醫簡的刮削校改痕迹看,屬於讀者校改者,較之書手所書原文,皆字形大,筆畫粗,墨痕淡,用筆結字呆拙,那些像是"化開暈開"的筆畫效果主要是因爲校改者的刮削、研墨及書寫等手法不如專業書手熟練所致。至於天回醫簡竹黄一側表面所塗抹一層植物油,它的主要效用當是對書手繕寫完成之後的簡文表層進行保護,以防墨迹被汗漬水漬蹭花,而非是爲了"使其易受墨"而在書寫前進行的塗抹。植物油幾乎與水不相溶,新塗上植物油的表層是不容易附着上墨汁的。書手之後的閱讀者在校改時若是進行刮削使改寫局部失去這層保護膜,則後補寫之字的墨迹相比長期受到植物油保護的原文墨迹自然更容易脱落而顯得淡漠。

(四)天回醫簡中校改者的削改、添筆與塗改,多是針對簡文中的形近之誤,每處對原文的改動最多不超過三字。雖然我們無法確知其所削去的訛文是什麽内容,但書手在最初謄抄這批醫書時一定有一個底本作參照。縱觀這些校改文字,參合其他出土文獻及傳世文獻對讀,校改者應當十分尊崇這批醫書的原書旨意,他們所改之處亦多是有違醫理的訛抄之誤,并未對原書文字進行大肆修改編排。

出土醫書的訛寫狀況是十分普遍的,這些古書在經書手抄寫完畢之後并非有例行校讎的制度。除本文所舉天回醫簡中的校改之處外,馬王堆及張家山等醫書都存在大量的訛寫。

① 陳夢家:《漢簡綴述》,295 頁。

如《五十二病方》中有三處作屈伸意義的“信”字訛作“倍”,[①]張家山《脈書》中兩處將“嗜”訛作“者”,[②]將“相脈之過”訛寫作“相脈之道”等等。[③] 不過,在這些出土的醫書中并未發現有像天回醫簡中如此衆多的校改痕迹。雖然天回醫簡中仍留有一些訛誤之處,如類似“裹”“裏”不分,“校”“枝”不別的情況亦時有出現未及削改,或許因爲醫者閱讀的次數所限而未能悉數改盡,但較之那些已經校改之處已少了近一半以上的數量。若將天回醫簡還原至書手抄寫完成時的樣子,這幾部醫書的簡文應該是錯漏百出而不可讀的。大概是因爲職責所在,有醫學師承背景的醫者纔會如此劬力校改醫書。張家山和馬王堆的墓主人雖然“藏書”頗豐,但從專業的角度看,與曾校讀過天回醫簡的天回漢墓 M3 墓主人相比,他們充其量只是醫學愛好者而已。

附記:拙文承蒙胡平生先生提出修改意見,謹致謝忱。

① 裘锡圭主編:《長沙馬王堆漢墓簡帛集成(貳)》,221、223 頁。

② 張家山二四七號漢墓竹簡整理小組編:《張家山漢墓竹簡[二四七號墓]》,121、122 頁。

③ 張家山二四七號漢墓竹簡整理小組編:《張家山漢墓竹簡[二四七號墓]》,126 頁。

北大簡《妄稽》補釋

清華大學出土文獻研究與保護中心　楊　茜

内容提要　北大簡《妄稽》,由於簡文内容獨特且存在殘缺,整理釋讀相當不易,疑難問題仍然較多。充分參考整理報告及其他研究成果,進一步考察相關釋文,可知其中"兹悔"當讀作"才敏";"家室恐畔"即"家室恐判";"口舌甚詛"讀爲"口舌甚詐";"鑑蔚粉墨"的"蔚"爲薈萃、彌漫之義;"係□之,妾有焉及"斷讀爲"繼娶之妾,又焉及我";"能過虖度"當作"態過乎度"。

關鍵詞　北大簡　妄稽　補釋

在北京大學收藏的漢簡中,有一篇自題爲《妄稽》的俗賦。由於簡文内容獨特且存在殘缺,其整理釋讀相當不易。雖然整理者已經做過許多工作,在簡文發表以後又有一些學者在字詞考釋及簡文編聯方面提出了不少新的意見,但其中的疑難問題仍然較多。本文擬在充分參考整理報告及其他研究成果的基礎上,對簡文釋讀中存在的一些疑難問題進一步展開討論。不當之處,敬請方家指正。

1.孝弟(悌)兹(慈)悔(誨),恭敬仁孫(遜)。(1號簡)[①]

整理者原注:

① 此係北大簡原釋文,本條及以下各條原釋文均出自北京大學出土文獻研究所編《北京大學藏西漢竹書(肆)》,上海古籍出版社,2015,59-76頁。

> “兹悔”讀作“慈誨”，即慈愛教誨。或“悔”通“宥”，“悔”爲曉母之部，“宥”爲匣母之部，“慈宥”謂仁慈寬宥。[①]

王曉明先生説：

> “孝弟(悌)兹(慈)悔。”整理者讀“悔”爲“誨”或“宥”，按字當讀爲“惠”。[②]

陳劍先生以爲“悔”當讀爲“敏”。[③]

“悔”，暫從陳説讀爲“敏”。如此，則其前面的“兹”不宜再讀作“慈”，或可以考慮讀“才”。“兹”“才”通假，出土文獻中習見，李學勤先生曾有專門論證。[④]“才敏”一詞見於漢代文獻，如《中論·虚道》：“故夫才敏過人，未足貴也；博辯過人，未足貴也；勇决過人，未足貴也；君子之所貴者，遷善懼其不及，改惡恐其有餘。”[⑤]《東觀漢記》：“年四歲，幼而聰達才敏，多識世事，動容進止，聖表有异。”[⑥]“才敏”，即才思敏捷。

2.君不羛(宜)聽買妾，家室恐畔(叛)。吾直愛君財，不然何惡焉？(12號簡)

“羛”，整理者原讀爲“宜”，吴沂澐先生讀爲“我”。[⑦]“君不我聽買妾”爲否定句代詞賓語前置現象，正常語序作“君不聽我買妾”。72號簡有“汝亦獨不我直”即“汝亦獨不直我”。其説似有理，但仍可商榷。“君不我聽，家室恐畔”，語義已屬完整，“買妾”一詞爲贅，反不如無，况且妄稽力主拒妾而非“買妾”。此語境之下，“買妾”一詞無論上讀抑或下讀，恐皆非所宜。此處仍當從整理者讀爲“宜”，以其語義未全，不得不壞四言耳。《左傳·桓公元年》：“鄭人請復祀周公，卒易祊田。”杜預注：“魯不宜聽鄭祀周公，又不宜易取祊田。”[⑧]

“畔”，整理者讀爲“叛”，然此處或當作“判”，指家庭分裂離判，而非指家庭反叛。

“惡”，懼也，與“憚”類近，前文亦有“吾不憚買妾”。《吕氏春秋·振亂》：“凡人之所以惡爲無道不義者，爲其罰也。”高誘注：“惡猶畏。”[⑨]《韓非子·八説》：“使人不衣不食，而不饑

---

① 北京大學出土文獻研究所編：《北京大學藏西漢竹書(肆)》，59頁。

② 王曉明：《北大簡〈妄稽〉校讀簡記(一)》，復旦大學出土文獻與古文字研究中心網站，2016年6月7日。

③ 這是我們根據陳先生在首都師範大學“出土文獻與中國古代文明研究”暑期培訓班的講座録音整理的，2016年7月24日。

④ 李學勤：《説“兹”與“才”》，《中國古代文明研究》，上海：華東師範大學出版社，2009，147-149頁。

⑤ [漢]徐幹：《中論》卷上《虚道》，文淵閣《四庫全書》本，臺北：臺灣商務印書館，1983，第696册，12頁。

⑥ [漢]劉珍：《東觀漢記》卷二，文淵閣《四庫全書》本，第370册，7頁。

⑦ 吴沂澐：《北京大學藏西漢竹簡〈肆〉·妄稽性質、形制析論》，“第六届出土文獻研究與比較文字學全國博士生學術論壇”論文，西南大學研究生院，2016年10月27日，383頁。

⑧ 《春秋左傳注疏》卷四，文淵閣《四庫全書》本，第143册，3頁。

⑨ 許維遹：《吕氏春秋集釋》卷七《振亂》，北京：中國書店，1985，9頁。

不寒,又不惡死,則無事上之意。"[①]王符《潛夫論·考績》:"曲木惡直繩,重罰惡明證。"[②]黄樹先先生曾對"惡"的這個義項進行過討論。[③]

3.以君之智,衃夬(决)於婦。(15號簡)

整理者讀"衃"爲"悉"。但是"衃"讀爲"率"也許更爲有據。《書·多士》:"罔不明德恤祀。"[④]《史記·魯周公世家》作:"無不率祀明德"[⑤];《吕氏春秋·權勳》:"是忘荆國之社稷而不恤吾衆也。"[⑥]《淮南子·人間》"恤"作"率"。[⑦] "恤"曉母質部,"率"山母物部,二部關係密切。"恤"通"率","衃""恤"均从"血"得聲,可以相通,故"衃"也可讀作"率"。《荀子·議兵》:"無禮義忠信,焉慮率用賞慶刑罰埶詐除阸其下,獲其功用而已矣。"[⑧]"率",一概,都。

然而,"衃"讀爲"悉"抑或"率",簡文都要理解爲以您的才智,(娶妾的事情)都由您來做决定。如此,則"婦"均指姑,但這并不符合簡文或當時的稱謂習慣。不計本句,文中妾稽入諫姑舅時,皆呼姑舅爲"君",總計六處。而且,尚未見有妾稽入諫時弃舅而單呼姑者。妾稽面對姑舅,則自稱"吾""妾""小妾"。本句中,"婦"當爲妾稽自稱。《左傳·襄公二年》:"禮無所逆,婦,養姑者也。虧姑以成婦,逆莫大焉。"[⑨]《孔雀東南飛》:"非爲織作遲,君家婦難爲。"[⑩]"婦",兒媳。前文周春有言:"必與婦生,不若蚤(早)死。""婦"亦指妾稽。本句或能理解爲:"以您的才智,(娶妾的事情)怎麽用得着兒媳來做决定?"綜上,"衃夬(决)於婦"的"婦"當爲妾稽自稱,而"衃"可能要讀作"抑"。"衃"从"血"得聲,古音在質部,"抑"也在質部,古音可以相通。"抑"用於妾稽對姑舅的反問。

4.女(汝)貌狀甚惡,口舌甚詛(粗)。(14、15號簡)

整理者原注:

"詛"通"粗"。

何有祖先生説:

① 邵增樺:《韓非子今注今譯》卷二《八説》,臺北:臺灣商務印書館,1983,151頁。
② [漢]王符:《潛夫論》卷二《考績》,文淵閣《四庫全書》本,第696册,7頁。
③ 黄樹先:《古代漢語僻義詞考釋二則》,《語言研究》1988年第1期。
④ 《尚書今古文注疏》卷二〇《周書·多士》,北京:中華書局,1998,第1册,129頁。
⑤ 《史記》卷三三《魯周公世家》,北京:中華書局,1975,1521頁。
⑥ 許維遹:《吕氏春秋集釋》卷一五《權勳》,9頁。
⑦ 劉文典:《淮南鴻烈集解》卷一八《人間訓》,北京:中華書局,1989,593頁。
⑧ 《荀子》卷一〇《議兵》,文淵閣《四庫全書》本,第695册,15頁。
⑨ 楊伯峻編著:《春秋左傳注》(修訂本),北京:中華書局,1995,921頁。
⑩ 吴兆宜、程琰:《玉臺新咏箋注》,長春:吉林人民出版社,1999,39頁。

> “貇狀甚惡”之“貇”，原釋文徑作“貌”。“貇”當也分析爲从豹省聲，讀作貌。《後漢書·李固列傳》：“李固字子堅，漢中南鄭人，司徒郃之子也。郃在《方術傳》。固貌狀有奇表”。“詛”，原釋文讀作“粗”，疑當如字讀。《管子·四稱》：“有家不治，辟若生狂。衆所怨詛，希不滅亡。”妄稽指出納美妾會導致散財、家室叛，舅姑則以爲妄稽口舌充滿詛咒。①

“貌狀”，古書或作“狀貌”。從目前見到的用例看，“狀貌”似比“貌狀”更早出現。《戰國策·趙策一》：“豫讓又漆身爲厲，滅鬚去眉，自刑以變其容，爲乞人而往乞，其妻不識，曰：‘狀貌不似吾夫，其音何類吾夫之甚也。’”②《後漢書·李固傳》：“固貌狀有奇表，鼎角匿犀，足履龜文。”③謝靈運《山居賦》：“表裏回游，離合山川。”注：“表裏、離合，是其貌狀也。”④

“詛”，何有祖先生以爲當如字讀，指妄稽言多詛咒。整理者讀爲“粗”。《荀子·正名》：“故愚者之言，芴然而粗。”楊倞注：“粗，疏略也。”⑤觀簡文所載，妄稽雖丑且惡，然其入諫时進退有禮，言辭緩急有節，實有巧飾之功，而無粗疏之嫌。“詛”，或當讀爲“詐”。从“且”得聲之字與从“乍”得聲之字常相通。⑥ 此處指其口才便給，而言不由衷。妄稽詐稱惜財，力阻買妾，藉惜財護家之由掩其嫉妒之實。在第17、18號簡中，姑舅責其“又何辯傷”“爾自妬議買妾，乃稱殷王”，是已識破其詐僞也。

5. 女（汝）婦居中閒，使家大路（露）。（60、61號簡）

此處“婦”应当是作爲狀語。“婦”，像婦一樣。此句爲妄稽譴責美妾虞士越俎代庖，舉動如同正妻，離間了周春和妄稽。

6. 桃支（枝）象笿，鑑蔚（熨）粉墨。白脂蘭膏，繁（蘩）澤在則（側）。（38號簡）

整理者原注：

> “象笿”，象牙裝飾的盛具。《説文·竹部》：“笿，桮笿也。”“鑑”，鏡。“蔚”同“熨”，熨斗。“粉墨”，化妝用的白粉與黑墨，或白色與黑色。“澤”，化妝用的脂膏。《楚辭·大招》：“白粉黛黑，施芳澤只。”蔣驥注：“澤，膏脂也。”

楊元途先生説：

---

① 何有祖：《讀北大簡〈妄稽〉條記（一）》，簡帛網，2016年6月5日。
② 范祥雍：《戰國策箋證·趙策一》，上海古籍出版社，2006，955頁。
③ 《後漢書》卷六三《李固傳》，北京：中華書局，1973，2073頁。
④ 《宋书》卷六七《謝靈運傳》，文淵閣《四庫全書》本，第258册，18頁。
⑤ 《荀子》卷一六《正名》，文淵閣《四庫全書》本，第695册，11頁。
⑥ 高亨、董治安：《古字通假會典》，濟南：齊魯書社，1989，900-903頁。

"繁(蘩)澤"之"繁"作,字本即从"艸",當徑釋爲"蘩"。[①]

蕭旭先生說:

"桮笿"是盛放杯盤的竹籠,皆與此文寫虞士服飾無涉。象笿,疑讀爲"象輅",象牙裝飾的車。《釋名》:"天子所乘曰玉輅,以玉飾車也。輅亦車也。謂之輅者,言行於道路也。象輅、金輅、木輅,各隨所以爲飾名之也。"也作"象路",《周禮·春官·巾車》:"象路、朱樊纓,七就,建大赤以朝,异姓以封。"鄭玄注:"象路,以象飾諸末。""鑑蔚粉墨"四者皆修飾容貌所用。"熨斗"本字作"尉(尉、㷉)",字已从火,後又加火旁作"熨"乃俗字,此治小學者之常識。[②]

按前後文均言膏脂及其盛器之類,"蔚"若指熨斗則有突兀之嫌,且無關乎前後文。"蔚"有薈萃、聚集、瀰漫之義。如:《詩·曹風·候人》:"薈兮蔚兮,南山朝隮。"毛傳:"薈、蔚,雲興貌。"[③]劉義慶《世説新語·言語》:"草木蒙蘢其上,若雲興霞蔚。"[④]潘岳《藉田賦》:"青壇蔚其嶽立兮,翠幕黕以雲布。"[⑤]

"鑑"爲一種盛水的容器,也就是青銅器中常見的"鑑",甲骨作"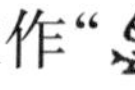",金文作""。《説文》:"鑑,大盆也,一曰鑑諸,可以取明水於月。"徐灝曰:"鑑,古祇作監,从皿以盛水也。其後範銅爲之,而用以照形者,亦謂之鑑,聲轉爲鏡。"[⑥]"鑑"有多種用途,這裏可能是指鏡子,因使用時常需低頭顧影,故粉末膏脂殘落,瀰漫水中。虞士之善爲妝飾,由此可見一斑。

7.係□之,妾有焉及!……我今與女(汝)處,訾孰之瘣者。(28、29號簡)

整理者原注:

"訾",衡量。《國語·齊語》:"桓公召而與之語,訾相其質,足以比成事。"韋昭注:"訾,量也;相,視也。""瘣"疑同"媿",羞愧、慚愧。

何有祖先生指出:

豦,原釋文作處,該字作: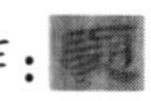字與簡32"據"作:右部同。當是"豦"字,疑讀作

① 楊元途:《北大漢簡〈妄稽〉、〈反淫〉校讀筆記》,復旦大學出土文獻與古文字研究中心網站,2016年6月3日。

② 蕭旭:《北大漢簡(四)〈妄稽〉校補》,復旦大學出土文獻與古文字研究中心網站,2016年7月4日。

③ 周振甫:《詩經譯注·曹風·候人》,北京:中華書局,2002,208頁。

④ [南朝宋]劉義慶:《世説新語》卷上之上《言語》,文淵閣《四庫全書》本,第1035册,54頁。

⑤ 《文選》卷七《藉田賦》,上海古籍出版社,1986,337-338頁。

⑥ [清]徐灝:《説文解字注箋》卷一四上,《續修四庫全書》編纂委員會《續修四庫全書》,上海古籍出版社,1995,第227册,47頁。

“嚎”。《説文》:“嚎,大笑也。”笑、訾有并提的例子,如《禮記·曲禮》“聽於無聲,視於無形,不登高,不臨深,不苟訾,不苟笑。”陸德明《釋文》:“訾,毀也。”《晏子春秋》“景公飲酒命晏子去禮晏子諫”章:“晏子出,王笑曰:‘嗟乎!今日吾譏晏子,訾猶裸而咎撅者也。’”①

王曉明先生指出:

“我今與女(汝)處,訾孰之瘣者。”其中“處”字何有祖已指出乃“豦”字誤釋。此句原整理者斷句有誤,應斷作“我今與女(汝)豦訾,孰之瘣者。”疑“豦訾”讀爲“沮訾”,乃“詆毀”的意思。“我今與女(汝)豦訾”是説“我今天和你互相詆毀”。②

蕭旭先生指出:

《説文》:“豦,鬭相丮不解也。从豕虍,豕虎之鬭(鬥)不相捨。”簡文即用本義,指兩人相争吵不相捨。或讀豦爲詛,咒駡。訾讀爲呰,口毀,訶斥。③

王寧先生指出:

“處”當從何有祖先生釋“豦”。“豦”本爲“鬭相丮不解”義,這裏和“争奇鬥艷”的“争”“鬥”意思類同,就是“鬥一鬥”“比一比”,衡量一下誰是那個(因爲醜陋)該羞愧的人。這是妄稽在和虞士争吵時向虞士挑戰,要和虞士比比誰漂亮。所以下文接着説妄稽作華麗的新衣服、塗胭脂抹粉地拼命打扮,弄好了還問周春:“視我孰與虞士麗?”④

按簡28與簡29之間或無缺簡,簡28末字“及”與簡29首字“我”文義相連,簡背劃痕也大致可以相接,示意圖如下:⑤

① 何有祖:《讀北大簡〈妄稽〉條記(一)》,簡帛網,2016年6月5日。

② 王曉明:《北大簡〈妄稽〉校讀簡記(三)》,復旦大學出土文獻與古文字研究中心網站,2016年6月9日。

③ 蕭旭:《北大漢簡(四)〈妄稽〉校補》,復旦大學出土文獻與古文字研究中心網站,2016年7月4日。

④ 王寧:《讀北大簡四〈妄稽〉零識》,簡帛網,2016年7月14日。

⑤ 簡背劃痕示意圖由《北京大學藏西漢竹書(肆)》中所提供的劃痕圖片剪輯而成。每支簡的編號均使用原來的數字編號,僅調整位置。詳見北京大學出土文獻研究所編《北京大學藏西漢竹書(肆)》,52-54頁。

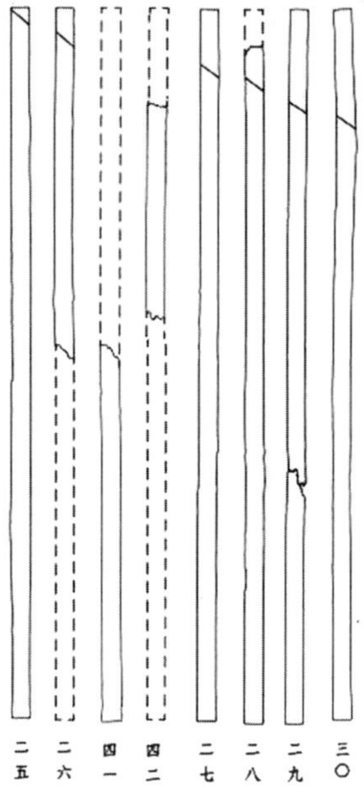

闕字處尚有殘存筆畫:[①]

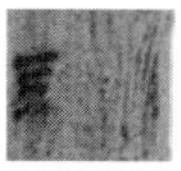

疑即“取”字。同篇多處見“取”字,如下:

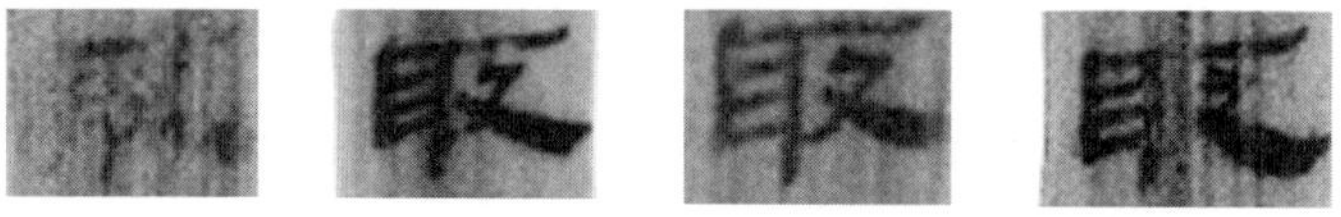

(簡5)　(簡19)　(簡24)　(簡80)

“係”通“繼”,“有”通“又”。“㫺”可與“此”“斯”相通。帛甲《老子》:“天下皆知美爲美,惡已;皆知善,㫺不善矣。”其中“㫺”通行本作“斯”。但此處“㝊㫺”當是一成語,否則作者大不必置一代詞而壞四言句式。

此句整理者原斷作:“係□之,妾有焉及!……我今與女處,㫺孰之瘣者?”疑應句讀爲:“係(繼)取?(娶)之妾,有(又)焉及我!今與女㝊㫺,孰之瘣者?”意爲:“再娶的妾,又怎能比得上我!現在和你比一比,誰纔是應該羞愧的?”

8.妾聞之中,心動恐懼。[②](64、65號簡)

此句吴沂澐先生改讀爲“妾聞之,中心動恐懼”。[③]“中心”一詞雖爲古書習見,然“心動恐懼”

① 圖片來源爲北京大學出土文獻研究所編《北京大學藏西漢竹書(肆)》,28頁。

② “動”,王挺斌指出該字其實當隸釋爲“勭”,參看王挺斌《北大簡〈妄稽〉與〈反淫〉研讀札記》,簡帛網,2016年6月29日。

③ 吴沂澐:《北京大學藏西漢竹簡〈肆〉·妄稽性質、形制析論》,384頁。

已足以成詞，添一“中”字反爲贅矣。且以四言句式計，恐仍當如整理者斷作“妄聞之中，心動恐懼”，意即“我在其中聽見（他們的計劃），心跳恐懼”。“妄聞之中”，或可視爲“妄聞之於中”的省略。《史記·秦始皇本紀》有“欲出周鼎泗水”，亦即“欲出周鼎於泗水”。[①]

9.能過虖（乎）度（宅），不可當月而睇。（67號簡）

整理者原注：

> “度”通“宅”，居所、屋宅。度、宅二字古同聲通用，《詩·大雅·文王有聲》“宅是鎬京”，《禮記·坊記》即引作“度是鎬京”。朱駿聲《説文通訓定聲·又部》云：“度，叚借爲宅。”“當”，對，迎。“睇”蓋同“睼”，迎視。《集韻·齊韻》：“睼，迎視也。或从弟。”

“能”，當讀爲“態”，指的是容貌、儀態。《楚辭·離騷》：“寧溘死以流亡兮，余不忍爲此態也。”[②]司馬相如《上林賦》：“蕩蕩乎八川分流，相背而异態。”[③]

“度”，整理者讀爲“宅”，不可從。“度”即推測、估計。《詩·小雅·巧言》：“他人有心，予忖度之。”[④]《史記·項羽本紀》：“項王自度不能脱。”[⑤]本句指裝扮後的虞士容貌姣好，超乎預估，故而後文有周春的迫切相追，即“不及屨，踐（跣）而追之”。[⑥]

附記：本文在寫作過程中曾得到劉樂賢老師的悉心指導，謹致謝忱！

① 《史記》卷六《秦始皇本紀》，248頁。

② 《文選》卷三二《騷上·離騷經》，1493頁。

③ 《文選》卷八《上林賦》，362頁。

④ 周振甫：《詩經譯注·小雅·巧言》，北京：中華書局，2002，318頁。

⑤ 《史記》卷二九《項羽本紀》，334頁。

⑥ “及”當如字讀，“不及屨”即來不及穿鞋。“踐”疑是“跣”的假借字，古人不穿鞋、不穿襪都稱“跣”。參看王寧《讀北大簡四〈妄稽〉零識》。

揚州新出漢廣陵王豢狗木牘詳考與再研究

揚州市文物考古研究所　　閆　璘
揚州博物館　　許紅梅

内容提要　2015 年 7 月,江蘇揚州市考古所發掘了一座西漢中期墓葬,出土了 13 件木牘,其中 3 件木牘是“侍中臣遂”豢養的狗——“麇”丟失後向“王”的奏疏。通過出土器物和紀年,可知這 3 件木牘的時代爲西漢中期,其記載的“王”即西漢廣陵王劉胥,説明西漢廣陵王劉胥有豢狗的習好,填補了文獻記載的空白。木牘内容顯示,漢代廣陵王劉胥不僅有“侍中”爲其兼職豢狗,還置有豢狗的專門機構和狗官。同時,參考考古資料和文獻記載來看,漢代諸侯王普遍豢狗,這種現象與當時的社會狀況及諸侯王生存的政治氛圍是相適應的。

關鍵詞　揚州　木牘　西漢　廣陵王　狗

一　前言

2015 年爲配合萬科房地産項目建設,南京博物院、揚州市文物考古研究所在建設用地範圍清理了一座西漢中期墓葬。墓葬棺槨結構保存完整,隨葬品組合清楚,墓主身份明確,時代特徵明顯。尤其是出土的 13 件木牘中,有 3 件是侍中“遂”向“王”呈報的關於一隻名爲“麇”的狗先後兩次走丟事件的奏疏及處理的情況,是目前已知出土文獻中關於漢代諸侯王豢狗情況的唯一官文書,現録文如下(圖版見文末)。

侍中臣遂伏地再拜言大王足下。臣遂所養牡狗,名曰麋。亡,未得。臣伏地再拜以聞大王足下。命曰:聞。五年九月甲子,中謁者加奏。出腡室。(木牘1)

侍中臣遂伏地再拜言大王足下。臣[遂]所養牡狗,名曰麋,前日亡,求未得。臣伏地再拜以聞大王足下。·臣遂家人出,逢一男子牽之。言曰:郎中周吴人學之,吴人得之。命曰:男子得縣官狗,何以爲? 奏之。(木牘2)

侍中臣遂伏地再拜言大王足下。臣遂所養牡狗,名曰麋,昨日亡,令謹得。臣伏地再拜以聞。·麋常聞雷走,去之城外,雷止環。昨日去不環。五年十月己卯,中謁者義客(?)奏。出閤(?)門。(木牘3正面)

[五年十月辛亥]朔己卯,侍中遂寫下狗官……□。(木牘3背面)

該木牘資料曾在2017年4月舉辦的一個小型會議上披露過,主要由我的合作夥伴從法律史的角度對此進行過分析,認爲這是迄今見到的最早的尋狗案,其受重視程度説明秦漢時代存在對動物生命本身的某種關注,從而折射出一絲動物權萌芽的端倪。[①] 但本人再三考慮,認爲前文的解讀有其局限性:固然本資料是一個案件的調查報告,但它的史料價值并不局限於法律史的視野中。當我們把視綫從"動物權"這個有争議的概念轉向漢代的政治和宫廷生活,會發現本資料是研究西漢中期王國制度史和宫廷社會史的珍貴材料,因此值得再研究、再認識。此外,前文重點在法律思想的探究上,對本資料的考古出土情況、斷代依據等問題缺乏詳細説明和分析,因此有必要專文詳考以彌補前文之不足。

二　木牘時代及"王"的身份詳考

木牘記載了侍中"遂"先後三次向"王"呈報的奏疏及事件處理情況,那麽,這裏的"王"是指誰呢? 木牘出土地是揚州,由於書寫風格和行文格式明顯具有漢代官文書特點,我們可以先確定該"大王"在漢代統治過揚州地區。考諸正史,漢代在今揚州地區活動過的諸侯王先後有吴王劉濞,江都王劉建、劉非,廣陵王劉胥、劉宫(西漢)、劉荆(東漢)等,那麽這批木牘中記録的"王"是谁呢? 要搞清楚"王"的身份,則需確定墓葬的時代。

我們雖然没有從墓葬中發現明確記載墓葬時代的文字材料,但墓葬本身的時代特徵明顯。首先從墓葬形制上看,豎穴土坑木槨墓流行於西漢時期,是揚州地區比較普遍的墓葬形制。這種槨室内分割爲棺室、一側廂和一頭廂的形制,與揚州胡場1號墓[②]、東風磚瓦廠M5[③]

① 張朝陽、閆璘:《從揚州新出土西漢尋狗案説起:秦漢時代的狗》,《史林》2018年第1期。另見澎湃新聞2017年4月19日報導《從漢代揚州"尋狗案"可以看出秦漢人愛狗嗎》,http://www.thepaper.cn/newsDetail_forward_1665405。

② 揚州博物館、邗江縣圖書館:《江蘇邗江胡場五號漢墓》,《文物》1981年第11期。

③ 揚州博物館:《揚州東風磚瓦廠漢代木槨墓群》,《考古》1980年第5期。

相同,張學濤先生稱其爲 A 型 IIc 式,時代大致在西漢中期。[①] 周俊先生稱其爲 E1 型,并根據墓葬形制和出土遺物,判斷其時代不晚於西漢宣帝時期左右。[②]

其次,墓葬中出土的隨葬品均帶有明顯的西漢中期特徵。從出土陶器組合上看,以鼎、盒、壺、瓿爲組合特徵的墓葬,流行於西漢早、中期。從出土器物類型來看,該墓出土的鼎、盒、壺、瓿器形與煙袋山 1 號墓器形相似,[③]其時代應相差不遠。墓内出土了兩面銅鏡,均爲間隔式大樂富貴四葉蟠螭紋鏡,這種鏡型出現於戰國晚期,流行於西漢早期,時代下限可至西漢中期。墓内出土的漆木器也具有西漢中期的特徵,與荆州高臺西漢中期前段墓葬出土漆器有一定的相似性。[④]

綜上所述,則該墓的時代大致在西漢武帝至宣帝時期。如此,則可以排除木牘記載的"王",并非西汉早期的吴王劉濞、西漢晚期的廣陵王劉宫和東漢廣陵王劉荆。檢閲文獻,西漢武帝至漢宣帝時期,在今揚州地區先後生活者有江都王劉非、劉建和廣陵王劉胥三位諸侯王。

江都王有劉非、劉建父子。史載:"江都易王非,以孝景前二年用皇子爲汝南王。吴楚反時,非年十五,有材力,上書願擊吴。景帝賜非將軍印,擊吴。吴已破,二歲,徙爲江都王,治吴故國,以軍功賜天子旌旗……立二十六年(武帝元光六年,即前 129)卒,子建立爲王。七年(元狩二年,即前 121)自殺……國除,地入於漢,爲广陵郡。"[⑤]劉非墓位於盱眙縣大雲山,2009—2012 年南京博物院、盱眙縣文廣新局進行了發掘。[⑥]

廣陵王劉胥。漢武帝元狩六年(前 117)武帝以廣陵郡部分地置廣陵國,"分沛、東陽置臨淮郡"。封其子劉胥爲廣陵王,都廣陵。宣帝五鳳四年(前 54),因"坐祝祖上",(找女巫作法咒詛皇上),案發被究。以綬帶自縊,國除,改爲廣陵郡。死後賜謚號"厲王"。[⑦] 廣陵王夫婦合葬墓位於今揚州高郵天山,1979 至 1980 年南京博物院、揚州博物館進行了發掘。[⑧]

那麼究竟是哪位諸侯王呢?木牘文末所署干支紀年,分别爲五年九月甲子和五年十月己卯,這爲我們判斷"大王"身份提供了寶貴綫索。經比對干支紀年,我們認爲應該是廣陵王劉胥,理由如下。我們知道,漢代紀年有三種格式,一種爲諸侯王紀年,西漢初年,繼承了春

---

① 張學濤:《揚州地區西漢中小型墓葬的分期研究》,《揚州教育學院學報》2013 年第 1 期。
② 周俊:《揚州地區漢代木槨墓初探》,《東南文化》2004 年第 5 期。
③ 南京博物院:《江蘇儀徵煙袋山漢墓》,《考古學報》1987 年第 4 期。
④ 湖北荆州博物館:《荆州高臺秦漢墓》,北京:科學出版社,2000,263-264 頁。
⑤ 《史記》卷五九《五宗世家》,北京:中華書局,1982,2096 頁。
⑥ 南京博物院、盱眙縣文廣新局:《江蘇盱眙縣大雲山西漢江都王陵一號墓》,《考古》2013 年第 10 期。
⑦ 《漢書》卷六三《武五子傳》,北京:中華書局,1962,2759-2763 頁。
⑧ 梁白泉:《高郵天山一號漢墓發掘側記》,《文博通訊》1980 年第 32 期。

秋“諸侯宗周,國皆稱元,以布時令”的傳統,[①]諸侯王和列侯都自有其紀年,并且是一種普遍的現象,傳世與出土的諸侯王紀年器物銘文均有反映。第二種爲皇帝年號紀年與諸侯王紀年并列存在,皇帝年號紀年列於前,諸侯王紀年列於後,兩者相互對應。這種格式出現在漢武帝時期,其中最早的一件爲山東日照縣海曲西漢墓（M106）出土的“天漢二年(前99),城陽十一年”簡,[②]上書皇帝年號紀年、下書諸侯王紀年。其後有金章宗明昌二年（1191）重修曲阜孔廟時發現的“五鳳二年魯卅四年六月四日成”的刻石。[③] 這種紀年款式,與《史記》的《十二諸侯年表》《六國年表》《漢興以來諸侯王年表》紀年精神一脈相承,把作爲天子的周王、秦朝皇帝、漢朝皇帝紀年排在首位,其下排列諸侯,體現了尊崇天子、皇帝的精神。第三種即衆所周知的皇帝年號紀年。那麽揚州出土文書的紀年方式是皇帝紀年還是諸侯紀年呢?

首先,我們可以排除其爲武帝紀年。揚州地區西漢墓葬分期,一般西漢早期指西漢建立到武帝元狩五年(前118)以前;西漢中期,武帝元狩五年至昭帝、宣帝;西漢晚期前段:元、成、平帝、哀帝;晚期後段,新莽時期。該墓根據出土墓葬形制及出土器物可判定其爲西漢中期墓葬,則此處紀年中的“五年”并非武帝紀年。同時,從干支紀日上看,武帝五年爲建元五年(前136),查對《二十史朔閏表》[④],五年九月乙丑朔,無甲子日。五年十月乙未朔,無己卯日。漢昭帝五年(前82)九月辛亥朔,甲子日爲9月14日,十月辛巳朔,無己卯日。漢廢帝劉賀,在位僅僅29天,後遷海昏侯。宣帝五年爲地節元年(前69)九月丙寅朔,無甲子日。十月乙未朔,無己卯日。可見,此處的紀年并非皇帝紀年。

其次,從木牘内容上看,是“侍中臣遂”向“王”呈報事宜,其應該是使用諸侯王紀年。這種諸侯國官文書上直書“×年”的紀年方式,以前在揚州地區發現過,如胡場五號墓出土的告地册就采用這種方式:“卅七年十二月丙子朔辛卯……卅八年獄計承書從事”。[⑤]長沙走馬樓簡中這種紀年方式也極爲常見。

既然判定是諸侯王紀年,那麽究竟是哪位諸侯王呢?我們分别把江都王和廣陵王紀年轉换爲西漢紀年并查對《二十史朔閏表》,推算如下:

1.江都王劉非五年即景帝七年(前150),該年九月丁巳朔,則甲子日爲九月八日。十月丙戌朔,無己卯日。

2.江都王劉建,繼位於漢武帝元朔二年(前127),五年即武帝元朔六年(前123),該年九

① 《晋書》卷八七《涼武昭王玄盛傳》,北京:中華書局,1974,2261頁。

② 山東文物研究所:《山東日照海曲西漢墓(M106)發掘簡報》,《文物》2010年第1期。

③ [清]翁方綱:《兩漢金石記》卷七《五鳳二年石刻》,《石刻史料新編》第1輯,第10册,臺北:新文豐出版公司,1982,7300頁。

④ 陳垣:《二十史朔閏表》,北京:中華書局,1962。

⑤ 揚州博物館、邗江縣圖書館:《江蘇邗江胡場五號漢墓》,《文物》1981年第11期。

月庚戌朔,則甲子日爲15日。十月己酉朔,無己卯日。

3.廣陵王劉胥受封於元狩六年(前117)四月乙巳,五年即武帝元鼎四年(前113),該年九月壬子朔,則甲子日爲13日。十月辛亥朔,己卯日爲29日。

江都王劉非、劉建干支紀年中,月朔和干支紀日不能完全吻合,而廣陵王劉胥則干支紀年完全可以對應。所以,可判定此處的簡牘中記載的"王"係指西漢廣陵王劉胥。

三　侍中"遂"及其所養的"麋"

新出木牘爲"遂"上奏廣陵王的疏,則"遂"應該是劉胥的侍中,屬於近臣,可惜由於史册無載,其生平不詳。

木牘中反復提到"臣遂所養牡狗",那麽其所養的狗是什麽性質?我們首先懷疑狗是遂的私人寵物。漢代養狗之風極盛,甚至在狗死以後還專門爲狗修築有墳墓。2013年櫟陽城發掘中,[①]發現一座西漢晚期至新莽時期的狗墓,以灰陶水管爲葬具,内置一隻骨架完整的小狗,在狗尾和腿骨後面有燒製火候很低的小陶俑31個。俑是喪葬中明器的一種,是古代先民爲死者製作的殉葬品,用以陪伴死者。兩漢時期我國以陶俑陪葬的墓葬分布非常廣泛,陶俑的數量往往代表了墓主人生前的等級與榮耀。雖然文獻对于漢代喪葬物品中陶俑的数量没有明確的記載和規定,但是我們對比考古資料,如果僅從隨葬陶俑的數量來看,以西安爲重心的陜西、豫西地區出土陶俑數量超過30件的僅有漢陽陵、安陵、竇太后墓、杜陵等寥寥數座墓葬。[②] 足見當時富貴家的狗已經超越了普通人的社會地位,在其死後,享有超越一般士族規格的葬禮。

根據奏疏中此狗又被稱爲"縣官狗"("男子得縣官狗")。我們知道,"縣官"一詞在秦漢時期是標識官府所有權的常用語。[③] 如雲夢龍崗秦簡簡270有"故縣官馬牛羊盗□之弗□□□"。[④] 漢初《二年律令》之《徭律》有:"發傳送,縣官車牛不足";《金布律》有:"亡、殺、傷縣官畜産","亡、毁、傷縣官器財物","縣官器敝不可繕者,賣之"等記載。[⑤] 奏疏中的"縣官狗",顯然和龍崗秦簡、《二年律令》等見到的用法一致,標明此狗屬於官府的官狗,以區别於私狗。

① 中國社會科學院考古研究所、西安市文物保護考古研究院、阿房宫與上林苑考古隊:《西安市閻良區秦漢櫟陽城遺址墓葬的發掘》,《考古》2016年第9期。

② 轉引自趙耀雙《兩漢墓葬出土陶俑的研究》,吉林大學2009年碩士論文,25-26頁。

③ 詳細考證,參見季立剛、張燕《論漢代官方的所有權形態:以漢簡爲考察對象》,《湖南師範大學社會科學學報》2013年第3期。

④ 劉信芳、梁柱:《雲夢龍崗秦簡》,北京:科學出版社,1997,21頁。

⑤ 張家山二四七號漢墓竹簡整理小組:《張家山漢墓竹簡[二四七號墓]》(釋文修訂本),北京:文物出版社,2006,64、68頁。

那麽這隻狗屬於什麽官府？奏疏中曾提到“侍中遂寫下狗官”。秦漢宫廷養狗很常見，有專職人員負責。《法律問答》:“何謂‘宫狡士’、‘外狡士’？皆主王犬者也。”[①]《史記》中則記載漢代宫廷中有“狗監”負責養狗。這樣，我們就可以初步將走失的狗推定爲廣陵王宫之犬，由“狗官”（假定這等同於“狗監”）直接飼養，而由侍中遂負責管理。也正是因爲此狗是侍中爲廣陵王宫豢養，所以“麋”每次走丢，都要觸發一套相當正規的調查程式，并且都要向廣陵王彙報。

例如，（五年九月）狗找到後，遂又通過中謁者向大王彙報。大王下令訊問涉事人員，并要求將結果向他本人彙報：“命曰：男子得縣官狗，何以爲？奏之。”（木牍2）。五年十月，狗丢失，侍中遂通過“中謁者”向大王彙報情況，并向下級“狗官”下發了相關文書（木牍3正、背面）。一隻狗的走失，讓有關人員如此鄭重其事，并驚動到大王，若非廣陵王宫之狗，怎能費此周折？正是在這個意義上，奏疏中所稱“臣遂所養牡狗”，實際上是指“臣遂”爲廣陵王所養之狗。

那麽，“遂”所養的是什麽類型的狗呢？從木牘記載侍中“遂”所養狗名“麋”來看，其可能屬於田犬。漢代，狗的品種已經形成。[②]《爾雅》載：“狗……長喙，獫。短喙，猲獢。絶有力，狣。尨，狗也。”[③]狗在人類生活中所起作用的區分已經十分清晰，《禮記·少儀》載：“犬則執緤”，疏曰：“犬有三種，守禦宅舍曰守犬；田獵所用曰田犬；庖廚所烹曰食犬。”[④]并且已經出現了總結相狗經驗的專著，《漢書·藝文志》載漢代有“《相六畜》三十八卷”，[⑤]而狗爲六畜之一，故羅福頤先生認爲相狗應是其中之一。1972年山東臨沂銀雀山漢墓中出土了爲數不少的漢簡，其中有“相狗”“相成狗”等字樣。這些漢簡正是遺失一千多年的相狗經殘簡。[⑥]狗名“麋”，当非食肉犬，食肉用犬是無名字的。《禮記·少儀》：“犬則執緤，守犬田犬則授擯者。既受，乃問犬名。”[⑦]侍中遂所養之狗，取名为“麋”，似源於《吕氏春秋·士容論》中關於良犬的記載：“齊有善相狗者，其鄰假以買取鼠之狗，期年乃得之，曰：‘是良狗也’。其鄰畜之數年，而不取鼠，以告相者。相者曰：‘此良狗也。其志在獐、麋、豕、鹿，不在鼠，欲其取鼠也，則桎之。’其鄰桎其後足，狗乃取鼠。”[⑧]據此，良狗志在追逐麋鹿之類的大獵物，或許這是走失之狗命名的寓意。

---

① 睡虎地秦墓竹簡整理小組：《睡虎地秦墓竹簡·法律答問》，北京：文物出版社，1978，138頁。
② 余孚：《古代“六畜”之一——狗》，《古今農業》1995年第2期。
③ 李學勤主編：《爾雅注疏》卷一〇《釋畜》，北京大學出版社，1999，342頁。
④ [元]陳澔：《禮記集説》卷六《少儀》，成都：巴蜀書社，1987，100頁。
⑤ 《漢書》卷三〇《藝文志》，1775頁。
⑥ 羅福頤：《臨沂漢墓所見古籍概略》，中國古文字學會編《古文字研究》第11輯，北京：中華書局，1985。
⑦ [元]陳澔：《禮記集説》卷六《少儀》，100頁。
⑧ 張雙棣、張萬彬等譯注：《吕氏春秋譯注》，長春：吉林文史出版社，1987，905-906頁。

四　文獻與考古資料所見的漢代諸侯王豢狗

關於漢代帝王家的狗,歷史文獻記載頗多。漢高祖劉邦在攻入秦都咸陽城後,見"宫室帷帳,狗馬重寶婦女以千数,意欲留居之"。① 漢朝建立後,也成立了專門的豢狗機構——狗監。漢文帝、元帝時,也因發生災荒而減少皇室豢養的狗,文帝後元六、七年時(前158、前157),"天下旱,蝗。帝加惠:令諸侯毋入貢,馳山澤,減諸服御狗馬,損郎吏員,發倉庾以振貧民"。② 漢元帝初元元年(前48),"民疾疫"并且"關東郡國十一大水,饑,或人相食",於是元帝"詔罷黄門乘輿狗馬。"③可見,漢代帝王普遍豢狗。漢武帝對豢狗尤爲重視,建有"犬臺宫",《三輔黄圖》載:"犬臺宫,在上林苑中,長安西二十八里",④犬臺宫外又建築了"走狗觀"。《漢書·江充傳》:"初,充召見犬臺宫。"顔師古注引晋灼曰:"《黄圖》上林有犬臺宫,外有走狗觀也。"⑤文學家司馬相如得見漢武帝,與他有一位任事狗監的同鄉楊得意有很大關係:"蜀人楊得意爲狗監,侍上。上讀《子虛賦》而善之,曰:'朕獨不得與此人同時哉!'得意曰:'臣邑人司馬相如自言爲此賦。'上驚,乃召問相如。"⑥司馬相如因狗監薦引而名顯,故後常用以爲典。劉禹錫《酬宣州崔大夫見寄》詩:"再入龍樓稱綺季,應緣狗監説相如。"説的即是此事。關於漢武帝喜狗的情況,在其墓葬中也有體現,漢陽陵K14、K18、K19等陪葬坑内均有陶狗或者狗骨架隨葬,K13A區中段全部爲陶狗,共458件,分爲28排擺放,每排11—18件不等,緊密相連,排列整齊。⑦

一般而言,上有所好,下必甚焉。但是,漢代諸侯王是否豢狗,文獻記載和考古發掘資料往往抵牾。漢代諸侯王豢狗情況,正史唯一的記載就是魯恭王劉餘及其子淮南王劉安:"魯恭王餘以孝景前二年立爲淮陽王。吴、楚反破後,以孝景前三年徙王魯。好治宫室苑囿狗馬,季年好音,不喜辭。爲人口吃難言。二十八年薨。"⑧但是,比較奇怪的是,在魯恭王墓葬中既未發現使用狗殉葬,又未使用陶狗隨葬。⑨《列仙傳》稱淮南王劉安煉得仙藥後,一家人服後皆升天成仙,"俗傳安之臨仙去,餘藥器在庭中,雞犬舔之,盡得升天,故雞鳴天上,犬吠

① 《史記》卷五五《留侯世家》,2037頁。
② 《史記》卷一〇《孝文本紀》,432頁。
③ 《漢書》卷九《元帝紀》,281頁。
④ 陳直:《三輔黄圖校注》,西安:陝西人民出版社,1980,39頁。
⑤ 《漢書》卷四五《江充傳》,2176頁。
⑥ 《史記》卷一一七《司馬相如列傳》,3002頁。
⑦ 陝西省考古研究院:《漢陽陵帝陵東側11~21號外藏坑發掘簡報》,《考古與文物》2008年第6期。
⑧ 《漢書》卷五三《景十三王傳》,2413頁。
⑨ 山東省博物館:《曲阜九龍山漢墓發掘簡報》,《文物》1972年第5期。

雲中”。[①] 這則傳説與淮南王劉安傳又相悖:“(劉安)爲人好書,鼓琴,不喜弋獵狗馬馳騁,亦欲以行陰德拊循百姓,流名譽。”[②]究竟孰是孰非,則有待更多資料的驗證。

儘管文獻不能説明諸侯王是否豢養狗,但是,在部分已經發掘的諸侯王墓葬中,則多發現有用狗殉葬或者使用陶狗隨葬的習俗。漢代諸侯王墓内一般修建儲藏坑、陪葬坑,設有專門的祭祀室,體現了墓葬形制逐漸趨宅第化的特徵,涉及墓主個人及當時社會生活的諸多方面,給我們提供了許多鮮爲人知的新的歷史事實。部分諸侯王墓葬中發現有狗的遺骸,還帶有項圈等,顯然這些狗可能是死者生前的寵物,或者曾經伴隨主人狩獵等,墓主希望自己生前的寵物能伴隨自己生活於幽冥之中,或者共同羽化成仙。據不完全統計,以狗殉葬的諸侯王主要有以下 4 位。

1.趙王張耳墓内發現殉狗 2 隻。其中一隻發現於深 2 米多的墓壙中部填土中,係幼狗。另一隻在外槨東南部,係一幼狗,骨架頸部有小銅鈴一個。[③]

2.臨淄西漢齊王墓(可能是第二代西漢齊王——哀王劉襄)有專門的殉狗坑。坑口以下 2.3 米處見槨室,槨室内有 30 隻殉狗,骨架粗壯,相互疊壓,無規律放置,大約是殺死後隨意扔進的。每條狗的頸部都繫有用貝殼串成的項圈,其中 28 隻狗頸部各係一銅環。坑東部有一條狗的頸下有 8 件銅轉環、8 件銅帶扣,并發現有皮條的腐朽痕迹。殉狗可能是墓主人生前玩樂或者狩獵用的獵狗。[④]

3.章丘洛莊漢墓(墓主人可能是死於公元前 186 年的吕國第一代王吕臺)陪葬坑中,9 號坑内最西部集中擺放 10 隻犬,均帶有銅環和海貝組成的項圈。

4.中山靖王劉勝。劉勝,前元三年(前 154)受封中山王,元鼎四年(前 113)去世,謚號“靖”,葬河北保定市滿城。劉勝墓坐西朝東,鑿山爲墓,分爲墓道、甬道、南耳室、北耳室、中室和後室六部分,其中甬道是車馬房,放置實用的車和殺殉的駕車的馬和狗 11 隻,[⑤]狗骨附近均發現有殘鐵鏈。[⑥]

西漢諸侯王墓中,殉葬狗的墓葬多爲西漢早中期,體現出對商周時期大量使用狗殉葬習俗的繼承和漸趨衰落的特徵,同時,也是墓主人豢狗情况及個人喜好在墓葬習俗方面的體現。

關於漢代廣陵王劉胥是否豢狗,文獻無載,考古資料也未發現。此次發現的木牘則明確了漢代廣陵王豢養狗,不僅可以補文獻記載之缺,也在一定程度上反映了漢代諸侯王普遍豢

---

① 王叔岷撰:《列仙傳校箋》,北京:中華書局,2007,168 頁。

② 《漢書》卷四四《淮南衡山濟北王傳》,2145 頁。

③ 石家莊市圖書館文物考古小組:《河北石家莊市北郊西漢墓發掘簡報》,《考古》1980 年第 1 期。

④ 山東省淄博市博物館:《西漢齊王墓隨葬器物坑》,《考古學報》1985 年第 2 期。

⑤ 中國社會科學院考古研究所、河北省文物管理處:《滿城漢墓發掘報告》,北京:文物出版社,1980,24 頁。

⑥ 劉尊志:《漢代諸侯王墓動植物陪葬内容及相關問題淺析》,《南方文物》2015 年第 3 期。

狗的事實。那麼,諸侯王豢狗,是否設置與中央王朝一樣的專門機構,專人負責呢?

從木牘内容上看,在“麋”走丟事件中,先後涉及三個不同職位的官吏:侍中、狗官、中謁者,這也間接反映了漢代諸侯王官僚機構的設置。《漢書》對諸侯王職官記載較爲簡略:“諸侯王,高帝初置,金璽盭綬,掌治其國。有太傅輔王,内史治國民,中尉掌武職,丞相統衆官,群卿大夫都官如漢朝”。① 具體的執掌等情況,也未涉及,此次發現的木牘,可以很好地彌補這一缺憾。簡述如下。

1.侍中

侍中一職秦時已有,《漢書·百官公卿表》認爲侍中是秦制。《史記·李斯列傳》載趙高對秦二世云:“且陛下深拱禁中,與臣及侍中習法者待事,事來有以揆之”;又有:“趙高使其客十餘輩詐爲御史、謁者、侍中,更往覆訊斯。”②漢承秦制,也設置有侍中一職。不僅皇帝有侍中,諸侯王也設有侍中,如《漢書·文三王傳》:“(梁孝王入朝)以太后故,入則侍帝同輦,出則同車游獵上林中。梁之侍中、郎、謁者著引籍出入天子殿門,與漢宦官亡异。”③

木牘記載廣陵王的“侍中臣遂”主要的一項工作是豢狗,説明至武帝時期,諸侯王國内侍中一職的主要工作與漢初的變化不大,依然没有擺脱服侍諸侯王衣食住行等生活起居的事務。這與漢武帝親政之後,爲了削奪丞相及外朝大臣的權力,進而集權於己,開始采取各種措施,賦予自己身邊的侍中以各種各樣的權力和職責,或指派他們參與某些重要事務的現象還是有一定的差异。④

2.狗官

漢朝建立後,中央朝廷就建立了專門爲皇帝管理狗事的機構:“狗監”。一些有名的歷史人物亦曾在狗監中任過職,如李延年就曾任“給事狗中”,《集解》引徐廣曰:“主獵犬也”,《索隱》則稱是“或犬監也”。⑤ 西漢上林苑有狗監。狗是皇帝狩獵時必用的,專門設置狗監負責此事。關於秦漢時期中央養狗機構的設置,李超先生論述甚詳:“漢代中央養狗前期以少府爲首,屬有鉤盾和上林十池監,掌管内、外厩。水衡都尉設置後,中央以少府和水衡都尉爲首,少府之下鉤盾掌管内厩,有屬官狗監等。”⑥所言甚是,但是關於漢代諸侯王養狗機構的設置,尚未提及。

木牘記載:“侍中遂寫下狗官”,説明漢代廣陵王宫内也有一套專門的機構用於養狗,狗官負責狗的管理,與上林苑的狗監承擔了相似的責任。

---

① 《漢書》卷一九上《百官公卿表上》,741 頁。
② 《史記》卷八七《李斯列傳》,2558、2561 頁。
③ 《漢書》卷四七《文三王傳》,2209 頁。
④ 參見安作璋、熊鐵基《秦漢官制史稿》,濟南:齊魯書社,1984,288 頁。
⑤ 《史記》卷一二五《佞幸列傳》,3195 頁。
⑥ 李超:《秦漢養狗官制考》,《農業考古》2017 年第 1 期。

3.中謁者

20 世紀 90 年代西安市北郊相家巷出土的秦代封泥中,發現有“中謁者”“中謁者府”印。[①] 西漢王朝建立後,在少府中設有中書謁者,而且繼承了秦的中謁者制。[②] 大約自高后以後,“中謁者”始爲宦官承擔者的專稱。西漢的中謁者有“受事”的職掌,“所謂‘受事’,一方面是指接受臣下奏疏,上達天子;另一方面又指接受天子詔旨,下達臣僚。如淳曰:‘謁主通書,謂出納君命’。總括這兩方面就是關通内外的傳達之職。”[③]而本木牘記載:“中謁者加奏”“中謁者義客(?)奏”,説明了中謁者在諸侯王國内的主要職掌。

五　結論

綜合以上資料,我們發現廣陵王劉胥不僅豢有田犬,還設置了專門的機構,有人員專門豢狗,由侍中統領。這種習俗一方面反映了漢代養狗之風盛行的時代特點,另一方面,也可能與武帝时漢代王國政治的變化有關。

漢景帝平定七國之亂後,廢除了諸王的行政管理權、官吏任免權,黜減了王國官吏。尤其是武帝時期“罷黜百家,獨尊儒術”,將尊卑貴賤與價值判斷聯繫在一起,建立了一套將君、臣、民的關係絶對化的從屬關係,使三綱五常失去相對性的意義,變成一種絶對性的關係。在這種思想的指導下,統治者有權除天下之患,時時刻刻維繫幹强枝弱的政治局勢。而諸侯王身份敏感,在皇帝看來,絶有可能包藏禍心,威脅統治者的政權。這種集權思想表現在政治制度上,則是實行左官律和附益法,把諸侯王完全排斥於政治生活之外,同时剥奪了諸侯王對王國的經濟管理職能,使之成爲“惟得衣食租税”的貴族地主。[④] 即便如此,諸侯王依然爲統治者所猜忌,日常生活起居、衣食住行也無不置於中央的嚴密監督之下,以致動輒犯法。在這種思想上奴化、政治上壓迫、經濟上制約、生活上監控的高壓統治之下,諸侯王爲苟且偷生,往往表現出一副生活畸形、心理變態的模樣:驕奢淫逸,行爲乖張。巴新生先生將削藩後的諸侯王荒誕生活分爲四個類型,其中第一種類型就是沉溺於聲色犬馬,消極避世。[⑤] 關於諸侯王寄情於豢狗田獵等享樂活動,《西京賦》所云“强弩弋高鳥,走犬逐狡兔,此其爲樂也”,就是這種情況的真實寫照。而廣陵王劉胥可能就是其中最具代表性人物之一,他統治廣陵 64 年,多次與天子寶座擦肩而過。其内心之落寞和無奈可想而知。班固説:“胥壯大,

① 傅嘉儀:《秦封泥匯考》,上海書店出版社,2007,151 頁。

② 余華青:《中國宦官制度史》,上海人民出版社,2006,129-130 頁。

③ 魏向東:《兩漢謁者官制初探》,《蘇州大學學報》1985 年第 2 期。

④ 《漢書》卷三八《高五王傳》,2002 頁。

⑤ 巴新生:《景帝削藩後西漢諸侯王的社會生活與社會心態》,《歷史教學》1990 年第 7 期。

好倡樂逸游,力扛鼎,空手搏熊彘猛獸。動作無法度,故終不得爲漢嗣。”[①]這裹雖然没提到養狗,但是出土資料更印證了劉胥如何之“倡樂逸游”——差不多是聲色犬馬吧!

附圖(王展攝影):

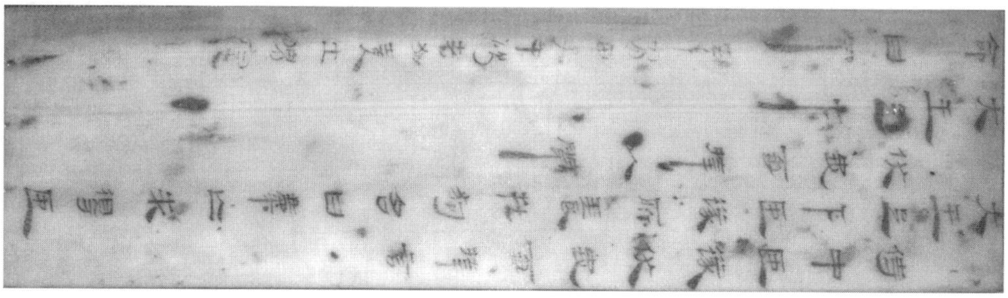
木牘1

木牘2

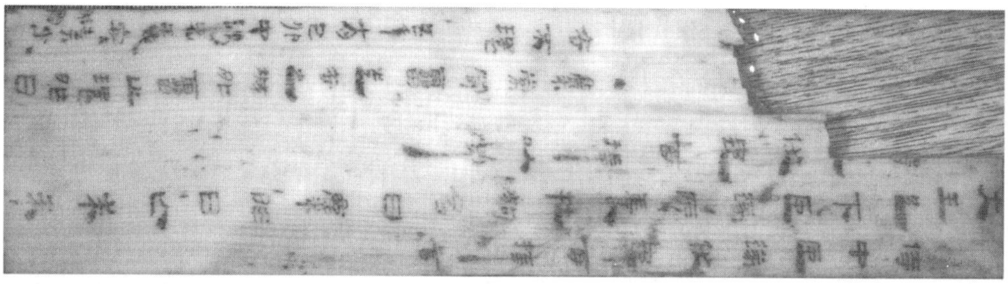
木牘3(正面)

木牘3(背面)

① 《漢書》卷六三《武五子傳》,2760頁。

河西漢簡中的"獄計"及相關文書

荆州博物館　彭　浩

内容提要　河西漢簡中有兩份自名爲"獄計"的文書,標題由官署名、年號和"獄計"構成,主要内容是對坐罪者的處置記録,一人一簡。"獄計"是縣、郡及相應級别機構的獄訟統計文書,也是年終上計簿册的組成部分。另一類以"坐"爲事由開頭的文書,可分作兩種:一種是對犯有輕罪者處罰爲"適(謫)"的文書;另一種是對犯有重罪者的處罰文書。兩種文書格式相近,皆一人一簡。後者是平時上報郡級機構的獄訟統計文書,與秦"獄校"文書相同。郡及相應機構年終上報的"獄計"是據日常"獄校"文書匯總而成。

關鍵詞　漢簡　獄計　獄校

一

大灣和肩水金關出土的漢簡中各有一枚"獄計"簡:

(1)張掖郡肩水庾候官本始三年獄計　　坐從軍假工官☐
田卒淮陽郡莱商里高奉親　　已移家在所
293.7[①]

① 謝桂華、李均明、朱國炤:《居延漢簡釋文合校》,北京:文物出版社,1987,490頁。"淮陽郡莱商里"之"莱",學者多認爲是漢昭帝、宣帝時淮陽郡下屬的莱縣。任攀改釋"莱"爲"華"(《居延漢簡釋文校訂及相關問題研究》,復旦大學古文字與出土文獻研究中心碩士論文,2012,189頁)。據此,馬孟龍認爲,"淮陽郡莱縣"是"淮陽郡華縣"之誤釋,即《漢書·地理志》之汝南郡西華縣(《居延漢簡地名校釋六則》,《文史》2013年第4輯,北京:中華書局,267-275頁)。

(2)　　　　　　　　地節三年獄計張掖居延農都尉隴西郡西始昌□〼

大僕未央厩

　　　　　　　　　　癸卯□□□□□□□□□□□□□□論罰章〼

73EJT24:101+116[①]

勞榦著《居延漢簡考釋·釋文之部》把簡(1)(293.7)歸入"計簿類"。[②] 永田英正"根據構成簿籍正文的簡牘的書式",把簡(1)歸入"簿籍正文"中"其他"的"子"類,并指出是"罪狀與處罰記録"。[③] 上述觀點對進一步研究頗有啓發。

簡(1)的文字分上下兩欄,各兩行。閱讀次序是:上欄右行——上欄左行——下欄右行——下欄左行。此簡下端殘斷,下欄右行文字不全。因"已移家在所"下再無文字,左行文字完整。由此可判斷,該份"獄計"只用一簡。

上欄左行"張掖郡肩水庾候官本始三年獄計"是該份文書的標題。本始三年,西漢宣帝三年(前71)。肩水,肩水都尉省稱。此牘出土地點在大灣(A35),是肩水都尉的駐地,[④]屬張掖郡。庾候官,秩比六百石,[⑤]駐庾,對應鄣塞不詳。"田卒淮陽郡萊商里高奉親/坐從軍假工官〼/已移家在所"是"獄計"的正文。"田卒"是西北邊境戍卒中從事屯田者。武帝元鼎五年"初置張掖、酒泉郡,而上郡、朔方、西河、河西開田官,斥塞卒六十萬人戍田之。"[⑥]屯戍不同於民屯,屬軍事編制。坐,犯法致罪。工官,政府管理手工業及技工的機構。簡文可見張掖郡下設有工官機構,如"元康元年庫佐德、工定繕、護工卒史遂、丞常、令仁臨"(73EJT29:92)。[⑦]戍卒中有專門技能者被派任技工,如"戍卒趙國邯鄲上里皮議　車工"(73EJT1:19)。[⑧] 據

① 甘肅簡牘保護研究中心、甘肅省文物考古研究所、甘肅省博物館等:《肩水金關漢簡(貳)》,上海:中西書局,2012,中册290頁,下册145頁。

② 勞榦:《居延漢簡考釋·釋文之部一》,上海:商務印書館,1949,503頁。1960年版釋文按圖版排序,未分類(《居延漢簡考釋之部》,臺北:"中研院"歷史語言研究所,4頁)。

③ [日]永田英正著,張學鋒譯:《居延漢簡研究》(上),桂林:廣西師範大學出版社,2007,242、254頁。

④ 陳夢家:《漢簡綴述》,北京:中華書局,1980,24-25頁。唐俊峰認爲,肩水都尉府治所在成帝元延、綏和年間,從大灣遺址(A35)南移(《A35大灣遺址肩水都尉府説辨疑——兼論"肩水北部都尉"的官署問題》,《簡帛》第9輯,上海古籍出版社,2014,230-240頁)。

⑤ 陳夢家:《漢簡所見奉例》,《漢簡綴述》,142頁。

⑥ 《漢書》卷二四下《食貨志下》,北京:中華書局,1964,1173頁。

⑦ 甘肅簡牘博物館、甘肅省文物考古研究所、甘肅省博物館等:《肩水金關漢簡(叁)》,上海:中西書局,2013,中册153頁。

⑧ 甘肅簡牘保護研究中心、甘肅省文物考古研究所、甘肅省博物館等:《肩水金關漢簡(壹)》上海:中西書局,2011,中册6頁。

“田卒高奉親坐從軍假工官☐”推測，高奉親在屯戍地曾向工官借用公物或錢物，逾期未還；[①]或屯戍結束時未歸還所借，遭官府起訴。“已移家在所”是追討所借錢物或論罪文書，[②]即由案發地的庾候官發文至高奉親原籍淮陽郡。里耶秦簡中有多件政府部門向欠還公物或欠繳貲錢者追索的公文，[③]可參考。據《二年律令・盜律》，借用公物逾期二十日未歸還，“以私自叚(假)律論”，即“假貣(貸)人罰金二兩。其錢金、布帛、粟米、馬牛殹(也)，與盜同法”[④]。因此，高奉親已涉及犯罪，故列入“獄計”，報告此案處理過程。

簡(2)“大僕未央廄地節三年獄計”，“大僕未央廄”大字書於上欄正中，下欄兩行皆小字書寫。右行“地節三年獄計”。地節三年，漢宣帝七年(前67)。大僕是中央政府管理輿馬的機構，在西北邊境各郡建有馬苑。《漢書・百官公卿表》：“大僕……又邊郡六牧師菀令，各三丞”，顔師古曰：“《漢官儀》云牧師諸菀三十六所，分置北邊、西邊，分養馬三十萬頭。”[⑤]未央廄令在《二年律令・秩律》中位於八百石之列，東漢歸入秩六百石。[⑥] 由簡文標題可知，大僕設在河西邊郡的馬苑是分屬各廄管理。在張掖郡則由農都尉下屬屯田卒承擔養馬事務。“張掖居延農都尉”，設於張掖郡的居延農都尉。“農都尉、屬國都尉，皆武帝初置。”[⑦]傳世文獻所記西漢農都尉有兩處：一是張掖農都尉，二是上河農都尉。張掖郡農都尉治所位於番和。[⑧]

此前，學者試圖通過解讀居延漢簡來證明“居延農都尉”的存在。因斷讀分歧，各自解釋

---

① 劉欣寧認爲，“從軍假工官”可能指向工官借用物品而產生之刑責。參見其著譯《秦漢時代的户籍與個別人身支配——關於户籍地的考察》，周東平、朱騰主編《法律史譯評》(2014年卷)，北京：中國政法大學出版社，2015，90-91頁。[日]宮宅潔認爲，田卒高奉親“在從軍過程中借用某個東西，犯了與此有關的罪”。參見氏著，楊振紅等譯，楊振紅、石洋審校《中國古代刑制史研究》，桂林：廣西師範大學出版社，2016，213頁。

② [日]宮宅潔認爲，簡文可能是“(事)已，移家在所”，即“由於已經判決……”《中國古代刑制史研究》，213頁。

③ 湖南省文物考古研究所、湘西土家族苗族自治州文物處：《湘西里耶秦代簡牘選釋》，《中國歷史文物》2003年第1期，8-25頁，簡[9]1-12。馬怡：《里耶秦簡中幾組涉及校券的官文書》，《簡帛》第3輯，上海古籍出版社，2008，191-205頁。

④ 簡78-79：“諸有叚(假)於縣道官，事已，叚(假)當歸。弗歸，盈廿日，以私自叚(假)律論。其叚(假)别在它所，有(又)物故毋道歸叚(假)者，自言在所縣道官，縣道官以書告叚(假)在所縣道官收之。其不自言，盈廿日，亦以私自假律論。”張家山二四七號漢墓竹簡整理小組：《張家山漢墓竹簡[二四七號墓]》(釋文修訂本)，北京：文物出版社，2006，19-20頁。簡77：“□□以財物私自假貣(貸)，假貣(貸)人罰金二兩。其錢金、布帛、粟米、馬牛殹(也)，與盜同法。”彭浩、陳偉、[日]工藤元男主編：《二年律令與奏讞書：張家山二四七號漢墓出土法律文獻釋讀》，上海古籍出版社，2007，121頁。

⑤ 《漢書》卷一九上《百官公卿表上》，729頁。

⑥ 張家山二四七號漢墓竹簡整理小組：《張家山漢墓竹簡[二四七號墓]》(釋文修訂本)，71-72頁。《續漢書志・百官二》：“本注曰：舊有六厩，皆六百石令”。(《後漢書》，北京：中華書局，1965，3581頁)

⑦ 《漢書》卷一九上《百官公卿表上》，742頁。

⑧ 《漢書》卷二八下《地理志下》，1613頁。

不同。[1] 陳夢家認爲,張掖郡設有張掖、居延兩個農都尉。[2] 裘錫圭則認爲,"在居延地區只有令長一級的農官,并不存在所謂居延農都尉。"[3]

新材料的出現,終結了以往的争論。《肩水金關漢簡》有如下簡文:

	五封都尉章其二詣橐他三詣廣地	一封表是丞印詣居	
	一封□□□□詣居延	七月戊寅日食時□	
北書廿四封	三封太守章其二詣居延都尉一居延	二封□	⧄
	三封大司農□章其一封破詣居延農都尉		
	一封樂官丞印詣居延	73EJH2:49[4]	

這是一份郵書刺(或稱"過書刺"),係傳遞郵件的記録。據"三封大司農□章,其一封破,詣居延農都尉"可知,"居延農都尉" 是一個官署,是信件的接收者;中央政府的"大司農"直接給居延農都尉發出信件,兩者是上下級的隸屬關係。"北書廿四封" 是發往觻得(張掖郡府駐地)以北方向的橐他、廣地、居延等地。"詣居延農都尉"的三封信件由觻得轉發,説明居延農都尉駐地可能在肩水金關或以北的某地。居延農都尉所轄屯田區有"北部以甲渠塞、卅井塞和居延澤包圍了居延屯田區,南部以肩水東西兩部塞包圍了騂馬屯田區"。[5] 由此可以確認,漢代張掖郡分設有張掖、居延農都尉,可補史書缺失。

簡(2)"張掖居延農都尉"是"張掖郡居延農都尉"省稱,如居延漢簡 4.1"張掖農都尉"。[6] 此獄計存坐罪者籍貫 "隴西郡西始昌里(?)",[7]身份是田卒,服役地點是未央厩設在居延農

---

① 以居延簡 65.18 爲例。原釋文是:"……丞相史⧄/⧄下領武校居延屬國部農都尉縣官承書⧄"(中國社會科學院考古研究所編:《居延漢簡甲乙編》下册,北京:中華書局,1980,46 頁)。陳夢家斷讀爲"丞相史下領武校、居延屬國、部、農都尉","指居延的屬國都尉、部都尉和農都尉"(《漢簡綴述》,40 頁)。[日]市川任三認爲,"居延屬國"不見於史料,應斷句作"居延、屬國、部、農都尉"(市川任三著《論西漢的張掖郡都尉》,中國社會科學院歷史研究所戰國秦漢史研究室編《簡牘研究譯叢》第 2 輯,北京:中國社會科學出版社,1987,199-200 頁;吕宗力譯自《無窮會東洋文化研究所紀要》第 6 輯,1965)。裘錫圭斷句同市川氏,認爲簡文"指張掖郡的居延都尉、屬國都尉、部都尉和農都尉。特别提出居延都尉,當是由於其地位特别重要,'領武校'這個加銜可能是專屬於居延都尉的"(《漢簡零拾》,《文史》第 12 輯,北京:中華書局,1981,13-14 頁;收入《裘錫圭學術文集》第 2 卷,上海:復旦大學出版社,2012,67-68 頁)。進一步的論述可參閲《從出土文字資料看秦和西漢時代官有農田的經營》(《裘錫圭學術文集》第 5 卷,210-253 頁)。

② 陳夢家:《漢簡綴述》,41 頁。筆者認爲,陳氏的結論正確,但所據資料及斷讀皆不能給予直接的證明。

③ 裘錫圭:《從出土文字資料看秦和西漢時代官有農田的經營》,《裘錫圭學術文集》第 5 卷,221 頁。

④ 甘肅簡牘博物館、甘肅省文物考古研究所、甘肅省博物館等:《肩水金關漢簡(肆)》,上海:中西書局,2015,中册 268 頁、下册 135 頁。

⑤ 陳夢家:《漢簡綴述》,4 頁。

⑥ "二月戊寅張掖大守福庫丞承熹兼行丞事敢告張掖農都尉護田校尉府卒人謂縣律曰臧它物非/錢者以十月平賈計案戍田卒受官袍衣物貪利貴賈貰予貧困民吏不禁止浸益多又不以時驗問"。引自簡牘整理小組《居延漢簡(壹)》,臺北:"中研院"歷史語言研究所,2014,8 頁。

⑦ "里?",整理者未釋。據"五鳳三年十月甲辰朔癸酉西鄉嗇夫安世敢言之隴西 =(西)始昌里……"(《肩水金關漢簡(肆)》,中册 85 頁)補釋。

都尉的馬苑,罪因不明。文末“論罰章”以下似無文字,應是一人之事記於一簡。

兩份獄計文書有以下共同點:標題由官署名、年號和“獄計”構成;由案件的經辦官署編制;按年度統計;主要内容是對訴訟或坐罪者的處置結果;一人一簡。

對“獄計”詞義的解釋,主要有以下幾種説法:“治獄情况的統計”;[①]“監獄統計年終記録”;[②]“獄囚”數量的上計;[③]“負責獄事的文吏”[④];“獄訟裁判之記録”;[⑤]“獄事結束的文書”。[⑥] 基於前文對“獄計”文書的分析,可以做出新的解釋。獄,沈家本認爲有獄訟、“罪人之牢”二義。[⑦]“獄計”之“獄”指訴訟。《左傳·襄公十年》:“坐獄於王庭”,杜注:“獄,訟也。”[⑧]“計”,統計。在此不能解釋爲“上計”,下文所引懸泉簡的“上獄計”即可證明。列入簡(1)(2)“獄計”的兩個案件皆已審結,并非處於判決前的羈押、候審狀態。“獄計”與里耶秦簡8—480“司空曹計録”的“船計、器計……”和8—481“倉曹計録”的“禾稼計、貸計、畜計……”相類,[⑨]都屬統計文書。

漢代的上計文書含有獄訟的統計。《漢書·魏相傳》:“案今年計,子弟殺父兄、妻殺夫者,凡二百二十二人”。[⑩]《漢官解詁》:“秋冬歲盡,各計縣户口墾田,錢谷入出,盗賊多少,上其集簿。”[⑪]“集簿”即郡國上計文書,其實例見於尹灣漢簡。最近發現的青島土屯山漢墓(M147)出土六枚木牘,[⑫]其中的《堂邑元壽二年要具簿》是西漢哀帝元壽二年(前1)臨淮郡堂邑縣的一份統計文書。該牘分38行“記載了吏員數量、城池大小、户口人數、犯罪人數、庫兵數量、提封數量、疾病、墾田、錢糧市税、傳馬數量、賑濟貧民”等,所列項目與尹灣漢墓“集簿”相同。牘中的“犯罪人數”是當年各種犯罪人數的總計。另有《堂邑盗賊命簿》,共7行,應當是當年審結、定罪的“盗賊”人數;《囚簿》,共6行,“記載囚徒定罪及輸鐵官情況”,應是審結在押的犯罪人數。《要具簿》的“犯罪人數”是總計,《堂邑盗賊命簿》和《囚簿》是分項統計。這幾件文書應是堂邑縣政府元壽二年治獄情况的匯總。

---

① 張廷皓:《江蘇連雲港市出土的漢代法律版牘考述》,《文博》1984年第3期。

② 中國簡牘集成編輯委員會編:《中國簡牘集成》第7册,蘭州:敦煌文藝出版社,2001,218頁。

③ 張德芳:《兩漢時期的敦煌太守及其任職時間》,甘肅簡牘博物館、西北師範大學歷史文化學院編《簡牘學研究》第5輯,蘭州:甘肅人民出版社,2014,166頁。

④ 陳松長:《告地策的行文格式與相關問題》,《湖南大學學報(社會科學版)》2008年第3期。

⑤ 劉欣寧著譯:《秦漢時代的户籍與個别人身支配——關於户籍地的考察》,90-91頁。

⑥ [日]宫宅潔著,楊振紅等譯,楊振紅、石洋審校:《中國古代刑制史研究》,213頁。

⑦ 沈家本:《歷代刑法考·獄考》,北京:中華書局,1985,1157-1158頁。

⑧ 《春秋左傳正義》卷三一,[清]阮元校刻《十三經注疏》,北京:中華書局,1980,1949頁。

⑨ 陳偉主編:《里耶秦簡牘校釋(第一卷)》,武漢大學出版社,2012,164頁。

⑩ 《漢書》卷七四《魏相傳》,3136頁。

⑪ [清]孫星衍等輯,周天游點校:《漢官六種》,北京:中華書局,1990,30頁。

⑫ 青島市文物保護考古研究所:《青島土屯山墓群考古發掘獲重要新發現》,《中國文物報》,2017年12月22日,第4版。

簡(1)(2)兩例獄計文書分别由庾候官和駐居延農都尉的未央厩下屬官署製作,送往各自的上級官署。未央厩派駐居延農都尉的官署(都官)與張掖郡守屬不同的行政系統,其"獄計"是送至京師未央厩官署匯總。庾候官的獄計送肩水都尉匯總。西漢邊境各郡太守均兼領武事,是當地軍政最高官員,肩水都尉將匯總後的獄計送張掖太守府。太守府再將本郡獄計匯總報送朝廷。懸泉漢簡有一件敦煌郡爲送獄計者發出的"傳":"初元年十一月癸亥朔庚辰,敦煌太守千秋、守部千人章行長史事、丞破胡謂過所河津:遣守卒史……上獄計最□□□,乘用馬二匹,當舍傳舍,從者如律令。正月癸丑〈亥〉東。"(Ⅱ90DXT0213③:114)[①]"獄計最"即敦煌郡各地獄計的匯總。前引《漢官解詁》指明,郡國上計在"秋冬歲盡"之時,含統計"盜賊多少"的獄計。但敦煌郡這份"上獄計最"并未隨其他上計文書同行,而是另行上送。發傳時間是初元元年十一月庚辰(前 47 年 1 月 11 日),通過懸泉置是次年正月癸丑〈亥〉(前 47 年 2 月 23 日),[②]晚於一般上計文書發出的時間,或許因文書内容需要修改和補充,或許有其他不得而知的缘故。

在江蘇邗江胡場五號漢墓出土的西漢時期的告地書中也出現了"獄計"一詞:"卌七年十二月丙子朔辛卯,廣陵宫司空長□丞畍敢告土主:廣陵石里男子王奉世有獄事,事已,復故郡鄉/里,遣自致移栺(詣)穴,卌八年獄計辟書。從事如律令 。"[③]簡文的四十七年是西漢廣陵國紀年,即漢宣帝本始三年(前 71)。獄計,如前文所論。辟書,見於《二年律令・行書律》簡 276:"諸獄辟書五百里以上,及郡縣官相付受財物當校計者書,皆以郵行。"整理小組云:"辟書,理治獄訟文書。"[④]據記載,墓主王奉世生前曾下獄,出獄後返回故里去世。這份文書保留了地上官吏("廣陵宫司空長、丞")致地下官吏("土主")和"從事如律令"的"告地書"格式,内容依照"獄計、辟書",説明王奉世生前曾遭獄事,但略去詳情,并指出"事已"後,返回原籍,與前文所論兩例"獄計"文書的基本特點相似,是對地上世界"獄計"文書的改造。

二

河西出土的漢簡中,有一類分欄書寫、事由爲"坐"罪的文書,可細分爲兩種。第一種的

① 張德芳:《兩漢時期的敦煌太守及其任職時間》,《簡牘學研究》第 5 輯,156-179 頁。漢元帝初元二年正月無"癸丑",有"癸亥"(徐錫祺《西周(共和)至西漢曆譜》(修訂本),北京科學技術出版社,1997,1589 頁)。張氏云:"(次年)正月癸丑初二日(前 47 年 2 月 23 日)路過懸泉置"。據此推測,正月初二應是"癸亥",非"癸丑"。誤在原簡或録文。

② 前引張德芳文云:"通行文件於初元元年十一月庚辰十八日(前 48 年 12 月 11 日)發出"。其公曆紀年有誤,應是"通行文件於初元元年十一月庚辰十八日(前 47 年 1 月 11 日)發出"。

③ 釋文見於多位學者論文,不盡一致,此依田天《江蘇邗江胡場五號漢墓木牘的再認識》,《出土文獻》第 3 輯,上海:中西書局,2012,291-304 頁。

④ 張家山二四七號漢墓竹簡整理小組:《張家山漢墓竹簡[二四七號墓]》(釋文修訂本),47 頁。

上欄皆書坐罪者身份（職務）、姓名。上、下欄之間留有數字空白。下欄文字書作一行或兩行，一人一事書於一簡。内容爲坐罪者、事由及具體處罰。坐，犯法致罪。所見處罰有兩種，常見的是“適（謫）”，其例如：“萬歲候長田宗　坐發省治大司農茭卒不以時遣吏將詣官失期適爲驛馬載三堠茭五石致止害”（61.3+194.2）。[①] 坐罪者多是擔任鄣燧管理者的候長，因管理過錯而獲罪，李均明稱此種文書爲“適名籍”，[②]徐世虹對“適”的處罰有進一步的論述。[③]這種處罰與違反各種規定有關。“坐勞邊使者過郡飲”（EPT51：323）是接待勞邊官員過制而坐罪。懸泉漢簡則有處罰接待過往官員不周者的規定：“官到鼓不趨鼓適二百里　不受教白有所辦除適事百里”（ⅡT0114④：314）、“侍府都吏不謹有讁適二百里　私自便利適二百里”（ⅡT0114③：482）、“侍使者丞相御史長史守丞及具布讁適千里　當所不辦適□百里”（ⅡT0216③：133）[④]。又，“坐隊長薛隆誤和受一苣火”（EPT65：228）是違反“蓬（烽）火品約”的坐罪。坐罪之吏，史書稱“謫吏”。《漢書·武帝紀》：“發謫吏穿昆池”，顔師古曰：“謫吏，吏有罪者，罰而役之。”[⑤]從漢簡所列坐罪事由看，造成的後果并不嚴重，以在邊塞之間運送各種物資作爲處罰，[⑥]坐罪者“民”的身份并不改變。可見“適（謫）”是對犯有輕罪者的處罰。

下面要討論的是另一種“坐”罪文書，其例如：

（3）　　　　　　坐迺四月中不審日行道到屋蘭界中與戍卒函何陽爭言鬭以劍擊

戍卒東郡畔戍里靳龜

傷右手指二所·地節三年八月己酉械繫

13.6[⑦]

（4）　　　　　　坐鬭以劍擊傷戍卒同郡縣戈里靳龜右脾一所

戍卒東郡【畔】□里函何陽

地節三年八月辛卯械繫

① 簡牘整理小組：《居延漢簡（壹）》，193頁。

② 李均明：《居延漢簡“適”解》，《文史》第32輯，北京：中華書局，1990，196頁。又見李均明《秦漢簡牘文書分類輯解》，北京：文物出版社，2009，383－384頁。

③ 徐世虹：《額濟納漢簡法律用語零拾》，孫家洲主編《額濟納漢簡釋文校本》，北京：文物出版社，2007，232－239頁。

④ 牛路軍、張俊民：《懸泉漢簡所見鼓與鼓令》，《敦煌研究》2009年第2期。

⑤ 《漢書》卷六《武帝紀》，177頁。

⑥ 參見徐世虹《額濟納漢簡法律用語零拾》，《額濟納漢簡釋文校本》，232－239頁。

⑦ 謝桂華、李均明、朱國炤：《居延漢簡釋文合校》，20－21頁。

118.18[①]

(5)

雲中郡雲中城下里王純

坐爲騎士有詔發詣五原郡稒陽當從□☒

本始三年正月乙丑雲中尉史充國等移雲中郡☒

700[②]

簡(3)除右上角殘失外,其餘部分保存完好。[③] 簡(4)上段略有殘失兩簡下部完整。從圖片看,簡(5)是一枚觚,下端殘。

簡(3)(4)所記是靳龜和函何陽鬥毆案,兩人皆爲戍卒,同鄉。東郡畔戍里的"畔"是縣名,簡(4)"戍卒同郡縣"可爲證。畔縣不見於《漢書·地理志》。日比野丈夫指出,《漢書·地理志》所記東郡"畔觀"縣應如段玉裁所論,是畔縣和觀縣。[④] 屋蘭,張掖郡屬縣,[⑤]設有縣級行政機構,如肩水金關漢簡"五鳳元年……六月己亥屋蘭守丞聖光移過所肩水金關居延毋苛留如律令/掾賢守令史友"(73EJT37:521),[⑥]其中的"屋蘭守丞"是縣廷的吏員。邊境防禦系統設有屋蘭候官,如"屋蘭候官令史孫宏中功二勞一歲七月五日"(73EJT30:30B)。[⑦] 簡文"屋蘭界中"可能指屋蘭候官屬地。脾,讀作髀,《説文》:"股也"。右髀,右股。[⑧] 械繫,加刑具拘禁。《漢書·婁敬傳》:"械繫敬廣武",顔師古曰:"械,謂桎梏也。"[⑨]靳龜和函何陽因"争言鬭",以劍擊傷對方,被加上刑具囚禁。因簡文未記載兩人"械繫"的時限,故不能將"械繫"視作論定之罪。西漢初年頒行的《二年律令》對鬥毆傷人的處罪是"完爲城旦舂"。[⑩] 依此,兩名戍卒論罪後的身份將由"民"變成徒隸,或可證明"械繫"是定罪前的拘禁措施。

---

① 戈,簡牘整理小組釋,"'戈'應爲'戍'之誤"(參見簡牘整理小組《居延漢簡(貳)》,臺北:"中研院"歷史語言研究所,2015,33頁);謝桂華等誤釋"戍"(謝桂華、李均明、朱國炤:《居延漢簡釋文合校》,20-21頁)。"【畔】",簡牘整理小組補。

② 張德芳著:《敦煌馬圈灣漢簡集釋》,蘭州:甘肅文化出版社,2013,289頁。原始編號79.D.M.T8:47。

③ 簡牘整理小組:《居延漢簡(壹)》,280頁。

④ [日]日比野丈夫:《漢簡所見地名考》,中國社會科學院歷史研究所戰國秦漢史研究室編《簡牘研究譯叢》第2輯,339-351頁。張亞平譯自《東洋史研究》第12卷第3號,1953。段玉裁《地理志觀縣考》云:"地理志'畔''觀'本二縣名,自宋刻已聯綴不分……久尋其所由,蓋東郡下本二十三縣,因'畔觀'不分,遂改爲二十二縣"。"前漢爲觀縣,絶無'畔觀'之名"。"畔縣不見後志,蓋有省并,《地形志》平原郡聊城下云:'有畔城。'"(《經韻樓集》卷五,上海古籍出版社,2007,98頁)

⑤ 《漢書》卷二八下《地理志下》,1613頁。

⑥ 甘肅簡牘博物館、甘肅省文物考古研究所、甘肅省博物館等:《肩水金關漢簡(肆)》,中册184頁。

⑦ 甘肅簡牘博物館、甘肅省文物考古研究所、甘肅省博物館等:《肩水金關漢簡(叁)》,中册173頁。

⑧ 脾,脾臟,位於人體左腹。簡文"右脾"顯然不是脾臟所在部位,故改讀爲"髀",指右股。

⑨ 《漢書》卷四三《婁敬傳》,2119頁。

⑩ 簡27:"鬭而以釰(刃)及金鐵鋭、錘、椎(錐)傷人,皆完爲城旦舂。"張家山二四七號漢墓竹簡整理小組:《張家山漢墓竹簡[二四七號墓]》(釋文修訂本),12頁。

再看簡(5)的相關内容。雲中,縣名,雲中郡治。[①] 騎士,騎兵,多來自西北各郡。《補漢兵志》云:“大抵金城、天水、隴西、安定、北地、河東、上黨、上郡多騎士,三河、潁川、沛郡、淮陽、汝南、巴蜀多材官,江淮以南多樓船士。”[②]五原郡,秦九原郡,武帝元朔二年更名。稒陽,東部都尉治。[③] 據現存簡文推測大意,雲中郡雲中縣騎士王純,因未奉詔前往五原郡稒陽東部都尉治所(服役)而坐罪。如此,騎士王純“不詣屯所”的罪名應是“乏軍興”。類似實例見於《漢書·趙廣漢傳》:“初,廣漢客私酤酒長安市,丞相吏逐去。客疑男子蘇賢言之,以語廣漢,使長安丞案賢,尉史禹故劾賢爲騎士屯霸上,不詣屯所,乏軍興。”[④]又,張家山 M247 漢簡《奏讞書》案例一記,“發弩九詣男子毋憂告,爲都尉屯,已受致書,行未到,去亡”。[⑤] 毋憂被徵發,但“行未到”,按“乏軍興”處腰斬。[⑥] 由此可見,騎士王純犯下重罪。由居住地雲中(縣)尉史充國將王純未前往服役地的犯罪事實,上報雲中郡。

以上三件文書有共同之處。一是書寫格式相同。上欄一行字形較大,記身份、居所和姓名,是犯罪人的基本資料。上下欄之間留有數字的空白。下欄的兩行小字,先記事由,後記處理時間和結果。事由均以“坐”開頭,指明靳龜、函何陽、王純因犯法致罪。二是一人之罪記於一簡。靳龜、函何陽互鬥案,兩人雖同涉一事,但分記於兩簡,不合并,也無接續簡。三是文書所記各人皆涉刑事罪。

簡(3)(4)出土於肩水都尉駐所地灣(A33)。[⑦] 按照屬地管理的原則,兩戍卒應是肩水都尉屬下障燧的戍卒。肩水都尉領屬橐他、倉石、肩水候官,[⑧]秩比六百石。[⑨] 這兩份文書應是肩水都尉府編制。值得注意的是,簡(5)出土的馬圈灣(D21)似敦煌郡玉門都尉屬下的玉門候官治所,[⑩]與簡文涉及的雲中郡、五原郡相距遙遠,既不是騎士王純的原籍,也不是他應去的服役地,其來源尚需研究。

勞榦把簡(3)(4)歸於“刑訟類”文書。[⑪] 永田英正歸於“其他”簿籍的“子”類,并指出

---

① 《漢書》卷二八下《地理志下》,1629 頁。

② [宋]錢文子:《補漢兵制》,二十五史刊行委員會編《二十五史補編》,上海:開明書店,1937,411 頁。

③ 《漢書》卷二八下《地理志下》,1620 頁。或説“東部都尉”治“副陽”,參見譚其驤編《中國歷史地圖集》第 2 册,北京:中國地圖出版社,1982,圖 17-18。

④ 《漢書》卷七六《趙廣漢傳》,3204 頁。

⑤ 張家山二四七號漢墓竹簡整理小組:《張家山漢墓竹簡[二四七號墓]》(釋文修訂本),91 頁。

⑥ 張建國:《漢簡〈奏讞書〉和秦漢刑事訴訟程序初探》,《中外法學》1997 年第 2 期。王彦輝認爲,“王純身爲騎士,是經過選任的……坐罪時應屬預備役,若爲現役當隨軍發遣而不至於‘不詣屯所’。”參閱氏著《論秦漢時期的正卒與材官騎士》,《歷史研究》2015 年第 4 期。

⑦ 中國社會科學院考古研究所編:《居延漢簡甲乙編》,324 頁。

⑧ 陳夢家認爲庾候官屬肩水都尉,參見氏著《漢簡綴述》,27 頁。

⑨ 陳夢家:《漢簡所見奉例》,《漢簡綴述》,142 頁。

⑩ 吴礽驤:《玉門關與玉門候》,《文物》1981 年第 10 期。

⑪ 勞榦:《居延漢簡考釋·釋文之部一》, 171、172 頁。

“簡的上段記官職名、籍貫、姓名,下面記其罪狀及其處罰”。[①] 李均明歸爲“坐罪名籍”。[②] 對照《嶽麓書院藏秦簡(叁)》和張家山二四七號漢墓竹簡《奏讞書》及居延漢簡中的案例記録,就不難發現,這三份文書與審訊、告劾文書有明顯區别。關於此種文書功用及歸類,在傳世文獻和漢簡中未見綫索,唯秦簡有比較清楚的記載。

秦有“獄校”制度。《嶽麓書院藏秦簡(肆)》簡 237 云:“●獄校律曰:黥舂、完城旦舂、鬼薪、白粲以下到耐罪皆校。”[③]“校”指計數、統計。“獄校”,獄訟(案件)的統計。[④] 據律文,死刑和耐以下罪皆不在統計之列,意味着其他的判罪都在“校”(統計)之列。

張家山漢簡《奏讞書》案例二一有“故律曰:……奸者,耐爲隸臣妾。捕奸者必案之校上”語,整理者云:“校,《説文》:‘木囚也’,即械具。《睡虎地秦墓竹簡·封診式》的《奸》條云‘捕校上來詣之’,與簡文合。”[⑤]張建國認爲,案,審查;校,核對、核實,并非指械具。“‘校上’只用於男女發生不正當關係的案件中。‘校上’可能是説兩方互爲校核、互證之意……”[⑥]張氏認爲“校”非木囚,是正確的。“校上”應是統計、上報。“故律”,指秦律。[⑦]“奸者,耐爲隸臣妾”是秦代的法律規定。類似案例見於《嶽麓書院藏秦簡(叁)》的《田與市和奸案》。[⑧]

對照上引秦“獄校律”,“奸者,耐爲隸臣妾”屬於“校上”的範圍,所以“捕奸者必案之校上”。向上級報送“獄校”也稱作“上其校”。《嶽麓書院藏秦簡(肆)》簡 354:“上其校獄屬所執法,執法各以案臨計,乃相與校之,其計所同執法者,各别上之其曹,曹主者☐”。[⑨] “上其校獄屬所執法”,是指各地逐級上報斷獄的統計(“獄校”)至執法。“執法各以案臨計,乃相與校之”,即中央執法以各地的“上校”(“獄校”)與上計文書(“獄計”)相互審校。查核無誤後,再“各别上之其曹”。由此可知,各地平時的獄訟統計文書(“獄校”)要逐級報送至中央執法,各地獄計必須包含當年全部的“獄校”。縣廷上“獄校”的公文見於里耶秦簡:“□□年後九月辛酉朔丁亥,少内武敢言之:上計☐(第一行)□□而後論者獄校廿一牒,謁告遷陵將

---

① [日]永田英正著,張學鋒譯:《居延漢簡研究》(上),195 頁。

② 李均明:《秦漢簡牘文書分類輯解》,384-385 頁。

③ 陳松長主編:《嶽麓書院藏秦簡(肆)》,上海辭書出版社,2015,146 頁。

④ 彭浩:《談〈嶽麓書院藏秦簡(肆)〉的“執法”》,王捷主編《出土文獻與法律史研究》第 6 輯,北京:法律出版社,2017,90-91 頁。

⑤ 張家山二四七號漢墓竹簡整理小組:《張家山漢墓竹簡[二四七號墓]》(釋文修訂本),109 頁。

⑥ 張建國:《關於張家山漢簡〈奏讞書〉的幾點研究及其他》,北京大學中國傳統文化中心《國學研究》第 4 卷,北京大學出版社,1997,1-17 頁。

⑦ 彭浩:《談〈奏讞書〉中秦代和東周時期的案例》,《文物》1995 年第 3 期。

⑧ 簡 198“毋智不捕田校上。捕田時,田不奸。”簡 204“田與市和奸,毋智捕校上。”朱漢民、陳松長主編:《嶽麓書院藏秦簡(叁)》,上海辭書出版社,2013,208、210 頁。

⑨ 陳松長主編:《嶽麓書院藏秦簡(肆)》,212 頁。

計丞☐上校。敢言之。☐(第二行)☐九月丁亥水十一刻刻下三,佐欣行廷。欣手。(第三行)”[①]簡文的“獄校廿一牒”是斷治二十一個罪犯的案情摘要,一人的案情與處置書於一簡。[②]

簡(3)(4)(5)的製作者分别爲肩水都尉和雲中縣尉,皆屬縣級機構。多數情況下,編制“獄計”是郡級機構的職能。因此,可以判斷,這三枚簡很可能屬於上報郡級機構的治獄文書,與秦“獄校”相同。郡級機構年終上報的“獄計”是據平時治獄文書匯總形成的。

承審稿者指教,謹致謝忱。

① 陳偉主編:《里耶秦簡牘校釋(第一卷)》,武漢大學出版社,2012,100頁,簡8-164+8-1475。

② 彭浩:《談〈嶽麓書院藏秦簡(肆)〉的“執法”》,90-91頁。

西北屯戍漢簡所見"罷卒"考

貴州工程應用技術學院　張麗萍
西南大學漢語言文獻研究所　張顯成

内容提要　"罷卒"一詞屢見於西北屯戍漢簡。因簡牘殘損嚴重,"罷卒"所指爲何,無法確知。但根據簡文文意,可歸納出"罷卒"的七大特徵。時賢多釋"罷卒"爲"期滿退役戍卒",與"罷卒"的特徵不完全吻合。綜合簡文文意及傳世文獻中的古注、异文,可知"罷"當讀爲"疲"。"罷卒"即"疲卒",指"疲弱之卒"。"疲弱之卒"與"罷卒"的特徵完全相合。

關鍵詞　西北屯戍漢簡　罷卒　疲弱之卒

一個世紀以來,在甘肅省西部疏勒河流域漢代關塞烽燧遺址中陸續出土了大量簡牘文獻,共6批,包括敦煌漢簡、居延漢簡、居延新簡、肩水金關漢簡、懸泉漢簡、額濟納漢簡。主要内容爲漢代邊塞屯戍文書,因此,我們將這批材料統稱爲"西北屯戍漢簡"(下文徑作"屯戍簡")。

屯戍簡中有一高頻詞"罷卒",其見於《敦煌漢簡》2 例、《居延漢簡》7 例、《居延新簡》10

例、《肩水金關漢簡》17例、《懸泉漢簡》1例，共37例。[①]"罷卒"，又稱"罷戍卒""罷鄣卒""罷田卒""罷省卒"等，亦可省作"罷"。

"罷卒"一詞，各種語文辭書均未收録。學界一般認爲是"期满退役戍卒"，陳直先生最先提出這一觀點，他説："期滿應還之卒，稱爲當代卒或罷卒。"[②]饒宗頤、李均明两位先生的《敦煌漢簡編年考證》認爲："罷卒，退役戍卒。"[③]所謂"期滿應還之卒"，即"退役戍卒"。李天虹先生《居延漢簡簿籍分類研究》做了進一步的解釋："完成了戍邊任務退役還鄉的戍卒，簡文稱'罷卒'（相應地，'罷吏'應指這類性質的吏員），'戍卒罷名籍'就是專門記録罷卒的名册。"[④]其他學者多從此説，如劉光華《漢代西北屯田研究》，[⑤]《中國簡牘集成》第五册、[⑥]第七册、[⑦]第十一册，[⑧]葛紅麗《居延新簡詞語通釋》，[⑨]趙寵亮《居延漢簡所見"罷卒"》。[⑩]學界研究的結論是否合理，是否與簡文文意完全吻合，需要將這一結論放回到簡文原文中重新考察。

一 "罷卒"之特徵

"罷卒"所指爲何，因簡牘殘損嚴重，無法直接從簡文得知，但據上下文語境，可歸納其特徵：

（一）罷卒除一般的戍守、屯田活動外，有的還要從事繁重的勞役，即劇作

（1）五鳳三年四月甲戌，橐他候博移肩水候官，遣隧長勝、館里冀卷等四人詣僵落作所，因迎<u>罷省卒</u>四人，檄到，往來願令史。（《金》73EJT37：1535AB）[⑪]

---

① 本文所引敦煌漢簡、居延漢簡、肩水金關漢簡、懸泉漢簡、銀雀山漢簡釋文均出自甘肅省文物考古研究所編《敦煌漢簡》，北京：中華書局，1991；謝桂華、李均明、朱國炤：《居延漢簡釋文合校》，北京：文物出版社，1987；馬怡、張榮强主編：《居延新簡釋校》，天津古籍出版社；甘肅簡牘保護中心（甘肅簡牘博物館）等編：《肩水金關漢簡（壹—伍）》，上海：中西書局，2011–2016；胡平生、張德芳：《敦煌懸泉漢簡釋粹》，上海古籍出版社，2001；銀雀山漢墓竹簡整理小組編：《銀雀山漢墓竹簡（壹）》，北京：文物出版社，1985。爲排版方便，與本文論題無關的釋文一般用通行字。

② 陳直：《居延漢簡研究》，天津古籍出版社，1986，17頁。

③ 饒宗頤、李均明：《敦煌漢簡編年考證》，臺北：新文豐出版公司，1995，14頁。

④ 李天虹：《居延漢簡簿籍分類研究》，北京：科學出版社，2003，16頁。

⑤ 劉光華：《漢代西北屯田研究》，蘭州大學出版社，1988，116頁。

⑥ 中國簡牘集成編輯委員會編：《中國簡牘集成》第5册，蘭州：敦煌文藝出版社，2001，11頁。

⑦ 中國簡牘集成編輯委員會編：《中國簡牘集成》第7册，203頁。

⑧ 中國簡牘集成編輯委員會編：《中國簡牘集成》第11册，9頁。

⑨ 葛紅麗：《居延新簡詞語通釋》，華東師範大學博士論文，2007，19頁。

⑩ 趙寵亮：《居延漢簡所見"罷卒"》，《石家莊學院學報》2010年第9期。

⑪ 本文《敦》《居》《新》《金》《懸》《銀》分别爲《敦煌漢簡》《居延漢簡釋文合校》《居延新簡釋校》《肩水金關漢簡》《敦煌懸泉漢簡釋粹》《銀雀山漢墓竹簡》的省稱。文中下劃綫爲筆者所加。

(2)淩胡隧塢乙亥已成,謹罷卒,候長、候史傳送衛。(《敦》1736)

(3)者,方遣罷卒,議徙劇處,毋悔後患☐。(《新》EPT51:500)

例(1)"儃落",屯戍簡又稱"橿格"。"橿格"的規模,《新》EPT58.36有記載:"下廣丈二尺,上廣八尺,高丈二尺,積卌六萬八千尺。人功百五十六尺,用積徒三千人,人受袤尺三寸。"所謂"用積徒三千人,人受袤尺三寸",指參與儃落製作的人累積起來有"三千人",每人製作儃落的長度爲"一尺三寸"。用"三千人"和"一尺三寸"相乘,可計算出儃落長爲3900尺。漢代1尺約等於現在的23厘米,則儃落的規模應該是:下寬2.8米,上寬1.8米,高2.8米,長897米。"省卒"指從值守烽燧的戍卒中簡省出來、臨時抽調以充當勞役的戍卒。[①] 修建長897米的儃落,累積起來需要3000人。其人員構成主體應該是服勞役的百姓,部分纔是臨時抽調的戍卒。臨時抽調的戍卒雖不占主體,但相比總數"三千人"而言,數量也應該不少,當不止區區"四人"。假如只抽調四人建造儃落,對於如此浩大的工程,無疑是杯水車薪。"迎罷省卒四人",此四人被迎回的原因,不應該是任務完成或工作期滿。假如是任務完成或工作期滿,理應迎回此批抽調的所有人員,而不是僅僅"四人"。所以,我們推測此四人應該有某種特殊的原因,比如疲弱不堪任,故需迎回。簡文大意爲:派遣隧長等四人從儃落的製作地,迎回罷省卒。可見,他們返回的地方應該是隧一類的邊塞防禦組織。

例(2)"塢"是古代邊塞防禦用的小堡。"它是一座有厚牆圍繞,前後開門,門上和四角建樓櫓,如同城制而規模很小。在平原荒漠無險可據的地帶,作橢圓或方形的城堡,城内建有住宅、院落、兵營,城角建望樓作守衛眺望用。"[②]可見,在形制上,"塢"相當於小城,建"塢"就如同建造了一座小城。"謹"義謹慎。屯戍簡中,"謹"後多跟動詞,如"謹移""謹候望""謹驗問"等。但少數情況下也可跟名詞,如《居》72.4:"☐期謹道,去年二月中,音送安都將軍,與主☐。""謹道"即謹慎道路。傳世文獻中亦有此用法,如《孟子·梁惠王上》:"謹庠序之教,申之以孝悌之義,頒白者不負戴於道路矣。"[③]"謹庠序之教"即謹慎學校教育。則例(2)"謹罷卒"即謹慎罷卒。"罷卒"爲名詞。簡文大意爲:淩胡隧塢於乙亥建成,謹慎罷卒,候長、候史傳送護衛。

由"儃落"與"塢"的形制可知,建造二者的工程浩大,需要耗費大量的人力。罷卒參與兩者的建造,均屬勞役,且均爲沉重的體力勞動。例(1)從"儃落作所"迎回罷卒,例(2)"淩胡隧塢"建成之後遣送罷卒,説明罷卒參與了這兩項工程,也因此工程而致"罷"。

例(3)"徙"義避,《廣雅·釋詁三》:"徙,避也。"[④]"劇"即"劇"之换形异體字,義劇烈。

① 李振宏:《漢簡"省卒"考》,《史學月刊》1993年第4期。

② 陸錫興:《中國古代器物大詞典(刑具·兵器)》,石家莊:河北教育出版社,2004,375頁。

③ 楊伯峻:《孟子譯注》,北京:中華書局,2007,17頁。

④ [清]王念孫:《廣雅疏證》,北京:中華書局,2004,106頁。

"劇處"即劇作的地方,指勞動强度大的地方。簡文大意爲:將遣送罷卒,讓他們離開劇作之地,不要留下後患。

(二)罷卒劇作之后,可回原部、塞輪休

(4)當復更休,記到,皆罷鄣卒,當令各歸部、塞。(《新》EPT65:75)

(5)出戍卒卌人,終更罷,二月戊寅盡三月丙子五十九日,積二千三百六十人。(《敦》276)

例(4)"更休"即輪番休息。蘇軾《雜説》:"其田美而多,則可以更休,而地力得完。"[①]田地更休,即讓土地輪番休息,休息一年或幾年之後再進行耕種。聯繫到簡文,更休者是戍卒,説明戍卒在休息一段時間之後,還要再回到工作崗位。"更休"前用"復"進行修飾,説明這種輪番休息不止一次。"記到"爲"記"這種公文到達的固定表達,後多跟動詞性成分,説明所要執行的任務。但偶有跟名詞性成分的,説明任務所涉及的對象或範圍,如《敦》1236A:"十二月甲辰,官告千秋隧長,記到,轉車、過車,令載十束葦,爲刻,有教。""轉車"指運輸的車輛,"過車"指路過的車輛。"令載十束葦"爲所要執行的任務,其所涉及的對象是"轉車"和"過車"。同樣,例(4)中"當令各歸部、塞"爲所要執行的任務,而任務涉及的對象是"皆罷鄣卒"。也就是説,并非所有的鄣卒都當令各歸部、塞,而是僅限於"罷鄣卒"這一類。"皆"義都、俱,表示統括。屯戍簡中,"皆"可出現在"(主語)+皆+名詞謂語"句式中,修飾名詞性謂語,表示主語都具有某種特徵、身份、歸屬等,主語可承前省略。如《居》502.1A:"七月四日南書二封,封皆橐佗候印,一詣肩水都尉府,一詣昭武。"[②]此種用法亦見於傳世文獻,如《論語·顔淵》:"四海之内,皆兄弟也。"[③]"皆罷鄣卒"與"皆橐佗候印""皆兄弟"一樣,均爲名詞謂語。"皆罷鄣卒"的主語承前文省略,據上下文意可補,即"需要更休的鄣卒"。所以,簡文大意爲:(鄣卒)應再次輪番休息,記到,(需要更休的鄣卒)都是罷鄣卒,應當令他們各自回到部、塞。罷卒輪休時,回到各部、塞,説明他們并没有返回原籍。

例(5)"終"義已經,王引之《經傳釋詞》卷九:"終,猶既也。"[④]"更"義更换。簡文大意爲:出戍卒四十人,已經更换罷卒,二月戊寅月末至三月丙子五十九日,累積二千三百六十人。

(三)罷卒在輪休時,還保留着所借署所的兵器,并未上交,還有專門的"留兵名籍"

(6)神爵元年,罷卒假留署所寅矢、承弦□,淩胡隧。(《敦》1724)

① [宋]蘇軾:《稼説》,《蘇軾文集》,北京:中華書局,1986,339頁。

② 張國艶:《居延漢簡虚詞研究》,華東師範大學博士學位論文,2005,101頁。

③ 楊伯峻:《論語譯注》,北京:中華書局,2005,125頁。

④ [清]王引之:《經傳釋詞》,長沙:嶽麓書社,1982,191頁。

(7)罷卒留兵名籍。(《新》EPT57:94)

例(6)"假"義借。《左傳》僖公二年:"假道於虞。"孔穎達疏:"假,借也。"[①]"留"義保留。《史記·廉頗藺相如列傳》:"今以秦之彊而先割十五都予趙,趙豈敢留璧而得罪於大王乎?"[②]"假留"即借用并保留,指罷卒從署所借來兵器并留用。例(7)"留兵名籍"即"假留兵名籍",爲士卒保留兵器的名册。

(四)遣送罷卒至各邊塞防禦組織,均由各級官吏專門護衛

(8)萬世隧長至,其六月甲子,調守令史將護罷卒濟陰郡成陽縣南陽里狄奉。(《居》15.2)

(9)第十候史楊平,罷卒在正月四日到部,私留一日,適運茭五百束致候官,會八月旦。(《居》285.10)

(10)初元三年六月甲申朔癸巳,尉史常敢言之,遣守士吏泠臨送罷卒大守府,與從者居延富里徐宜馬。(《新》EPT53:46)

(11)憲等卒當以四月旦交代,故事,候長將當罷卒詣官。(《新》EPT65:37)

例(8)"將"義護衛,《漢書·兒寬傳》:"(兒)寬爲人溫良,有廉知自將。"顏師古注:"將,衛也。"[③]"將護"同義連用。據辭例,例(11)"將當"應與"將護"義同,亦義護衛。遣送罷卒至各級邊塞防禦組織輪休,其目的地有太守府(如例10),候官(如例11),塞(如例4),部(如例4、9),隧(如例1)等。負責護衛的官吏,有候長(如例1、2、11),候史(如例2、9),守令史(如例8),守士吏(如例10)等,他們都是邊塞防禦組織中的官吏。護送不力的官吏還會受到懲罰,如例(9),候史楊平護送罷卒到部,私自留遲一天,謫罰運茭。結合護送的目的地和負責護送的官員兩個方面,都可以看出罷卒可不必返回原籍。

(五)罷卒在特定情況下可由朝廷所派官吏迎回原籍

(12)神爵四年十一月癸未,丞相史李尊送護神爵六年戍卒河東、南陽、潁川、上黨、東郡、濟陰、魏郡、淮陽國詣敦煌郡、酒泉郡,因迎罷卒送致河東、南陽、潁川、東郡、魏郡、淮陽國,并督死卒傳槥。(《懸》Ⅰ0309③:237)

(13)制曰:下丞相御史。臣謹案:令曰:發卒戍田,縣、侯國財令吏將,二千石官令長吏并將至戍田所。罷卒還,諸將罷卒不與起居,免、削爵。(《新》EPT51:15)

(14)爲國迎四年罷戍卒,當舍傳舍,郵亭從者。(《金》73EJT7:23)

---

① [清]阮元校刻:《十三經注疏》,北京:中華書局,2009,3888頁。
② 《史記》卷八一《廉頗藺相如列傳》,北京:中華書局,2014,2959頁。
③ 《漢書》卷五八《兒寬傳》,北京:中華書局,1962,2629頁。

例(12)大意爲:丞相史李尊護送戍卒到敦煌郡、酒泉郡,返回時迎罷卒至原籍,并運回死卒的棺材。此簡中"罷卒"和"死卒"并舉,可見,兩個既有區别又有聯繫。例(13)所記載的内容爲制書,制書是由帝王頒布的法令文書。"財"讀爲"裁",義裁定。簡文大意爲:派遣戍卒、田卒,縣、侯國裁定并命令官吏,二千石官令長吏一并率領至屯戍的地方。罷卒返還,諸將不與他們一同起居者,免爵、削爵。由例(12)(13)可知,負責從邊塞迎回罷卒的人,是朝廷派去的官吏。

結合上文可知,在不同情况下,"罷卒"的去向不同:有的需要返回部、塞等各級邊塞防禦組織輪休,輪休之後還要再回到原來的崗位,由屯邊的官吏負責護送;有的在特定情况下可以返回原籍,比如没有能力繼續承擔屯戍任務,由朝廷選派的官吏負責護送。

(六)轉移罷卒時,需要爲其預先繕治車

(15)應皆署鼓下,爲罷卒治車。(《居》19.33A)

(16)□庫守丞漢書言,戍卒且罷,當豫繕治車,毋材木。(《新》EPT58:43)

例(16)中"且"義將近,《論衡·刺孟》:"禹至湯且千歲,湯至周亦然。"[①]"豫"義預備,"繕治"即修繕治理,"材木"即木材,《漢書·匈奴傳下》:"匈奴有斗入漢地,直張掖郡,生奇材木,箭竿就羽,如得之,於邊甚饒。"[②]在戍卒將"罷"但未"罷"之時,在木材短缺的情况下,預先修繕治車。這可能是因爲戍卒疲弱或受傷不便行走,治車以確保順利轉移。

(七)罷卒有專門的名籍

(17)甲渠候官五鳳四年,戍卒定罷物故名籍。(《新》EPT53:37)

(18)出錢二百,買木一,長八尺五寸,大四韋,以治罷卒籍,令史護買。(《新》EPT52:277)

(19)罷卒名籍移,敢言之。(《金》73EJT30:87)

(20)三月十五日治罷卒簿府,三月十五日罷。(《新》EPT2:2)

(21)令史音再拜言,令史厶寫罷卒籍。(《新》EPT52:219)

(22)之謹移罷田卒名籍一編敢言之。(《金》73EJT37:1)

例(17)"戍卒定罷物故名籍"具體指戍卒定、罷、物故的名册。所謂"定"即定作,是戍卒實際參加勞作的人數,如《新》EPT52.29:"己卯卒十人:一人養,定作九人,六人伐兹其,三人繩,得繩百一十丈,合百八十丈。"即實際參加勞動的人有9人。所謂"物故"即死亡,《漢書·蘇武傳》:"前以降及物故,凡隨武還者九人。"顔師古注:"物故謂死也。"[③]"定作""罷""物故"是

① [漢]王充:《論衡》,長沙:嶽麓書社,1991,162頁。
② 《漢書》卷九四下《匈奴傳下》,3810頁。
③ 《漢書》卷五四《蘇武傳》,2466頁。

根據戍卒有没有能力從事相關活動按降序排列的,“定作”表示能,“物故”表明不能,“罷”位於兩者之間,表明戍卒雖未達到死亡的程度却没有能力從事戍邊工作。例(12)“罷卒”與“死卒”對舉,此例中“罷”與“物故”對舉,説明二者類似却又不同。

以上“罷卒”的七個特徵,是通過簡文上下文意歸納得出的。這七個特徵是檢驗“罷卒”一詞解釋是否正確的重要標準。若釋義正確,所釋意義便與這七個特徵相合;若不正確,則不相合或不完全符合。

二 “罷卒”非“期滿退役戍卒”

學界一般認爲“罷卒”指“期滿退役戍卒”。這一釋義是否完全正確:我們可以將其放回到上文歸納所得“罷卒”的七個特徵當中,進行檢驗。我們發現,“期滿退役戍卒”雖與“罷卒”的後四個特徵相符,却與其前三個特徵不相符,而前三個特徵是正確判斷“罷卒”身份的關鍵所在。由“期滿退役戍卒”與“罷卒”的特徵不完全符合,便知釋“罷卒”爲期滿退役戍卒之説基本可以否决。

1.戍卒服役期滿便可退役;而由上述“罷卒”的第一個特徵可知,部分戍卒因從事沉重的勞役而成“罷卒”,并非因服役期滿而成“罷卒”。

2.退役戍卒因服役期滿無需再服役,當返回原籍;而由上述“罷卒”的第二個特徵可知,部分罷卒要返回部、塞輪休,休整之後還要回到原來的崗位,并未返回原籍。

3.期滿退役戍卒,已經完成了戍邊任務,理當交還所借署所的兵器;而由上述“罷卒”的第三個特徵可知,罷卒可借用并保留署所的兵器,以備隨時參加戰鬥。

有的“罷卒”從事沉重的勞役後而成“罷卒”,可返回部、塞輪休,借用并留有兵器,均説明“罷卒”不是“期滿退役戍卒”。且下文將會談到傳世文獻中“罷卒”依然參加戰鬥,更進一步説明“罷卒”非“期滿退役戍卒”。

我們推測,學界釋“罷卒”爲“期滿退役戍卒”,可能是受“罷”有“罷停”義的影響。雖然屯戍簡中“罷”確實有“罷停”義的用法(當然,還可以讀爲“疲”,詳下文),但“罷停”與“退役”是兩個完全不同的意思,“罷停”并不代表一定會“退役”。主要因爲:首先,就語言文字來説,“罷”并没有“退役”的意思。退一步來説,可以假定從“罷停”義引申出“退役”義,但是傳世文獻及其他出土文獻中“罷”都未見有這樣的引申義。可見,這一假定并不成立。其次,就事實而言,罷停之卒與退役之卒,兩者涉及的範圍不完全等同。除了因期滿退役而罷停外,還有可能因换防、輪休、體弱不勝任等原因停止的工作。所以,“罷停之卒”并不等於“退役之卒”。

那麽,“罷”是否能解釋爲“罷停”呢?單從簡牘文獻看,此説似乎可通。但統觀所有材料,這一觀點并不能支持傳世文獻中的用法。傳世文獻中“罷”與“卒”搭配使用時,“罷”不當“罷停”講,而是讀爲“疲”,指疲弱之卒(詳下文)。簡牘文獻因簡身的殘損、文字釋讀的困難等原因,有些詞語的解釋,存在兩説皆通現象,是極有可能的。簡牘語言文字的解釋,如果能在傳世文獻的實例和古注中得到印證,這樣所得的結論更爲科學,更具説服力。

可見,“罷卒”既不是“期滿退役戍卒”,也不應是“罷停之卒”。學界的解釋,還不是確釋,很有必要作進一步討論。

三 “罷卒”指“疲弱之卒”

我們認爲,“罷卒”當指“疲弱之卒”。

“罷卒”一詞,不見於同時期傳世文獻,《漢書》有“罷軍卒”與之相近。《魏相丙吉傳》:“孝文皇帝時,以二月施恩惠於天下,賜孝弟、力田及罷軍卒,祠死事者,頗非時節。”顏師古注:“罷軍卒,卒之疲於軍事者也。罷,音疲。一曰新從軍而休罷者也,音薄蟹反。”[①]“軍”義爲士卒。《史記·淮陰侯列傳》:“軍皆殊死戰,不可敗。”[②]則“軍卒”爲并列式復合詞,亦指士卒,《墨子·備梯》:“敢問客衆而勇,煙資吾池,軍卒并進,雲梯既施,攻備已具,武士又多,争上吾城,爲之柰何?”[③]

據顏師古注,“罷”有兩音兩義:第一,音疲,讀 pí,義爲“卒之疲於軍事者”;第二,音薄蟹反,讀 bà,義爲“新從軍而休罷者”。顏師古所謂“卒之疲於軍事者”即“疲弱之卒”。所謂“新從軍而休罷者”,“休罷”即“罷休”,義爲休息,“新從軍而休罷者”指新從軍而休息調整的人。顏注所載“罷”之兩義均不是“退役”之義,則“罷卒”自然不是“期滿退役戍卒”。

簡文“罷卒”與顏注第一義相合,而與第二義不相合。簡文“罷卒”與顏注第一義相合,也就是説,“罷卒”指“卒之疲於軍事者”,即“疲弱之卒”,則“罷”當讀爲“疲”。

簡文“罷卒”與顏注第二義不相合,也就是説,“罷卒”不當指“新從軍而休罷者”,主要原因是:首先,“新從軍而休罷者”與上文歸納所得“罷卒”的特徵亦不完全符合。由上文“罷卒”的第六個特徵可知,“罷卒”孱弱,哪怕在木材緊缺的情況下,也需治車。“新從軍”者非孱弱之輩,無需爲其治車。其次,上文所引《漢書·魏相丙吉傳》載文帝施恩惠於天下,賞賜孝弟、力田及罷軍卒,祭祀死於國事者。漢文帝所賞賜的對象爲於國家有貢獻之人,而“新從軍而休罷者”從軍之初功業未建,當不在賞賜之列。再次,顏師古注“罷軍卒”,先説“卒之疲於軍事者”,後説“一曰新從軍而休罷者也”,可見對於此二義,顏師古更傾向於前者,後者只

① 《漢書》卷七四《魏相丙吉傳》,3140 頁。
② 《史記》卷九二《淮陰侯列傳》,3173 頁。
③ [清]孫詒讓:《墨子閒詁》,北京:中華書局,2001,542 頁。

是他保留的另一種説法。

同時期傳世文獻中又有“罷散之卒”一語,亦與“罷卒”相近,如《史記·陳涉世家》:“率罷散之卒,將數百之衆,而轉攻秦,斬木爲兵,揭竿爲旗,天下雲會響應,贏糧而景從。”[①]此内容還見於賈誼《新書·過秦上》。《史記》的“罷散之卒”,賈誼《新書》作“疲弊之卒”。[②] 還見於班固《漢書·陳勝傳》“罷散之卒”。顔師古注:“罷讀曰疲。”[③]綜合异文及古注,可知“罷”當讀爲“疲”。

“罷散之卒”即“罷卒”“散卒”。“散卒”指潰敗的士兵,如《史記·朝鮮列傳》:“將軍楊朴失其衆,遁山中十餘日,稍求收散卒,復聚。”[④]“罷卒”和“散卒”相類,潰敗的士兵自然也是疲弱的士兵。則進一步説明“罷卒”指疲弱之卒。

“罷”“疲”古音相近,可通假。“罷”並母支部,“疲”並母歌部,雙聲,韻部旁轉。兩者通假古籍常見。《説文·網部》:“罷,遣有辠也。”朱駿聲通訓定聲:“罷,叚借爲疲。”[⑤]又《疒部》:“疲,勞也。”段玉裁注:“疲,經傳多叚罷爲之。”[⑥]《楚辭·九章·思美人》:“命則處幽吾將罷兮。”朱熹集注:“罷,讀作疲。”[⑦]《漢書·田叔傳》:“士卒罷敝。”顔師古:“罷,讀爲疲。”[⑧]

“罷”“疲”通假亦多見於屯戍簡,如:

(23) 間以戊部餓乏,求至省減吏士稟分,振罷羸。(《敦》971)

(24) 永以縣官事行警檄,恐負時,騎放馬行檄,駒素罷勞,病死。(《新》EPT22:199)

(25) 武成隧卒賈則,二月十五日省殄北,罷,留官。(《居》254.17)

例(23)“罷羸”即“疲羸”,義衰弱、疲憊。例(24)“罷勞”即“疲勞”。例(25)大意爲武成燧的燧卒賈則於二月十五日臨時抽調至殄北塞勞作,因疲憊留居候官。

“罷”“疲”通假也見於其他漢簡,如:

(26) 廢車罷馬,將軍之人必任焉,所以率。(《銀〔壹〕·孫臏兵法》435)

(27) 兵不稱,内罷之兵也。(《銀〔貳〕·論政論兵之類·兵之恒失》1013)

例(26)“廢車罷馬”義爲敗壞的車、疲憊的馬。例(27)“内罷之兵”大意爲從内使士兵疲敝的兵器。

① 《史記》卷四八《陳涉世家》,2381 頁。
② [漢]賈誼:《新書》,北京:中華書局,1985,2 頁。
③ 《漢書》卷三一《陳勝傳》,1824 頁。
④ 《史記》卷一一五《朝鮮列傳》,3620 頁。
⑤ [清]朱駿聲:《説文通訓定聲》,北京:1984,505-506 頁。
⑥ [清]段玉裁:《説文解字注》,杭州:浙江古籍出版社,2006,352 頁。
⑦ [宋]朱熹:《楚辭集注》,上海古籍出版社,2001,92 頁。
⑧ 《漢書》卷三七《季布欒布田叔傳》,1983 頁。

“罷卒”雖不見於漢代傳世文獻,但後世文獻多有記載。以下兩例中,“罷卒”依然參加戰鬥,可確定“罷卒”不當指退役戍卒,如:

(28)(趙)禼分遣將吏伐木治攻具,機石如雨,其艦被擊,皆廢。徐以罷卒致賊,設伏擊之,斬首數千級,馘其渠酋,遂皆降。[①]

(29)時守城罷卒僅數千,捍賊百餘日,城中食盡。舜明、紹先議縱火,因弃城去,士隆毅然獨糾合部曲餘民守城。[②]

亦可徑用本字,作“疲卒”,如:

(30)日者宴安上流,坐觀成敗,示遣疲卒,衆裁三千,戎馬不供,軍糧靡獻。[③]

(31)賊將阿史那承慶等麾下三萬餘人,悉奔恒、趙、范陽,從慶緒者,唯疲卒一千三百而已。[④]

四　結語

綜上,“罷卒”爲“疲弱之卒”。將此訓放回到簡牘原文中,與文意及“罷卒”的七個特徵均完全吻合:部分戍卒除了原本的戍守、屯田工作外,還要從事相關軍事工程的建造,如偃落、塢等,劇作之後便成疲弱之卒;疲弱之卒需返回各塞、部輪休,在休整之後還要回到之前的崗位;他們在輪休時,亦可保留所借署所的兵器,以備隨時參加戰鬥;疲弱之卒轉移到各塞、部時,需由邊塞防禦組織的各級官吏護送;若疲弱的程度嚴重,不能勝任戍守、屯田等工作,可由朝廷派來的官吏迎回原籍;在疲弱之卒的轉移過程中,要預先造車,以備他們無力行走;疲弱之卒是戍邊士卒中的一個特定群體,有專門的名册,以便管理。這一訓釋,既能解釋出土文獻新材料,又能在傳世文獻舊材料中得到印證。有必要指出的是,看待和解釋歷史語言文字現象,是不能將出土文獻所反映的現象與傳世文獻所反映的現象對立起來的。某一語言文字現象,應該不會在出土文獻中所指爲A,而在傳世文獻中所指爲B。我們將簡文中的“罷卒”釋爲“疲弱之卒”,使出土文獻和傳世文獻中的“罷卒”的所指得到了和諧統一,故從語言文字理論上也説明,簡文的“罷卒”當如是解釋。

學界釋“罷卒”爲“期滿退役戍卒”的根本原因,是未能全面考察“罷卒”的特徵及其所在上下文意義。可能是受部分罷卒可以返回原籍的影響而誤釋之爲“期滿退役戍卒”。如上所

① 《宋史》卷三三二《滕元發李師中陸詵趙禼等傳》,北京:中華書局,1977,10686頁。
② 《宋史》卷四五二《高敏景思忠等傳》,13292頁。
③ 《宋書》卷七四《臧質魯爽沈攸之等傳》,北京:中華書局,1974,1918頁。
④ 《舊唐書》卷二〇〇上《安禄山傳附慶緒傳》,北京:中華書局,1975,5372頁。

述,其返回原籍的原因,不是服役期滿,而是疲弱不堪任,因服役期滿返回原籍和因疲弱不堪任返回原籍,兩者是有根本區别的。當然,也可能存在雙重身份的情況,即有些疲弱之卒本身就是退役戍卒。疲弱之卒這一概念所包含的範圍要比退役戍卒的大。疲弱之卒并不都返回原籍,并不都是退役戍卒,而實際上大多數在部、塞輪休之後,還要返回到工作崗位。

需要説明的是,“罷卒”一詞因所在簡文多殘缺不全,文意的理解難免有仁者見仁、智者見智的情况。所以,也不排除還有其他解釋的可能性。我們期待更多新材料的刊布以及更完整用例的發現,以求從根本上解决“罷卒”一詞的訓釋問題。

附記:本文蒙匿名審稿專家多次提出寶貴的修改意見,謹致謝忱。文中的錯漏之處,由筆者負責。

漢代的傳與肩水金關*

清華大學出土文獻研究與保護中心　郭偉濤

内容提要　傳,是漢代吏民出行必須持有的證件之一種,類似於今天的通行證,一般分爲公傳、私傳,傳的簽發、構成與有效期等皆有制度。不僅御史大夫、郡守、都尉、縣令丞可簽發公傳,都尉千人、城倉長、市丞等亦可簽發,少部分私傳需要尉史或縣右尉審核。完整的傳,應該由傳文與記録出行者信息的"致"組成。大部分傳均未載明有效期,但據里耶秦簡"續食文書",傳可往返使用,少部分記録了四個月的時限。金關吏卒在通關過程中負責審核、查驗、録副、登記等工作並制作相應的文書。藉由對金關的考察,亦可推知其他關隘的通關程序,透視漢帝國利用關津控制人員物資流動的措施與精神。

關鍵詞　傳　肩水金關　通關

在符、傳及通關致書等通關證件中,[①]傳的使用群體最爲廣泛,使用地域最爲廣闊,因此更常見也更爲重要。綜合簽發程序、使用群體及事務公私屬性,傳可分爲公務用傳、私事用

* 本文係中國博士後科學基金第 63 批面上資助(2018M631431)的成果。

① 通常情況下,學界將通關證件分爲符、傳、致等三類,然筆者以爲所謂"致"實際上是指記載個人信息明細的簡,用"致"代指含有"書到出入"的通關證件容易混淆,故稱此類證件爲"通關致書"(詳拙文《漢代的通關致書與肩水金關》,浙江大學中國古代史研究中心主編《絲路文明》第 2 輯,2017,21-44 頁)。本文即在此意義上使用"致""通關致書"等概念。

傳,一般簡稱公傳、私傳。①

前人對傳的研究,成果衆多。王國維、陳槃、肖從禮考察了傳的形制,②陳直、唐曉軍、程喜霖、李燁、李銀良等梳理了傳與過所的演變,③大庭脩、薛英群、李均明、趙克堯、胡錦賢、王樹金、張德芳、藤田勝久、侯旭東、宋真、楊建、冨谷至、高榮、郭琳琳、杜鵬姣、伊藤瞳、張英梅等考察了傳的申請、使用、勘驗等問題。④ 此外,藤田勝久結合弱水中下游流域的屯戍組織體系探討了金關的出入制度。⑤

綜上,幾乎傳的方方面面,前人都曾涉及。不過,隨着包含大量相關資料的金關漢簡全

---

① 本文初稿完成後,得見[日]鷹取祐司《肩水金関遺址出土の通行證》一文,將學界通稱的傳分爲傳、"毋苛留止"類、"當舍傳舍"類等三種證件(見作者主編《古代中世東アジアの関所と交通制度》,汲古書院,2017,197-208、229-258頁)。鷹取祐司分類中的傳,相當於傳統分類中的私傳,"毋苛留止"類證件,相當於下文所舉的1.4、1.5、1.7等證件。這一分類細化了相關研究,有一定的合理性,但僅依據簡文中的詞語進行分類,似乎不妥。如"毋苛留止"一詞不僅見於鷹取祐司分類的"毋苛留止"類證件,還見於私傳。又如,部分出現"毋苛留止"的公務性傳,雖然未載明"當舍傳舍",但綜合持傳者的身份及任務,不能排除省略"當舍傳舍"的可能。有鑒於此,本文采取傳統做法,將傳分爲公傳、私傳。

② 王國維:《簡牘檢署考》,1912年日文初版,1914年中文初版,此據胡平生、馬月華《簡牘檢署考校注》,上海古籍出版社,2004,53、57-58、98-99頁;陳槃:《漢晋遺簡識小七种》,1975年初刊,此據重印本,上海古籍出版社,2009,42-43、209-210頁;肖從禮:《西北漢簡所見"偃檢"蠡測》,見張德芳主編《甘肅省第二届簡牘學國際學術研討會論文集》,上海古籍出版社,2012,289-294頁。

③ 陳直:《漢晋過所通考》,《歷史研究》1962年第6期,145-148頁;唐曉軍:《漢簡所見關傳與過所的關係》,《西北史地》1994年第3期,87-90頁;程喜霖:《唐代過所研究》,北京:中華書局,2000,1-38頁;李燁:《略述漢簡所見"傳"及其與"過所"的關係》,《學行堂文史集刊》2012年第1期,18-23頁;李燁:《〈釋名疏證〉所訓"過所"補正》,《學行堂文史集刊》2013年第2期,61-63頁;李銀良:《漢代通關憑證——"傳"與"過所"關係考辨》,《殷都學刊》2015年第1期,26-30頁。

④ [日]大庭脩:《秦漢法制史研究》,1982年版,此據林劍鳴等中譯,上海人民出版社,1991,476-479、486-495頁;薛英群:《漢代的符與傳》,《中國史研究》1983年第4期,160-161頁;李均明:《漢簡所見出入符、傳與出入名籍》,《文史》第19輯,1983,29-35頁;趙克堯:《漢代的"傳"、乘傳與傳舍》,《江漢論壇》1984年第12期,68-72頁;胡錦賢:《漢代的通行證——傳》,《湖北大學學報(哲學社會科學版)》1987年第6期,122-123頁;李均明:《漢簡所反映的關津制度》,《歷史研究》2002年第3期,29-30頁;王樹金:《秦漢郵傳制度》,碩士學位論文,西北大學,2005,25-27、33-35頁;張德芳:《懸泉漢簡中的"傳信簡"考述》,中國文物研究所編《出土文獻研究》第7輯,上海古籍出版社,2005,65-81頁,圖版3-13頁;[日]藤田勝久:《〈張家山漢簡·津關令〉與漢墓簡牘——傳與致的情報傳達》,陳偉主編《簡帛》第2輯,上海古籍出版社,2007,441-457頁;侯旭東:《西北漢簡所見"傳信"與"傳"——兼論漢代君臣日常政務的分工與詔書、律令的作用》,《文史》2008年第3輯,5-53頁;宋真:《漢代通行證制度與商人的移動》,陳偉主編《簡帛》第5輯,上海古籍出版社,2010,481-496頁;楊建:《西漢初期津關制度研究:附〈津關令〉簡釋》,上海古籍出版社,2010,86-89、95-108頁;[日]冨谷至:《文書行政的漢帝國》,2010年版,此據劉恒武、孔李波中譯,南京:江蘇人民出版社,2013,225-252頁;[日]藤田勝久:《金關漢簡的傳與漢代交通》,陳偉主編《簡帛》第7輯,上海古籍出版社,2012,202-204頁;高榮:《秦漢的傳信——兼論傳的演變》,收入張德芳主編《甘肅省第二届簡牘學國際學術研討會論文集》,129-139頁;郭琳琳、杜鵬姣:《出土漢簡中的"傳"與出入名籍》,《克拉瑪依學刊》2013年第6期,59-63頁;[日]伊藤瞳:《漢代における伝の機能:辺境出土簡にみる控え文書を中心に》,《千里山文学論集》90號,2013,1-19頁;張英梅:《試探肩水金關漢簡中"傳"的制度》,《敦煌研究》2014年第2期,122-126頁;杜鵬姣:《漢代通關文書研究》,碩士學位論文,蘭州大學,2014,27-33頁。

⑤ [日]藤田勝久:《肩水金關與漢代交通——傳與符之用途》,日文版刊於《愛媛大学法文学部論集》人文學科編34號,2014,此據中共金塔縣委、金塔縣人民政府、酒泉市文物管理局、甘肅簡牘博物館、甘肅敦煌學學會編《金塔居延遺址與絲綢之路歷史文化研究》,蘭州:甘肅教育出版社,2014,606-614頁。

部出版,[①]傳的簽發、分類、使用等老問題需要進一步深化,傳的構成、使用期限等此前較少觸及的新問題亦浮現出來。另外,關於金關如何利用傳控制人員物資的流動,目前僅見藤田勝久的初步分析,相關討論尚待深化。因此,本文在前人工作的基礎上,系統梳理傳的申請、簽發、使用等問題,同時結合出入名籍簡深入分析金關吏卒在通關過程中的工作。

一 傳的簽發

1.公傳

一般而言,公傳持有者多爲官吏,持此憑信在沿途即可乘車、通行、過關,持傳者本人及隨從可"當舍傳舍",得到住宿招待,甚至可享受傳食的待遇。[②] 此前所見,御史大夫、郡守、都尉,及縣令丞、塞候等皆可簽發公傳,其中太守一般與長史、丞聯署,千人往往以兼行長史事的身份與守、丞聯署。[③] 新刊金關簡顯示,都尉千人、城倉長及市丞亦可直接簽發,如下:

1.1 元延元年九月乙丑朔丙戌,肩水千人宗移過所:遣從史趙放爲私市居延,當舍傳舍,從者如律令。 73EJT37:528

1.2 建平三年八月己卯朔乙巳,居延城倉長護移過所縣道津關:遣從史周武歸武威取衣用,當舍傳舍,從者如律令。嗇夫長佐□ 73EJT37:749A

居延倉長印 73EJT37:749B

1.3 綏和二年十二月甲子朔己丑,宛邑市丞華移過所縣……☑諸責人亡賊處,自如弘農三輔張掖居延界中,當舍傳舍……☑ 73EJT37:1454

1.1 由肩水千人宗簽發,派遣尉史"私市居延"。千人爲都尉屬官,[④]此前所見千人一般以兼行丞或長史的身份與太守聯署簽發公傳,[⑤]該簡顯示千人亦可獨立簽發。1.2 由居延城倉

① 本文所據金關簡,除非另有説明,全部引自甘肅簡牘保護研究中心(甘肅簡牘博物館)、甘肅省文物考古研究所、甘肅省博物館、中國文化遺産研究院古文獻研究室、中國社會科學院簡帛研究中心編《肩水金關漢簡》(壹、貳、叁、肆、伍),上海:中西書局,2011、2012、2013、2015、2016。居延舊簡,主要據簡牘整理小組《居延漢簡》(壹、貳、叁、肆)(臺北:"中研院"歷史語言研究所,2014、2015、2016、2017)。居延新簡,據張德芳主編《居延新簡集釋(1-7)》,蘭州:甘肅文化出版社,2016。需要説明的是,本文引用居延舊簡時,一般在簡號之後標注出土地,采用學界通行的遺址編號,如 A32 代表金關遺址,A33 代表地灣遺址,A35 代表大灣遺址,A8 代表破城子遺址等。居延新簡及金關簡,因簡號本身含有出土地信息,不再注明。

② 侯旭東據《二年律令·傳食律》,認爲縣道一級官吏通常情況下不可享受傳食招待,"尤急"與"言變事"兩種情況例外。參見作者《西北漢簡所見"傳信"與"傳"——兼論漢代君臣日常政務的分工與詔書、律令的作用》,21-22 頁。

③ 侯旭東:《西北漢簡所見"傳信"與"傳"——兼論漢代君臣日常政務的分工與詔書、律令的作用》,8、11、18、21 頁。

④ 陳夢家:《漢簡所見居延邊塞與防禦組織》,見其著《漢簡綴述》,北京:中華書局,1980,42-44 頁。

⑤ 侯旭東:《西北漢簡所見"傳信"與"傳"——兼論漢代君臣日常政務的分工與詔書、律令的作用》,18、42、43 頁。

長簽發,派遣從史前往武威爲長官取回衣用。居延城倉,設在居延都尉府駐地或其左近,[①]與候官平級,[②]一定意義上亦可視爲縣級機構。簡 1.3 由宛邑市丞簽發,"自如弘農三輔張掖居延界中"的"自如"顯示持傳者爲市丞本人,可能前往三輔張掖居延等追逐亡賊。"市"或爲獨立的官署,若此不誤,因市丞爲市令副貳,[③]其簽發傳信,某種程度上與縣丞簽發意義相似。細察三傳的任務,前兩例無疑皆屬私事,按律令規定未必可使用傳舍,很可能存在假公濟私的行爲。[④] 當然,常見公傳,辦理的基本都是公務,公傳私用者尚屬個例。

與公傳私用恰成對照的是公務私傳,即持傳者爲公職人員,且從事公務,但開具流程及待遇類似私傳。如下:

1.4 地節三年六月丙戌朔甲辰,尉史延年敢言之:遣佐廣齋三老、賜勞名籍對大守府,乘軺車一乘、牛一,與從者平里紀市俱。謁移過所縣道河津關,毋苛留止。敢言之。

六月甲辰居延丞延年移過所縣道河津關毋苛留止如律令/掾延年佐長世

73EJT37:519A

章曰居延丞印

六月壬子以來　　73EJT37:519B

1.5 五鳳四年八月己亥朔己亥,守令史安世敢言之:遣行左尉事亭長安世逐命張掖、酒泉、敦煌、武威、金城郡中,與從者陽里鄭常富俱,乘占用馬軺車一乘。謁移過縣道,毋苛留。敢言之。

八月己亥居延令弘丞江移過所縣道如律令/掾忠守令史安世　　73EJT9:104

前傳對籍太守府,後傳"逐命"當即追捕亡命之徒,皆屬公務。簽發流程却類似私傳,分别先由尉史、守令史等縣廷低級吏員呈報,説明出差者、任務、隨從及車馬信息等,然後由令丞簽發(詳下)。待遇"過所縣道河津關毋苛留"與私傳相同,僅少了主動申請的"自言"與鄉官府的"案户籍"。與此相對的是,簡 1.14 五官掾石博前往太守府(詳下),簽發的是公傳,下簡追逐亡命,也是公傳,均可使用傳舍。

1.6 永始二年三月丙戌朔庚寅,濼涫長崇守丞延移過所:遣□佐王武逐殺人賊朱順敦煌郡中,當舍傳舍,從者如律令。　　Ⅰ90DXT0110①:5[⑤]

① 陳夢家據城倉官吏多兼行都尉事的情況,判斷城倉當與都尉同駐一地(陳夢家:《漢簡所見居延邊塞與防禦組織》,見《漢簡綴述》,46 頁)。[日]冨谷至反對此説,認爲城倉位於居延都尉府(K710)附近的 A10 遺址(作者《文書行政的漢帝國》,284-286 頁)。本文兩存之,備考。

② [日]冨谷至:《文書行政的漢帝國》,281-282 頁。

③ 郭俊然:《漢代的集市管理職官》,《晋城職業技術學院學報》第 7 卷第 5 期,2014,68 頁。

④ 侯旭東曾指出,西漢末年傳舍開支嚴重膨脹,部分原因即在於官吏假公濟私因緣爲奸。參見作者《皇帝的無奈——西漢末年的傳置開支與制度變遷》,《文史》2015 年第 2 輯,32-36 頁。

⑤ 胡平生、張德芳:《敦煌懸泉漢簡釋粹》,上海古籍出版社,2001,48 頁。

該簡出土自懸泉置遺址,當是王武在懸泉置使用傳舍、享受傳食而由置吏録副留下的。該簡逐捕殺人賊,與1.5任務相似,簽發流程及待遇却不同。此外,居延縣派遣尉史上計太守府(73EJT10:210)、派遣令史前往張掖郡迎取馬匹(73EJT21:113)、派遣鄉佐前往張掖、金城、隴西等郡安集流民(73EJT37:935)、派遣亭長候史上籍肩水都尉府(73EJT8:9)等,所簽亦是私傳。

公務使用私傳的原因,尚不可知。可查證者,大多數皆由居延縣簽發,出差範圍多在河西地區。不過,亦見内地簽發者,如下:

1.7 初元三年三月乙卯朔甲申,倉令史明以官行尉事敢言之:遣竹亭長楊渠爲郡迎三年戍田卒張掖　　73EJT11:31A+10+3

傳封緱氏丞印五月廿五日入　　73EJT11:31B

該簡左殘。傳由行尉事的河南郡緱氏縣倉令史向縣廷呈報,派遣亭長前往張掖迎護戍卒、田卒,最後由縣丞簽發。該簡左殘,無法確定緱氏丞批復語是否包含"當舍傳舍",但其流程與前舉1.4、1.5相同,當屬公務私傳。

不過,據1.4、1.5、1.7等,筆者大膽推測還存在另一種可能。即一般的公傳,很可能亦經過令史、尉史或其他文書吏的呈報,然後纔由主管機構批准簽發。只不過,大多數公傳應該經過了文書吏的再加工,没有像私傳一樣把下級機構的申請文書亦抄録在内。而1.4、1.5、1.7等,恰可能没有經過再加工,保持了原貌。

另,著名的懸泉置"失亡傳信册"顯示,持傳者攜帶御史大夫簽發的公傳去監祠孝文帝廟,途中不謹亡失傳信,隨後御史大夫移文丞相以下到郡守、諸侯相等各機構各地,要求協助找回此傳。此外,還有一些御史大夫簽發的其他事務傳信因亡失而通告全國。[①] 其他機構,如太守府、都尉府及縣級官府等簽發公傳,若遺失,是否同樣需要找回,尚不清楚。

2.私傳

一般認爲,私傳的開具,需經如下途徑:(1)當事人向鄉提出申請,(2)鄉嗇夫核實信息,(3)鄉嗇夫向縣呈報,(4)縣令丞批准簽發。[②] 新刊金關簡顯示,部分私傳在縣令丞簽發之前,尚須尉史或縣右尉審核,如下:

1.8 甘露四年正月庚辰朔乙酉,鄉嗇夫胡敢告尉史:臨利里大夫陳同自言爲家私市張掖居延界中。謹案:同無官獄徵事,當得傳,可期言廷。敢言之。正月乙酉尉史贛敢

① 該册書由Ⅱ90DXT0216②:866-870四枚簡組成,釋文及研究,參見張德芳《懸泉漢簡中的"傳信簡"考述》,77-80頁;初世賓《懸泉漢簡拾遺(二)》,中國文化遺産研究院編《出土文獻研究》第9輯,北京:中華書局,2010,181-187頁;邢義田:《敦煌懸泉〈失亡傳信册〉的構成》,見張德芳主編《甘肅省第二届簡牘學國際學術研討會論文集》,5-15頁。

② [日]大庭脩:《秦漢法制史研究》,486-489頁;楊建:《西漢初期津關制度研究:附〈津關令〉簡釋》,98-100頁;[日]冨谷至:《文書行政的漢帝國》,245頁。

言之:同年爵如書,毋官獄徵事,當傳,移過所縣侯國,勿苛留,敢言之。正月乙酉西鄂守丞樂成侯國尉如昌移過所如律令/掾干將令史章　73EJT10:120A

西鄂守丞印　73EJT10:120B

1.9 五鳳三年正月戊寅朔戊子,都鄉嗇夫遂佐得敢言之:長陽里師樂自言爲家市張掖郡中。謹案:樂毋官獄徵事,當爲傳。謹移過所,勿苛留,敢言之。正月庚寅原武右尉憙敢言之:謹移,案樂年爵如書,敢言之。尉史萬正月辛卯原武守丞武移過所如律令 掾强佐异衆　73EJT37:1075A

原武丞印　73EJT37:1075B

兩傳分别由南陽郡西鄂守丞、河南郡原武丞簽發。前傳由鄉嗇夫直接向尉史報告,再由尉史呈請縣令丞批准。後傳在縣令丞最終批准簽發之前,經過了縣右尉的審核。這類私傳極少見。經手尉史、縣右尉,可能與尉史、縣尉的職掌有關。① 從尉史、縣尉移文判斷,理論上,兩人亦須根據縣所藏户籍核對持傳者信息。

絶大部分私傳,持有者皆爲普通民衆。實際上,還可見部分刑徒持有的傳,同樣需要經過申請、批准的流程,但申請對象不同。如下:

1.10 河平四年二月甲申朔丙午,倉嗇夫望敢言之:故魏郡原城陽宜里王禁自言二年戍屬居延,犯法論,會正月甲子赦令,免爲庶人,今願歸故縣。謹案:律曰"徒事已,毋糧,故官謹爲封偃檢,縣次續食,給法所當得",謁移過所津關,毋苛留止,原城收事。敢言之。

二月丙午居令博移過所如律令掾宣嗇夫望佐忠　73EJT3:55

刑徒王禁遇赦免爲庶人後打算回原籍,②向倉提出申請,倉嗇夫依據律令呈報縣廷,當日即由縣令批准簽發。該簡未言取傳,僅言"封偃檢"。據學者研究,該簡及其他數枚申請偃檢者(73EJT37:527、73EJT9:65、505.37/A35),其程序與私傳無异。③ 此前,汪桂海、藤田勝久認

① 西漢初期,尉史原直轄於尉,中後期漸在縣廷服務,與令史一起處理文書等工作,參見李迎春《漢代的尉史》,陳偉主編《簡帛》第5輯,上海古籍出版社,2010,467-480頁。秦代,縣尉不僅有兵權,且在用人及行政管理上亦有一定權限(楊振紅:《秦漢時期的"尉"、"尉律"與"置吏"、"除吏"——兼論"吏"的屬性》,陳偉主編《簡帛》第8輯,上海古籍出版社,2013,333-339頁),推測西漢早中期縣尉可能亦保存部分此類職責。

② 張朝陽認爲此王禁與甲渠候官遺址出土奏封記録簡259.1中的徒王禁爲同一人,詳見張朝陽《由肩水金關漢簡解讀居延漢簡一案例》,2011年10月26日刊於簡帛網:http://www.bsm.org.cn/show_article.php? id=1570。這個觀點受到反駁,參見稷下追風《關於對張朝陽文章的商榷》,2011年11月14日刊於簡帛論壇:http://www.bsm.org.cn/bbs/read.php? tid=2839。張朝陽對此有回應,參見作者《〈由肩水金關漢簡解讀居延漢簡一案例〉補考:兼回答商榷文》,2011年11月18日刊於簡帛網:http://www.bsm.org.cn/show_article.php? id=1581。

③ 肖從禮:《西北漢簡所見"偃檢"蠡測》,292頁。

爲傳的形制即是帶有封泥槽的檢,[①]而青木俊介認爲早期傳采取平檢加 U 型槽的方式,後期演變爲帶有封泥匣的封檢。[②] 筆者以爲,所謂“傴檢”可能是對傳的形制的描述,實際上就是傳。傴檢即傳之一類。“封傴檢”與“取傳”都是同一件事,傳文偶然出現“封傳移過所”(EPT50:39)的“封傳”恰可作爲證明。故此,1.10 亦爲私傳。很可能王禁在倉勞作服役,歸倉直接管理,故向倉提出申請,由倉嗇夫呈報縣廷批准簽發。據該傳所引律文“徒事已,毋糧,故官謹爲封傴檢,縣次續食,給法所當得”,法律規定刑徒回家途中可享受“縣次續食”的待遇,即路過諸縣需提供飲食。簡 73EJT37:526 亦是倉嗇夫申請的刑徒傳,不贅。另外,亦有令史、司空呈請的刑徒傳,如下:

1.11 五鳳三年十二月癸卯朔庚申,守令史安世敢言之:復作大男彭千秋陳留高里,坐傷人論,會神爵四年三月丙辰赦令,復作縣官一歲十月十日,作日備,免爲庶人,道自致。謁移陳留過所縣道河津函谷關,毋苛留止,如律令。敢言之。

十二月庚申居延令弘守丞安世移過所縣道河津函谷關,毋苛留止,如律令。掾守令史安世 73EJT34:6A

章曰居令延印 73EJT34:6B

1.12 神爵三年六月己巳朔乙亥,司空佐安世敢言之:復作大男吕异人,故魏郡繁陽明里,廼神爵元年十一月庚午坐傷人論,會二年二月甲辰赦令,復作縣官一歲三月廿九日·三月辛未罰作,盡神爵三年四月丁亥,凡已作一歲一月十八日,未備二月十一日。以詔書入錢贖罪,免爲庶人。謹爲傴檢……謁移過所。 73EJH1:3A

前簡彭千秋或在縣廷服役,故由令史呈請縣廷簽發。據前述,後簡“爲傴檢”意同封傳。兩傳皆爲刑徒遇赦後復作縣官,前簡彭千秋服役期滿,纔得以歸故鄉,後簡吕异人服役未滿,入錢贖罪。[③] 後簡吕异人勞作服役機構當爲縣司空,故吕异人向該機構申請,再由司空佐向上級機構呈報。該簡左殘,呈報機構及批復簽發之語不存。

此外,屬於官府的奴隸,外出時亦須申請私傳,如下:

1.13 建平元年九月庚寅朔丁未,掾音敢言之:官大奴杜勝自言與都尉五官掾石博葆,俱移簿大守府,願已令取傳,謁移過所縣道河津關,毋苛留,如律令。敢言之。

73EJT37:780

① 汪桂海:《漢代官文書制度》,南寧:廣西教育出版社,1999,63 頁;[日]藤田勝久:《金關漢簡的傳與漢代交通》,203-204 頁。

② [日]青木俊介:《封検の形態発展》,收入[日]籾山明、[日]佐藤信編《文献と遺物の境界Ⅱ》,東京外国語大学アジア·アフリカ言語文化研究所,2014,238-239 頁。

③ 關於復作的含義,及其與赦的關係,參見張建國《漢代的罰作、復作與弛刑》,《中外法學》2006 年第 5 期,597-609 頁。

九月丁未居延庫守丞長移過所如律令

掾音 73EJT37:89

兩簡爲一份册書,可復原。[①] 據簡文,杜勝身爲官府奴隸官奴,與都尉五官掾石博所葆之人共赴太守府呈報簿書,因而申請私傳,由掾向上級呈請批准。巧合的是,五官掾石博的公傳録副,亦可找到。如下:

1.14 建平元年九月庚寅朔丁未,居延都尉雲、城騎千人……☑遣五官掾石博對會大守府,當舍傳舍,從者如律令。 73EJT37:615+494

該簡筆迹墨色與1.13相似,時間皆爲建平元年(前6)九月丁未,所涉人員相同,無疑是兩人同時過關,由關吏録副。杜勝私傳由居延庫簽發,五官掾石博的公傳由都尉府簽發。

據上,無論普通民衆或刑徒,獲得私傳皆需申請批准。然亦有省略申請程序而直接簽發者,如下:

1.15 永光三年十一月壬午朔丁未,酒泉北部千人禹移過所河津關:遣葆平陵宜利里韓則年卅五、杜陵華陽里公乘吕義年廿九,乘軺車一乘,牡馬一匹,之居延收責。毋苛留,如律令。 73EJT37:525

當事人韓則、吕義身份皆爲葆,據學者研究,葆跟葆主關係較爲密切,[②]而該傳由都尉千人直接簽發。很可能持傳者與千人禹關係密切,據前引簡1.1,千人具備簽發傳的權力,故該傳未走正常程序,越過其他機構的審核這一常見步驟而由千人直接簽發。

綜上,一般民衆所用私傳的簽發流程,除持傳者先向鄉申請、由鄉核實後再呈請縣令丞批准的常見形式外,亦有中經尉史或縣尉這一級别再呈縣令丞批准者。與此相似,身份低於庶民,在倉或司空勞作服役的刑徒,期滿後取傳歸家,當向其直轄機構申請,如倉、司空等,由後者呈請縣廷批准。大奴與官員一起出差時,亦須申請私傳。此外,亦見都尉千人直接簽發者,或爲特例。

若途中意外亡失或其他情况,可向相關機構申請新傳,如下:

1.16 定昌衣用。廼九月中渡肩水河,車反,亡所取觻得丞傳,今以令爲傳。謁移過所縣道關毋苛留,敢言之。/十一月乙丑朔癸未居延守丞右尉……

73EJT21:56

1.17 觻得成漢里薛□□年卅四,年七月中與同縣男子趙廣同傳,今廣以八月中持傳出入……欲復故傳前入…… 73EJT8:106A

---

① 姚磊:《論〈肩水金關漢簡(肆)〉的簡册復原——以書寫特徵爲中心考察》,李學勤主編《出土文獻》第10輯,上海:中西書局,2017,219-220頁。

② 凌文超:《西北漢簡中所見的"庸"與"葆"》,史亞當主編《出土文獻與物質文化》,香港:中華書局,2017,65-108頁。

1.18 ■右八人共傳 ☐ 73EJT24:95

簡 1.16 左右皆殘。據簡文,當事人之前持觻得丞簽發之傳,因渡河翻車而意外亡失。該傳由居延縣簽發,推測送衣物的對象——定昌——應在居延縣爲官,持傳者到達居延後稟明情況,縣官府“以令”簽發新傳。[①] 簡 1.17 刮削嚴重,據殘存簡文,觻得薛姓男子與趙廣共用一枚傳,據 1.18,多人共用一枚傳的現象或不在少數。因趙廣已經持傳先走,故薛姓男子向有關機構報告,申請據舊傳(録副)通關。或許,薛姓男子的意思是希望相關機構向金關移文説明,允許其通關。此外,北宋《天聖令·關市令》規定:

若在路有故者,經隨近官司申牒改給,具狀牒關。[②]

這個規定的精神,即在於途中出現意外事故時,可靈活處理。結合 1.16、1.17 兩簡,漢代亦應如此,惜不知當時是否也制定了相關律令。

二 傳的構成

關於傳的構成,學界較少措意,過去往往僅關注傳文,而未注意到與之配合使用的身份證件。實際上,只有兩者齊備,纔可以通過關津,關津據此核查才能有效防止僞冒符傳的現象。近來陸續有學者注意及此,惜僅限於推測,迄今未見有説服力的論證。[③] 筆者綜合律令規定及實例,試爲疏通證明。

西漢早期,對津關及邊塞的出入,張家山漢簡《二年律令·津關令》有專門規定,如下:

2.1 一:御史言,越塞闌關,論未有令。·請闌出入塞之津關,黥爲城旦舂;越塞,斬左止爲城旦;吏卒主者弗得,贖耐;令(488)、丞、令史罰金四兩。智其請而出入之,及假予人符傳,令以闌出入者,與同罪。非其所當爲傳而擅爲傳出入津關,以假(489)傳令闌令論,及所爲傳者。縣邑傳塞,及備塞都尉、關吏、官屬、軍吏卒乘塞者,若其私婢,馬之

① 據 1.16 簡文,筆者推測,持傳者應該在落水失傳之前已經通過了金關、懸索關,否則似無法到達居延地區。審稿專家指出,所謂的“肩水河”,應在肩水候官或肩水都尉府轄區,因此頂多可以説已經通過了金關,無論如何不能説通過懸索關。但“肩水河”到底何指,尚難斷言,有學者就認爲是古弱水的代稱(郝二旭:《“肩水”小考》,《中國歷史地理論叢》第 25 卷第 1 輯,2010,120-122 頁)。目前看來,“肩水河”的定位及相關問題,還有待進一步討論。

② 天一閣博物館、中國社會科學院歷史研究所天聖令整理課題組校證:《天一閣藏明鈔本天聖令校證——附唐令復原研究》,北京:中華書局,2006,305 頁。

③ 杜鵬姣:《試論漢簡中的“致”和“致籍”》,《牡丹江大學學報》第 22 卷第 9 期,2013,53 頁;田家溧:《漢簡所見“致籍”與“出入名籍”考辨——以金關漢簡爲中心》,《史學集刊》2014 年第 6 期,113 頁;[日]藤田勝久:《肩水金關與漢代交通——傳與符之用途》,602-603 頁。

出田、汲、鹵、牧、繕治(490)塞,郵、門亭行書者,得以符出入。制曰:可。(491)①

2.2 □:相國上内史書言,請諸詐襲人符傳出入塞之津關,未出入而得,皆贖城旦舂;將吏智其請,與同罪。·御史以聞,制曰:可,以闌論之。(497)

據這兩條律令,關津需要注意防範"假予人符傳"及"詐襲人符傳"等。若要做到這一點,關吏除了核查通關證件本身的有效性,如封印、合符等,亦須查驗通關者的體貌是否與證件相符。因此,理論上,通關證件需要記載持有者的體貌、攜帶物品等。如下述律文:

2.3 □:御史請諸出入津關者,詣入傳,書郡、縣、里、年、長、物色、疵瑕見外者,及馬職物關舍人占者,津關謹閲,出入之。縣官馬勿職物(498)者,與出同罪。·制曰:可。(499)

可見當事人所持的傳,需要記載籍貫、年齡、身長、膚色及特殊體徵等。《二年律令》的年代雖然在西漢早期,②但該條通關律令的規定及精神,可能具有普適性。儘管文帝一度"除關無用傳",但景帝上臺後隨即恢復舊制,"復置諸關用傳出入",③故此,很可能西漢中後期,我們所見到的金關及其他關津出入,其制度規定與漢初差相仿佛。

而且,據上引2.3及下條律令:

2.4 ☐議,禁民毋得私買馬以扜關、鄖關、函谷關、武關及諸河塞津關。其買騎、輕車馬、吏乘、置傳馬者,縣各以所買(506)名匹數告買所内史、郡守,内史、郡守各以馬所補名爲久,久馬,爲致告津關,津關謹以藉、久案閲,出。諸乘私馬入而復以出,若出而當復入者(507),津關謹以傳案出入之。詐僞出馬,馬當復入不復入,皆以馬賈訛過平令論,及賞捕告者。津關吏卒、吏卒乘塞者智,弗告劾(510),與同罪;弗智,皆贖耐。·御史以聞,制曰:可。(511)

無論是以傳通關,還是以"致"通關,關津僅需"案閲",或以藉、久、傳等案閲出入,意思就是關吏根據通關證件的記載查驗通關者本人及馬匹。

綜上,爲了防止詐僞冒用,通關證件需要詳細記載通關者本人及物品信息,而關吏在整

---

① 該條令文的釋讀,參見何有祖《釋張家山漢簡〈津關令〉490-491號簡并論相關問題》,李學勤主編《出土文獻》第12輯,2018,208-215頁。本文所引張家山漢簡凡未特別注明者,皆出自張家山漢墓竹簡整理小組編《張家山漢墓竹簡[二四七號墓]》(釋文修訂本),北京:文物出版社,2006。

② 相關討論,可參看高敏《〈張家山漢墓竹簡·二年律令〉中諸律的製作年代試探》,《史學月刊》2003年第9期,32-36頁;張忠煒《〈二年律令〉年代問題研究》,原刊《歷史研究》2008年第3期,此據作者《秦漢律令法系研究初編》,北京:社會科學文獻出版社,2012,26-43頁;王彦輝《關於〈二年律令〉年代及性質的幾個問題》,《古代文明》第6卷第1期,2012,48-55頁;馬孟龍《張家山二四七號漢墓〈二年律令·秩律〉抄寫年代研究——以漢初侯國建置爲中心》,《江漢考古》2013年第2期,89-96頁。

③ 臧知非:《論漢文帝"除關無用傳"——西漢前期中央與諸侯王國關係的演變》,《史學月刊》2010年第7期,5-11頁;陳蘇鎮:《〈春秋〉與"漢道":兩漢政治與政治文化研究》,北京:中華書局,2011,231-234頁。

個通關過程中，所起到的不過是盡職盡責地案閲出入。將這一點與金關出土的通行證件相對照，不難發現，幾乎所有的傳，包括私傳、公傳，傳文記載使用者信息皆十分簡略。如上舉公傳 1.1—1.3 僅記出差者姓名，未記身高膚色等體貌，私傳 1.4、1.5 記出行者居里姓名爵位等。此外，偶見記車馬者，如下：

2.5 五鳳三年十月甲辰朔癸酉，西鄉嗇夫安世敢言之：隴西西始昌里知實自言以令占田居延，以令予傳，與大奴謹、從者平里季奉，家市田器張掖、武威、金城、天水界中，車一乘、馬二匹。謁移過所河津關，毋苛留止，如律令。敢言之

十月癸酉居延令弘守丞安世移過所如律令 / 掾忠佐定 73EJT37:524

該傳記持有者、隨從居里姓名及車馬，未記年齡，所記馬匹亦未及體貌齒齡。絶大部分的傳，傳文記載使用者信息皆極爲簡略，基本上一筆帶過。僅見下簡記載體貌，屬於特例：

2.6 ☑年十一月壬申朔丁丑陶鄉嗇夫定佐博益利里公士程相自言與☑

☑□長七尺四寸黑色☑ 218.50+218.4/A32

簡文"長七尺四寸黑色"當爲出行者之一的體貌，但該簡殘損嚴重，尚不能確定體貌信息原就記在傳文里，還是另附於牒，關吏録副時抄在一起。

與此相對的是，大部分完整的出入名籍簡，皆有當事人縣、鄉、爵、里、姓名與體貌及車馬信息，暫舉如下：

2.7 居延東鄉嗇夫延年乾忠臣長七尺五寸黑色軺車一乘馬二匹 73EJT37:753

2.8 居延亭長孤山里刑延壽年五十一 用馬一匹馬駹齒十歲正月丙寅入 73EJT30:23

2.9 河南郡平縣河上里公乘左相年廿三長七尺二寸黑色劍一枚 卩 73EJT10:104

2.10 河南穀成長陽里大夫師逢年卅長七尺二寸黑色牛車一兩鍁木盾各一 卩 73EJT25:5

2.11 河内温中侍里汪罷軍年卅八字君長乘方相車馬駹牡馬一匹齒十五八月辛卯入 73EJT26:35

五簡書體相同，應爲一人所寫，不存在第二種筆迹。前兩簡爲官員，當使用公傳，後三簡爲普通民衆，當使用私傳。五簡或記身高、膚色，或記馬匹齒歲，或記攜帶物品，記録信息較爲全面。當然，記載簡略者也存在，如下：

2.12 常安庫宰王延壽年桼十一牛車一兩 73EJF3:357

2.13 梁國虞北函里士五皇路人年廿八　　73EJT21:37

2.14 茂陵當利里任安世　　73EJT22:62

不過,此類簡牘很少見。

《太平御覽》引《晉令》曰"諸渡關及乘船筏上下經津者,皆有【過】所,寫一通付關吏。"[①]據此,關津録副"過所"。"過所"與"傳"异名同實,因此類證件上常見"移過所"的字樣,故約在兩漢之際"傳"漸被稱爲"過所"。[②]《晉令》所述雖爲後代,其精神與操作方法在漢代恐亦如此。筆者推測,出入名籍當即關吏在謄録相關證件的基礎上添加出入信息而已。反觀《津關令》對通行證件的要求,出入名籍上通行者體貌、物品及馬匹尺寸等恰與律令相符。因此,筆者以爲,這些詳盡的信息應來自通行證件,而非關吏測量補充。通關時,關吏很可能根據通關證件大致觀察一下,既無必要亦無可能費時費力逐個測量通行者身高、馬牛尺寸,甚至細數馬牛口齒。

綜上,比對相關律令、傳文、出入名籍等三者,基本可以確定,當事人持傳通行時,很可能需要相應的身份證件,以便關津據以核查。僅憑信息簡略的傳文,無法有效防範詐僞及襲人符傳等行爲。

不過,上述觀點僅止於推測,檢核材料,筆者發現不少私傳皆有"年姓如牒"的用語,值得注意。暫舉三簡如下:

2.15 河平四年七月辛亥朔庚午,西鄉有秩嗇夫誼守斗食佐輔敢言之:中安男子楊譚自言欲取偃檢,與家屬俱客田居延界中。謹案:譚等年如牒書,皆非亡人命者,當得取偃檢,父老孫都證。謁移居延,如律令,敢言之。

七月癸酉長安令右丞萬移居延如律令/掾殷令史賞　　73EJT37:527

2.16 元延四年十一月丁丑朔乙未,西鄉嗇夫竞佐政敢言之:利貴里男子賈章自言爲家私使之張掖居延,願以律取傳。謹案:章年姓如牒,毋官獄徵事。當得取……

73EJT37:59+471

2.17 建平三年正月癸未朔……夫假佐恭敢言之:善居里男子莊煙自言取傳,乘馬三匹☐……張掖酒泉……年長馬齒物色各如牒,過所津關毋苛留,如律令。☐過所如律令/掾承守令史就　　73EJT37:806+816+1207

2.15 出行者爲楊譚及其家屬,而傳文僅記載"譚等年如牒書";2.16 出行者爲賈章,傳文僅言"章年姓如牒";2.17 殘斷,據私傳常見書式判斷,傳文恐只記載了莊煙居里、姓名及乘馬數量,詳細信息"各如牒"。"年姓如牒"等用語顯示,鄉嗇夫、鄉佐向縣令丞呈請簽發私傳

① 《太平御覽》卷五九八《文部》"過所"條,北京:中華書局,1960 年影宋本,2695 頁上欄。

② 李銀良:《漢代通關憑證——"傳"與"過所"關係考辨》,26–30 頁。

時，另簡附有持傳者的詳細信息。换言之，現在看到的傳文，其主體是當時申請、批復過程中産生的文書，而持有者的信息一般另牒附上，書式類似於西北漢簡中常見的完整簿書。通觀目前可見的傳文書，縣官府并未綜合鄉的申請書及持有者牒書，將個人信息糅合進去另外起草傳文，而是以添加按語的形式批復簽發。若此不誤，則鄉呈報的申請者牒書，必與縣簽發之傳文配合使用，纔能明確申請者的個人信息。因此，筆者推測，至少上舉三傳，應該會配合記録出行者信息的牒書使用。不過，三簡本身僅見關吏謄録的傳文，而未見牒書記載的出行者信息，有兩種可能：(1)傳、牒原本就分開製作、封印，故關吏謄抄時亦分開，用寬木牘抄寫傳文，單札抄寫牒上的出行者信息；(2)傳文、牒文原本記録在一枚簡上，考慮到檔案保存及向上級機構報告通關人員詳情的便利，關吏分開抄寫。筆者推測，當以前者爲多，後者亦存在，但數量不多。

目前確可見到同一枚簡牘分開記載傳文書與個人信息的例子。如下：

2.18 ☑□八長七尺二寸黑色牛車一兩麥五十石☑
☑西鄉嗇夫充敢言之：成☑
☑□如牒。謁移肩水金關出，來☑　　73EJT29:28A

2.19 ☑大男王□年二十三桼尺五寸□□☑
☑居延庫丞威移過所河津：遣官佐一人☑　　73EJT23:857A
☑□隆俱之酒泉郡中。年長如牒，毋□☑　　73EJT23:857B

2.20 官從者居延西昌里……☑
誼從者居延利上里公大夫王外人年□□長七尺四寸黑色卩
元康三年九月辛卯朔壬子，□□敢言之：□□□長誼逐市張掖、酒泉郡中，與從者西道……☑……以令取傳。謹踈年長物色，謁移肩水金關出，來復傳。敢言之。☑……水金關如律令/掾延年佐宣　　73EJT37:28A+653+1133
印曰居延丞印　　73EJT37:28B

2.21 子女呈配年六小
神爵五年二月庚寅朔辛卯，駿鄉嗇夫仁敢言之：道德里樵威自言田張掖郡居延界中☑
73EJT37:1380A
印曰霸陵右尉　　73EJT37:1380B

2.22 居延亭長平明里不更張廣年廿三長七尺五寸黑色軺車一乘用馬
□從者居延□□里大夫徐□年十二長五尺四寸黑色五月己亥入七月
73EJT37:833A
亭長廣傳　　73EJT37:833B

2.18 上下殘斷左右完好，據簡文“西鄉嗇夫充敢言之”判斷，當爲私傳。簡文“如牒”的用語,恰與前述2.15、2.16、2.17相同,而傳文右側"□八長七尺二寸黑色牛車一兩麥五十石"當爲持傳者信息。此種書式,恰恰證明前述部分私傳包括傳文及個人信息兩部分的觀點。2.19與之類似,大男王□當即與官佐"俱之酒泉郡中"的同行者,傳文"如牒"與右側王□的個人信息相對應。2.20傳文"疎年長物色"與"年姓如牒"相類,而右側記録了兩名從者的身高膚色,互相印證。細察圖版,該簡右側尚殘,持傳者信息很可能記録在最右側。2.21傳文右側記録了持傳者樵威女兒呈配的信息,惜右側殘損,無從判斷呈配右側是否記載了樵威的信息。該簡未見"年姓如牒"的用詞,理論上,呈配信息也可解釋爲:該項信息原不存在於樵威所持的通關證件上,其通關時,關吏詢問後得知而與傳文記録在一起。不過,結合2.15—2.17三簡"年姓如牒"的用語,2.21應與之相同,呈配信息原本就存在於通關證件上。2.22左殘,右側僅存張廣、從者信息及出入記録,簡背"亭長廣傳"顯然是指正面文字。單有張廣及從者的信息,是不足以稱爲傳的。聯繫2.18—2.21的書式,2.22左側缺失者應爲傳文,與亭長廣及從者信息配合成爲完整的傳。下端"五月己亥入七月",是在傳上記録的出入信息。

簡 2.18	簡 2.19A	簡 2.20A	簡 2.21A	簡 2.22A	簡 2.23A
	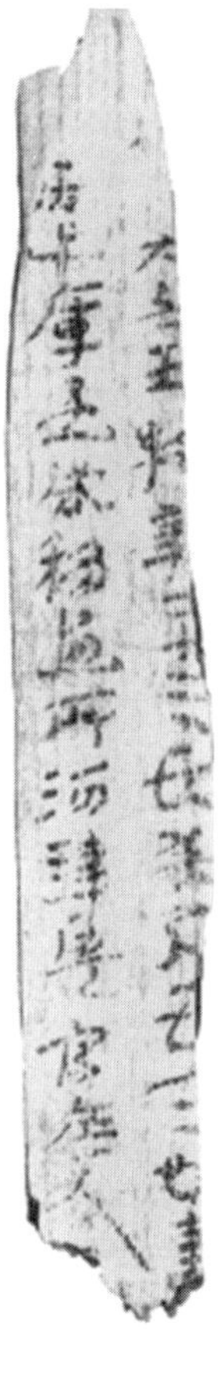				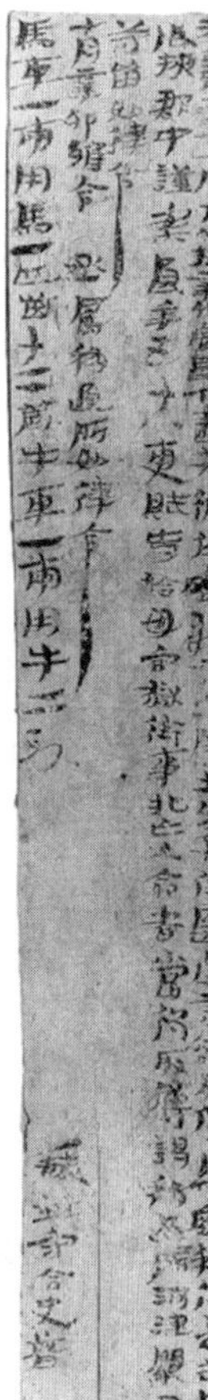

此外,據學者研究,西北地區常見的完整簿書,通常是簿籍簡在前、呈文簡在後。[①] 上述五簡出行者信息在前、傳文在後的記録方式,恰與此相同。不過,亦有例外者,如下:

2.23 元壽二年十[②]月丁卯朔辛卯,廣昌鄉嗇夫假佐宏敢言之:陽里男子任良自言欲得取傳,爲家私使之武威張掖郡中。謹案:良年五十八,更賦皆給,毋官獄徵事,非亡人命者,當得取傳。謁移過所河津關,毋苛留,如律令。

十月辛卯雍令 丞鳳移過所如律令

馬車一兩用馬一匹齒十二歲牛車一兩用牛二頭 /掾并守令史普　　73EJT23:897A

雍丞之印嗇夫賞白

五月己巳以來南 君門下　　73EJT23:897B

簡背爲開封記録,正面爲關吏謄抄的傳。車、馬、牛信息及馬齒皆記録在傳文書之後,而非之前。不知原件即是如此行款,還是關吏抄録時做了調整。僅此一例,未見其他類似書式者。

綜上,完整的傳,應該包括傳文及出行者信息,以便關津核對身份及人員物資。目前看來,出行者信息多數是另簡製作,但也不能排除個别傳將出行者信息記録在傳文内的可能性。這種另簡書寫的身份證件,其正式名稱叫作"致"。[③] 與傳相同,"致"可能亦須封印,以防止僞冒。筆者懷疑,下述幾枚出入名籍簡即當録自"致"。

2.24 居延城倉令史曹相　　城倉丞軺車一乘　　六月戊寅北嗇夫欽出

用馬一匹騂牝齒八歲高五尺八寸

73EJF3:347

2.25 居延令史王元　　居延丞印 革車一乘用馬一匹騧牝齒十二歲高六尺

十月癸丑南嗇夫□入　　73EJT23:905

2.26 表是宰之印作者樂得廣昌里張錢年三十

錯田表是常安善居里李欽年三十大車一兩

用牛二頭 十二月庚子入　　73EJF1:30+28

三簡書體相同,應爲一人所書,不存在第二種筆迹。前兩簡通關者均爲低級屬吏,録自公傳的可能性較大。[④] 末簡李欽當爲普通民衆,當録自私傳。"常安""表是宰"顯示,該簡時

---

① 侯旭東:《西北所出漢代簿籍册書簡的排列與復原——從東漢永元兵物簿説起》,58-73 頁。

② 原釋作"七",簡背亦釋爲"七月辛卯",實際上漢簡里"十""七"兩字極易混淆,横竪長短相類,結合字形及月朔干支,兩處皆爲"十月",徑改。

③ 拙文《漢代的通關致書與肩水金關》,22-27 頁。

④ 侯旭東重點考察了懸泉置出土公傳,持傳者多爲低級官吏。參看作者《西北漢簡所見"傳信"與"傳"——兼論漢代君臣日常政務的分工與詔書、律令的作用》,22 頁。

代在新莽始建國之後。[①] 錯田不可解,或與閒田有關。[②] 三簡皆録有印文,或即與傳配合使用的"致",因其亦須證明有效性,故蓋有簽發者印章。下述兩簡可能亦如此,略有變通:

簡 2.24	簡 2.25	簡 2.26	簡 2.27	簡 2.28
		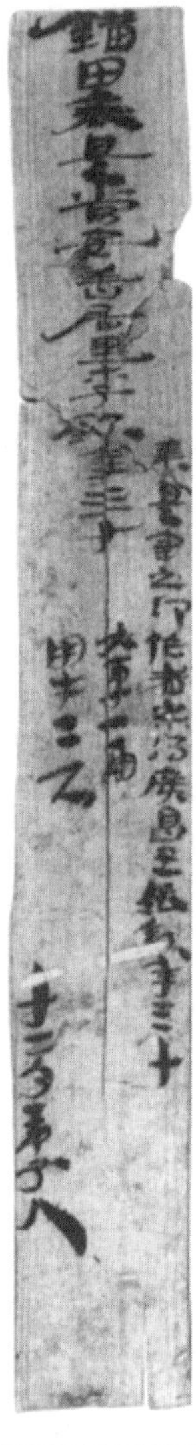	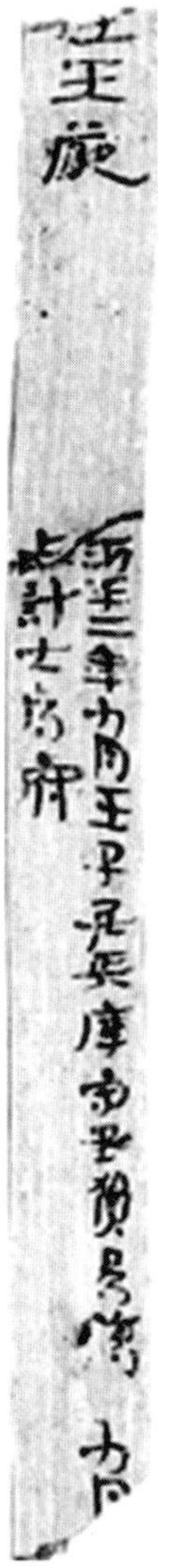	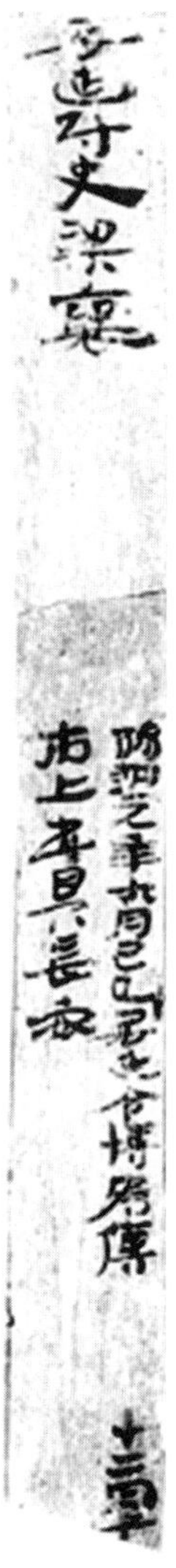

① 新莽始建國元年改長安爲常安,縣令長爲宰(《漢書》卷九九中《王莽傳中》,北京:中華書局,1965,4103 頁)。相關討論參見饒宗頤、李均明《新莽簡輯證》,臺北:新文豐出版公司,1995,140、166-167 頁。

② [日]吉村昌之認爲,西漢時期爲了軍事目的而經營的農地,至王莽時期劃歸民政系統的縣進行管理,這部分土地就是所謂的"閒田"。詳參作者《漢代邊郡的田官組織——以見於簡牘的"閒田"爲綫索》,原載[日]大庭脩編《漢簡研究の現状と展望:漢簡研究国際シンポジウム'92 報告書》,1993,此據中譯,收録在中國社會科學院簡帛研究中心編《簡帛研究譯叢》第 1 輯,長沙:湖南出版社,1996,184-205 頁。唐俊峰繼承了此看法,并做了進一步申論,參看作者《西漢河西田官的組織與行政——以居延、肩水地區的田官爲中心》,《中國文化研究所學報》第 59 期,2014,101-103 頁。關於"錯田",另見於 73EJF1:30+28、73EJF1:36 兩枚出入關名籍簡,分别涉及酒泉郡的表是、禄福兩縣,録此備考。

2.27 ▨□王嚴　　河平二年九月壬子居延庫守丞賀爲傳九月▨
上計大守府　　73EJT4:99

2.28 居延尉史梁褒　　陽朔元年九月己巳居延令博爲傳十二月丁▨
市上書具長安　　73EJT6:27A

細察圖版,書體相同,應爲一人所書,不存在第二種筆迹。兩簡記個人信息甚爲簡略,中間謄録者或爲傳文縮寫。關吏很可能録副"致"之餘,亦擇要抄寫傳文,并未另簡録副傳文書。不過,大多數出入名籍簡皆未載印文,很可能因關吏録副傳文時已經記録印文而省略了,僅上述數枚保存。

三　傳的有效期與"來復傳"

關於傳的有效期,多數學者皆未涉及,僅張英梅據常見傳文"無官獄徵事",認爲官府每年都需核實賦役等情况,因此推測私傳時效大概爲一年。[①] 不過,漢代每年八月在鄉案比登記户籍信息,[②]而私傳在一年到頭的每個月度均可簽發,[③]若依前説,則其時效必隨簽發月份不同而改變,肯定不會整齊劃一皆爲一年。而且,若七月簽發私傳,則僅可行用一個月,似乎太短。另外,私傳持有者多爲個人,極少全家外出者,故賦役任務或可由其他家庭成員分擔。因此,推測私傳時效爲一年恐難成立。[④]

筆者發現,金關簡中有數枚私傳標明了有效期,頗爲可貴,如下:

3.1 ……年爵里如書,毋當官獄徵事,當得取傳。寫移,往來百廿日。謁移過所縣邑道上津關門亭,毋留▨
二月庚午陽陵令 守丞勳移肩水金關□□□　　73EJT37:157

3.2 案:延壽年爵如書,毋官獄徵事,期往來百廿日,謁移過所縣邑,敢言之。尉史
73EJT9:12A
河南長印　　73EJT9:12B

3.3 ▨甘露二年十月丁巳朔壬午▨徵事當爲傳。移▨百[⑤]廿日,謁移過所縣邑侯國,

① 張英梅:《試探肩水金關漢簡中"傳"的制度》,126頁。

② 邢義田:《漢代案比在縣或在鄉?》,見作者《治國安邦:法制、行政與軍事》,北京:中華書局,2011,211-248頁;臧知非:《秦漢賦役與社會控制》,西安:三秦出版社,2012,6-13頁。

③ 從正月至十二月,每個月簽發的傳信,見於如下十二枚簡:72EJC:15、73EJH1:14、73EJT28:46、73EJT23:772、73EJT9:92、73EJT10:312、73EJT37:527、73EJF3:328、73EJT24:262、73EJT24:532、73EJT37:59+471、73EJT23:335。

④ 程喜霖據日本《養老關市令》"若已得過所,有故卅日不去者,將舊過所申牒改給",認爲唐代普通行客過所的有效期,一般爲三十天(作者《唐代過所研究》,60-61頁)。實際上,該律令規定的是三十天内必須啓程出發,并不是有效期。

⑤ "百"字原未釋,據圖版,徑補。

以律☐縣邑侯國☐　　73EJT10:232A

3.1"往來百廿日",3.2"期往來百廿日",應該均屬傳的有效期。3.3 殘存"百廿日",懷疑亦爲時效。3.1 由陽陵縣簽發,目的地未詳,簽發語包含"肩水金關",很可能持傳者亦前往居延地區。據下簡,敦煌郡效穀縣懸泉置距長安 4080 漢里:

3.4 張掖郡千二百七十五一,冥安二百一七,武威千七百二,安定高平三千一百五十一里……　　V90DXT1611③:39A

金城允吾二千八百八十里,東南。天水平襄二千八百卌,東南。東南去刺史□三□……一八十里……長安,四千八十……　　V90DXT1611③:39B[①]

該簡以懸泉置爲中心,記載到各地的距離,雖然簡文殘損,尚可知曉距長安 4080 漢里,即 1696 公里,與現在道里狀況亦基本吻合。3.1 持傳者從陽陵縣出發前往居延,無論走哪條路,[②]約到達觻得後即需折而北行。陽陵縣在長安北邊不遠,效穀、居延距觻得差相仿佛,故可暫定居延與陽陵的距離爲 4000 漢里左右。漢初《二年律令・行書律》規定"郵人行書,一日一夜行二百里(273)",弱水中下游地區常見行書速度爲每時 10 里,每天 160 里,[③]故若以行書速度計算,從長安至居延,中間不停留的話,快則 20 天、慢則 25 天即可到達。3.2 簡背印文若釋讀無誤,則持傳者從河南縣出發,河南縣在今洛陽附近,距長安較陽陵更遠一些,但 30 天左右應可到達居延。不過,私傳持有者前往居延,大部分都是做生意的普通人,其行進速度自然無法與郵書傳遞相提并論。據嶽麓書院藏秦簡《徭律》規定:

3.5 徭律曰:委輸傳送,重車負日行六十里,空車八十里,徒行百里。其有□□□☐　　1394/248[④]

秦代傳送委輸,重車 60 里,輕車 80 里,徒行 100 里。到了漢初,《二年律令・徭律》對速度做了調整:

3.6 興給傳送。事委輸傳送,重車重負日行五十里,空車七十里,徒行八十里。免老、小未傅者、女子及諸有除者,縣道勿(412)

秦漢里制相承,漢初的要求較秦代略有和緩。約兩漢之際成書的《九章算術》記載:

六人共車,車載二十五斛,重車日行五十里,空車日行七十里。[⑤]

---

① 胡平生、張德芳編撰:《懸泉漢簡釋粹》,59-60 頁。

② 關於長安至河西的路綫,可參看初世賓《漢簡長安至河西的驛道》,卜憲群、楊振紅主編《簡帛研究二〇〇五》,桂林:廣西師範大學出版社,2008,88-115 頁及附圖;侯旭東《皇帝的無奈——西漢末年的傳置開支與制度變遷》,61-62 頁。

③ 弱水中下游地區郵書傳遞速度,可參看筆者《漢代肩水塞部隧設置研究》,《文史》,2018 年第 1 輯。

④ 陳松長主編:《嶽麓書院藏秦簡(肆)》,上海辭書出版社,2015。1394 爲流水號,248 爲整理排列後的編號。

⑤ 郭書春:《匯校九章算術(增補版)》卷六《均輸》,沈陽:遼寧教育出版社,2004,241 頁。

今有程傳委輸，空車日行七十里，重車日行五十里。[①]

一般而言，算數書之類的文獻，如同典籍一樣可能存在較爲長久的流傳過程，且内容多數當爲舉例或假設，所記數值未必與成書當時的實際生活相應，但綜合漢初《二年律令》可知，空車日行七十里、重車日行五十里或爲常態。不過，傳送委輸即使徒行，亦勢必負擔物品，目前所見金關簡里的私傳者多數未運載重物，故其行進速度可能與傳送委輸相當，或略高，暫定其速度爲80漢里。若此不誤，從陽陵到居延，單程大約需要50天，往返100天。若騎馬而非驅車，可能更快一些。“百廿日”的時限雖然短暫，在規定期限内尚可返回，且約有一月的時間在居延盤桓。

雖然部分私傳注明“百廿日”的時限，但目前可考的私傳，傳主外出時間大多超過此數。如前舉簡2.23顯示，任良從陽陵西邊的雍縣出發，返程經過金關之時距簽發之日已七個多月。下傳顯示，從長安到肩水地區，亦費時不少：

3.7 五鳳二年五月壬子朔乙亥南鄉嗇夫武佐宗敢言之：北陽曲里男子……謹案：弘年廿二，毋官獄徵事，當得取傳，里父老丁禹證。謁言廷移過所□……

六月庚寅長安守右丞湯移過所縣邑如律令 掾充令史宗　73EJT9:92A

三月壬辰不弘以來

章曰長安右丞三月壬辰　73EJT9:92B

據簡文，不弘所持之傳在五鳳二年（前56）六月九日（庚寅）簽發，若當時即出發，假使次年三月十六日（壬辰）返程經過金關，則相距亦已九月有餘。當然，兩簡未言在居延耽擱的時間，不排除途中用時很少、在居延盤桓很久的可能。無論如何，四個月的有效期，時間相當緊張。

僅上舉三枚私傳記載了有效期，其他絶大多數都未記載。不清楚究竟是多數情況下録副傳时省略這一信息，還是此三枚私傳屬於例外。不過，秦漢公傳、私傳中常见“來復傳”“復傳”等文字，值得重視。暫舉材料如下：

3.8 元年七月庚子朔丁未，倉守陽敢言之：獄佐辨、平、士吏賀具獄縣官，食盡甲寅。謁告過所縣鄉以次續食，雨留不能，投宿齎。來復傳。零陽田能自食，當騰，期卅日。敢言之。/七月戊申，零陽龏移過所縣鄉。/齮手。/七月庚子朔癸亥，遷陵守丞固告倉嗇夫：以律令從事。/嘉手。　5-1A

遷陵食辨、平，盡己巳旦□□□□遷陵。

① 郭書春：《匯校九章算術（增補版）》卷六《均輸》，246頁。

七月癸亥旦,士五(伍)臂以來。/嘉發。 5-1B[①]

3.9 初元五年癸酉朔甲午,□□鄉佐□敢告尉史:龐自言爲家私使居延,謹案:毋官獄徵事,當爲傳。謁移函谷關入,來復傳。□過所津關,毋苛留。敢告尉史。

73EJT24:78

3.10 十一月己亥,居延守丞左尉武賢移肩水金關出,來復傳入,如律令。掾可置令史安世 73EJT31:148

3.11 神爵二年十二月壬申朔辛卯,東鄉嗇夫生敢言之:昌樂里韓忠自言以令占田居延,與子女婢温小男……乘占用馬四匹,軺車三乘,謁移肩水金關出,入復傳,毋苛留止,如律令。敢言之。 73EJT37:871

3.12 ☐遣鳴沙里陵廣地爲家私市張掖酒泉□□□□□□□□☐□門亭鄣河津金關毋苛止,環復傳,敢言之。

☐如律令/掾不害令史應　四月甲戌入 36.3/A32

3.13 便宜,書到内人,來復傳出,如律令。 79MDT5:170[②]

上述六枚應該均爲傳文書,[③]注明"來復傳""來復傳入""入復傳""環復傳"或"來復傳入"等,其中"環"通"還",[④]意思基本相同。至於"出""入"用詞的不同,乃是傳文書簽發機構針對持傳者出行目的地及關卡方位而言的。關鍵的是"復傳"的含義,一般認爲指往返雙程的傳;[⑤]青木俊介認爲"復"通"覆","來復傳"即核查傳信之意,[⑥]鷹取祐司根據通關致書常見的"案籍""復籍"等,亦認同此説;[⑦]鄭相俊認爲"復傳"相當於漢簡里常見的"爲傳""取傳","來復傳"即返程時製作新傳。[⑧] 實際上,仔細審視"來復傳"的含義,不難發現,這些傳文書强調的都是"來"或"還",换言之,都是對返程的説明。如3.10"謁移函谷關入,來復傳"説明的是進入關中及返程,3.11"謁移肩水金關出,入復傳"説明的是過金關而北及返程南

① 釋文據陳偉主編《里耶秦簡牘校釋(第一卷)》,武漢大學出版社,2012,1頁;圖版見湖南省文物考古研究所編著《里耶秦簡(壹)》,北京:文物出版社,2012,3頁。

② 張德芳:《馬圈灣漢簡集釋》,蘭州:甘肅文化出版社,2013。新編簡號爲209。

③ 上舉里耶秦簡5-1含有"續食"字樣,鄔文玲、[日]青木俊介皆稱爲續食文書,相關研究可參看鄔文玲《里耶秦簡所見"續食"簡牘及其文書構成》,甘肅簡牘博物館、西北師範大學歷史文化學院編《簡牘學研究》第5輯,蘭州:甘肅人民出版社,2014,1-8頁;[日]青木俊介:《里耶秦簡の「続食文書」について》,《明大アジア史論集》18號,2014,14-35頁。實際上,續食字眼亦見於懸泉漢簡及金關漢簡中的傳,應當就是傳文書。

④ 王輝編著:《古文字通假字典》,北京:中華書局,2008,720頁。

⑤ 陳偉主編:《里耶秦簡牘校釋(第一卷)》,3頁;鄔文玲:《里耶秦簡所見"續食"簡牘及其文書構成》,5頁。

⑥ [日]青木俊介:《里耶秦簡の「続食文書」について》,22-25頁。

⑦ [日]冨谷至編:《漢簡語彙考證》,東京:岩波書店,2015,415-421頁。

⑧ 鄭相俊在清華大學歷史系内部小型學術沙龍上的報告稿(2016年7月15日)。

下,3.13“書到内人,來復傳出”,“内人”當爲“内入”之訛,或許是指玉門關而言。[①] 若將“復”理解爲審核,則不該僅僅適用於歸程。因此,這個解釋從道理上即難以講通。

另外,《二年律令·津關令》規定:

3.14 □:相國上中大夫書,請中大夫、謁者、郎中、執盾、執戟家在關外者,得私買馬關中。有縣官致上中大夫、郎中,中大夫、郎中爲書告津關,來復傳(504),津關謹閲出入。馬當復入不入,以令論。·相國、御史以聞,·制曰可(505)

若連綴無誤,則“來復傳”與“津關謹閲出入”相接。“復”若爲核查之意,則與“謹閲出入”同意重複,故此覆核審查之説不能成立。而且,似亦與下簡所載不合:

3.15 少倩晨夜姚去,復傳致出關。書到,願令史有田褒字少倩欲☐ 50.31/A32

該簡在“書到”之前似有編聯留空,文意前後不接,下端或刮削用作習字。據上端“少倩晨夜姚去,復傳致出關”,“姚”當爲“逃”之訛,若“復”爲審核之意,當不可能順利出關,此處的“復傳致”理解爲使用此前的證件通關比較妥當。或許,上級機構據金關上報的出入關人員記録查到少倩“復傳致”通關,故移文金關追查。

至於“復傳”表示“爲傳”的觀點,恐怕亦不可取。據《漢書·終軍傳》記載:

初,軍從濟南當詣博士,步入關,關吏予軍繻。軍問:“以此何爲?”吏曰:“爲復傳,還當以合符。”軍曰:“大丈夫西游,終不復傳還。”[②]

關吏意在讓終軍持走半繻,返回時合繻出關,與金關所見出入符略相似。蘇林注曰“舊關出入皆以傳,傳煩,因裂繻頭合以爲符信也”,與此相同,顔師古釋“復”爲“返也”。[③] 故“復傳”等於“爲傳”之説難以成立。假若此説成立,則由哪個機構製作新傳,亦不明確。若全由通過津關製作,而前舉3.9“移函谷關入”顯示持傳者當居住在函谷關以東,自關東至金關,中間所經關津當不在少數,每個關津皆製作新傳,似與理不通。此外,持傳者户籍僅保存在其原籍縣鄉,外地機構無法落實“謹案户籍臧鄉者”這一步驟。

綜上,“來復傳”當指往返雙程皆使用同一枚傳。若此不誤,則傳恐怕不會指定有效期,特别注明者除外(3.1、3.2、3.3)。持傳者返回原籍後,可能需要向鄉報告,辦理類似“著籍”的手續,再次外出時需要另行申請私傳。公傳,至今未見規定使用期限者,據前舉秦代續食文書,其時效亦是往返雙程,漢代公傳雖未見“復傳”之語,推測亦當往返行用。因官吏需在特定機構當差,一般不可能無緣無故離署外出,一旦公差即需要申請傳信,故無須擔心其持舊

① “來復傳出”,原釋爲“來校傳出”,《馬圈灣漢簡集釋》予以改釋,細察圖版,當爲“復”。而[日]鷹取祐司據原來誤釋之字,推測“復”等同於“校”([日]冨谷至編:《漢簡語彙考證》,418、420頁),恐不可取。

② 《漢書》卷六四《終軍傳》,2819-2820頁。

③ 《漢書》卷六四《終軍傳》,2820頁。

傳私自離開。

四 金關通關與出入名籍

關於出入名籍,此前李均明、佐原康夫、田家溧、畑野吉則等已經做出了初步分析,[①]限於材料和角度,尚有進一步研究的空間。這裹結合律令及出入名籍簡,系統考察金關通關的相關制度。

1.查驗

如前所述,關吏既需要查驗通關者證件的有效性,亦需據之核查持傳者身份真僞及所攜物資。據《津關令》,西漢早期對某些物品的流通,有特殊規定。如下:

> 4.1 二:制詔御史,其令扜關、鄖關、武關、函谷、臨晋關,及諸其塞之河津,禁毋出黄金、諸奠黄金器及銅,有犯令(492)
>
> 4.2 □:制詔御史,其令諸關,禁毋出私金器、鐵。或以金器入者,關謹籍書。出,復以閱,出之。籍器、飾及所服者不用此令。(493)

兩條律令嚴禁扜關、鄖關、武關、函谷關、臨晋關等五關流出黄金、鐵器等戰略物資,如此做法當與漢廷的關中本位政策,以及當時對關東諸侯國的防範猜忌密切相關。[②] 這個政策,恐怕僅限於當時,行之未遠,在景帝削平六國之亂及武帝廣關之後,[③]應該就没有存在的必要了。至於西漢中後期的金關在這方面有什麽具體的政策,尚不清楚,不過,金關位於通往居延的必經之路上,堪稱門户,而居延地區則與匈奴近在咫尺,朝廷政策方面恐怕也不會鼓勵兵器、鐵器等軍事物資在當地大規模流通,推測金關應會對此嚴加查禁。因此,私人未必會甘冒風險違禁攜帶,這也是出入名籍簡及傳文幾乎未見到此類物資大量出現的原因。當然,私人攜帶的普通的刀劍弓矢,因其數量有限,應無大礙,故出入名籍簡時有記載。如前引簡

---

① 李均明:《漢簡所見出入符、傳與出入名籍》,33-35 頁;[日]佐原康夫:《關於居延漢簡所見肩水金關》,見李學勤、謝桂華主編《簡帛研究二〇〇一》,桂林:廣西師範大學出版社,2001,724-729 頁;田家溧:《漢簡所見"致籍"與"出入名籍"考辨——以金關漢簡爲中心》,115-116 頁;[日]畑野吉則:《漢代の下級部署における日常業務と情報處理:關所の通關業務と出入記録簡》,《資料学の方法を探る》第 13 號,2014,28-38 頁。

② 關於五關的具體位置及當時中央與諸侯國的對立關係,可參看王子今、劉華祝《説張家山漢簡〈二年律令·津關令〉所見五關》,《中國歷史文物》2003 年第 1 期,44-52 頁;董平均:《〈津關令〉與漢初關禁制度論考》,《中華文化論壇》2007 年第 3 期,62-68 頁;楊建:《西漢初期津關制度研究:附〈津關令〉簡釋》,43-50、58-64 頁;蔡坤倫:《楚扜關考》,《臺灣師大歷史學報》第 46 期,2011,1-34 頁;梁萬斌:《從長安到洛陽:漢代的關中本位政治地理》第二章《關中本位政治地理的形成:漢初之政治地理》,復旦大學博士學位論文,2013,34-60 頁。

③ 關於武帝廣關的相關研究,可參看辛德勇《漢武帝"廣關"與西漢前期地域控制的變遷》,《中國歷史地理論叢》第 23 卷第 2 輯,2008,76-82 頁;胡方《漢武帝"廣關"措置與西漢地緣政策的變化——以長安、洛陽之間地域結構爲視角》,《中國歷史地理論叢》第 30 卷第 3 期,2015,40-45 頁。

2.9“劍一枚”、2.10“鐱、木盾各一”,攜帶刀劍者相對較少,弓矢較爲常見,如下:

4.3 弘農郡陜宜里大夫王定年卌長七尺二寸黑色 牛一車一兩弓一矢五十

73EJT37:986

4.4 觻得敬老里任賞年廿五軺車一乘馬一匹 弓一矢五十 卩 73EJT10:63

其他如黄金、銅器等重要物資,目前尚未見到。

負責查驗通關者,較爲常見的是關嗇夫,如前舉2.24、2.25兩簡。此外,亦見關佐、關卒及騂北亭長、候史、尉史等負責通關,如下:

4.5 ☑□故里左臨年廿三十一月甲申南關佐音入 73EJT37:1342

4.6 昭武便處里公乘韓放年五十、大車一兩二月一日卒李

·右大尉屬韓況葆 母廉年三十五、普弟玄年十二、用牛二頭 牛二入、譚入

況弟普年十五、羊二入、 73EJF3:326

4.7 長安囂陵里常惲年卅三 方相一乘

用馬一匹 十一月癸卯兼亭長并入 73EJT37:997

4.8 居延左部守游徼肩水里士伍張武年五十六十一月庚子候史丹入☑

73EJT37:701

4.9 定陶□亭長第里公乘靳舍年卅四長七尺四寸黑色尉史恭入 73EJT33:76

4.6簡末“二月一日卒李譚入”,李譚當即爲關卒。騂北亭及東部候長駐在A32遺址,候史當爲東部候長屬吏。肩水候一度在此地常駐,尉史作爲文書吏隨侍肩水候,可能亦在A32遺址。[①] 因此,候史、尉史亦臨時負責通關。

事情重大時,肩水候亦親臨關口,如下:

4.10 使者一人 假司馬一人 騎士廿九人 ·凡卌四人傳車二乘 軺車五乘

吏八人厩御一人民四人官馬卌五匹馬七匹候臨元康二年七月辛未嗇夫成佐通内

73EJT3:98

“候臨”,當即表示肩水候親臨。或許此次人員大規模入關,干係重大,故關嗇夫、關佐及肩水候均親臨迎接,以示隆重。元康二年(前64)七月,此時的候或許就是肩水候房。

2.録副與登記

關吏在查驗通關者身份及物資之餘,亦須録副通關證件。這一點,似與秦代不同,據睡虎地秦簡《法律答問》:

4.11“發僞書,弗智,貲二甲。”今咸陽發僞傳,弗智,即復封傳它縣,它縣亦傳其縣

① 參見拙文《漢代肩水候駐地移動初探》,陳偉主編《簡帛》第14輯,上海古籍出版社,2017,129-173頁。

次,到關而得,今當獨咸陽坐以貲,且它(57)縣當盡貲?咸陽及它縣發弗智者當皆貲。(58)

秦代持傳出行,似乎每到一地皆需開封傳信,并另行封印。漢代并非如此,前舉1.4、1.5兩傳分别由南陽郡西鄂縣、河南郡原武縣簽發,持傳者勢必途經函谷關或武關纔能到達金關,但兩簡所封的依然是籍貫所在縣之印,顯然此前過關時并未開封。這種變化,或許是秦漢制度不同的原因吧。

據前所述,通關證件一般包括傳,及與之配合使用的"致"。關吏録副傳文的同時,亦另簡録副"致",并在其上登記出入信息,故兩者當可一一對應。筆者即發現不少例子,先舉公傳類如下:

簡4.12	簡4.13	簡4.14	簡4.15	簡4.16A	簡4.17

4.12 居聑三年二月戊寅朔癸卯,杜衍守丞莊移過所:遣亭長垣黨爲郡送絳張掖居延都尉府,當舍傳舍,從者如律令。/掾并守令史奮

73EJF3:114+202+168

4.13 南陽郡杜衍亭長垣黨年卌五　　軺車一乘　　六月庚子出

用馬一匹騮牝齒七歲高六尺二寸

73EJF3:48+532+485

4.14 居聑三年二月戊寅朔癸……□[①]丞岑移過所過:守尉周重爲郡送絳張掖居延都尉府,當舍傳舍,從者如律令。　　/掾鳳令史博

73EJF3:470+564+190+243+438

4.15 南陽郡氾鄉侯國守尉周重年卅六　軺車一乘　　六月庚子出

用馬馬一匹騮騩牝齒八歲高六尺二寸

73EJF3:290+121

4.12 是南陽郡杜衍縣爲亭長垣黨開具的公傳,4.13 爲垣黨出入名籍簡。個人信息相同,毫無疑問是同一個人。4.14 中間殘缺,簽發機構不詳,持傳者爲氾鄉侯國守尉周重,名籍簡 4.15 周重的身份亦是守尉。比對四簡筆迹書風,亦極爲相似。此外,4.14 傳文"爲郡送絳居延都尉府",任務與 4.12 相同,而垣黨、周重皆來自南陽郡,出關的月份干支相同。懷疑垣黨、周重同爲南陽郡所遣,任務相同,故結伴而行,同日過關。此例爲目前所僅見。此外,73EJT24:264+269、73EJT25:88 分别是居延都尉府卒史孫畢的傳文書與個人信息簡;73EJF3:118、73EJF3:270 分别是居延縣守尉史東郭護的傳文書與個人信息簡,不贅。

私傳亦有對應者,如下:

4.16 五鳳四年六月庚子朔甲寅,中鄉嗇夫廣佐敢言之:囂陵里男子習萬自言欲取傳,爲家私使張掖居延界中。謹案:萬年五十一,毋官獄徵事,當得爲傳,父不尊證。謁言移過所縣邑,毋留止,如律令。敢言之。

六月己未長安守右丞世移過所縣邑毋苛留如律令 掾 令史奉　　73EJT37:1076A

章曰長安右丞印　　73EJT37:1076B

4.17 京兆尹長安囂陵里習萬年五十一長七尺三寸黑色 正月丁丑入

73EJT37:1081

兩簡習萬的户籍、年齡皆相同,當爲同一人。細察圖版,兩簡書風筆迹相似,當爲同一人所書。簡 4.17 所記習萬身長膚色,當即録自"致"。習萬來自長安,目的地爲居延,而該簡僅記歸程信息,很可能來時另簡記録。此外,前引 1.15 肩水千人派遣韓則、吕義前往居延收債,韓

① 原釋爲"并",細察圖版,該字上半部缺損,故闕釋。

則名籍簡如下:

4.18 平陵宜利里公乘韓則年卅五 軺車一乘馬一匹 字子師皆十二月己酉入

73EJT37:107+60

該簡所記韓則的户籍、年齡與1.15相同,當爲同一人。"皆十二月入"顯示當爲歸程,且不止韓則一人,吕義當另簡記録,編聯在一起,通關時只在其中一枚簡上記録出入信息。細察圖版,簡4.18上端文字與1.15筆迹相似,顯係同一個人所書。而4.18下端"皆十二月入"書寫潦草,明顯與其他文字不同,令人費解。很可能兩人出關北上時,關吏製作出入名籍并編聯在一起,返程過關時并未重新製作出入名籍,而是在原來的名籍上登記入關信息。與此相似者,還有下組:

4.19 地節三年正月戊午朔辛酉,居延軍候世謂過所:遣私從者河内郡温庠里左通私市張掖郡中,謁移過 73EJT24:267A

章曰軍候印 73EJT24:267B

4.20 河内郡温庠[1]里左通 □☑ 73EJT24:715

4.19由居延軍候簽發,軍候爲部都尉屬官,秩比六百石,設有候丞。[2] 或與塞候不同。該簡起首"軍候謂過所",且簡背印文亦爲軍候,或由其直接簽發。不過,簡文"謁移"似乎又需向其他機構申報。73EJT21:71、73EJT30:254或亦爲軍候簽發之傳,不贅。4.19、4.20兩簡所記左通信息相同,無疑當爲同一人。比對圖版,兩簡筆迹不同。很可能傳文録自入關時,名籍簡録自出關時,或者相反。

此外,亦有出入名籍簡記載往返雙程信息者。如下:

4.21 厩佐范惲 用馬一匹騮牡齒七歲高五尺八寸 十月辛丑入

十一月甲子出 73EJT3:64

4.22 富貴里公乘夏千秋年廿長七尺黑色 弩一矢十二牛車一兩 十二月辛卯出

閏月己未入

73EJT37:1589

前簡厩佐爲低級官吏,後簡爲普通民衆,兩簡所涉當分别爲公傳、私傳。細察圖版,皆存兩種筆迹。前簡"十月辛丑入"與上端文字筆迹相似,而"十一月甲子出"字體較小,且擠在左下角,明顯是别筆所書。後簡"閏月己未入"筆迹亦明顯與其他文字不同。很有可能是夏

---

① "庠"字原釋作"犀",據圖版,徑改。

② 相關研究參看柯友根《西漢部曲初探》,《厦門大學學報(社會科學版)》1962年第3期,24-34頁;黄今言《秦漢軍制史論》,南昌:江西人民出版社,1993,226-231頁;郭俊然《漢官叢考——以實物資料爲中心》,華中師範大學博士學位論文,2013,245-246頁。

千秋返程時别筆所書。這種記載方式,或即與前述"復傳"有關,返程時直接在前次通關登記的名籍簡上記録了出入信息。

簡 1.15	簡 4.18	簡 4.19A	簡 4.19B	簡 4.20	簡 4.21	簡 4.22

傳,與通關致書不同,應只需録副,無需將原件留下。目前所發現的傳,可考者均如此,傳文與簡背字迹相同,如前舉 1.2、1.4、1.5,等等,明顯爲關吏所抄。不過,金關遺址(A32)出土的簡 140.1(文繁不引),亦爲傳文書,但開封記録"候自發"似别筆所書。何以出現這種情况,尚不清楚。

3.匯總與保存

吏民持傳出入的情况,金關關吏似每天都進行整理,如下簡:

4.23 其五人新傳出

一人復故傳出

神爵四年七月丙寅凡吏民十一人四人新傳出　　73EJT37:910

該簡左殘,記神爵四年(前58)七月丙寅當天吏民出入關情況,當爲總結式記載。殘存簡文顯示當天共十一人出關北上,其中九人新傳,一人復故傳。據前述,"復故傳"當即使用原來舊傳的意思,新傳當即新簽發之傳。或許可理解爲:籍貫在金關以北某地的吏民先前已經持傳入關,此次持舊傳返程通關,故稱"復故傳出";籍貫在金關以南某地的九位吏民持傳北上,尚未返程,故記爲新傳。新傳分兩次記録,或許與不同關吏放行有關。雖然傳存在公傳、私傳的不同,但金關似未分别匯總保存。

保存時,傳與附件的"致"應該分置,每月匯總,年度亦總結。如下:

4.24 ▨元始三年十二月吏民

▨出入關傳副卷　　73EJT35:2

4.25 ◎　　五鳳三年二月吏民

出入關傳籍　　73EJT6:17

4.26 ▨右十月傳▱　　73EJT37:13A

▨右十月傳▱　　73EJT37:13B

4.27 ▨右十二月致▱　　73EJT37:245A

▨右十二月致▱　　73EJT37:245B

4.25上端半圓形,且鑽孔,雖無網狀格紋,當與4.28同爲楬。後兩簡爲簿籍結計簡。4.27"十二月致",當指十二月出入金關的吏民信息簡。據4.24、4.26、4.27,大部分録副傳文與登記的出入名籍應當分開放置。據4.23、4.26、4.27,每日統計後再逐月匯總。此類結計簡如下:

4.28 十一月入,凡二百五十四人,馬卅八匹,軺車廿九乘,牛百七十九,車百七十九兩▱　　73EJH2:20

該簡統計某年十一月入關人馬車牛數量。當然,這類統計肯定不限於持傳通關者,當亦包括符、致書通關者。推測亦當有出關結計簡。

也有自某日以來的匯總,如下簡:

4.29 ▨乙亥視關以來傳券　　121.13A

▨□□□　　121.13B/A32

該簡右殘,簡文僅存左半。若釋文無誤的話,則總結的是某月乙亥以來的傳副。結束到何日,尚不清楚。或爲臨時性匯總,當非常制。

據下簡,亦有以特定人群爲單位的匯總,如下:

4.30 ・酒泉居延倉丞葆建始三年十一月傳副☐ 73EJC:617

該簡爲簿書標題簡,所涉簿書可能記載酒泉居延倉丞葆整年的傳副,或者是建始三年十一月各機構群體的傳副。

此外,傳、致放在一起者亦存在,如下兩枚楬:

4.31 ▨甘露二年十月☐
▨關傳致籍 73EJT9:11

4.32 ▨吏民出入金關傳
▨致籍 73EJT10:240

前簡尚存繫繩,後簡右殘。這兩枚楬很可能是傳、致分别匯總後放在一起的標籤。

此外,金關東側關門内 F3 房間的隔間,即爲金關文書檔案室,吏民出入關證件的謄録副本及登記的出入名籍,一般而言,均放置此房間内。① 不過,尚無關於該房間的詳細考古報告,無法進一步推測放置詳情。

五 小結

一般而言,公務及公職人員纔可使用公傳,但因爲人情對行政及律令的滲透侵蝕,亦出現公傳私用、假公濟私的現象。私傳的開具首先經過鄉級機構的審核,送達縣廷後,理論上亦是審核後纔予以簽發。服役期滿的刑徒,歸家時需要所在機構申請私傳。官府奴隸與官員同出公差時,亦須開具相應的證件纔可通關。若途中意外丢失,亦可依照律令向相關機構申請新傳。

公傳、私傳不僅包括傳文,亦包括相應的身份證件,非如此不足以防範僞冒及襲用復傳的發生。公傳開具後,當可往返使用。其時效,端視公務完成的遲速。極個别私傳載明了四個月的有效期,大多數均未記載,當亦可往返使用。

持傳過關時,金關關吏既需審核傳之真僞,亦須據身份證件核查持傳者及其隨從、物資等。此外,關吏還需録副傳文,并另簡製作出入名籍。少數情況下,關吏亦合并登記。關吏登記通關者證件,一方面有案可查,一方面也有利於事後向上級肩水候官、肩水都尉府逐級呈報。

金關雖然名不見經傳,地位與作用比不上那些著名的關口,如函谷關、武關、玉門關、陽關等,但金關所見的通關制度及手續,應該通行全國,而非局限於一地。因此,對金關的考察,一定程度上可了解漢帝國利用關津控制人員物資流動的措施及精神。

① 詳見拙文《漢代肩水金關關吏編年及相關問題研究》,《出土文獻》第 10 輯,2017,231-236 頁。

此外,金關地當要衝,位於内地前往居延的必經之路上。名義上,居延處在漢匈鬥争的前綫,實際上大部分時期雙方相安無事,加之邊境雙方經貿、物資往來的客觀需求,因此很可能存在廣泛的小規模的走私貿易。試想在擁有精密的偵查技術及完備的隔離設施的今天,邊境地區尚存在越境、走私等活動,兩千年前恐怕更難杜絶此類行爲。内地民衆前往居延跟當地人、跟匈奴人做生意的情况應該是存在的。大多數過關者,都是"私市居延"的内地民衆,其原因或即在此。此外,當地吏卒很可能也參與到貿易中。[①]

2017 年 1 月—4 月初稿

2017 年 6 月二稿

2018 年 3 月改定

附記:本文寫作及修改過程中,得到李均明、侯旭東、劉樂賢、鄔文玲、籾山明、汪桂海、馬楠、姚磊、黄浩波等諸位師友的教示。投稿後,復承審稿專家指謬正誤。謹此一并致謝!

① 如著名的"候粟君責寇恩書"所透露的情况。

肩水金關漢簡中漢文帝時期樂府詔書考證

西北師範大學歷史文化學院
渤海大學東北亞走廊研究院
裴永亮

内容提要 肩水金關漢簡中的漢文帝樂府詔書,充分證明漢武帝之前樂府已經設立。簡文記載"諸侯王謁拜,正月朝賀及上計,飭鐘張虡,從樂人及興卒",有助於認識漢初樂府的職事。孝文帝時規定朝賀等活動用樂,反映出當時禮樂統治正在逐步加强,是當時社會轉型的生動體現。

關鍵詞 肩水金關漢簡 樂府 漢文帝 詔書

漢代樂府設立的時間是漢代文學史、音樂史研究者久已關注的重要問題。因爲漢代樂府的設立以及由此産生的大量樂府詩,延續至唐代的新樂府運動,對中國古代詩歌發展産生了深遠的影響。漢樂府的設立特别是漢武帝采詩制度的實行,也是中國音樂史上的要事。史籍雖然記載了武帝"乃立樂府"的事件,但是也不乏與之抵牾的材料。近幾十年來,隨着考古事業的發展,發現了一些武帝之前樂府已經存在的銘文資料,引起了研究者關注。不過由於材料有限,武帝之前樂府的設置狀況及其職事,認識還不够明晰。最近,新刊布的肩水金關漢簡中有一枚漢文帝七年的詔書,記載了樂府卿的奏言,對於深入認識漢代前期樂府的設置具有重要價值,值得研究者關注。

> 樂府卿言,齋□後殿中,□□以不行……迫時入,行親以爲□常,諸侯王謁拜,正月朝賀及上計,飭鐘張虡,從樂人及興卒。制曰可。孝文皇帝七年九月乙未下

73EJT37:1573[①]

這枚漢簡質地爲胡楊木,單行書寫,字體細密規整,只是簡牘出土時已扭曲變形,簡文字迹剥蝕脱落,特别是上半部難以通讀。細審簡文,原釋“行親以爲□常”,“□”衍,應爲“行親以爲常”。簡的下半部字迹清晰,釋讀準確,具有重要價值。下面結合簡文對相關問題試作考證。

一 漢武帝之前樂府設立的新材料

首先,簡文明確記載了“樂府卿言”,反映出本詔書包含樂府的奏請。樂府,官署機構名。《漢書・百官公卿表上》:“少府,秦官,掌山海池澤之税,以給共養,有六丞。屬官有尚書、符節、太醫、太官、湯官、導官、樂府……十六官令丞……武帝太初元年更名考工室爲考工,左弋爲佽飛,居室爲保宫,甘泉居室爲昆臺,永巷爲掖廷。佽飛掌弋射,有九丞兩尉,太官七丞,昆臺五丞,樂府三丞,掖廷八丞,宦者七丞,鉤盾五丞兩尉。”[②]可見樂府屬於少府管轄。卿爲古代高級官員的稱謂。西周、春秋時天子、諸侯有卿,分上、中、下三等。秦漢時三公以下設有九卿。《史記》《漢書》屢見“公卿大夫”的説法,卿一般指九卿而言。卿本爲高爵,《漢書・陳平傳》:“項羽略地至河上,平往歸之,從入破秦,賜爵卿。”顔師古注引張晏曰:“禮秩如卿,不治事。”[③]卿亦表尊稱,《史記・孟子荀卿列傳》:“荀卿,趙人。”司馬貞索隱:“卿者,時人相尊而號爲卿也。”[④]《古今韻會舉要・庚韻》:“卿,秦漢以來,君呼臣以卿。”[⑤]“樂府卿”的稱謂,未見史書記載,可能也是一種敬稱。此外,簡文“卿”字比較模糊,還不能排除誤釋的可能。

“制曰可”,是皇帝對樂府卿奏言的批准,同時説明該文書以皇帝詔令的名義下發執行。“孝文皇帝七年九月乙未下”,是該詔書下發的時間。孝文爲廟號,可見該詔書是後世抄本。孝文帝後七年六月乙亥崩,則此詔書爲前七年(前173)九月所下。

從這兩點考慮,這枚漢簡最重要的價值在於説明了漢文帝時已經有樂府機構的設置,是非常重要的文獻材料。

關於漢代樂府設立的時間,以往一般認爲是在漢武帝時期。最有代表性的記載見於《漢書・禮樂志》:“至武帝定郊祀之禮,祠太一於甘泉,就乾位也;祭后土於汾陰,澤中方丘也。乃立樂府,采詩夜誦,有趙、代、秦、楚之謳。以李延年爲協律都尉,多舉司馬相如等數十人造

---

① 甘肅簡牘博物館、甘肅省文物考古研究所、甘肅省博物館、中國文化遺産研究院古文獻研究室、中國社會科學院簡帛研究中心編:《肩水金關漢簡(肆)》,上海:中西書局,2015,244頁。

② 《漢書》卷一九上《百官公卿表上》,北京:中華書局,1962,732頁。

③ 《漢書》卷四〇《陳平傳》,2039頁。

④ 《史記》卷七四《孟子荀卿列傳》,北京:中華書局,1959,2348頁。

⑤ [宋]黄公紹輯,[元]熊忠舉要:《古今韻會舉要》卷八《平聲下》,北京:中華書局,2000,618頁。

爲詩賦,略論律吕,以合八音之調,作十九章之歌。”[①]這是傳統認爲樂府設立於漢武帝時的最重要依據。正如《禮樂志》顔師古注曰:“始置之也。樂府之名蓋起於此,哀帝時罷之。”[②]就是確認漢武帝時始立樂府。又《漢書·藝文志》詩賦類説:“自孝武立樂府而采歌謡,於是有代趙之謳,秦楚之風,皆感於哀樂,緣事而發,亦可以觀風俗,知薄厚云。”[③]也是肯定漢武帝時始立樂府的重要依據。

漢武帝始立樂府的觀點,得到了後世歷史典籍的認可。如《文心雕龍·樂府》:“暨武帝崇禮,始立樂府。”[④]《通典·樂一》:“至武帝,乃立樂府。”[⑤]《文獻通考·樂考一》:“武帝定郊祀之禮,乃立樂府。樂府之名始此,至哀帝而罷之。”[⑥]近代的樂府研究著作也肯定了武帝時立樂府。如王運熙《漢武帝始立樂府説》就是對武帝立樂府的確認。[⑦]

不過,史書中也有武帝之前已存在“樂府”的記載。最有代表性的記載有兩條:第一,《史記·樂書》:“高祖過沛詩《三侯之章》,令小兒歌之。高祖崩,令沛得以四時歌儛宗廟。孝惠、孝文、孝景無所增更,於樂府習常肄舊而已。”[⑧]據此,孝惠、孝文、孝景時應有樂府機構。第二,《漢書·禮樂志》:“孝惠二年,使樂府令夏侯寬備其簫管,更名曰《安世樂》。”[⑨]也可證明孝惠時有樂府設置。

過去由於對武帝始立樂府的認可,對武帝之前出現樂府的記載,就有學者提出懷疑。如何焯《義門讀書記》考證“孝惠二年,使樂府令夏侯寬備其蕭管”説:“案武帝始立樂府,此樂府令疑作大樂令。”[⑩]又沈欽韓説:“《日知録》云‘下云“武帝始立樂府”,此兩收而未貫通者也’。案《樂書》亦云‘孝惠、孝文、孝景無所增,更於樂府習常肄舊而已。’此以後制追述前事。”[⑪]懷疑者對於前述兩條材料,或認爲記載有誤,或認爲追述前事,根源還是對漢武帝始立樂府的承認。

不過也有學者能正視史料的不同記載,認爲漢武帝之前已經設立樂府,如宋代王應麟《漢書藝文志考證》“自孝武立樂府”條説:“《禮樂志》:孝惠二年,有樂府令夏侯寬,似非始於

① 《漢書》卷二二《禮樂志》,1045頁。
② 《漢書》卷二二《禮樂志》,1045頁。
③ 《漢書》卷三〇《藝文志》,1756頁。
④ [南朝梁]劉勰著,[清]黄叔琳注,[清]紀昀評,戚良德輯校,劉咸炘闡説:《文心雕龍》,上海古籍出版社,2015,41頁。
⑤ [宋]杜佑:《通典》卷一四一《樂》,北京:中華書局,1988,3593頁。
⑥ [元]馬端臨:《文獻通考》卷一二八《樂考一》,北京:中華書局,1986,1145頁。
⑦ 王運熙:《漢武帝始立樂府説》,《樂府詩論叢》,北京:中華書局,1962,8-10頁。
⑧ 《史記》卷二四《樂書》,北京:中華書局,1959,1177頁。
⑨ 《漢書》卷二二《禮樂志》,1043頁。
⑩ [清]何焯:《義門讀書記》,北京:中華書局,1987,259頁。
⑪ [清]王先謙:《漢書補注》,上海古籍出版社,2012,1469頁。

武帝。"[①]就是對武帝始立樂府的懷疑。又明代吴訥《文章辨體序説·樂府》説:"所載不過武帝《郊祀》十九章而已,後儒遂以樂府之名起於武帝,殊不知孝惠二年已命夏侯寬爲樂府令,豈武帝始爲新聲不用舊辭也。"[②]其實也是對武帝始立樂府説的懷疑。

真正引起學術界對武帝立樂府説質疑的,還是近幾十年來出土材料的新發現。1977年,陝西臨潼縣秦始皇墓附近出土秦代編鐘,上面刻有秦篆"樂府"二字,可見秦代已經設有樂府職官。研究者提出:"現在始皇陵出土的秦樂府編鐘,提供了最權威的證據。證明秦代確有樂府的設置,地上資料與史書記載互相印證,完且駁倒了漢武始立樂府説的臆斷。"[③]此外,漢代前期地方諸侯封國也有"樂府"的文字發現。在齊地出土的封泥中,有"齊樂府印",陳直認爲是西漢菑川王和齊懿王在位(前153—前132)時物,[④]時代也比較早。又,1983年廣州象崗南越王墓出土8件銅鉤鑃,上有"文帝九年樂府工造"字樣。南越王文帝九年當漢武帝元光六年(前129),"表明南越王國也設有樂府,勾鑃和同出的編鐘、編磬、器形與戰國末年至西漢初的同類器相同,由此推測南越樂府的肄習樂章當係仿自漢廷"。[⑤] 2004年,西安市郊區相家巷村南農田秦遺址發現封泥325枚,其中就有"樂府丞印""左樂丞印""左雍鐘印","充分説明了在秦始皇時期'樂府'是有一定規模的"。[⑥]

出土材料中"樂府"的材料自然引起了學術界的關注,也爲大多數學者所接受,認爲秦及漢初已經有了樂府的設置。但是由於這類"樂府"材料只是以銘文或封泥形式出現,記載十分簡單,時代也不十分確定,因此仍有學者對武帝以前存在樂府持懷疑態度。如孫尚勇近著《樂府文學文獻研究·樂府建置考》考察上述歷史文獻和出土材料,仍然認爲"它們不能作爲漢初樂府的史料","漢初不曾有樂府機構本是無庸置疑的事實"。[⑦] 可見關於武帝以前樂府是否設立的問題,仍然需要得力的材料來作證。

肩水金關漢簡中的孝文帝詔書是武帝以前樂府設立的新材料,與以往發現的相關樂府材料相比,這一詔書具有更强的説服力。

首先,簡文是通過詔書的形式出現的。簡文開首有一"·",標明提示作用。而後叙述詔書内容,最後通過"制曰可"的形式確定下發。皇帝詔書具有高度的權威性,這比其他材料更有説服力。孝文帝詔書出現在肩水金關漢簡中,應當與詔書的編纂有關。肩水金關漢簡中

① [宋]王應麟:《漢書藝文志考證》,北京:中華書局,2011,258頁。

② [明]吴訥:《文章辨體序説》,北京:人民文學出版社,1962,24頁。

③ 寇效信:《秦漢樂府考略》,《陝西師大學報》1978年第1期。

④ 陳直:《文史考古論叢》,天津:人民出版社,1988,344-345頁。

⑤ 黄展岳:《南越王墓出土文字資料匯考》,收入其著《先秦兩漢考古與文化》,臺北:允晨文化實業股份有限公司,1999,283頁。

⑥ 陳四海:《秦始皇陵園出土的樂器、百戲俑考》,《音樂研究》2005年第3期。

⑦ 孫尚勇:《樂府文學文獻研究》,北京:人民文學出版社,2007,49頁。

有高皇帝詔書一枚，即 73EJT37：772：“制曰可，高皇帝七年七月乙丑下。”孝文皇帝詔書兩枚，即本簡與 73EJT37：763：“署從署得行馳道旁，孝文皇帝二年正月丙子下。”類似詔書的出現，説明了這類文書有其抄寫的特定原因，并不是偶然的現象。

其次，簡文有着明確的紀年時間。與其他記載漢初“樂府”的出土材料相比，簡文記載了詔書下達的具體時間“孝文皇帝七年九月乙未下”，具有明確的時間定位。上述秦及漢初與樂府相關的銘文、封泥，有的時間不明，有的時間可能延伸至武帝時期，而孝文帝樂府詔書，則以其明確時間定位確認了武帝以前樂府已經設立的事實。

再次，簡文内容對樂府卿奏言及“飭鐘張虡”等音樂事務的記載也證明武帝之前樂府已經設置并有明確的職事，這比銅器銘文或封泥的記載更加豐富，反映出文帝時樂府已經負責具體職事，并且將相關禮樂規範奏言皇帝而形成詔令，可見樂府已經作爲一個職責明確的職事部門而運轉，這也是漢初設有樂府的得力證據。

因此肩水金關漢簡中的孝文帝樂府詔書，是目前發現的漢武帝之前樂府已經設立的最重要的材料之一。簡文充分證明，在漢武帝之前，樂府這一機構已經設立。史書記載的漢武帝“乃立樂府”，應該放置在更廣闊的語義環境中去理解，并不能解釋爲顔師古注所説的“始置之也”。

二　漢初樂府的職事

這枚漢簡的主體部分是樂府卿的奏言，前部分簡文模糊難識，語義不甚明確，後部分字迹清晰，内容重要，對於認識漢初樂府職事變遷具有重要價值。

“齋□後殿中□□以不行……迫時入，行親以爲□常”，句義不明。關於“後殿中”，“後”字釋文還可疑，“殿中”所釋無誤。史書屢載前殿活動。《漢書・高祖本紀》：“九年冬十月，淮南王、梁王、趙王、楚王朝未央宫。置酒前殿，上奉玉卮爲太上皇壽。”[①]《漢書・文帝紀》：“夜拜宋昌爲衛將軍，領南、北軍，張武爲郎中令，行殿中。還坐前殿。”[②]可見前殿是舉行重要政事活動的地方。前殿用樂也爲史書所載，《漢書・禮樂志》記載哀帝時廢除樂府，丞相孔光、大司空何武奏説：“凡鼓十二，員百二十八人，朝賀置酒陳殿下，應古兵法……凡鼓八，員百二十八人，朝賀置酒，陳前殿房中，不應經法。”[③]可見前殿舉行朝賀活動時有用樂的活動。簡文記載的“殿中”，可能也與樂府事務相關。

“諸侯王謁拜、正月朝賀及上計”，字迹清晰，釋文無誤。“諸侯王謁拜”，指諸侯王謁見

① 《漢書》卷一下《高帝紀下》，66 頁。
② 《漢書》卷四《文帝紀》，108 頁。
③ 《漢書》卷二二《禮樂志》，1073 頁。

禮拜。"正月朝賀",指正月舉行朝覲慶賀。《漢書·吴王濞傳》:吴王濞"使人爲秋請"。孟康曰:"律,春曰朝,秋曰請,如古諸侯朝聘也。"[①]"上計",是漢代郡國大事。《續漢書·百官志五》劉昭注引胡廣曰:"秋冬歲盡,各計縣户口,墾田,錢穀入出,盜賊多少,上其集簿。"[②]漢代對郡國上計十分重視,往往與朝賀等活動相結合。《漢書·武帝紀》:"元封五年三月,至泰山,增封。因朝諸侯王列侯,受郡國計。""太初元年春,受計於甘泉。""天漢三年三月,行幸泰山,修封、禮明堂,因受計。"[③]可見郡國上計不僅是經濟事務,更是重要的政治活動。簡文記載的諸侯王謁拜、正月朝賀及上計,都是漢代郡國重事。

"飭鐘張虡",指準備好奏樂器具。飭,設置。《禮記·月令》仲夏之月,"是月也,命樂師修鞀鞞鼓,均琴瑟管簫,執干戚戈羽,調竽笙篪簧,飭鐘磬柷敔。"鄭玄注:"修、均、執、調、飭者,治其器物習其事之言。"孔穎達疏:"飭者,整頓器物。"[④]飭或讀爲飾。《淮南子·時則》:"調竽篪,飾鐘磬,執干戚戈羽。"[⑤]鐘,樂器,青銅製,懸掛於架上,以槌叩擊發音,祭祀或宴享時用。虡,古時懸鐘鼓木架的兩側立柱。《詩·周頌·有瞽》:"設業設虡,崇牙樹羽。"鄭箋:"植者爲虡,衡者爲栒。"[⑥]《宋史·樂志四》:"《漢律》以謂:'官架總攝四方之氣,故《大晟》之制,羽在上而以四方之禽,虡在下而以四方之獸,以象鳳儀、獸舞之狀,龍簴崇牙,製作華焕。'"[⑦]飭鐘張虡,就是設虡置鐘,是用樂的規制。

"從樂人及輿卒",可以跟從樂人與輿卒。樂人,本指掌管音樂的官吏,《儀禮·燕禮》:"膳宰具官饌於寢東,樂人縣。"胡培翬正義:"是懸樂諸官皆有其事,故總稱樂人。"[⑧]也指從事歌舞音樂演奏活動的藝人。《禮記·少儀》:"問大夫之子長幼,長,則曰:能從樂人之事矣;幼,則曰:能正於樂人。"[⑨]《史記·吕太后本紀》:"王有所愛姬,王后使人鴆殺之。王乃爲歌詩四章,令樂人歌之。"[⑩]簡文中的樂人,當是樂府管理的奏樂之人。輿卒,未見記載,或指參加奏樂活動的士卒。《説文》:"輿,起也。"[⑪]禮書中屢見輿的動作,《儀禮·士冠禮》:"賓右手執項,左手執前,進,容。乃祝,坐如初,乃冠。興,復位。贊者卒,冠者興,賓揖之適房。"[⑫]輿

---

① 《漢書》卷三五《吴王濞傳》,1904頁。
② [晋]司馬彪:《後漢書志》,北京:中華書局,1965,3623頁。
③ 《漢書》卷六《武帝紀》,196、199、204頁。
④ [漢]鄭玄注,[唐]孔穎達疏,黄侃經文句讀:《禮記正義》卷二二《月令》,上海古籍出版社,1990,439頁。
⑤ 何寧:《淮南子集釋》卷五《時則訓》,北京:中華書局,1998,399-400頁。
⑥ [漢]鄭玄注,[唐]賈公彦疏,黄侃經文句讀:《詩經正義》卷一九《周頌·有瞽》,上海古籍出版社,1990,985頁。
⑦ 《宋史》卷一二九《樂志》,北京,中華書局,1977,3008頁。
⑧ [漢]鄭玄注,[唐]賈公彦疏,黄侃經文句讀:《儀禮注疏》卷一四《燕禮》,上海古籍出版社,1990,380頁。
⑨ [漢]鄭玄注,[唐]賈公彦疏,黄侃經文句讀:《禮記正義》卷三五《少儀》,625頁。
⑩ 《史記》卷九《吕太后本紀》,404頁。
⑪ [漢]許慎:《説文解字》卷三上《舁部》,北京:中華書局,1985,81頁。
⑫ [漢]鄭玄注,[唐]賈公彦疏,黄侃經文句讀:《儀禮注疏》卷二《士冠禮》,19頁。

也有舉的含意,《周禮·地官·大司徒》:"以鄉三物教萬民而賓興之。"鄭玄注:"興,猶舉也。"[①]"從樂人及興卒",興卒與樂人一樣參與音樂演奏。朝廷舉行諸侯王謁拜、正月朝賀以及上計活動時,不僅可以擺出鐘、虡等樂器,還有樂人及興卒參加奏樂活動。

綜合來看,樂府卿奏言前部分内容叙述殿中禮儀,應該與朝廷用樂有關。後部分説明諸侯王謁拜、正月朝賀、上計的用樂規定,可以設鐘張虡,并跟從樂人及興卒。這正是文帝時樂府掌管的具體職事。

關於武帝以前樂府的職事,已經引起學術界的關注和討論。[②] 但是由於材料有限,認識也并不一致。而今肩水金關漢簡孝文詔書中樂府事務的記載,有助於對該問題的進一步認識。

文獻明確記載的漢初樂府職事,高帝時有詔樂府習巴渝舞的事件。應劭《風俗通義·佚文》:"巴有賨人,剽勇。高帝爲漢王時,閬中人范目説高祖募取賨人,定三秦,封目爲閬中慈凫鄉侯,并復除目所發賨人盧、樸、沓、鄂、度、夕、襲七姓,不供租賦。閬中有渝水,賨人左右居,鋭氣善舞,高祖樂其猛鋭,數觀其舞,後令樂府習之。"[③]這則材料因爲未見《史記》《漢書》記載,所以重視相對不足。但是材料中記載的樂府一職,現在來看還是符合歷史實際的。高祖時因喜愛地方樂舞而詔令樂府練習,可以看出高祖時樂府職在樂舞,是爲皇帝音樂喜好服務。

孝惠帝時的樂府,《漢書·禮樂志》有如下記載:"又有《房中祠樂》,高祖唐山夫人所作也。周有《房中樂》,至秦名曰《壽人》。凡樂,樂其所生,禮不忘本。高祖樂楚聲,故《房中樂》楚聲也。孝惠二年,使樂府令夏侯寬備其簫管,更名曰《安世樂》。"[④]可見孝惠時樂府曾爲《房中樂》配樂,這也是樂府的職事所在。

簡文記載了孝文帝時樂府卿的奏言,充分反映出文帝時樂府的職事。諸侯王謁拜、正月朝賀、上計是漢朝重要的政事活動,在這種朝廷政事上用樂,反映出漢初樂府的職能特點。

綜合高帝、孝惠帝、孝文帝時的樂府職事來看,漢初樂府具有明確的職責,樂府作爲少府主管的官署,主要是爲朝廷禮樂服務,包括演習皇帝喜歡的樂舞,爲皇帝指定的樂曲配樂,在諸侯王謁拜、正月朝賀、上計奏樂等重要政事活動中配樂。總體來看,漢初的樂府,主要是爲朝廷禮樂活動服務。

---

① [漢]鄭玄注,[唐]賈公彦疏,黄侃經文句讀:《周禮注疏》卷一〇《大司徒》,上海古籍出版社,1990,155頁。

② 李文初:《漢武帝之前樂府職能考》,《社會科學戰綫》1986年第3期。

③ [漢]應劭撰,王利器校注:《風俗通義校注》,北京:中華書局,1981,491頁。

④ 《漢書》卷二二《禮樂志》,1043頁。

三　漢文帝時禮樂統治的逐步加强

關於漢文帝時禮樂的功用,《漢書・禮樂志》説:"文、景之間,禮官肄業而已。"[①]反映出文帝時期對樂府没有進行大的改動。不過考察相關史料,仍然會發現文帝時對禮樂統治的逐步加强。

《漢書・禮樂志》記載漢初廟樂時説:"孝文廟奏《昭德》《文始》《四時》《五行》之舞。《四時舞》者,孝文所作,以示天下之安和也。蓋樂己所自作,明有制也。樂先王之樂,明有法也。"[②]可見漢文帝時也曾有作樂的活動。《四時舞》的主旨,是爲了突出天下安和。文帝時的統治特色,《漢書・文帝紀》説:"專務以德化民,是以海内殷富,興於禮義,斷獄數百,幾致刑措。"[③]所謂"興於禮義",即重視禮樂教化的作用。文帝不僅自作樂,表明天下安和,同時習先王音樂,顯示統治有法,可見文帝時已經重視禮樂統治的作用。

漢文帝時的禮樂統治與賈誼有密切關係,《漢書・賈誼傳》:"誼以爲漢興二十餘年,天下和洽,宜當改正朔,易服色制度,定官名,興禮樂。乃草具其儀法,色上黄,數用五,爲官名悉更,奏之。文帝謙讓未皇也。然諸法令所更定,及列侯就國,其説皆誼發之。"[④]賈誼改正朔、易服色等建議雖然文帝"謙讓未皇",但實際上文帝對賈誼才華頗爲欣賞,"於是天子議以誼任公卿之位",後因大臣阻毁而未予重任,但是賈誼建言的其他法令制度還是有所采納。賈誼在著名的《陳政事疏》中説:"湯、武置天下於仁義禮樂,而德澤洽,禽獸草木廣裕,德被蠻貊四夷,累子孫數十世,此天下所共聞也。秦王置天下於法令刑罰,德澤亡一有,而怨毒盈於世,下憎惡之如仇讎,既幾及身,子孫誅絶,此天下之所共見也。"[⑤]賈誼極力推崇禮樂,文帝不會毫無所取。文帝十五年還召公孫臣"草改曆、服色事"。可見也是有心造作。

賈誼《新書・匈奴篇》有一則與樂府相關的記載:"降者之傑也,若使者至也,上必使人有所召客焉。令得召其知識,胡人之欲觀者勿禁。令婦人傅白墨黑,繡衣而侍其堂者二三十人,或薄或揜,爲其胡戲以相飯。上使樂府幸假之倡樂,吹簫鼓鞀,倒挈面者更進,舞者蹈者時作。少間擊鼓,舞其偶人,莫時乃爲戎樂,攜手胥强上客之後,婦人先後扶侍之者固十餘人,令使者、降者時或得此而樂之耳。一國聞之者、見之者,希盱相告,人人忣忣,唯恐其後來

① 《漢書》卷二二《禮樂志》,1044頁。
② 《漢書》卷二二《禮樂志》,1044頁。
③ 《漢書》卷四〇《文帝紀》,135頁。
④ 《漢書》卷四八《賈誼傳》,2222頁。
⑤ 《漢書》卷四八《賈誼傳》,2253頁。

至也,將以此壞其耳。一餌。"[①]這是誘匈奴的"五餌"之一,所謂"賜之音樂婦人以壞其耳"。其中樂府"假之倡樂",即運用歌舞表演形式誘惑匈奴,表演人員要吹簫擊鼓,作倒立、帶面具、舞偶人,并表演戎樂,即匈奴樂曲。當然這只是一種假設,文帝時未必實施。但是我們由此可知文帝時樂府表演的盛況以及用於朝會接待的情況。

簡文記載的孝文帝詔書,是以詔令形式明確規定諸侯王拜謁、正月朝賀、上計時用樂的制度,可見是此時纔有的制度,正反映出文帝對禮樂統治的看重。考察漢代朝賀用樂的變化過程,可知這是一個重要的轉變。漢高祖以馬上得天下,朝廷無威儀,叔孫通以禮定朝賀儀規,七年長樂宫成諸侯朝賀,"引諸侯王以下至吏六百石以次奉賀,自諸侯王以下莫不震恐肅敬","竟朝置酒,無敢讙嘩失禮者"。[②] 這是以禮定朝儀,未見用樂情況。而簡文記載孝文帝時正月朝賀等活動,"飭鐘張虡,從樂人及輿卒",就有了樂府參與奏樂的情況。這就説明隨着社會形勢的變化,禮樂的功用正在日漸加强。孝文帝時規定的朝賀用樂制度在後代得到了繼承。元帝時匡衡説:"諸侯正月朝覲天子,天子惟道德,昭穆穆以視之,又觀以禮樂,饗醴乃歸。"[③]可見朝賀用樂的延續。哀帝罷樂府,"朝賀置酒陳殿下應古兵法"的鼓員有 128 人,歸入太樂,"朝賀置酒陳前殿房中不應經法"的鼓員有 128 人,罷免。朝賀用樂的作法繼續得到實施。

綜上,儘管肩水金關漢簡中的孝文帝樂府詔書簡剥蝕嚴重,簡文理解也有疑難之處,但就可以確知的信息而言,該簡對於漢樂府的研究具有重要價值。首先,簡文確認了漢文帝時樂府已經設立并履行職事,是漢武帝之前樂府已經設立的新材料。其次,簡文"諸侯王謁拜,正月朝賀及上計,飭鐘張虡,從樂人及輿卒"反映出漢文帝時樂府在朝廷朝賀等活動時用樂的情況,有助於認識漢初樂府職事。再次,簡文反映出漢文帝時禮樂統治作用正在加强,體現了當時社會的逐步轉型。孝文帝規定的朝賀用樂制度在後世得到繼承,對後世禮樂統治產生了久遠影響。

---

① [漢]賈誼撰,閻振益、鍾夏校注:《新書校注》,北京:中華書局,2000,136 頁。
② 《漢書》卷四三《叔孫通傳》,2128 頁。
③ 《漢書》卷八一《匡衡傳》,3343 頁。

《肩水金關漢簡(伍)》釋文校讀*

湖南科技大學人文學院　秦鳳鶴

内容提要　通過對讀《肩水金關漢簡(伍)》一書所公布的紅外綫圖版和釋文,并充分參照已有研究成果,可知對肩水金關漢簡部分簡文的釋讀還不夠準確,需予以校訂。本文共校讀 14 條釋文,改釋 14 字。

關鍵詞　肩水金關漢簡　釋文　校讀

2016 年出版的《肩水金關漢簡(伍)》[1]一書,由於充分利用紅外綫技術,圖版清晰,簡文釋讀精準。但在研讀過程中,我們發現部分釋文仍可推敲斟酌。今校讀如下,敬請方家指正。

1.☑西海大尹史周勤子男一人　□☑　73EJF2:4

按:此簡爲吏家屬符。[2]"勤"原簡寫作,當釋"勳"。《居延漢簡》156·27"陳勳"和

* 本文寫作得到國家社會科學基金青年項目(18CYY036)、湖南省社會科學基金項目(16YBA169)及湖南省漢語方言與文化科技融合研究基地的資助。

① 甘肅簡牘博物館、甘肅省文物考古研究所、甘肅省博物館、中國文化遺産研究院古文獻研究所、中國社會科學院簡帛研究中心編:《肩水金關漢簡(伍)》,上海:中西書局,2016。文中涉及《肩水金關漢簡(壹—伍)》中的字形,均簡稱《金關簡》,以簡號區别。

② 按語中對簡文性質的説明,主要參考李均明《秦漢簡牘文書分類輯解》,北京:文物出版社,2009。

《金關簡》73EJT9:5“觻得丞勳”中“勳”原簡分别寫作①、②,均如此作。《金關簡》73EJT10:243、《金關簡》73EJT23:871 中“勳”原簡分别寫作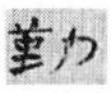、,可比對。據此釋讀可知,同書簡 73EJF3:226A+247A“王勤”中“勤”原簡寫作,亦當釋爲“勳”。簡文中“周勳”,爲大尹史的名字。“勳”作爲人名,見於同書簡 73EJT24:390 中“趙勳”,及同書簡 73EJT26:98 中“卒勳”。“西海”,即“西海郡”。西漢元始末年王莽於羌中設置,治所在龍耆城(今青海海晏縣)。《後漢書・和帝紀》:“十四年春二月乙卯,東海王政薨。繕修故西海郡。”注:“平帝時金城塞外羌獻地,以爲西海郡也。”③“大尹”,始建國元年改郡太守爲大尹。簡文中“史”,爲大尹的屬吏。《金關簡》73EJT30:30A 中有“都尉史”。“子男”,爲周勳之子。《漢書・卜式傳》:“臣願與子男及臨菑習弩博昌習船者請行,死之以盡臣節。”顔師古注:“子男,自謂其子也。”④該簡文應釋讀作:“西海大尹史周勳子男一人。□。”

2.偉卿足下毋恙叩頭閒者起居無它甚善賢獨賜正臘□☑

□丞問起居燥濕叩頭偉卿强飯厚自愛慎春氣☑ 73EJF3:127A

按:此簡爲私人書信。“賢”原簡寫作,當釋“質”。《居延新簡》EPT59:166“付郡庫奉質直”中“質”原簡寫作⑤,可資參證。《敦煌漢簡》1728、《金關簡》73EJT7:31 中“賢”原簡分别寫作⑥、,可比對。簡文中“質”,爲致信人。“偉卿”,爲受書者。“足下”,漢代私人書信中對收信人的尊稱。“臘”,即臘祭,臘賜或臘錢。漢代對百官有賜臘的制度。《後漢書・何敞傳》:“國恩覆載,賞賚過度,但聞臘賜,自郎官以上,公卿王侯以下,至於空竭帑藏,損耗國資。”注:“臘賜大將軍、三公錢各二十萬,牛肉二百斤,粳米二百斛,特進、侯十五萬,卿十萬,校尉五萬,尚書三萬,侍中、將、大夫各二萬,千石、六百石各七千,虎賁、羽林郎二人共三千,以爲祀門户直。”⑦《居延漢簡》495.4:“獨賜臘,賀初歲”。“賀初歲”,即祝賀新的一年,與“賜臘”相合。“强飯”是對受書者的祝福語,即希望對方注意飲食起居,多保重身體。“厚自愛,慎春氣”,强調春季氣候狀況不佳,要照顧好自己。《居延新簡》EPT50:50:“方春時氣不調。”《敦煌漢簡》779:“春時風氣不和。”該簡文應釋讀作:“偉卿足下:毋恙。叩頭。閒者起

① 中國社會科學院考古研究所編:《居延漢簡甲乙編》,北京:中華書局,1980,以下簡稱《居延漢簡》。

② 文中部分字形,參考李洪財《漢簡草字整理與研究》,吉林大學博士學位論文,2014。以下不再另注。

③ 《後漢書》卷四《和帝紀》,北京:中華書局,1965,189 頁。

④ 《漢書》卷五八《卜式傳》,北京:中華書局,1962,2627 頁。

⑤ 甘肅省文物考古研究所、甘肅省博物館、中國文物研究所、中國社會科學院歷史研究所編:《居延新簡——甲渠候官》,北京:中華書局,1994,以下簡稱《居延新簡》。

⑥ 甘肅省文物考古研究所編:《敦煌漢簡》,北京:中華書局,1991。

⑦ 《後漢書》卷四三《何敞傳》,1481 頁。

居無它,甚善。質獨賜正臘□。□丞問起居,燥濕。叩頭。偉卿强飯,厚自愛,慎春氣。"①

3.☑萬福隧卒齊甲　☑　　　73EJF3:285

按:此簡爲卒名籍。"齊"原簡寫作,當釋"高"。《尹灣漢墓簡牘》130"鳳皇孤而高翔"中"高"原簡寫作②,可資印證。簡文中"高甲",爲隧卒名字。據此釋讀可知,同書簡73EJF3:328B"掾齊史并"中"齊"原簡寫作,亦應改釋爲"高"。此簡文中的"高",爲掾的名字。《居延新簡》EPT40:177中有"掾高晏"。《敦煌漢簡》408"保亭栖居常畏"中"亭"原簡寫作③,亦當改釋爲"高"④。該簡文應釋讀作:"萬福隧卒高甲。"

4.欲遺□可衣□　☑

……　　　73EJF3:505

按:此簡下半部分殘斷。"□"原簡寫作,當釋"驗"。《敦煌漢簡》173、《居延漢簡》214.128中"馬"原簡分别寫作、,與該未釋字所从"馬"旁形體相近,可參證。《敦煌漢簡》725、《居延漢簡》3.2中"驗"原簡分别寫作、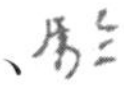,二者所从"僉"字寫法與本簡文"驗"字右邊所从,字形極爲相近。"驗",即驗證。該簡文應釋讀作:"欲遺驗可衣□……。"

5.☑三月庚辰佐……☑　　　73EJF3:516

按:此簡上部殘斷,下部簡文剥離嚴重。"佐"原簡寫作,當釋"從"。《金關簡》73EJT22:99"從一至百"、《金關簡》73EJT37:706"從者"中"從"原簡分别寫作、,可資印證。《金關簡》73EJT7:58、《金關簡》73EJT2:104中"佐"原簡分别寫作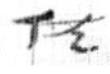、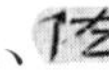,可比對。因簡文殘損,故"從"字後面的確切内容難以知曉。該簡文應釋讀作:"三月庚辰,從……"。

6.黄子程坐□伏地☑　　　73EJF3:549A

按:此簡下部殘斷。"□"原簡寫作,當釋"圭"。《武威漢代醫簡》45"旦飲藥一刀圭"、《武威漢代醫簡》70"以米汁飲一刀圭"中"圭"原簡分别寫作⑤、,可資參照。簡文中"圭",爲人名。《居延漢簡釋文合校》317.10A:"圭伏地再拜。"⑥"伏地",即俯伏在地上。古

① 爲排印方便,不按簡文原來格式抄録。

② 連雲港市博物館、東海縣博物館、中國社會科學院簡帛研究中心、中國文物研究所編:《尹灣漢墓簡牘》,北京:中華書局,1997。

③ 張德芳:《敦煌馬圈灣漢簡集釋》,蘭州:甘肅文化出版社,2013,以下簡稱《敦煌漢簡》。

④ 秦鳳鶴:《敦煌馬圈灣漢簡釋文校讀記》,《中國文字研究》待刊稿。

⑤ 甘肅省博物館、武威縣文化館編:《武威漢代醫簡》,北京:文物出版社,1975。

⑥ 謝桂華、李均明、朱國炤編:《居延漢簡釋文合校》,北京:文物出版社,1987。

人多用“伏地”表示恐懼。《漢書·淮南王傳》:“追念辠過,恐懼,伏地待誅不敢起。”[1]後來即逐漸變成書信中表示謙敬的套語,以示下對上或同輩之間的尊敬。“黄子程”,爲人名。該簡文應釋讀作:“黄子程坐,圭伏地。”

7.居令延印區□　　73EJD:19B

按:此簡爲函封類文書,其内容爲官印後附私名。從簡文字迹來看,未釋之字左邊稍有殘損,但不影響釋讀。“□”原簡寫作,當釋“僉”。《額濟納漢簡》99ES16ST1:17、《居延新簡》EPF22:170 中“驗”原簡分别寫作[2]、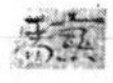,二者右側所從偏旁的寫法與簡文未釋之字形體相近。簡文中“僉”,爲居延令的名字。“僉”作爲人名,見於《續漢書·律曆志中》:“博士黄廣、大行令任僉議,如九道。”[3]“居令延印”,即“居延令印”,這與印文讀序相關。《居延新簡》EPT51:137:“居延令印。”周艷濤先生在《西北屯戍漢簡中的“居令延印”現象及其相關問題研究》一文中有所論述[4],可參看。該簡文應釋讀作:“居令延印區僉。”

8.☐□入以食都丞騎馬十九匹=一斗二升嗇夫成臨薄中官卩　　73EJD:59

按:此簡爲廩食簿。“□”原簡寫作,當釋“具”。《居延漢簡》乙編附 19“六具”中“具”原簡寫作,可參照。“具”,通“俱”,共同,一起。“嗇夫”,秦漢時期職掌訴訟、賦税、徭役、户籍等方面的官職。“成臨”,爲嗇夫的名字。“中官”,即宫内、朝内之官。《後漢書·桓帝紀》:“二年春正月,初聽中官得行三年服。”注:“中官,常侍以下。”[5]該簡文應釋讀作:“具入以食都丞騎馬十九匹,匹一斗二升。嗇夫成臨薄中官。卩。”

9.☐明矍　　73EJD:138

按:此簡上部殘斷,下部簡文僅有兩個字。“矍”原簡寫作,當隸定爲“瞍”,用爲“备”。簡文構形組合位置發生變化,上下結構互换,構件數量和内容保持不變。如“霧”與“霿”、“崇”與“崈”、“巍”與“魏”等。《字彙補·目部》:“烏插切。备,媚也。”[6]“明备”,即明媚。該簡文應釋讀作:“明瞍(备)。”

10.治渠卒河東安邑陶就里公乘趙喜　年卅九☐　　73EJD:233

① 《漢書》卷四四《淮南王傳》,2140 頁。

② 魏堅主編:《額濟納漢簡》,桂林:廣西師範大學出版社,2005。

③ 《續漢書·律曆志中》,3034 頁。

④ 周艷濤:《西北屯戍漢簡中的“居令延印”現象及其相關問題研究》,甘肅簡牘博物館主編《首届絲綢之路(敦煌)國際文化博覽會系列活動——簡牘學國際學術研討會論文集》,2016,128-141 頁。

⑤ 《後漢書》卷七《桓帝紀》,302 頁。

⑥ [清]吴任臣:《字彙補》,上海辭書出版社,1991,24 頁。

按:此簡爲卒名籍。“陶”原簡寫作,當釋“陰”。《居延新簡》EPT53:187“魏郡陰安高里”、《金關簡》73EJT8:7“穎陰邑”中“陰”原簡分别寫作、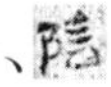,可印證。《金關簡》73EJT5:61、《金關簡》73EJT9:69 中“陶”原簡分别寫作、,可比對。西北漢簡中“陰”與“陶”因草書形體相近,故易混。趙爾陽先生在《小議〈肩水金關漢簡〉中的濟陰郡、濟陶郡》一文中,對金關漢簡中“陰”與“陶”的字形區别進行過細緻論述。[①] 可參閲。“河東”,即“河東郡”。秦代設置的行政區域,漢代延置。“安邑”,漢代置縣,爲河東郡治所。“公乘”,爵位名,秦漢二十等爵的第八級。《漢書·百官公卿表上》:“爵:一級曰公士,二上造……八公乘。”顔師古注:“言其得乘公家之車也。”[②]該簡文應釋讀作:“治渠卒河東安邑陰就里公乘趙喜,年卅九。”

11.☑□□田☑　　73EJC:553

按:此簡上部簡文殘損,下部有灼燒的痕迹。“□”原簡寫作,當釋“冣”。《居延漢簡》214·76B“冣凡七十人”中“冣”原簡寫作,可資參證。“冣”,意爲“聚”,即匯總。《説文·冖部》:“冣,積也。从冖,从取,取亦聲。”段玉裁注:“冣與聚音義皆同,與冃部之‘最’音義皆别……至乎南北朝,‘冣’、‘最’不分。”[③]“冣田”,即總田。《金關簡》73EJT23:1064A:“冣卅石。”《金關簡》73EJT22:147:“冣凡田卒七十人。右車七。”該簡文應釋讀作:“□冣田。”

12.十一月己卯肩水士吏順以私印兼行候事下尉士吏順東部候長遷等承書從事下當用者如詔書　　73EJC:604

按:此簡爲下行文書。“遷”原簡寫作,當釋“還”。同書簡 72EJC:9+61“止不内還道”中“還”原簡寫作,可參照。“還”,爲候長名字。同書簡 73EJF3:171 中“遷”原簡寫作,其上从“襾”,并非从“罒”。“以私印兼行候事”,即以私印爲信物代理候官承辦某事。“承書從事下當用者如詔書”,即命令接受通知書的下級有關官吏按詔書去做。該簡文應釋讀作:“十一月己卯,肩水士吏順以私印兼行候事,下尉士吏順、東部候長還等,承書從事下當用者如詔書。”

13.南陽郡宛薄林里朱耐年廿四☑　　73EJC:614

按:此簡爲卒名籍。“林”原簡寫作,當釋“如”。《居延新簡》EPT52:71“各如牒”、

① 趙爾陽:《小議〈肩水金關漢簡〉中的濟陰郡、濟陶郡》,甘肅簡牘博物館主編《首届絲綢之路(敦煌)國際文化博覽會系列活動——簡牘學國際學術研討會論文集》,2016,279-287 頁。

② 《漢書》卷一九《百官公卿表上》,739 頁。

③ [清]段玉裁:《説文解字注》,杭州:浙江古籍出版社,2006,353 頁。

《北京大學藏西漢竹書·老子》161“廣虛其如浴”中“如”原簡分别寫作、①，可資參照。《金關簡》73EJT2：75、《金關簡》73EJT4：19 中“林”原簡分别寫作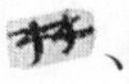、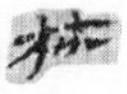，可比對。簡文中“宛”，即宛縣。該簡文應釋讀作：“南陽郡宛薄如里朱耐，年廿四”。

14.☐凡□不□☐　　　　72ECC：81

按：此簡僅第二個字形體較爲清晰，其餘簡文殘損嚴重。“□”原簡寫作，當釋“情”。《金關簡》73EJT6：85、《居延漢簡》188.27 中“憚”原簡分别寫作、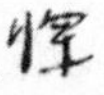，二者所从“忄”旁的寫法，與未釋字的形旁相近。《漢長安未央宫》11 中“青”原簡寫作②，《居延新簡》EPT20：6 中“月”原簡寫作，從簡文字形來看，“月”字均如此作。該簡文應釋讀作：“凡情不□。”

附記：本文在寫作過程中，肖從禮先生、李洪財先生提出了中肯的意見和建議，又蒙匿名審稿專家提出寶貴意見，在此一并致謝！

① 北京大學出土文獻研究所編：《北京大學藏西漢竹書（貳）》，上海古籍出版社，2012。

② 中國社會科學研究院考古研究所編：《漢長安未央宫——1980-1989 年考古發掘報告》，北京：中國大百科全書出版社，1996。

“羊左”傳説在漢代流傳問題補論

南開大學歷史學院　黨　超

内容提要　重新審視長沙東牌樓東漢簡牘一四六簡,可以確認此簡從實物和内容上均是迄今爲止“羊左”傳説在漢代流傳的最有力證據。在這一認知基礎上梳理“羊左”傳説在漢代的流傳問題,能够認識到:西漢時期,劉向撰有《烈士傳》,其中包括“羊左”傳説的内容,可信程度很高。兩漢之際,諸如申屠剛這類士人,在日常言論中,了解和使用“羊左”傳説這一歷史典故亦極有可能。東漢時期,“羊左”傳説得到較爲廣泛的流傳,以致於有意或無意地出現在習字者的日常習字訓練當中。

關鍵詞　“羊左”傳説　漢代　東牌樓漢簡　《烈士傳》

2004年出土的長沙東牌樓東漢簡牘,儘管數量不多且殘斷嚴重,但由於現今出土東漢簡牘較少而顯得彌足珍貴,爲東漢史研究提供了難得的資料。筆者曾對其中一枚出土編號1060,整理號一四六的簡産生濃厚興趣,并專門撰文認爲這枚簡爲“羊左”傳説在漢代的流傳提供了新證據。① 隨後,相關論述在學界引起一定程度的討論。② 現在重新審視這枚簡,并結合相關出土情況,筆者進一步確認此簡是迄今爲止“羊左”傳説在漢代流傳的最有力物證,并試圖在這一認知基礎上,對“羊左”傳説在漢代流傳問題做更爲詳盡的梳理。不當之處,尚請

① 黨超:《“羊左”傳説在漢代流傳的新證據》,《歷史研究》2008年第3期。

② 詳見王葳《“兩漢之際‘羊左’傳説流傳很廣”説質疑》,《中國社會科學報》2012年1月9日;黨超《再論“羊左”傳説在漢代的流傳》,《中國社會科學報》2012年3月26日;王葳《再論“羊左”故事之流傳》,《中國社會科學報》2012年8月27日。

方家批評指正。

一　問題的提出

"羊左"是羊角哀與左伯桃兩人的合稱,"羊左"傳説則是一個非常感人的歷史典故。相傳,春秋時期,左伯桃與羊角哀是生死與共的朋友,聽説楚王招賢納士,於是同去求官。行至半路,天突降大雨雪,同往有可能俱死途中,左伯桃便將衣糧全交給羊角哀,自己則凍餓而死於樹洞之中。羊角哀到楚國後,位至上卿。後左伯桃托夢羊角哀,説自己在陰間受荆將軍欺侮。羊角哀自刎於左伯桃墓前,與左伯桃合葬,赴陰間共戰荆將軍。

這一歷史典故流傳至今,期間雖有所變异,但典故中重友誼、輕利禄的核心精神契合中國傳統文化精髓,因而一直得到人們的充分肯定和極力宣揚,并將最能知心、交情深厚的友誼稱作"羊左之交"。不過,令人遺憾的是,"羊左"傳説流傳的真正源頭却一直語焉不詳。

關於"羊左"傳説的流傳,目前能够找到的、最早的記載資料,是西漢劉向的《烈士傳》(或作《列士傳》)。其中有這樣一段記載:

> 羊角哀、左伯桃二人爲死友,欲仕於楚,道阻,遇雨雪不得行,飢寒,自度不俱生。伯桃謂角哀曰:"俱死之後,骸骨莫收,内手捫心,知不如子。生恐無益而弃子之能,我樂在樹中。"角哀聽之,伯桃入樹中而死。楚平王愛角哀之賢,以上卿禮葬伯桃。角哀夢伯桃曰:"蒙子之恩而獲厚葬,正苦荆將軍冢相近。今月十五日,當大戰以决勝負。"角哀至期日,陳兵馬詣其冢,作三桐人,自殺,下而從之。①

但是,這段材料實際上出自唐章懷太子李賢(655—684)爲南朝宋范曄(398—445)所撰《後漢書》卷二九《申屠剛傳》所引之注解。與李賢差不多同一時代的學者李善(630—689),在爲南朝梁劉孝標(462—521)的《廣絶交論》中"想惠、莊之清塵,庶羊、左之徽烈"作注時,所徵引内容亦爲劉向《烈士傳》:"陽角哀、左伯桃爲死友,聞楚王賢,往尋之。道遇雨雪,計不俱全,乃并衣糧與角哀,入樹中死。"②只是相對來説内容過於簡略,情節也不够完整。

劉向(前77—前6),在歷史上以校勘群書而著名,其傳記附見於《漢書·楚元王傳》。③他是漢朝皇室宗親,太祖高皇帝劉邦少弟楚元王劉交四世孫。劉向勤於著述,《烈士傳》是其衆多著作之一。

不過,可惜的是,《烈士傳》早佚,且在最爲關鍵的《漢書·藝文志》中又不見著録。另

① 《後漢書》卷二九《申屠剛傳》,北京:中華書局,1965,1015頁。

② [南朝梁]蕭統編,[唐]李善注:《文選》卷五五《論五·劉孝標廣絶交論一首》,北京:中華書局,1977,760頁。

③ 《漢書》卷三六《劉向傳》,北京:中華書局,1962,1928-1966頁。

外,在漢代其他傳世史籍中,亦均未見"羊左"傳説的任何記載。《隋書·經籍志》雖把《烈士傳》列於史部雜傳類,但却總結説:"劉向典校經籍,始作《列仙》《列士》《列女》之傳,皆因其志尚,率爾而作,不在正史。"①也就是説,作爲史料,其所載史實之真實程度是要大打折扣的,更何況《烈士傳》中的此條史料只是"羊左"傳説在漢代流傳的孤證。

二　長沙東牌樓東漢簡牘一四六簡的再審視

幸運的是,長沙東牌樓東漢簡牘爲我們考察"羊左"傳説在漢代流傳問題打開了另外一扇窗。這批簡牘,出土於編號爲J7的古井中,"在井内堆積無序,顯係隨意丟弃"。而且,簡中"正式出現的年號,最早爲建寧四年(一七一年),最晚爲中平三年(一八六年)",時間跨度很長,極有可能"在抛弃到井裏之前,其中不少就已經成爲可以廢弃的文書"。另外,在這批簡中,"不僅有專門的習字簡,正式的文書中也間有習字,還有一些圖畫"。因此,整理者斷定,這批簡因爲動亂而被抛弃的推測"恐怕難以成立",真實情況應該是"年久廢弃,小吏先用來習字和圖畫,後來發現再無其他利用價值,就將它們弃置到該古井了"。但是,J7井"共出土四二六枚簡牘,其有字簡二〇六枚,無字簡二二〇枚",其中無字簡占了一半以上,爲何也被廢弃,其實還有再討論的餘地。②

整理者將"約占全部簡牘的十一分之一"的19件習字簡歸爲一大類,而且"有的殘斷不全,有的漫漶難辨""約占全部簡牘的四分之一"的殘簡48件,其中當亦有一定數量習字簡的存在。這樣看來,習字簡所占比例還是相當大的。對於習字簡的價值,整理者説道:"對於習字,原來并不準備進行釋文。後來所以又進行了釋文,是因爲在整理過程中發現,其中并非全屬胡亂塗鴉,有些也還是很有價值的。"③這一整理和認知過程非常值得肯定,也應引起高度重視。其實,一般的、普通民衆的知識或思想觀念,往往正蘊含在那些隨手記録的文字之中,因而這些文字内容理應引起足够的關注和研究。

爲"羊左"傳説在漢代流傳提供有力證據、整理號一四六的這枚簡正是出自於這一部分簡牘。爲討論方便,現將簡文内容徵引如下:

差　羊角哀、左左伯[桃]哀[物]□□□序

羨恙兼　稱稱稱□□□郡縣小吏

① 《隋書》卷三三《經籍志》,北京:中華書局,1973,982頁。

② 長沙市文物考古研究所、中國文物研究所編:《長沙東牌樓東漢簡牘》,北京:文物出版社,2006,21、72頁。

③ 長沙市文物考古研究所、中國文物研究所編:《長沙東牌樓東漢簡牘》,74頁。

羑義　不拘慮度,次心肆意,若無臣上,檢御如此,有若無[①]

整理者將這枚簡定名爲"羊角哀等習字",斷定爲習字簡,這無疑是正確的。關於這枚習字簡,整理者指出,其中所寫"羊角哀"之"羊"及"差""羑""恙""兼""美""義"等字,"均从'羊'部,但與《説文解字》分部不同,似根據當時流行的其他字書而寫"。[②] 這就表明,這枚簡的習字者在寫這些文字時,極有可能直接抄自手頭的某一部字書。而對簡中"不拘慮度,次心肆意,若無臣上,檢御如此,有若無"部分,整理者注釋説"似摘自時賢章奏,出處待考",[③] 表明這一部分也很有可能抄自手頭現有文章或書籍。

習字簡中同時出現羊角哀、左伯桃兩個人名,自然引起關注。整理者已明確指出"典出《後漢書》卷二九《申屠剛傳》注引《烈士傳》,應是民間長期流傳的故事",并在作注解時引劉向《烈士傳》有關"羊左"傳説原文作注脚。[④] 這就提示我們,非常有可能這枚簡的習字者手頭就有劉向《烈士傳》或者類似的書籍存在。即使這種情況不存在,羊角哀、左伯桃兩個人名同時出現不過是習字者隨手塗鴉的結果,這其實更能體現出"羊左"傳説對習字者影響之深。但可惜的是,劉向《烈士傳》早佚,此枚簡牘的相關釋文反倒爲證實唐李賢所引《烈士傳》是否真實可信提供了新的證據。它不僅大大增添了西漢劉向《烈士傳》"羊左"傳説的可信分量,而且還明確告訴我們,在漢代特别是東漢時期,"羊左"傳説在普通人中間已然流傳,以致有意或無意地出現在平時的習字訓練當中。

三　西漢劉向《烈士傳》及相關問題的探討

在長沙東牌樓東漢簡牘一四六簡這一有力證據支撑下,再來進一步考察"羊左"傳説在漢代的流傳問題。雖然劉向《烈士傳》在《漢書・藝文志》中不見著録,但是《隋書・經籍志》史部雜傳類序却明確提到,"漢時……劉向典校經籍,始作《列仙》《列士》《列女》之傳","今取其見存,部而類之",將"《列士傳》二卷,劉向撰"著録於雜傳類中。[⑤]《新唐書・藝文志》史部雜傳記類亦著録有"劉向《列士傳》二卷"。[⑥] 另外,《舊唐書・經籍志》乙部史録雜傳類著録有劉向的"《列女傳》二卷",依據雜傳總括語"右雜傳一百九十四部……高逸十八家……列女十六家"進行排比分類,再結合其他相關文獻,有學者已經指出,其實際上當爲"《列士

① 長沙市文物考古研究所、中國文物研究所編:《長沙東牌樓東漢簡牘》,127 頁。
② 長沙市文物考古研究所、中國文物研究所編:《長沙東牌樓東漢簡牘》,74 頁。
③ 長沙市文物考古研究所、中國文物研究所編:《長沙東牌樓東漢簡牘》,127 頁。
④ 長沙市文物考古研究所、中國文物研究所編:《長沙東牌樓東漢簡牘》,74、127 頁。
⑤ 《隋書》卷三三《經籍志》,982、976 頁。
⑥ 《新唐書》卷五八《藝文志》,北京:中華書局,1975,1481 頁。

傳》二卷”之誤。[①] 由此可見,西漢劉向撰有《烈士傳》之説,還是比較可信的。

至於對《烈士傳》内容的輯佚校訂,清人章宗源、姚振宗、王仁俊以及今人熊明、饒道慶等均有貢獻,關於所輯佚文徵引書籍的成書時代,時間跨度從北宋一直上溯到南朝宋,目前所見最早徵引《烈士傳》的著作是南朝宋裴駰的《史記集解》。[②]

具體到《烈士傳》中的“羊左”傳説,除唐人李賢、李善的上述徵引外,唐宋時期徵引《烈士傳》中有關“羊左”傳説的書籍還有很多。如僅北宋李昉等編纂的《太平御覽》一書卷一二《天部十二・雪》、卷四〇九《人事部五十・交友四》、卷四二二《人事部六十三・義下》、卷五五八《禮儀部三十七・冢墓二》,就從不同角度對其有過四次徵引;宋張敦頤所撰《六朝事迹編類》中《墳陵門・左伯桃墓》也是引用的此條材料;《册府元龜》卷八八一《總録部・交友》的記載,雖未標明史料來源,但其與李賢所引西漢劉向《烈士傳》中的内容基本一致,表明其極有可能是直接轉抄自李賢的注文。[③]

其實,在唐宋時期以前,也有一些和西漢劉向《烈士傳》中“羊左”傳説相關的材料值得重視和討論。隋唐之際,虞世南所輯録《北堂書鈔》中就有“羊左”傳説的内容,只不過現存兩個版本所記内容有所不同。

在清光緒十四年(1888)南海孔氏三十有三萬卷堂影宋刊本的《北堂書鈔》(下文簡稱孔氏本)中,標題“左伯并糧”,其下注引爲:“《良士傳》云:‘羊角哀、左伯桃相與爲友,聞楚王賢,欲往仕焉。道遇雨雪,計不俱全,乃并衣糧與伯桃,角哀入樹内而死矣。’”[④]

清乾隆時修《四庫全書》所録《北堂書鈔》(下文簡稱四庫本)標題“角哀并糧”,其下注引爲:“《高士傳》云:‘陽角哀、左伯桃相友,俱適楚求仕。道遇雪,宿空柳中,度不得全,乃并衣糧與伯桃,角哀死樹中,未葬。桃至楚,語王,故王令人往葬角哀,乃相伯桃補。’”[⑤]

爲解决兩個版本的差异問題,我們先來看看兩個版本的優劣。四庫本實爲内府所藏明常熟陳禹謨校刊本。而明人好竄改古書,以己意删改增補,爲世所譏。陳氏不能免俗,對此書大加删改增補,使其盡失原貌。孔氏本則是清代學者孫星衍得影宋本,約嚴可均、王引之

① 《舊唐書》卷四六《經籍志》,北京:中華書局,1975,2002、2006 頁。詳情參看武秀成《〈舊唐書・經籍志〉著録書名考誤》,《古籍整理研究學刊》2002 年第 4 期;李建雄《新舊〈唐書〉志書所見劉向〈列女傳〉、〈列士傳〉書名考》,《黑河學刊》2015 年第 4 期。

② 具體參見熊明《劉向〈列士傳〉佚文輯校》,《文獻》2003 年第 2 期;饒道慶《劉向〈列士傳〉佚文輯校增補》,《文獻》2007 年第 1 期。

③ 引文具體内容詳見[宋]李昉等編纂《太平御覽》,北京:中華書局,1960 年影印本,59、1887、1946、2524 頁;[宋]張敦頤撰,張忱石點校《六朝事迹編類》,上海古籍出版社,1995,137 頁;[宋]王欽若等編修《册府元龜》,北京:中華書局,1989,3389 頁。相關詳情參見黨超《“羊左”傳説在漢代流傳的新證據》,《歷史研究》2008 年第 3 期。

④ [隋]虞世南編纂,[清]孔廣陶校注:《北堂書鈔》卷一五二《天部四・雪篇》,董治安主編《唐代四大類書》第一卷,北京:清華大學出版社,2003,697 頁。

⑤ [唐]虞世南撰,[明]陳禹謨補注:《北堂書鈔》卷一五二《天部四・雪篇十八》,文淵閣《四庫全書》本。

等分别校訂,後南海孔廣陶又約林國賡、孔昭熙、傅以禮等續校成書,對陳禹謨妄改之處,多加以更正,使其大體復其舊觀。故這個版本雖然在刻印年代上晚於四庫本,却被公認爲傳之於今世的最好的本子。[①]

在這一認知基礎上,我們再來討論兩個版本中有關“羊左”傳説内容上的區别。初步對比可見,四庫本將標題“左伯并糧”改爲“角哀并糧”,“《良士傳》”改爲“《高士傳》”,但其相關注文一致,都是“(羊角哀)乃并衣糧與伯桃”。有人據此得出結論,認爲“羊左”傳説“至少在隋代虞世南的《北堂書鈔》中就已發生變化,而《北堂書鈔》中‘羊左’之故事引於他書,那麽這個故事變异的源頭則在隋代或隋以前”。[②] 在這裏,“羊左”傳説變异的源頭是否真的“在隋代或隋以前”我們不得而知,也不打算做進一步討論。[③] 但這種把一部書因爲兩個版本的不同而産生的記載内容差异認定爲所記載内容本身曾發生了變异的思維邏輯,却是存在問題的。一部書的内容,一旦成書,除非作者自身修訂,其内容就應該是固定的。因此,對古人原書内容的校訂,理應是綜合不同版本的優劣,盡最大可能地恢復原書面貌,而不應理解爲原書因後世版本的不同而自身存在着變异。

四庫本雖然采用明陳禹謨校刊本,但已明確指出陳禹謨“逞臆妄改”“雜亂無識”,[④]而孔氏本又和唐人李善所引西漢劉向《烈士傳》中的“羊左”傳説有高度的相似性。有鑒於此,我們把三者放在一起(見下表),立足於孔氏本,和李善所引内容比較,考察分析四庫本的改動之處,進而做出一些相對合理的推測。

唐李善所引“羊左”傳説	孔氏本	四庫本
《烈士傳》曰:“陽角哀、左伯桃爲死友,聞楚王賢,往尋之。道遇雨雪,計不俱全,乃并衣糧與角哀,入樹中死。”	左伯并糧 《良士傳》云:“羊角哀、左伯桃相與爲友,聞楚王賢,欲往仕焉。道遇雨雪,計不俱全,乃并衣糧與伯桃,角哀入樹内而死矣。”	角哀并糧 《高士傳》云:“陽角哀、左伯桃相友,俱適楚求仕。道遇雪,宿空柳中,度不得全,乃并衣糧與伯桃,角哀死樹中,未葬。桃至楚,語王,故王令人往葬角哀,乃相伯桃補。”

① 以上參看[隋]虞世南編纂,[清]孔廣陶校注《北堂書鈔》卷首叙録,收入董治安主編《唐代四大類書》第一卷,10頁。

② 王葳:《再論“羊左”故事之流傳》,《中國社會科學報》2012年8月27日。

③ 關於“羊左”傳説在流傳過程中所産生變异版本的問題,筆者《“羊左”傳説在漢代流傳的新證據》一文引用唐吴筠《經羊角哀墓作》一詩,發現其中提到的不是羊角哀禮葬左伯桃,而是“伯桃葬角哀”(《全唐詩》卷八五三,北京:中華書局,1960,24册,9649頁),認爲其可能爲“羊左”傳説“在流傳過程中所産生的變异版本”。而且,敦煌石室遺書中有“并糧坐守死,萬代得稱傳。百(伯)挑(桃)憶朝廷,哽咽淚交連”和“每憶賢人羊角哀,求學山中并糧(死)”的記載(潘重規:《敦煌變文集新書》,臺北:文津出版社,1994,1164、1199頁),亦都認爲是羊角哀“并糧”於左伯桃而死,進一步證實了這一變异版本的存在。不過,敦煌變文中亦有與《烈士傳》版本極爲類似的記録。爲此,文章初步認爲“這一變异版本最初産生於何時,則不得而知”。以上詳情參見黨超《“羊左”傳説在漢代流傳的新證據》,《歷史研究》2008年第3期。

④ [唐]虞世南撰,[明]陳禹謨補注:《北堂書鈔》提要,文淵閣《四庫全書》本。

大體而言,四庫本改動比較明顯之處有三:

其一,將標題"左伯并糧"改爲"角哀并糧"。這可能是由於孔氏本引文中"乃并衣糧與伯桃,角哀入樹内而死矣",明確説是羊角哀并糧,這與標題"左伯并糧"相矛盾,四庫本遂改爲"角哀并糧"。對孔氏本,清人校訂時説:"《欽定圖書集成·氏族典》卷五百八十三,引《列士傳》,'友'上有'死'字,'仕焉'作'尋之','糧與'下脱'伯桃'二字,'内'作'中',餘同本鈔。改'中'作'内',詳本卷上。陳本'羊'作'陽'。"此處正是使用的西漢劉向的《烈士傳》來做比勘校對。其中"改'中'作'内',詳本卷上",指的是"本鈔作'中'者,因隋諱忠,兼避也"。[1] 若依據這一校訂改動,再與唐李善所引"羊左"傳説對比(見下表),就會發現,原本就高度相似的兩者,引文内容已基本趨於一致。這就提示我們,兩者極有可能同源。或許,相較於清人校訂孔氏本注解説"'糧與'下脱'伯桃'二字"、四庫本將標題"左伯并糧"徑改爲"角哀并糧"這兩種情況而言,孔氏本 "糧與"後"伯桃"二字爲衍文的可能性更大。

唐李善所引"羊左"傳説	孔氏本校訂版
《烈士傳》曰:"陽角哀、左伯桃爲死友,聞楚王賢,往尋之。道遇雨雪,計不俱全,乃并衣糧與角哀,入樹中死。"	左伯并糧 《良士傳》云:"陽角哀、左伯桃相與爲死友,聞楚王賢,欲往尋之。道遇雨雪,計不俱全,乃并衣糧與角哀,入樹中而死矣。"

其二,將"《良士傳》"改爲"《高士傳》"。《良士傳》現無傳世版本,《漢書·藝文志》《隋書·經籍志》《舊唐書·經籍志》《新唐書·藝文志》等亦均未收録此書。而魏晋南北朝時期流行編撰《高士傳》的風氣。翻查《隋書·經籍志》《舊唐書·經籍志》《新唐書·藝文志》等,收録相關著作有十餘種之多。可能正因如此,四庫本將"《良士傳》"徑改爲"《高士傳》"。然現今唯有嵇康《聖賢高士傳贊》、皇甫謐《高士傳》有輯本存世,但其中并没有"羊左"傳説的相關内容。

三國曹魏嵇康(224—263,一作 223—262)的《聖賢高士傳贊》,其所收録人物當中既有子虚烏有之人,也有得道成仙之人,還有屠夫、耕者、卜者等市井百姓,甚至曾擔任過官職者也在入選之列。乍一看,《聖賢高士傳贊》收録人物似乎没有什麽標準,但細心考察《聖賢高士傳贊》現留存傳主就會發現,這些傳主都具備高尚品德,或不慕榮貴,或安貧樂道,或隱德無言。另外,再結合《聖賢高士傳贊》所録傳主的結局,或不知所終,或終身不仕卒於家,其另

① [隋]虞世南編纂,[清]孔廣陶校注:《北堂書鈔》卷一五二《天部四·雪篇》,董治安主編《唐代四大類書》第一卷,696-697 頁。

一更爲重要的收録標準也就顯現出來,那就是尊重個體自由,珍惜個體生命價值。[①] 正因如此,被史家稱頌的、同樣是品德高尚的伯夷、叔齊則因餓死而不在其列。這樣看來,凍餓而死的左伯桃、自殺助友的羊角哀不被收録当是很自然的事情。

晋皇甫謐(215—282)的《高士傳》,《隋書·經籍志》《舊唐書·經籍志》《新唐書·藝文志》等均有著録,只不過卷數有所不同。皇甫謐在《高士傳》序中説:“謐采古今八代之士,身不屈於王公,名不耗於終始,自堯至魏凡九十餘人,雖執節若夷齊,去就若兩龔,皆不録也。”[②] 按照這一標準,被孔子、司馬遷稱頌過的伯夷、叔齊(即“夷齊”),雖寧肯餓死,耻食周粟,執節甚高,但“扣馬而諫”周武王已屬“屈於王公”,被班固表彰過的龔勝、龔舍(即“兩龔”),雖斷然拒絶出仕新莽,晚節很好,但早年出過仕,因此均不在其收録範圍之内。這樣看來,在皇甫謐心目中,所謂“高士”,應當是那些品行高尚、終生不仕、超脱世俗之人。左伯桃、羊角哀積極入仕,按照皇甫謐《高士傳》的編撰標準,原書自然亦不可能有“羊左”傳説的内容。

如此説來,四庫本將“《良士傳》”改爲“《高士傳》”極有可能是錯誤的。由於孔氏本和唐李善所引西漢劉向《烈士傳》在内容上高度相似,校訂後更是趨於一致,這就不由讓人聯想,或許《良士傳》更有可能是《烈士傳》的誤寫。

其三,增加“未葬。桃至楚,語王,故王令人往葬角哀,乃相伯桃補”這一情節。不過,四庫本明確提到,陳禹謨校補“各條幸皆注明補字,猶有蹤迹可尋”,[③]而上述情節内容的最後正有一“補”字,表明其原本并不存在,當爲陳氏所增補。

綜上分析,四庫本三處改動均不甚恰當,孔氏本更爲準確。[④] 再比較孔氏本和唐李善所引“羊左”傳説,《良士傳》爲《烈士傳》的誤寫也極有可能。

南北朝時期,文學家徐陵(507—583)與庾信(513—581)在當時被并稱爲“徐庾”,兩人均有和“羊左”傳説相關的文章傳世。庾信的駢賦《思舊銘》,其中“烈士埋魂,即是將軍之墓”,[⑤]正符合劉向《烈士傳》“羊左”傳説“(左伯桃)蒙子(羊角哀)之恩而獲厚葬,正苦荆將軍冢相近”的情節。徐陵的移檄《爲護軍長史王質移文》,提到“但國家體兹明信,有同皎日,豈惟風雨之旦,猶救匹夫,宵夢之言,無欺幽壤”,[⑥]其中的“風雨之旦,猶救匹夫,宵夢之言,無欺幽壤”之語又恰與劉向《烈士傳》“羊左”傳説中“角哀至期日,陳兵馬詣其冢,作三桐人,自

① 參見谷文彬《嵇康〈聖賢高士傳贊〉研究》,廣西師範大學碩士學位論文,2012,42頁;熊明《生命理念的投射:嵇康與〈聖賢高士傳贊〉》,《古籍整理研究學刊》2004年第6期。

② [晋]皇甫謐撰:《高士傳》序,文淵閣《四庫全書》本。

③ [唐]虞世南撰,[明]陳禹謨補注:《北堂書鈔》提要,文淵閣《四庫全書》本。

④ 《中華再造善本》工程所收録的《北堂書鈔》正是采用的孔氏本,只是保留着原有的訛誤文字。參見[唐]虞世南輯《北堂書鈔》,北京:國家圖書館出版社,2013,四函第十九册。

⑤ [北周]庾信撰,[清]倪璠纂注:《庾子山集》卷一二,文淵閣《四庫全書》本。

⑥ [南朝陳]徐陵撰,[清]吴兆宜注:《徐孝穆集箋注》卷一,文淵閣《四庫全書》本。

殺,下而從之"相契合。而且,清人在對上述内容作注時,均是引用的西漢劉向《烈士傳》中"羊左"傳説的這段記載,只是文字稍有不同,[①]似可説明在清人的認識中,這兩篇文章所使用的典故正是來源於西漢劉向《烈士傳》中的"羊左"傳説。

四　兩漢之際申屠剛相關言論的可能性推測

兩漢之際,"隗囂據隴右,欲背漢而附公孫述",申屠剛在勸説隗囂不要背叛漢光武帝劉秀時曾説道:"布衣相與,尚有没身不負然諾之信,况於萬乘者哉!"對此,唐人李賢注引西漢劉向《烈士傳》中有關"羊左"傳説的内容,并在其後明確指出"此歿身不負然諾之信也"。[②]

有關"羊左"傳説在漢代流傳的材料極少,長沙東牌樓東漢簡牘中簡一四六這條新證據的出現,不僅使得《烈士傳》所載"羊左"傳説不再是孤證,而且大大增强了申屠剛上述言論作爲"羊左"傳説在漢代流傳的間接證據的可信度。爲此,我們似可做這樣的可能性推測:兩漢之際,"羊左"傳説得到一定程度的流傳,以致於像申屠剛這類士人,已然將其作爲布衣之士"不負然諾之信"的典範來警示别人,并且能够得到對方的理解和認同。

當然,要使上述可能性推測更爲合理,還需涉及載有"羊左"傳説的《烈士傳》的編者劉向和發表上述言論的申屠剛兩人的生活年代及相關文化背景。

劉向,約生活在西漢後期,歷經宣帝、元帝、成帝、哀帝四朝,曾屢次上書稱引災异,彈劾宦官和外戚專權。他在當時的社會政治和文化生活中影響很大。

申屠剛,生卒年雖不詳,但西漢末年曾做過郡功曹。西漢平帝時,王莽專權,申屠剛對王莽專斷朝綱極爲不滿,曾向平帝獻策。王莽篡位後,申屠剛躲避到河西,在巴蜀與河西之間輾轉二十多年。隗囂占據隴右,申屠剛任治書侍御史。後來隗囂打算投靠公孫述,申屠剛則勸他不要背叛光武帝劉秀,上述言論就發生在這個時候。

對比劉向和申屠剛生活的年代及各自文化背景可以發現,兩者所生活的年代相差并不遠,而且文化氛圍也有一定的相似性。《烈士傳》中載有"羊左"傳説,説明西漢末年"羊左"傳説在當時文人中間有着一定程度的流傳,緊隨其後的申屠剛難免會受到這一文化氛圍的影響,其勸告隗囂的言論中"布衣相與,尚有没身不負然諾之信"自然極有可能就是將"羊左"傳説作爲布衣之士"没身不負然諾之信"的典範來警示别人。

其實,李賢對申屠剛言論中"布衣相與,尚有没身不負然諾之信"進行注解時,在徵引劉向《烈士傳》中有關"羊左"傳説的内容後,并没有立即結束行文,而是又增加了一句"此歿身

① 分别詳見[北周]庾信撰,[清]倪璠纂注《庾子山集》卷一二,文淵閣《四庫全書》本;[南朝陳]徐陵撰,[清]吴兆宜注《徐孝穆集箋注》卷一,文淵閣《四庫全書》本。

② 《後漢書》卷二九《申屠剛傳》及唐李賢注引《烈士傳》,1015頁。

不負然諾之信也"。這就明確告訴我們,早在李賢的認知裏,"没身不負然諾之信"的故事指的就是"羊左"傳説。

但有學者認爲,申屠剛"只是想對隗囂表達這樣一種意思,即:'普通人交往都有至死不違背諾言的信用,何况你還是萬乘之君,那麽你更應該信守諾言,不能背漢。'"這種白話翻譯及其解釋,并無不妥。但其進而認爲"此處的'布衣相與,尚有没身不負然諾之信'看不出有任何特指的意思"則有待商榷。[①] 事實上,古人對古書作注,有其一定的規律和原則。單單就文字釋義而言,一般情況,要麽是文字難懂,要麽是背後有着什麽故事。如果是大家都很明白的文字,背後又無故事可言,似乎没有必要作注。上述申屠剛的言論就很簡單,可是唐人李賢却徵引西漢劉向《烈士傳》中"羊左"傳説作注,并明確指出"此歿身不負然諾之信也",當不應是畫蛇添足。

總之,通過重新審視長沙東牌樓東漢簡牘整理號一四六簡,可以進一步確認這枚簡從實物和内容上來説,是迄今爲止"羊左"傳説在漢代流傳的最爲有力的物證。在這一認知基礎上,我們對"羊左"傳説在漢代的流傳問題做了更爲詳盡的梳理,主要獲得以下認識:西漢時期,劉向撰有《烈士傳》,其中包括"羊左"傳説的内容,可信程度很高。兩漢之際,諸如申屠剛這類士人,在日常言論中,了解和使用"羊左"傳説這一歷史典故亦極有可能。東漢時期,"羊左"傳説得到較爲廣泛的流傳,以致於有意或無意地出現在習字者的日常習字訓練當中。

① 王葳:《"兩漢之際'羊左'傳説流傳很廣"説質疑》,《中國社會科學報》2012年1月9日。

候官中簿籍的保存與廢弃

——以 A8 遺址文書庫、辦公區出土簡牘的狀况爲綫索

[日]學習院大學國際研究教育機構　青木俊介著
西南大學歷史文化學院　蘇俊林譯

前言

額濟納河流域的漢代烽燧遺址被分别編號,其中 A8 是指通常稱爲“破城子”的遺址。從出土簡牘的記載來看,該遺址是統括居延甲渠塞部燧的甲渠候官。

A8 遺址在 1930 年代和 1970 年代曾進行過 2 次調查,發現了 13000 餘枚簡牘。如此衆多的簡牘作爲文書,[①]在實際運用的官署遺址被發現,值得關注。原因在於,與墓葬、井窖所出土的法律文書和行政文書不同,從記載内容及其與出土地點的關係,可以窺知這些官署遺址所出簡牘作爲文書使用時的状态。

迄今爲止,已有很多研究注意到簡牘出土地點的重要性,特别是在探討居延、敦煌烽燧遺址出土簡牘的文書性質、處理方法方面是不可或缺的。不過,先行研究中“出土地點”表示遺址單位,據此明確的是機構相互間的關係。

與之不同,本文所言的“出土地點”是指遺址内部的簡牘出土地點,對比、分析簡牘的文字、形狀信息和出土狀况,試圖解明機構内部的文書及人員的運作。之所以特别選取 A8 遺

① 官署中雖也有不移動的簿籍,但因爲本文也將涉及寫有收件地址、作爲報告書的簿籍,所以這裏所説的“文書”中也包含簿籍。

址,是因爲在前述的特點之外,簡牘詳細的出土位置和殘存建築的信息已經公布,具備展開考察的條件。

對此方法也存在這樣的批評:因爲 A8 遺址是已被廢弃的設施,所以從簡牘出土狀況所了解的不過是廢弃時的樣子,并不能復原甲渠候官的活動。但是,殘留在遺址的簡牘群并非一次形成,而是在甲渠候官 100 年中由各種活動積累而成。因此,從其積累的厚度或許可以發現一定的傾向。隨着考察的推進,這種假説是否恰當也就清楚了。

本文以出土地點明確的 1970 年代出土簡(後文稱“新簡”)爲主要考察對象,當然也會適當參考 1930 年代出土簡(後文稱“舊簡”)。

一　A8 遺址的概要

首先,以發掘簡報和圖 1、2 爲主,對 A8 遺址各處所及簡牘的出土狀況予以介紹。[①] 爲此,按照探方的分布將遺址全體分爲 5 個區,然後加以解説。另外,鑒於其與塢墻内部的連續性,沿着塢牆的外部探方也將包括在“塢内”。

(1)塢内東部(T1—18、39、42、45、49、68,F20—37)

沿着 A8 遺址北塢墻到東塢墻,分布着很多小房間。它們大部分被認爲是住所,還有廚房(F26)、家畜小屋(F32),因此這一帶可視作是甲渠候官中執行勤務的吏卒的生活區。

出土簡牘 2179 枚。其中 325 枚在隔着塢墻的外側(T1—4、7、10、13、16)發現,大部分有加工的痕迹。再利用之後,不耐使用的簡牘可能從塢墻上丟弃到外部。正好 F32 東側有上塢墻的通道。

出土簡幾乎都是與烽燧運作相關的公文書。如前所述,這裏是生活區,本來不是作成、處理此類文書的場所。因此,這些簡牘應是從塢内西部的辦公區(見後文)移動而來。

就像被丟弃到外部的簡牘那樣,生活區出土的簡,很多也被刻意加工過(圖 3)。特別是刀鋒狀的木簡或是端部燒焦的簡,很引人注目,它們被稱爲籌木,相當於現代的廁紙。[②] 另外,F32 被視爲是家畜小屋。不過,如下所示:

> 廁中豕群出,壞大官竈。注:廁,養豕圂也。(《漢書·武五子傳(燕剌王劉旦)》)

---

① 甘肅居延考古隊:《居延漢代遺址的發掘和新出土的簡册文物》,《文物》1978 年第 1 期,後收入甘肅省文物工作隊、甘肅省博物館編《漢簡研究文集》,蘭州:甘肅人民出版社,1984。

② 高村武幸:《簡牘の再利用—居延漢簡を中心に—》,籾山明、佐藤信編《文獻と遺物の境界—中国出土簡牘史料の生態的研究—》,東京外国語大学アジア・アフリカ言語文化研究所,2011,163-184 頁(譯者注:此文與本文同載於一書)。

漢代有在廁中養豬的習慣,明器中也存在廁中放置豬的陶廁模型。[①] F32 或許也具有廁的功能,這與其周圍發現了大量籌木相符。

從大部分生活區出土的簡牘,多是被再利用之物。也就是説,此處的簡牘只有素材的價值,它們已經喪失了作爲文書的功能。不過,即便是在生活區之中,F22 和 T68 的出土簡牘也性質不同。

F22 雖是不足 6 平方米的小房間,却從中出土了 889 枚簡牘。其中有著名的《候粟君册書》等 40 餘組完整或大致完整的册書,其很可能是甲渠候官的文書庫。

出土簡牘的年代分布,也是 F22 爲文書庫的證據之一。根據李均明先生居延漢簡編年的年代分布來看,[②]F22 出土的簡牘大部分都是新莽時期到東漢光武帝時期之物(表 1)。發掘簡報將甲渠候官實質活動的年代下限定在建武八年(32),據此判斷,F22 出土的簡大部分都是最新的文書。新簡中能够確定是光武帝時期的簡牘共有 172 枚,其中 102 枚從 F22 出土,占總數的 60%。與之相反,比王莽時期更早的簡是西漢成帝建始年間(前 32—前 29)和河平年間(前 28—前 25)之物,僅各有 1 枚。據此種狀況,汪桂海先生認爲,過了一定保存期限的文書,將定期取出廢弃。[③] 這可能是文書保管設施的特點。

① 張建林、范培松:《淺談漢代的廁》,《文博》1987 年第 4 期。

② 李均明:《居延漢簡編年——居延編》,臺北:新文豐出版公司,2004。

③ 汪桂海:《漢代官文書制度》,南寧:廣西教育出版社,1999,230-231 頁。

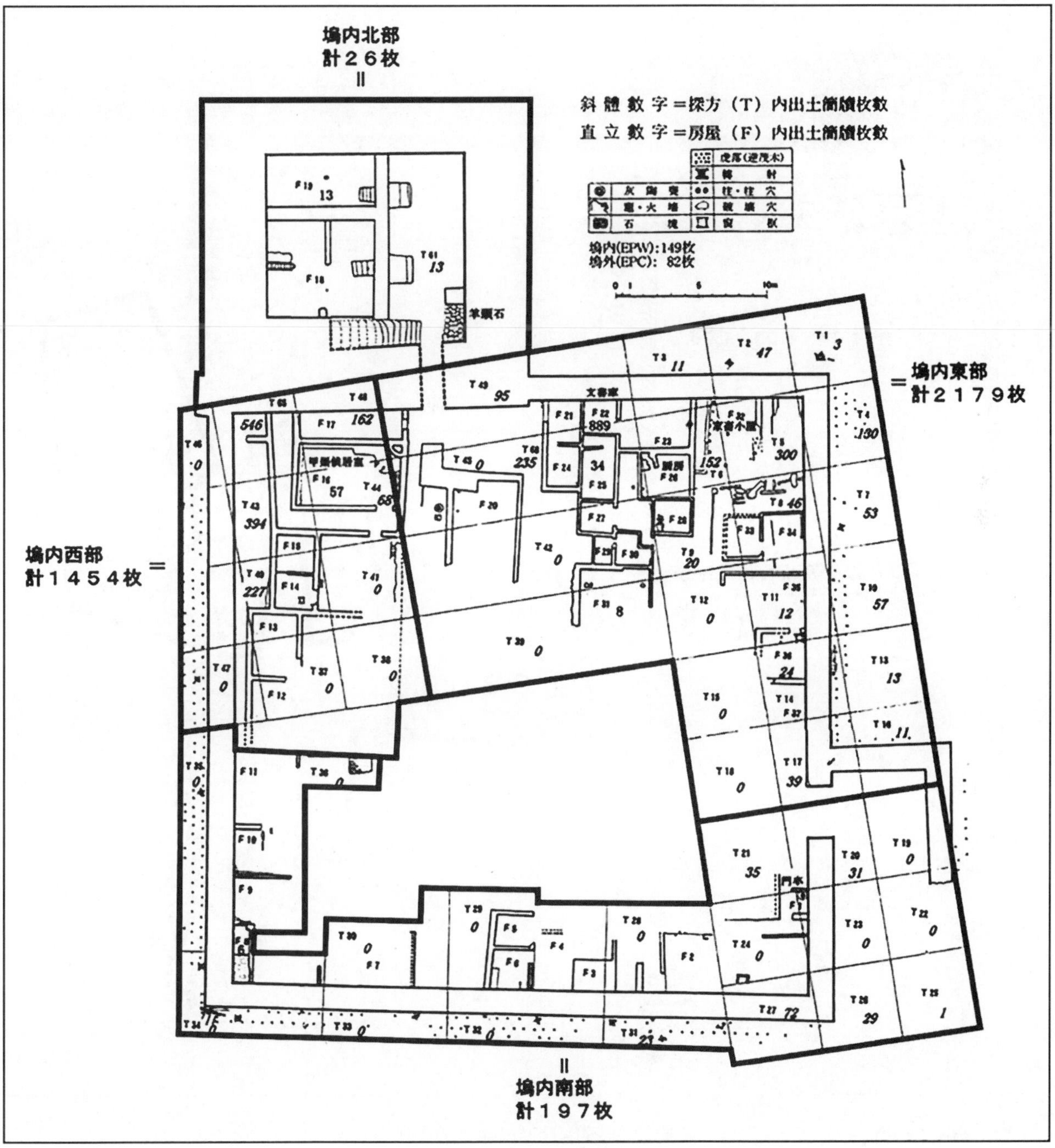

圖1　甲渠候官遺址發掘探方分布圖①

---

① 以甘肅省文物考古研究所、甘肅省博物館、中國文物研究所、中國社會科學院歷史研究所編《居延新簡——甲渠候官》上(北京:中華書局,1994)所載圖爲基礎,對鈴木直美先生所作之圖有部分改動。

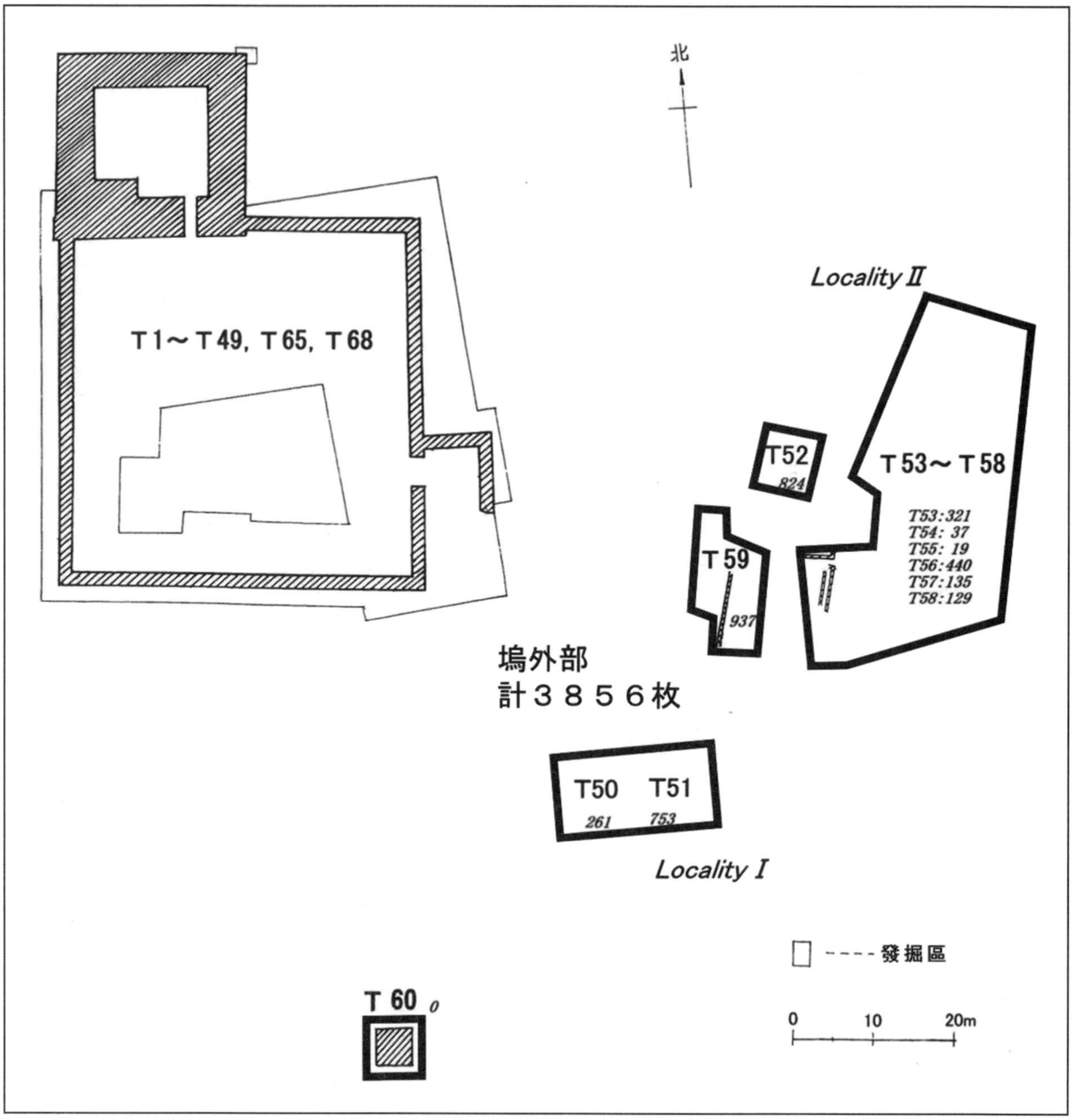

圖2　A8(甲渠候官)遺址發掘圖①

① 以甘肅居延考古隊《居延漢代遺址的發掘和新出土的簡册文物》(《文物》1979年第1期)圖11爲基礎,對鈴木直美先生所作之圖有部分改動。

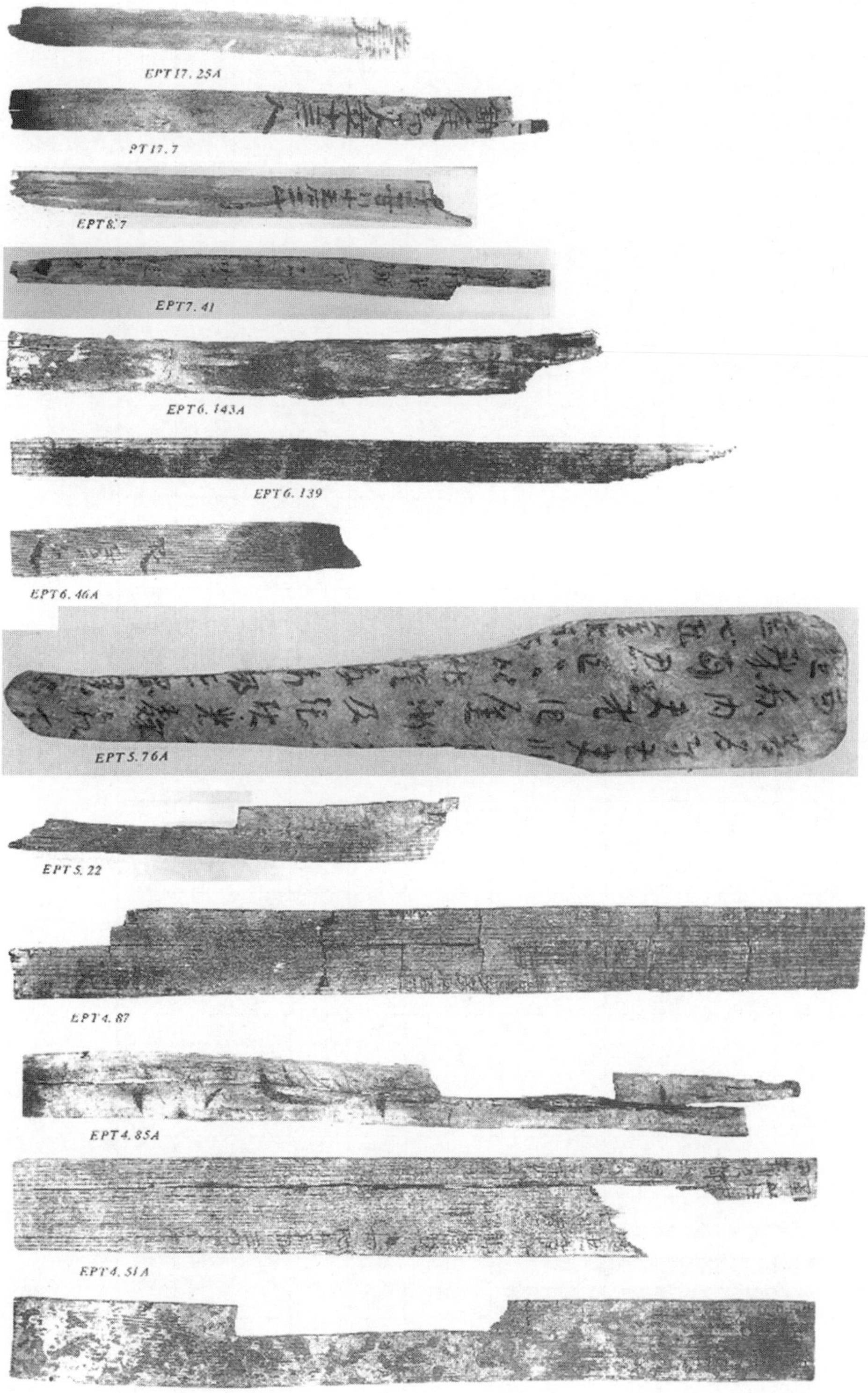
EPT17. 25A
PT17. 7
EPT8. 7
EPT7. 41
EPT6. 143A
EPT6. 139
EPT6. 46A
EPT5. 76A
EPT5. 22
EPT4. 87
EPT4. 85A
EPT4. 51A
EPT4. 50

圖3　生活區出土簡

表 1　A8 遺址出土簡牘年代分布表(册書視作 1 件)

		塢內東部																				塢內西部						塢內南部							塢內北部		塢外部										
年代		T1	T2	T3	T4	T5	T6	T7	T8	T9	T10	T11	T13	T14	T16	T17	T49	T68	F22	F25	F31	T40	T43	T44	T48	T65	F16	T20	T21	T25	T26	T27	T31	F8	T61	F19	T50	T51	T52	T53	T54	T55	T56	T57	T58	T59	合計
昭帝	始元(前86-前81)																																						1								1
宣帝	本始(前73-前70)								1																																			1			2
	地節(前69-前66)																																							1				4	1		6
	元康(前65-前62)																																					2		2			2	8	6	2	22
	神爵(前61-前58)		1															1																			1	2	5	8			6		2	1	27
	五鳳(前57-前54)		1			1															1					1												5	4	8			11		1	2	35
	甘露(前53-前50)			1			1																1			1												2	1	9			21		1		38
	黃龍(前49)																																						2								2
	宣帝時期					1			1													1				1												6	2	5	1		12	8	7	2	47
元帝	初元(前48-前44)													1												1												4	4	4			2			1	17
	永光(前43-前39)					1						1													2													6	5							2	17
	建昭(前38-前34)					2																				1											1	17	12						1	2	36
	竟寧(前33)																																				1	2	1								4
	元帝時期																			1						1											2	10	10				2			1	27

續表

		塢内東部																				塢内西部						塢内南部							塢内北部		塢外部										
成帝	建始(前32-前29)				1	2													1							1			1								4	16	13	1	1						41
	河平(前28-前25)					1													1							1												5	7		1					2	18
	陽朔(前24-前21)					2																				1											2	2	7				1			1	16
	鴻嘉(前20-前17)				1																					1											9	1	4								16
	永始(前16-前13)			1	3	1		1																													6			1							13
	元延(前12-前9)											1										2	1			2											1	1							1	1	10
	綏和(前8-前7)									1										1		2			2	2											3	1				1					13
	成帝時期		1		1				1														1			1											7	9	16							1	38
哀帝	建平(前6-前3)					1			1													2	8		1	13						1					1				1	2		1		1	33
	元壽(前2-前1)					1											1																													2	4
	哀帝時期																						1		1	1																					3
平帝	元始(1-5)										1											1															1			1				1		2	7
孺子嬰	居攝(6-7)							1	1														1			1						1					1									4	10
	孺子嬰時期																																													1	1
王莽	始建國(9-13)				5	2		4								1	1						1			2													2							12	30
	天鳳(14-19)		1		2	6	4	1										1	5	1			2		1	1																		1		16	42
	地皇(20-23)				1	1	2				1								13	2	1	1	5		3	4					2	1														2	39
	王莽時期		5		13	13	10	6		1			1	4	1	7	1		25	1		20	30	1	12	39		1		1	3	7		2	2		2		2		1	2				108	321
隗囂	復漢(23-?)																		1																												1

續表

		塢內東部																				塢內西部						塢內南部							塢內北部		塢外部										
淮陽王	更始(23–25)						2				1						1		4				4		2	2																					16
	淮陽王時期																										1																				1
劉盆子	建世(25–27)																		4				1			4						1															10
光武帝	元始(26)																		1																												1
	建武(26–55)						2							2				14	63	1				1	1	2	1	2			2	2														2	95
	光武帝時期						1	1				1			1	2		1	38		1	1	3	5	3	10	2	1				1	1													3	76
章帝	元和(84–87)																								2																						2
和帝	永元(89–104)																1		1							1																					3
安帝	永初(107–113)																																		1												1
東漢章帝以後																	9																														9
合計		0	9	2	27	35	22	14	5	2	3	3	1	7	2	10	14	17	157	7	3	30	59	7	30	95	4	4	1	1	7	14	1	2	3	0	42	91	98	40	5	5	57	24	20	171	1151

T68 出土簡牘 235 枚。多爲莂狀,依據李均明先生的研究,它們大部分都構成册書。[①] 雖然感覺文書的匯集狀態可能有某種特别的意圖,但編號“T(探方)”是屋外,T68 是怎樣的空間還不能確定。

(2)塢内西部(T37、38、40、41、43、44、46—48、65,F12—17)

房屋排列在高 0.9 米的臺基上。有修築痕迹、殘存的建築,可能是在甲渠候官活動期間的後期建造。即便是其中最大的房屋 F16,也被認爲是甲渠候官後期的居室。

另外,E.P.T68:19 記載:

> 候,復持酒出之堂煌上。飲再行酒盡,皆起。讓與候史、候□☑

顯然,甲渠候官中存在“堂煌”這樣的設施。關於“堂煌”,《漢書·胡建傳》記載:

> 於是當選士馬日,監御史與護軍諸校列坐堂皇上,建從走卒趨至堂皇下拜謁,因上堂〔皇〕,走卒皆上。

由此可知,堂煌是有着能够上、下高度的空間。塢内西側一帶較高,或許此臺基就是甲渠候官的堂煌。

再者,薛英群先生認爲堂煌是軍隊統帥的場所,官吏處理事務的堂舍。[②] 舊簡 206.4 載:

> 受官錢定課四千,負四筭。
> 萬歲候長充　　　　相除定得三筭。第一
> 毋自言堂煌者第一,得七筭。

從此記載可知,與勤務評定相關的申告是向堂煌提出。[③] 像該簡這樣的勤務評定文書,可能是在堂煌作成。據此狀況,塢内西部的臺基上,可視作是甲渠候官中吏卒的辦公區。即遺址中見到的幾乎所有文書,都是在此作成或處理。

塢内西部出土簡牘 1454 枚。其中 1167 枚發現於 T40、43、65,約爲总数的 80%。T40、43、65 雖有臺基上的建築物與塢牆間的狹長空間,但因爲番號“T”,發掘者未將其視作房屋。但是,沿着候官内東、南、北塢牆的所有房屋都將塢牆作爲房屋牆壁的一部分,僅此構造不同,感覺不同寻常。而且,已經確認 T65 中有房屋隔牆那樣的牆壁。該空間到底是什麽?

關於此,王子今先生進行了頗有趣味的考察。王氏指出漢代的建築明器中有密閉的、細長構造的小房間,疏勒河流域漢代邊塞遺址的“隔道”、樓蘭的漢魏遺址等也有相同的構造。

---

① 李均明:《居延漢簡編年——居延編》。

② 薛英群:《居延漢簡通論》,蘭州:甘肅教育出版社,1991,198-199 頁。

③ 據陳直《居延漢簡綜論》(收入其著《居延漢簡研究》,天津古籍出版社,1986,29-30 頁),邊郡官吏的勤務評定與緡算、訾算、算賦一樣,也是用“算”來計算。

另外,A1 遺址(殄北候官)在障的西側也有長方形的房屋,從中發現了約 50 枚漢簡。根據王氏所言,它們是在文獻中出現的"複壁"。複壁除了作爲緊急時使用的避難場所之外,也是壁藏文書、書籍的場所,這正是漢代西北邊塞"隔道""夾道"出土了很多簡牘文書的原因所在。① 據此觀點,A8 遺址的 T40、43、65 也是複壁,可視爲房屋。

(3)塢内南部(T19—36,F1—11)

房屋沿着南塢牆内側排列,進入塢門即是 F1,已經對比確定其是門卒的值班室。文書檢中也有"門卒某持來"這樣的收信記録。其他房屋的作用尚不清楚。

雖然發現了 197 枚簡牘,但其中的 156 枚是在塢牆外側(T20、25—27、31)發現的。就其含有削衣等來看,它們可能與生活區的簡一樣,也是被丢弃之物。

(4)塢内北部(T61,F18、19)

塢向西北突出的位置上築有障(望樓)。其基底部四周長 23.3 米,厚 4—4.5 米,殘存高度 4.6 米,堆積着有事之際可作爲武器的羊頭石。西側一段較低部分有 2 個房間(F18、19),此處建築物被認爲是毁於火災。此外,該房間 1 米的上層中,有似爲後期所建造的小屋的痕迹。而且,長官甲渠候的居室好像當初也設在障内。

從位於東南角的鄣門進入,在 T61 發現了 13 枚簡牘,F19 也發現了同樣數量的木簡。其内容雜多,甚至還有封檢等。幾乎都是斷簡,因此不是作爲文書而帶入的簡。

(5)塢外部(T50—60)

距離塢門外東 30 餘米處,在 70×30 米的範圍内,發現了柴草、糞便、廢弃器物、燒灰、砂礫等,被認爲是甲渠候官的垃圾坑。

而且,此處還出土了超過半數的舊簡和新簡(新簡爲 3856 枚)。但是,考慮到所謂垃圾坑的出土地點的性質,可以認爲這些爲數甚多的簡牘在移動到此場所之時,其文書的作用已經終結,是作爲垃圾而廢弃的物品。

塢南 50 米處有被視爲烽臺的圓形土丘(T60)。夯築起的土臺呈方形,殘存高度 0.7 米,基礎部分爲 4.8×5 米。此烽臺不在烽燧綫上,被認爲是專屬候官的瞭望臺。附近殘留了傳遞信號用的積薪、旗杆的遺迹,但没有發現簡牘。

甲渠候官實質活動的年代到建武八年(32)左右爲止,但年代最晚的簡爲晋太康四年(283)之物。其間,遺址可能被某種程度地改變。但包括廢弃簡在内,此時期的簡牘出土數量非常少(表 1),可見活動極其零星。因此,A8 遺址的殘存建築和簡牘的出土狀況,相當程度上反映的是甲渠候官最盛時期的樣子。

---

① 王子今:《漢代建築中所見"複壁"》,《文物》1990 年第 4 期,收入其著《秦漢社會史論考》,北京:商務印書館,2006。雖然文獻史料中"複壁"多是作爲緊急避難場所而出現,但其本來的功能可能是儲物室。可能正是因爲不會想到其是藏人的場所,所以纔作爲躲藏處而使用。

本文以簡牘的記載内容與出土地點的關係爲基礎展開考察。因此,無法看出記載内容與出土地點之間關係的塢外垃圾坑及出土簡,再利用簡或作爲廢弃物的塢内東部生活區所出大部分簡和南部出土的簡,都排除在主要考察對象之外。另外,北部出土的簡牘數量僅僅26枚,當與障没有關係。東部T68雖然劾狀册書成套出土,但T68的性質尚不清楚。結果,滿足必要條件的是塢内東部的文書庫(F22),和辦公區的塢内西部(T37、38、40、41、43、44、46—48、65,F12—17)這兩處地方。

二　文書庫與辦公區出土文書的傾向

F22雖被視作文書庫,但如前所述,所有公文書都是在辦公區作成、處理,因此文書庫的文書也是從辦公區帶來,保管於此而已。不過,如果T40、43、65是複壁,是文書的保管場所,則辦公區中也存在文書庫。即便不是那樣,大量的文書可能也没有移到文書庫F22,而是被留置在辦公區。這類文書的分配是基於怎樣的標準。下面,對文書庫和辦公區各自的出土簡牘進行討論。

(1)漢代邊塞的機構與文書行政系統

在討論出土簡牘之前,先對漢代邊塞的機構和文書行政系統予以闡述。

位於對匈奴防衛綫最末端的,是被稱爲“燧”的烽火臺。以5—10個燧爲單位構成“部”,負責人候長所在燧的名稱即爲部的名稱。大約10個左右的部被置於“候官”的管轄之下,“都尉府”則統轄3—5個候官。其統轄關係如圖4所示。其等級與郡—縣—鄉—里的地方行政機構相對應,比如候官的長官候與縣的長官縣令等級相同。

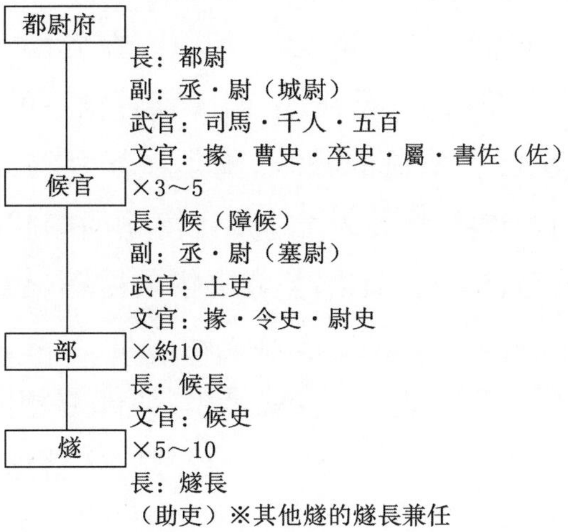

參考籾山明《漢帝国と邊境社会》（中央公論新社，1999）表3作成。

圖4　漢代邊塞機構及所屬官吏

公文書的處理也沿着此機構設置進行。都尉府的下行文書經候官、部到達燧。相反,燧作成的文書原則上經部送到候官,[①]再由候官上呈給都尉府。在理解了此機構設置形態之後,再着手對文書庫、辦公區的出土簡牘進行分析。

(2)文書庫出土的簿籍簡

井上亘先生對以F22爲代表的漢代書府的功能進行了如下論述:"書府……負責簿書的整理與保管,官府之間以分持正本與副本來落實信息管理。進言之,這樣的文書保管和故事的積累,也成了官僚制中先例主義的基礎。"[②]如果將漢代邊塞機構及其文書行政系統也納入井上氏的學説之中,則F22中必定保管有以下6種文書:

A　上級機關向甲渠候官的下行文書

B　甲渠候官向上級機關的上行文書(的留底)

C　同級機關向甲渠候官的平行文書

D　甲渠候官向同級機關的平行文書(的留底)

E　甲渠候官向下級機構的下行文書(的留底)

F　下級機構向甲渠候官的上行文書

B、D、E因爲是甲渠候官所發文書,從A8遺址出土有些令人費解。但是,如張家山漢簡《二年律令·户律》331簡所載:

民宅園户籍、年細籍、田比地籍、田合籍、田租籍,謹副上縣廷(後略)

從該規定推測,上呈者是提交副本而保存正本。就後揭的簿籍送達文書簡的記録等來看,這也適合甲渠候官,可以將B、D、E視爲發出的文書的留底。

前面6種文書中,F文書中可能簿籍類最多。其原因在於候官的主要下級機構是部燧,據近年發現的額濟納漢簡99ES17SH1:7記載,甲渠候官管轄下的燧有76個。[③] 即便1個燧提交1枚簿籍簡,考慮到提交次數和簿籍的種類,匯集在候官的部燧的簿籍簡,一年間應爲數千枚,甚至上萬枚。下面,開始實際考察文書庫出土簿籍簡的狀況。

討論簿籍簡時必須注意的是,即便是記録部燧事情的簿籍,也未必是由部燧提交。按照前述機構設置,部燧向候官提交簿籍,候官對它們進行整理、集計,統一格式之後上呈給都尉府等。[④] 該上呈簿籍的留底,候官也有保存。也就是説,與部燧相關的簿籍中,既有部燧自己提交的簿籍,也存在候官重新匯總的簿籍。留意到這一點,文書庫出土的簿籍簡所具有的特

---

① 後揭E.P.T65:123是第十五燧直接送往甲渠候官。

② 井上亘:《漢代の書府—中国古代における情報管理技術—》,《東洋学報》第87卷第1號,2005。

③ 據エチナ漢簡講讀會《エチナ漢簡選釋》(《中国出土資料研究》10,2006)的注釋。

④ 永田英正:《簿籍簡牘の諸様式の分析》,《居延漢簡の研究》第Ⅰ部第三章,京都:同朋舍,1989,386-387頁。

徵也將呈現出來。

E.P.F22：83—115是一組格式相同的簡。從中抽出形狀完整、文字比較清楚的簡，如下：

第六隧長皇隆	正月食三石	正月辛巳自取	E.P.F22：83
第十三隧長王習	正月食三石	正月辛巳自取	E.P.F22：84
不侵隧長石匡	正月食三石	正月辛巳自取	E.P.F22：85
鉼庭候長陳宗	正月食三石	正月辛巳自取	E.P.F22：86
第一隧長召浦	二月食三石	二月辛亥自取	E.P.F22：87
第三隧長薛寄	二月食三石	二月辛亥自取	E.P.F22：88
令史夏侯譚	四月食三石	四月辛亥自取	E.P.F22：93
第八隧長梁習	四月食三石	四月辛亥自取	E.P.F22：94
三堠隧長張業	四月食三石	四月辛亥自取、	E.P.F22：95
止害隧長徐歆	四月食三石	四月辛巳自取	E.P.F22：97
第九隧長單宫	十月食三石	十月甲寅自取	E.P.F22：106
臨桐隧長孟賞	十月食三石	十月甲寅自取	E.P.F22：107

李均明先生認爲它們是被稱爲"吏稟食名籍"的糧食配給名簿，[①]相當於永田英正先生分類的V—ロ—d樣式。[②] 由下簡的記載可知：

建平三年六月庚辰朔戊申，萬歲候長宗敢言之。謹移部吏卒
稟七月食名籍一編。敢言之。 E.P.T43：6

吏稟食名籍是由部(候官屬吏由候官負責)作成，且由部呈送給候官。但是，此處列舉的簿籍并不是在部作成的。

確認圖版(圖5)後發現，同月的簡筆迹相同。而且，同一筆迹所寫簿籍的内容跨越多個部，而E.P.F22：93是關於候官令史的記録。吏稟食名籍是各部作成，所以某部不可能作成其他部甚至候官的名籍。據此判斷，前揭的吏稟食名籍，是候官基於部送來的原本匯總而成，相當於分類B"甲渠候官向上級機關的上行文書"。

① 李均明：《秦漢簡牘文書分類輯解》，北京：文物出版社，2009，356-358頁。
② 永田英正：《居延漢簡の集成一》，《居延漢簡の研究》第Ⅰ部第一章，153-156頁。

圖 5　文書庫出土吏廩食名籍

文書庫出土的簿籍簡中,具有與 E.P.F22:83—115 吏廩食名籍相同特徵的簡和册書,從記載内容明確可知爲候官作成的很多。因爲還有殘簡故而無法列出準確數字,限於圖版、釋文所見,F22 中似爲簿籍的簡有 180 枚左右,其中近 100 枚是在甲渠候官作成。其他簡幾乎都不能判别作成場所,其中肯定也有甲渠候官作成的簿籍。即便假設它們都是部燧提交之物,在 889 枚文書庫出土的簡中,其所占比例也不到一成。

再者,文書庫出土的簿籍送達文書簡中也呈現出頗有趣的傾向。簿籍送達文書簡是指在提交簿籍之際,和簿籍本體一起編聯的呈文,判定其爲上呈文書的標准包括,上呈者不言姓而僅稱名,使用"敢言之"的語句,還有"謹移……一編"等。[①] 在此,將符合此標準的簡列

① 永田英正:《簿籍簡牘の諸様式の分析》,340 頁。另外,"簿籍送達文書簡"的稱呼也是永田先生命名的。

舉如下:

建武四年五月辛巳朔戊子甲渠塞尉放行候事敢言□
謹移四月盡六月賦錢簿一編敢言之　　E.P.F22:54A
建武四年五月辛巳朔戊子甲渠塞尉放□☑
謹移正月盡六月財物簿一編敢言之　　E.P.F22:55A
建武桼年三月甲午朔庚申甲渠障守候　敢言之謹移三月　　E.P.F22:430A
建武四年十一月戊寅朔乙酉甲渠障守候博敢言之●謹移十月盡十二月
穀出入簿一編敢言之　　E.P.F22:453
更始二年七月癸酉朔己卯甲渠障守候獲敢言之府書□□□
被兵簿具對府●謹移應書一編敢言之　　E.P.F22:455
漢元始廿六年十一月庚申朔甲戌甲渠障候獲敢言之
謹移十月盡十二月完兵出入簿一編敢言之　　E.P.F22:460A
☑年八月乙卯朔癸亥甲渠障候獲敢言之謹移守　　E.P.F22:532A
☑國天鳳一年十二月己巳朔丁丑甲溝第三候史并劾移居延獄以律令從事☑
E.P.F22:685
河平四年☑壬子朔壬子餅庭☑
謹移吏卒☑□簿一編敢言之　　E.P.F22:705

應該注意的是,這些簿籍除 E.P.F22:705 之外都是從甲渠候官發出。[①] 附屬的呈文中所記的發文者,無疑是簿籍本體的發出者。因此,從“敢言之”這樣的上行文書特有的用語判斷,這些簿籍是甲渠候官作成的上呈簿籍(的留底)。

如此,文書庫出土的簿籍原則上是在甲渠候官作成。换言之,候官在作成簿籍之際所參考的部燧提交的簿籍簡,并不保存在文書庫。如果不是保存在應是文書庫的 F22,那麽它們到底在哪裏?爲了追尋部燧向甲渠候官呈送的簿籍的行蹤,下面對辦公區出土的簡進行考察。

(3)辦公區出土的簿籍簡

辦公區出土的簡中,據圖版、釋文可知是簿籍的簡大約 450 枚。其中約 90 枚從記載内容可知是候官作成,因此部燧提交的簿籍的候選簡在 360 枚左右。

E.P.T65:8—14 中,匯集了相同種類、相同樣式的簿籍。如下:

① E.P.F22:705 因爲是西漢成帝河平四年(前 25)之物,在文書庫出土簡中年代非常早,是不規則的簡。或許是由於某種原因而混入。

同
城北候長竇何　　十一月食一斛五斗　　十月丙寅掾譚取卩　　E.P.T65:8A
第二十三隧長董放　十一月食一斛五斗舒　十月乙亥守尉史王陽取卩　E.P.T65:9
同
推木候長王宏　十一月食一斛五斗　　十月丙寅掾譚取卩　　E.P.T65:10
第十桼候長趙彭　十一月食一斛五斗　　十月丙寅妻取卩　　E.P.T65:11
甲溝第三十二隧長張護　十一月食□斛□斗　十月甲子嫂難取卩　　E.P.T65:12
三十
第二十燧長陳尚　　十一月食一斛五斗　十月乙丑母取卩　　E.P.T65:13
甲溝當曲隊長趙翕　十一月食一斛五斗今□☒　　E.P.T65:14

它們與文書庫的例子相同,也是吏廩食名籍,[1]與永田分類Ⅴ—ロ—d樣式一致,但筆迹判然不同。

文書庫的吏廩食名籍,即便是不同部的信息,同月的簡書寫筆迹也相同,故而能够判定其爲候官作成。相反,E.P.T65:8—14雖然都是同月的記録,但筆迹却不相同(圖6)。

另外,永田英正先生認爲,Ⅴ—ロ—d樣式的簡中所見"卩"是個人領取糧食的標記,它們是部所作成的第一次的原始記録。[2] 據此推測,此處所列舉的簿籍群是部燧提交給候官的原本。

如果内容相關的簡書寫筆迹相同,即便簡零散地發現也能復原成册書。文書庫中以筆迹爲綫索來復原册書的簿籍很多,它們可視作候官進行集計、整理,向上級機關提交的相當於前述分類B的文書。

與此相反,辦公區的簿籍大多筆迹不同,很少能復原成册書。這表示各簡是在不同的場所、由不同的書手作成,辦公區出土的簿籍大部分都是部燧等作成的原本。吏廩食名籍中,有文書庫出土簿籍中未曾見到的領取標記,這也可作爲旁證。

90枚候官作成的簿籍,也與文書庫出土的簿籍性質不同。其中包含與候官吏卒相關的簿籍、前往候官的到場記録詣官簿、候官的宿直記録直符書等甲渠候官的内部資料,可以説都是原本。

① 李均明:《秦漢簡牘文書分類輯解》,356-357頁。
② 永田英正:《簿籍簡牘の諸樣式の分析》,386頁。

圖6　辦公區出土吏廩食名籍

下面對辦公區出土的簿籍送達文書簡進行考察。其與文書庫出土的簿籍送達文書簡一樣,呈現出顯著的傾向。抽出那些没有損壞、知道發文者的簡,如下:

〼年六月丙辰朔丁酉城北候長□〼
〼編敢言之　　E.P.T40:45A

元延四年九月戊寅朔戊寅不侵候〼
謹移八月郵書課一編敢言之　　E.P.T40:147A

建平三年六月庚辰朔戊申萬歲候長宗敢言之謹移部吏卒
廩七月食名藉一編敢言之　　E.P.T43:6

永光四年八月戊申朔丁丑臨木候長〼
謹移吏日迹簿一編敢言之　　E.P.T48:1

永光四年六月己酉朔□□□□□長齊敢言之謹移吏日迹
簿一編敢言之　　E.P.T48:2

始建國天鳳二年二月戊辰朔戊寅第十桼候長良敢言之謹移戍卒病死爰書旁行
衣物券如牒敢言之　　E.P.T48:136

〼候長放敢言之謹移〼　　E.P.T48:148

建平三年二月壬子朔辛巳第十五燧長☐

□稟三月食名籍一編敢言之　　E.P.T65:123

無一例外,它們都是部燧發出的。據此可以看出部燧所提交的簿籍集聚在辦公區的樣子。

(4)辦公區中原本的處理

前已論述,基於王子今先生的觀點,T40、43、65是複壁,可能具有文書庫的功能。王氏將漢魏邊塞遺址複壁的簡牘出土比作文獻史料中文書、書籍的壁藏,但并無T40、43、65是文書庫的確切證據。不僅如此,從簡牘的出土狀況來看,也難以將T40、43、65視作文書庫。將甲渠候居室F16作爲例外,并不覺得辦公區全體有要保存文書的意思。理由如下:

①欠缺匯總的文書

以複壁部分爲代表,辦公區出土的簡亂雜且欠缺匯總。若有保存的意圖,爲了便於日後參考,應該依據文書的種類等進行整理。這樣的話,同類文書應在一個地方集中出土。筆迹不同的吏稟食名籍中,E.P.T65:8—14是連續的編號,所以發掘者、整理者可能也是意識到此而編號的。但是,該事例除外,辦公區出土的同一種類的文書群幾乎没有。

以册書的形態進行文書的保存匯總比較便利。簿籍送達文書中有爲編繩的留白,這説明部燧送來的簿籍也是册書的形態。即便如此,没有見到同種簿籍簡群,這應是解開了編繩後以零散狀態放置。不能説這是適合保存的狀態。

②簡牘的年代

正如已經介紹的那樣,汪桂海先生認爲文書庫會定期地將過了保存期的文書取出、廢弃。如此,被稱爲文書庫的設施中,應是保管比較新的文書。F22出土的簡除了2枚例外之外,都是新莽時期到東漢光武帝時期之物,即便是A8遺址出土的全部簡中也集中了特别新的文書,符合此條件。

與此相反,T40、43、65爲代表的辦公區出土簡牘中,還有相當數量的西漢較早時期的簡(表1)。難以認爲其有文書的保存期限和更替意識。

③公文書簡中的習書

作爲辦公區出土的簿籍送達文書簡的一例而列舉的E.P.T40:45,其背面是:

☐□□　以以以以以以　☐

其被用於習書。E.P.T40:45若是應保存的文書,這樣的事情應不被允許。另外,E.P.T65:105A中有這樣的記載:

[建世二年正月甲子朔甲渠障候守入入入入入

依據 E.P.T43：67“建世二年二月甲午朔　甲渠鄣守候☑”的記載，此簡可能將應寫爲“守候”的地方誤寫成了“候守”，故而被用作“人”字的習書。很明顯此類簡牘不值得保存。

④大量的斷簡

A8 是距今 2000 年以上的遺址，從中出土的簡牘因爲某種原因很多已經破損。F22 所發現的簡牘中約 48%是斷簡。

儘管如此，F16（甲渠候居室）除外的辦公區出土的簡牘，與 F22 相比，斷簡所占比例格外高。列舉據圖版判斷的辦公區各處的大致斷簡率，T40 爲 81%，T43 爲 91%，T44 爲 95%，T48 爲 79%，T65 爲 75%，僅有數厘米的殘片也特别醒目。就此狀況來看，很難認爲辦公區出土的簡牘處於保存狀態。

鑒於①—④的情況，辦公區出土的文書可視作放置於此之物。T40、43、65 不是文書庫，而是放置以供再利用的、换言之是“廢紙”的儲藏庫。以部燧提交的簿籍爲代表的大量原本，在處理之後并没有移動，而是在辦公區作廢。

以上，通過對不同出土地點簡牘的傾向分析，可以發現向文書庫和辦公區分配簿籍的原則。

如前所述，候官對部燧等提交的簿籍原本進行了整理、集計，然後再提交給都尉府等上級官署。此過程中，候官中雖然存在部燧提交的簿籍和自己作成的上呈用簿籍兩種簿籍，但就簿籍簡的出土狀況而言，前者被留在辦公區，後者（的留底）被移送到文書庫。

三　候官中簿籍的處理

從出土簿籍簡的傾向和出土狀況可以看出，候官將候官作成的上呈用簿籍保存在文書庫，部燧提交的簿籍原本廢弃在辦公區。但是，原本的廢弃，給人以不符合作成文書的正本和副本、將其中一方留底的漢代文書制度的印象。廢弃簿籍的原本，難道不會産生不妥嗎?

（1）原本廢弃的時間

候官中，部燧提交的原本在什麼時候廢弃？從 E.P.T52：83 的記述可以進行某種程度的推測。

> 建昭四年四月辛巳朔庚戌，不侵候長齊，敢言之。官，移府所移郵書課舉曰：“各推辟部中，牒别言。會月廿七日。”●謹推辟，案過書刺，正月乙亥人定七分，不侵卒武，受萬年卒蓋。夜大半三分，付當曲卒山。雞鳴五分，付居延收降亭卒世。

爲了執行居延都尉府下達的郵書課舉的指示，甲渠候官向管轄下的部轉送。隨後是不侵候長齊報告部内過書刺的檢查結果。"郵書課舉"是舉書的一種,是舉出郵書課問題的文書。郵書課是指記有郵件的交付時刻、傳遞所用的實際時間和規定所需要的時間、規定時間内是否已經傳達的記録。"過書刺"又被稱爲"郵書刺",記録郵件數量、細項、封泥上所蓋印章、收件者、傳遞時間、與收受有關的人名。[①]

A8 遺址出土標題簡采用了"某部某年某月過書刺(郵書刺、郵書課)"這樣的書式,簿籍送達文書簡中如前揭 E.P.T40:147A 也書寫了"移某月郵書課一編",據此可知部每月都要向候官呈送郵書課和過書刺。然後,候官匯總所轄部提交的記録,并作成記録簿。[②] 227.14 是載有"甲渠候官河平二年三月郵書……"的標題簡,它們可能也是每月作成。其可能要上呈都尉府,候官向都尉府的報告無疑也是每月進行。E.P.T52:83 所載郵書課舉是居延都尉府確認甲渠候官所提交的報告書而發現問題,因此而發出。

E.P.T52:83 中,不侵候長齊在調查過書刺之後,[③]向甲渠候官回覆。但是,過書刺、郵書刺是部每月提交,在建昭四年四月這個時間點,甲渠候官已經收到同年正月的過書刺(若最初没有此信息則候官不能向都尉府上報,都尉府也不會下發郵書課舉),即便不讓部確認也應持有必要的信息。儘管如此,對於部,要求其照會、報告,是因爲在郵書課舉的下達階段,部所提交的原本已經没保存在甲渠候官了。或者,可以考慮對候官所持原本的調查指示還有其他途徑。但是,就提交有個人領取標記的糧食支付記録來看,部燧提交的所有文書原則上都是原始記録。[④] 部所保管的記録是抄件,如果候官還保存原本而且能够對其進行確認,就没必要對抄件進行確認(抄件也有誤寫的可能)。因此,該案件的調查對象僅是部所保存的記録。

此郵書課舉是何時下發尚不清楚,但至少在四月末這個時間點,正月的過書刺、郵書課的原本已經廢弃。很難認爲僅是過書刺、郵書課這樣處理,可能簿籍也是這樣的。

如此,候官在完成上呈簿籍之後,很快就廢弃了原本。

(2)簿籍的核查

部燧提交簿籍,收到簿籍的候官重新匯總信息并上呈給都尉府。此程序是上計制度的一環,但候官并非盲目聽信部燧的報告。

E.P.T43:70 中有:

---

① 冨谷至:《漢代の地方行政》,《文書行政の漢帝国》第Ⅲ編第一章,名古屋大學出版會,2010,238-239 頁。

② 永田英正:《簿籍簡牘の諸様式の分析》,365-366 頁。

③ 額濟納漢簡 99ES17H1:1 中有:"第十七部河平二年吏卒被兵簿。善書之。"據《エチナ漢簡選釋》可知,"善書"是清書之意,即部製作簿籍的留底。

④ 永田英正:《簿籍簡牘の諸様式の分析》,386 頁。

> 呑遠候長王恭,持兵簿詣官,校。☐

呑遠候長拿來的兵簿在候官接受調查。另外,舊簡 206.7 中載:

> 令史弘,校第廿三倉穀。　十月簿,餘穀稦程大石六十一石八斗三升大。

先行研究已經明確此"令史弘"是甲渠候官的書記官,[①]"第廿三倉"是設置在第廿三部的部倉的一種。[②] 也就是説,候官的吏對第廿三部提交的 10 月的賬簿記録和實際的穀物儲藏量進行了查驗工作。還有,正如 E.P.T53:33A 所見:

>]☐□長、丞拘校必得事實,牒別言,與計偕如律令。(後略)

如其所述,長官、次官進行比較調查,必須要掌握實情。候官對部所提交簿籍的正確與否進行了核查。

簿籍被比較調查的不僅是部。舊簡 129.22+190.30 載:

> 校甲渠候移正月盡三月四時吏名籍:"第十二燧長張宣史。"案府籍:"宣不史",不相應。解何。

這是居延都尉府對甲渠候官所提交的四時吏名籍與自己所保管名籍不一致進行查問的文書。上級機關進行檢查,若有不完備,候官同樣也會受到責備。[③]

129.22+190.30 中的焦點來自第十二燧長的信息,有問題的四時吏名籍可能是甲渠候官依據部燧提交的簿籍原本而作成,并上呈給居延都尉府。結合 E.P.T43:70 和 206.7 的内容考慮,候官爲了免於都尉府的責備,應是核查部燧報告内容之後再作成上呈簿籍。如此,通過核查、内容經過證明的上呈簿籍的資料,原則上可能比原本更爲正確。而且,檢討提交簿籍的正確與否時雖然必須確認與過去簿籍的一致性,但保存上呈簿籍的留底而予以參照就可以,這樣即便廢弃原本也不會有問題。

(3) A8 遺址中簡牘消失的可能性

一年間,管轄下的部燧要向候官呈送成千上萬枚的簿籍簡。再考慮到候官所作成的上呈簿籍與其蓄積,甲渠候官 A8 遺址僅簿籍簡就應有數十萬枚出土。然而,實際的出土數量,不局限於簿籍,所有簡合起來也不過 13000 枚的程度。推測數量和實際數量爲何會不同?究其原因,可能有以下兩點:

---

① 森鹿三:《令史弘に關する文書》,《東洋史研究》第 14 卷第 1、2 號;後收入氏著《東洋学研究・居延漢簡篇》,京都:同朋舍,1975。

② 冨谷至:《食糧支給とその管理》,《文書行政の漢帝国》第Ⅲ編第三章,331 頁。

③ 永田英正:《簿籍簡牘の諸様式の分析》,397-398 頁。

一是需要考慮 A8 遺址被廢弃之際拿走的可能性。如前所述,甲渠候官的實質活動年代到建武八年(32)左右爲止,此後不久就被廢弃。在廢弃甲渠候官時重要的文書應被搬走了,這些文書當然不會在 A8 遺址出土。

二是存在所謂的“异處簡”。[①] 學者已經指出,邊境出土的簡牘中,辦公手續以外的移動也是可能的。[②] 例如額濟納漢簡 2000ES7SF1:11:

母大女□如年六十二　　見在署用穀二石九升少
第卅一燧卒王敞子小男駿年一　　見在署用穀七斗六升少☑
妻大女如年廿六　　見在署用穀二石九升少

這是第卅一燧卒的卒家屬廩名籍,却是在與簡内容没有關係的第七燧遺址中被發現。這類“异處簡”移動的關鍵在於候官。A8 遺址的辦公區也發現了數份卒家屬廩名籍。考慮及此,2000ES7SF1:11 可能是起初由第卅一燧所屬的部提交給候官,在候官處理完成,作爲廢簡後,被帶入第七燧。

候官中集聚了數量龐大的文書,部燧遺址出土的文書簡却很少。但是,即便是部燧中,爲了再利用爲習書簡和籌木等,作爲素材的“簡牘”應是必要的。處理文書絶對數量很少的部燧不能自己籌措,所以可能是由擁有大量“簡牘”的候官供給。候官向部燧配發作廢簡牘,或是部燧的吏卒前往候官之際順便帶回。因爲作廢簡牘被逐次拿出,所以候官中没有滯留不要的文書簡。

此外還有的簡牘作爲引火之物被使用。簡牘從候官消失的原因很多,這導致推測數量和實際數量發生背離。

結語

通過對 A8 遺址文書庫和辦公區出土簿籍的狀況進行分析,可以得出以下結論:

①文書庫出土的簿籍是在候官匯總而成的上呈簿籍。

②辦公區出土的簿籍是部燧提交的簿籍和候官内部記録等原本。

③文書庫出土的文書有保存意圖,辦公區出土的文書已被廢弃。因此,結合①和②可知,候官僅保存上呈簿籍的留底,原本會被廢弃。

④上呈簿籍是在調查原本是否正確之後作成,所以正確性很高,將它們保存在候官的

---

① 《エチナ漢簡選釋》的《解題にかえて》(此部分是籾山明先生所写)。

② 宮宅潔:《辺境出土簡研究の前提—敦煌の穀物関係簡より—(発表摘要)》,《中国出土資料研究》6,2002。

話,即便廢弃原本也没有問題。

包括文書庫的出土簡牘,候官的所有公文書都是在辦公區進行處理、作成。對於部燧提交的原本和候官作成的文書,這裏進行了不同的處理。

而且,從這些事實也可以看出,邊塞組織的上計程序中,報告責任有從部燧向候官移動的情況。

部燧的簿籍提交給候官,接受檢查。此階段若發現記載和實際有出入,錯在部燧。經過檢查確認没有錯誤,候官就匯總成上呈簿籍,并提交給都尉府等上級機關。部燧提交的簿籍,大概就是在此階段在候官廢弃。也就是説,在這裏部燧及其提交的簿籍已經完成任務,所以此後報告責任轉移到候官及其作成的上呈簿籍。候官中原本的廢弃,對於部燧而言,表示從此以後不會追究簿籍記載與實際的正確與否,這可能是保證上呈簿籍信用的行爲。如果候官有再追究部燧責任的可能性,則原本就應該保存在候官。

雖然如此,正如前面介紹的事例,也存在上級機關指出上呈簿籍矛盾的情形。不過,上呈簿籍的作成責任在候官,所以縱然由於原本的錯誤記載而出現問題,在已經認可了原本正確之後,可能其罪也歸於候官,部燧不會被問責。關於此,有必要仔細考察舉書和法律規定,重新加以探討。順帶提一句,若由簿籍的報告發現了部燧的不正當和不周全,則是另一回事。

本文以在 2010 年 2 月舉行的"中国出土簡牘史料の生態的研究"研討會上的報告爲核心寫成。報告之際,在會場受到了這樣的質疑:"没有 F22 是文書庫的明確證據,殘存建築出土的文書可能也是在廢弃甲渠候官之後,進行了與本來的文書處理業務無關係的移動。因此,可能不能從被廢弃的遺址看出活動時期的樣子。"

的確,甲渠候官從被廢弃已經過去 2000 年,不能否認其間殘存建築和簡牘的位置有變化。不過,如前所述,考慮到出土簡牘的年代,候官功能停止後的 A8 遺址中人的活動極其零星,遺址没有受到大的改變。而且,F22 集中了册書和年代較新的文書,與此相反,辦公區出土簡牘的保存狀態較差,兩出土地點簿籍簡的内容存在明顯差异也是事實。難以認爲這種傾向與候官的業務無關而是隨機産生,應該視作長期活動所堆積而成。因此,從廢弃的遺址來窺探活動期的樣子是可能的。

本文嘗試融合簡牘具有的信息和遺址内簡牘的出土地點信息。其結果是,能够發現文書庫和辦公區出土簿籍簡的性質及出土狀況的差异,能够明晰候官中簿籍保存與廢弃的原則。再者,還能發現解明漢代邊塞機構中報告、監察責任的綫索。可以説本嘗試取得了一定的成果。

漢代邊塞機構是各級機關與機關間的聯結,可以説是由點與綫構成。但是,將遺址視作

“出土地點”的一貫認識可以明確的僅是綫,不過是構成要素的一半。對綫與綫的連接點即機關内側的活動也進行掌握,能够初步正確理解邊塞機構全體,分析遺址内部“出土地點”的意義也由此産生。

此分析中遺址詳細的發掘信息是不可或缺的。然而遺憾的是,A8 遺址尚未發表正式的發掘報告。因此,本文雖然依據了簡報,但遺址内部構造物的年代等不明之處很多。今後,深切希望在發表出土簡牘之際,出土遺址、殘存建築的信息也能一并發表。

附:本文所參考簡牘史料的文本如下。但也有依據圖版進行部分修改的地方。

居延舊簡=謝桂華、李均明、朱國炤編:《居延漢簡釋文合校》,北京:文物出版社,1987。

居延新簡=甘肅省文物考古研究所、甘肅省博物館、中國社會科學院歷史研究所、文化部古文獻研究室編:《居延新簡——甲渠候官與第四隧》,北京:文物出版社,1990。

額濟納漢簡=エチナ漢簡講讀會:《エチナ漢簡選釋》,《中国出土資料研究》10,2006。

張家山漢簡=彭浩、陳偉、[日]工藤元男主編:《二年律令與奏讞書——張家山二四七號漢墓出土法律文獻釋讀》,上海古籍出版社,2007。

另外,所參考圖版如下:

居延舊簡=勞榦編:《居延漢簡》圖版之部,臺北:“中央研究院”歷史語言研究所,1957。

居延新簡=甘肅省文物考古研究所、甘肅省博物館、中國文物研究所、中國社會科學院歷史研究所編:《居延新簡——甲渠候官》,北京:中華書局,1994。

額濟納漢簡=魏堅主編:《額濟納漢簡》,桂林:廣西師範大學出版社,2005。

張家山漢簡=彭浩、陳偉、[日]工藤元男主編:《二年律令與奏讞書——張家山二四七號漢墓出土法律文獻釋讀》,上海古籍出版社,2007。

(本文原載[日]籾山明、佐藤信編《文獻と遺物の境界—中国出土簡牘史料の生態的研究—》,東京外国語大学アジア・アフリカ言語文化研究所,2011,139-161 頁)

附記:文章譯成後,清華大學讀簡班的學友和作者審閲了譯稿,指出了不少翻譯錯誤,石洋學兄審閲譯稿後也提出了不少修改意見,本文多有采納,特此致謝。

(譯文由石洋審訂)

漢代的河堤治理:長江中游地區環境史的新收穫*

[美]布朗大學歷史系　蘭德(Brian Lander)　著
北京師範大學歷史學院
出土文獻與古代文明研究協同創新中心　凌文超　譯

内容提要　一般認爲,長江中游濕地的農業開發始於唐宋時期。然而,香港中文大學文物館藏河隄簡表明,漢初即在該地區治理河堤。這些文書計算了堤防的大小,以便估算維護堤防所需要的役力數量和討論興修農田的面積。早期文獻的記載以北方爲重心,以致我們對長江流域早期歷史的描述存在曲解。但是,考古發現正在糾正這種偏見,并提示長江中游低地向農田轉變的時間比先前認爲的要早幾個世紀。

關鍵詞　長江中游濕地　漢簡　環境史　歷史地理

介紹

長江流域三峽以下一千公里長的地帶,曾經是一個巨大的季節性濕地,夏季季風期間洪水氾濫,冬季乾涸。該地區棲息着成群的鹿、水牛,食肉動物如老虎、鱷魚,大量的候鳥和豐

* 我要感謝趙家華、李峰、馬碩、柳伊、阿达姆·史密斯、兩位匿名審稿人,以及2010年在芝加哥大學舉行的Creel-Luce古文字會議上的參與者,他們幫我完善了這篇論文。我還要感謝葉山,他讓我關注了這些文獻。

富的水生生物。①

通過修建堤防和排水系統,人類逐漸把這些濕地變成了肥沃的農作區,那裏現在有億萬人居住。這個過程經歷了兩千多年,但我們對此仍知之甚少。② 長江低地的開發,對於中國歷史具有重要意義,同時我們也必須考慮農業社會的拓展對世界濕地造成的巨大破壞。③

本文主要關注湖北江漢平原和湖南洞庭湖共同構成的三萬平方公里的低地。該地區分屬湖北、湖南兩省,故被統稱爲"兩湖平原"。該地區的濕地系統原來是長江流域最大的,并且現存的洞庭湖區仍然是華中重要的濕地之一。濕地的氣候以周期性冬季乾旱、夏季季風洪水爲主,這在該地區表現得尤爲明顯。④

學界對長江中游最早的河堤存在不同的看法,有的學者認爲楚國應該就有河堤,也有學者認爲長江沿岸興建於四世紀的大型防洪堤是該地區最早的堤壩。⑤ 雖然有關的文獻少,但大多數的學者同意,兩湖濕地到唐宋时代纔開始排水,且都認爲近幾個世紀的人口增長加速了這一進程。⑥ 修建堤垸可以減少夏季洪水和垸田的排水面積,也便於用來排乾低地和淺水

---

① 關於該地區現存自然區域的野生動物,參見趙啓鴻《天下洞庭》,岳陽:湖南東洞庭湖國家級自然保護區管理局,2012。

② 西方學者的研究成果有 Mira Mihelich, "Polders and Politics of Land Reclamation in Southeast China during the Northern Sung", Ph.D. diss., Cornell Univ., 1979; Pierre-Étienne Will, "Un cycle hydraulique en Chine: la province du Hubei du XVIe au XIXe siècles," *Bulletin de l' Ecole française d' Extrême-Orient* 68, 1980, pp.261-287, 和 "State Intervention in the Administration of a Hydraulic Infrastructure: The Example of Hubei Province in Late Imperial Times," in *The Scope of State Power in China*, ed. Stuart Schram, London: School of Oriental and African Studies, 1985, pp.295-347; John Steurmer, "Polder Construction and the Pattern of Land Ownership in the T' ai-hu Basin during the Southern Sung Dynasty", Ph.D. diss., Univ. of Pennsylvania, 1980); Peter Perdue, *Exhausting the Earth: State and Peasant in Hunan* 1500-1850, Cambridge, Mass.: Harvard Univ. Council on East Asian Studies, 1987; Yan Gao, "Transformation of the Water Regime: State, Society and Ecology of the Jianghan Plain in Late Imperial and Modern China", Ph.D. diss., Carnegie Mellon Univ., 2012.

③ Patrick Dugan, *Wetlands in Danger: A World Conservation Atlas*, New York: Oxford Univ. Press, 1993.

④ Zhongyuan Chen et al., "Dynamic Hydrology and Geomorphology of the Yangtze River," in *Large Rivers: Geomorphology and Management*, ed. A. Gupta, Chichester: John Wiley & Sons, 2007, pp.460; Tong Jiang et al., "Changes in Monthly Precipitation and Flood Hazard in the Yangtze River Basin, China," *International Journal of Climatology* 28 (2008): pp.1471-1481.

⑤ 例如, Liu Tsui-jung, "Dike Construction in Ching-chou: A Study Based on the 'T' i Fang Chih' Section of the *Ching-Chou Fu-chih*," *Papers on China* 23 (1970): 21, n. 4; Will, "Un cycle hydraulique," p.269.

⑥ 梅莉、張國雄、晏昌貴:《兩湖平原開發探源》,南昌:江西教育出版社,1995;石泉、張國雄:《江漢平原的垸田興起於何時》,《中國歷史地理論叢》1988年第1期,131-140頁;陳曦、楊果:《經濟開發與環境變遷研究:宋元明清時期的江漢平原》,武漢大學出版社,2008,145-190頁;[日]森田明:《清代湖広における治水灌漑の展開》,《東方學》20,1960,63-76頁;Will, "State Intervention," p.300; Perdue, *Exhausting the Earth*, p.204; Yan Gao, "Transformation of the Water Regime," pp.14-16;張修桂:《中國歷史地貌與古地圖研究》,北京:中國社會科學出版社,2006,131-161頁。

湖泊。[①]

香港中文大學在文物市場上收購而來的盗掘行政文書顯示，該地區早在漢初就有了河堤。[②] 這些文書寫於公元前 192 年至前 121 年之間，似乎是漢水、澧水負責防洪堤官員的文件，可能被用來估算修復和維護河堤所需要的役力。它們的發現表明，在平原的邊緣進行農業開發，通過修建河堤來防止夏季洪水，比此前所知的要早得多。

長江的堤防系統在傳世文獻中并没有提到，認識到這一點也揭示出，學界以前對早期中國水利史的認識受到了文獻如何形成和保存的影響。大多數流傳下來的早期文獻都是由中國北方的中央政府官員編撰和保存的，他們對水利工程的興趣僅限於北方大型防洪或灌溉工程（如《史記·河渠書》和《漢書·溝洫志》）。這些傳世文獻很少提到南方，甚至根本不涉及小型堤防和灌溉設施。然而，研究後期情況的成果表明，國家主導的大型水利工程只是更大規模的私人建造的小型水利工程系統的一部分。[③] 早期文獻忽略了小型水利工程，是因爲作者對它們缺乏興趣，而不是因爲它們不存在。[④]

這種北方的偏見導致人們普遍認爲，中華文明及其治水技術是在黄河流域興起的，漢王朝衰亡後，纔隨着人口南遷傳播到南方。[⑤] 然而，至少早在公元前四千年，長江中游地區的人們就已經利用小型水利工程種植水稻。[⑥] 鑒於該地區在隨後的幾千年由複雜的社會建造了

① 垸田是被堤垸完全包圍的低窪地區，因而將它與周圍的水文系統區隔開來。堤垸的建造不僅是爲了防止季節性洪水，也被用來排乾非常低的土地，這些低地需要環繞濕地或淺水湖泊的堤垸，然後抽水。參見 Francesca Bray, *Science and Civilisation in China*, vol.6: *Biology and Biological Technology*, part 2: *Agriculture*, Cambridge: Cambridge Univ. Press, 1984, pp. 113-119.

② 陳松長:《香港中文大學文物館藏簡牘》，香港中文大學文物館，2001。該原始整理本注釋較少。彭浩《〈河隄簡〉校讀》(《考古》2005 年第 11 期，71-75 頁）對該文本進行了解釋。本文還吸收了他對原始釋文的校訂。

③ 例如，Perdue, *Exhausting the Earth*; Robert Marks, *Tigers, Rice, Silk, and Silt: Environment and Economy in Late Imperial South China*, Cambridge: Cambridge Univ. Press, 1998, pp.66-82, pp.105-110, pp.311-318; R. Keith Schoppa, *Song Full of Tears: Nine Centuries of Chinese Life at Xiang Lake*, New Haven: Yale Univ. Press, 1989; Mark Elvin, *The Retreat of the Elephants: An Environmental History of China*, New Haven: Yale Univ. Press, 2004, pp.141-179; G. William Skinner, ed., *The City in Late Imperial China*, Stanford: Stanford Univ. Press, 1977, pp.391-474; Shiba Yoshinobu, "Environment versus Water Control: The Case of the Southern Hangzhou Bay Area from the Mid-Tang Through the Qing," in *Sediments of Time: Environment and Society in Chinese History*, ed. Mark Elvin and Ts'ui-jung Liu, Cambridge: Cambridge Univ. Press, 1998, pp.135-164.

④ 值得注意的是，這與古埃及有相似之處："國家爲了收取地租和稅收，一直對土地的年産量非常感興趣。從豐富的文獻資料中可以清楚地看到這一點。而相同的是，資料中很少甚至根本没有提及灌溉。這意味着灌溉是一個政府控制之外的地方問題。"Barry Kemp, *Ancient Egypt: Anatomy of a Civilization*, London: Routledge, 2006, p.11.

⑤ Chi Chao-ting, *Key Economic Areas in Chinese History as Revealed in the Development of Public Works for Water Control*, London: George Allen & Unwin, 1936; 姚漢源:《中國水利發展史》，上海人民出版社，1987，18-19 頁。Valerie Hansen, *The Open Empire: A History of China to 1600*, New York: Norton, 2000, pp.184-185; Robert B. Marks, *China: Its Environment and History*, Lanham: Rowman & Littlefield, 2012, pp.111-115.

⑥ 湖南省文物考古研究所:《澧縣城頭山：新石器時代遺址發掘報告》，北京：文物出版社，2007，164-167 頁；Zhang Chi, "The Qujialing-Shijiahe Culture in the Middle Yangzi River Valley," in *A Companion to Chinese Archaeology*, ed. Anne P. Underhill, Chichester: John Wiley & Sons, 2013, p.523.

規模龐大的城防和護城河,我們可以推測,水利工程的規模也會隨之擴大。[①] 中國北方的農業主要種植小米,不需要灌溉。公元前一千年中國北方的灌溉工程使用的應當只是南方長期以來大規模運用的技術。

東周時期,長江流域是當時最强大的三個國家——楚、吴、越的所在地。尤其是楚國作爲東周王朝組成部分歷經了整個東周時期。[②] 這些國家同其他東周諸侯國一樣技術先進。[③] 因此,漢初在該地區出現堤防并不令人驚訝,將來的考古研究很可能會發掘更早的堤壩遺迹。

漢代在低地進行農業開發并無技術上的限制,而且還有堤防和水上養殖技術可以利用。[④] 然而,自然物産豐饒使該地區成爲人們無需精耕細作就可以生存的好地方。隨着晚期帝國人口的增長,迫使人們在越來越低窪的地區,修建勞動密集型且易氾濫的堤防。即使長江流域的農業開發通常被從積極的方面進行描述,例如"南方沼澤轉變爲豐産稻田",[⑤]用勞動密集型的垸田和漁場取代高産的自然環境,也是由於人口壓力而導致勞動邊際報酬遞減的典型例子。[⑥]

本文大致可以分爲三個部分:論文的前半部分偏重於文本分析;第二部分簡要回顧了漢代堤防的維護情況;最後一部分則討論該地區的長時段環境史,旨在提出,如果要超越以傳統文獻爲中心的區域環境史觀,我們必須使用哪些類型的資料和方法。

① Rowan K. Flad and Pochan Chen, *Ancient Central China: Centers and Peripheries along the Yangzi River*, Cambridge: Cambridge Univ. Press, 2013, pp.116-125; Zhang Chi, "The Qujialing-Shijiahe Culture," pp.510-534.

② Lothar von Falkenhausen, *Chinese Society in the Age of Confucius (1000-250 BC): The Archaeological Evidence*, Los Angeles: Cotsen Institute of Archaeology, 2006, pp.262-288. 關於更早時期的情況,參見 Li Feng, *Landscape and Power in Early China: The Crisis and Fall of the Western Zhou, 1045-771 BC*, Cambridge: Cambridge Univ. Press, 2006, pp.322-332; Li Liu and Xingcan Chen, *State Formation in Early China*, London: Duckworth, 2003, pp.75-79, 116-126. 關於楚國行政管理的複雜性,參見 Susan Weld, "Chu Law in Action: Legal Documents from Tomb 2 at Baoshan," in *Defining Chu: Image and Reality in Ancient China*, ed. Constance A. Cook and John S. Major, Honolulu: Univ. of Hawai'i Press, 1999, pp.77-98; Lothar von Falkenhausen, "The E Jun Qi Metal Tallies: Inscribed Texts and Ritual Contexts," in *Text and Ritual in Early China*, ed. Martin Kern, Seattle: Univ. of Washington Press, 2005, pp.79-123.

③ 例如,當時長江流域可能發明了鑄鐵。參見 Donald Wagner, *Science and Civilisation in China*, vol.5: *Chemistry and Chemical Technology*, part 11: *Ferrous Metallurgy*, Cambridge: Cambridge Univ. Press, 2008, pp.107-112.

④ Joseph Needham and Wang Ling, *Science and Civilisation in China*, vol.4: *Physics and Physical Technology*, part 2: *Mechanical Engineering*, Cambridge: Cambridge Univ. Press, 1965, pp.330-352.

⑤ Hansen, *The Open Empire*, p.185.

⑥ 關於人口和農業開發的關係,參看石泉、張國雄《江漢平原的垸田興起於何時》和陳曦、楊果《經濟開發與環境變遷研究:宋元明清時期的江漢平原》。關於晚期帝國的水産業,參見尹玲玲《明清兩湖平原的環境變遷與社會應對》,上海人民出版社,2008。

文本出處

大多數考古發現的早期中國文獻都來自墓葬。墓葬是唯一被盜墓者可能盯準的考古遺址,因此這些文獻很可能是被盜墓賊發現的。[①] 正式出版物包括其他幾批盜掘的漢代文獻,但是很可惜,没有提供任何關於這些簡牘是被一起購買的信息。只有在 109 枚保存較差的日書簡中,有一枚簡記録的年代是公元前 192 年,與河隄(堤)簡的時期相同。由此看來,這些資料可能來自同一座墓葬。然而,這樣的日書在許多墓葬中都有發現,且其内容與河堤簡無關。

雖然它們是一些形狀、大小不一的殘簡,而且應當喪失了編連,但似乎共計有 23 座河堤記録在木簡上。它們看起來由同一人書寫。這些文書在傳世或此前的出土文獻中都没有見過,這表明它們不可能是僞造的,因爲複製現有文本比創作全新類型的文書要容易一些。研究這些文書的專家没有一個對其真實性表示懷疑。此類隨葬在漢墓中的非律令行政文書還有其他一些例子。[②]

雖然我認爲這些簡可能是真實的行政文書,儘管如此,它們仍然應是用來隨葬的明器,也許是爲了向來世的官員表明死者的世俗地位。[③] 這類文本中有不少錯誤,可能是因爲它們是作爲明器而製作的,在這種情況下,準確性并不是特别重要。這些文本實際上也有可能是學生寫的算術練習。無論哪种情況,它們都會模仿真實的文書。

墓葬出土的寫本文獻、其他情況下出土的文獻與傳世文獻資料在形式和内容上的對應關係實在是太大了,以致不會懷疑從墓葬出土的行政文書有些虚構或不反映現實。换言之,

---

① 因爲隨葬品,盜賊特别喜歡盯上古墓。長江中游在墓葬之外出土的四批文書,都是在城鎮遺址經過常規考古發掘而來的,没有被盜賊光顧。關於這些遺址,參見 Endymion Wilkinson, *Chinese History: A New Manual*, Cambridge, Mass.: Harvard Univ. Asia Center, 2013, pp.720-722, 733.

② Hsing I-tien (邢義田), "Qin-Han Census and Tax and Corvée Administration: Notes on Newly Discovered Texts," in *Birth of an Empire: The State of Qin Revisited*, ed. Yuri Pines et al. , Berkeley: Univ. of California Press, 2013, pp.155-186; Michael Loewe, "The Records from Yinwan and the Administration of Donghai," in Loewe, *The Men Who Governed Han China: A Companion to* A Biographical Dictionary of the Qin, Former Han and Xin Periods, Leiden: Brill, 2004, pp.38-88; 湖北省文物考古研究所:《江陵鳳凰山西漢墓簡牘》,北京:中華書局,2012,49-63 頁;湖南省文物考古研究所:《沅陵虎溪山一號漢墓發掘簡報》,《文物》2003 年第 1 期,50-54 頁;荆州博物館:《湖北荆州紀南松柏漢墓發掘簡報》,《文物》2008 年第 4 期,24-32 頁。除了尹灣漢簡,所有這些都來自長江中游。

③ Enno Giele, "Using Early Chinese Manuscripts as Historical Source Materials," *Monumenta Serica* 51, 2003: pp.428-434; Mu-chou Poo, *In Search of Personal Welfare: A View of Ancient Chinese Religion*, Albany: State Univ. of New York Press, 1998, pp.167-170. Hsing I-tien, "Qin-Han Census and Tax and Corvée Administration," pp.177-178, 認爲古墓中隨葬的所有文獻都是複製品,"可能是墓主生前使用過的真實官文書的複製品或摘抄"。然而,一些明確是用來隨葬的文獻(最著名的是馬王堆)并不能用來作爲它們都是專門爲隨葬而製作的明器的證據。

所有出土的行政文書都是現實生活中使用過的文書或其複製品。因此,即使出土文獻與傳世文獻没有相似之處,那也更有可能是真的文書或其複製品,而非僞作。[①] 無論如何,正如下文將要討論的,維護河堤的記録清楚地表明,爲維修堤防而估算其大小是一種慣例,因此,這些文書的存在并不令人驚訝。

文本内容

這些文書簡按其適用的行政級别可以分爲三類:村或農村地區、鄉和縣。村級簡估算了河堤的平均寬度,鄉級簡記録了河堤的總面積,縣級簡則記録了可以修復河堤的長度以及可以開墾的耕地。每個級别的文書似乎都記録了它所管理之下的總數,但因没有一組是完整的,所以我們还不能確定。

村級簡(編號200、201、202、204、206、208、209、211、212、213、217)最多,也最複雜。每枚簡兩行書寫,第二行以"率"起始,其目的似乎是評估使用设定的"廣率"(即對堤平均寬度的估算)去從整體上估算堤大小的有效性。這些文書的作者不用計算廣率,他們已經有了這些數值,并且正在評估其準確性。即通過記録堤的實際長度和面積,再將廣率與實際長度相乘,然後記録實際面積與廣率預算之間的差异。該方式可以用這個假設的例子來説明:

> 桃丘隄凡三千步,積二萬九千九百步。
>
> 率廣十步,積三萬步,畸多實一百步。
>
> 譯文:桃丘堤總長3000步,他們的面積是29,900平方步。按10步的廣率進行計算(3000×10),總面積是30,000平方步,其差异是超出實際面積100平方步。[②]

村級簡記録的差异没有超過幾百平方步的,我推測這意味着估算的面積與實際很接近,因而設定的廣率被認爲是可以接受的。

---

① 另一個例子,一種文書雖然知道它在傳世文獻存在,但在它出土之前,并未被真正理解。參見 Maxim Korolkov, "'Greeting Tablets' in Early China: Some Traits of the Communicative Etiquette of Officialdom in Light of Newly Excavated Inscriptions," *T'oung Pao* 98, 2012: pp.295-348.

② 我們没有準確度量"步"的等值,一般認爲等於138或139厘米。唯一可靠的數值是出土西漢"尺"的長度,其長度範圍從23到23.6厘米,平均23.1厘米。後者作爲一個標準被收入《漢語大詞典》第13册,北京:漢語大詞典出版社,1994,3頁。《史記》卷六《秦始皇本紀》載,秦始皇規定"六尺爲步"(北京:中華書局,1959,238頁),漢代沿用。本文中,我們將用1尺長23.1厘米進行計算,1步長1.386米,面積1.9044平方米。長度方面,300步1里,通常被認爲約415米,按此計算爲415.8米。面積方面,240平方步1畝,100畝爲1頃。因此,1畝爲457.1平方米,1頃爲45,710平方米。關於度量,參見 *The Cambridge History of China*, vol. 1: *The Ch'in and Han Empires 221 BC- AD 220*, ed. Denis Twitchett and Michael Loewe, Cambridge: Cambridge Univ. Press, 1986, xxxviii; Wilkinson, *Chinese History: A New Manual*, pp.551-558.

廣率用早期中國算術中常用的“衔(率)”來表示。① 基於率的算式允許人們用特定的物品作爲價值單位,如常用術語“以(單位)率之”所表達的那樣。《九章算術》卷二以一系列糧食價格“率”起始,接着説明如何相互换算。公元263年劉徽注解曰:

爲率者必等之與一。據粟率五、糲率三,是粟五而爲一,糲米三而爲一也。欲化粟爲米者,粟當先本是一。一者,謂以五約之,令五而爲一也。訖,乃以三乘之,令一而爲三。如是,則率至於與一,以五爲三矣。②

“畸”和“不率”皆指河堤的實際大小與廣率預算之間的差异。兩者的意思是一樣的,而且經常被省略。③ “畸”,《説文解字》解作“殘田”,指餘田不整齊者。④ 在這裏它既可以指正數,又可以指負數,因此,最好將它翻譯爲“差异”。這些例子中計算的差异(畸)是爲了評估以設定廣率預算河堤面積的準確性。

廣率可以表示河堤的平均寬度,頂部的寬度(河堤上面经常用作道路)或者其他一些測量。河堤簡所記的堤寬範圍從4.14米到20米(3—14.5步),平均爲10.4米。對於任何使用中的河堤基底寬度而言,4米的堤寬似乎太小了。然而,在下文討論的《九章算術》的例子中,其堤底寬度剛剛超過4米。也許,相對較小的堤建在地勢較高的地方,而這些地方很少有洪水的危險。值得注意的是,文書中兩處最窄河堤的名字中都含有“丘”(山丘)字。

鄉級簡(編號203、205、207、210、221)只記録了河堤的長度和面積。例如:

南鄉河隄凡廿七里一百步,積六萬四千步。

譯文:南鄉河堤共計27里100步,它們的面積是64,000平方步。⑤

簡203、207和210以墨點起始,其含義應爲總起一鄉河堤的長度和面積。

---

① Karine Chemla and Guo Shuchun, *Les neuf chapitres: le classique mathématique de la Chine ancienne et ses commentaires*, Paris: Dunod, 2004, p.135; Joseph W. Dauben, “*Suan Shu Shu*: A Book on Numbers and Computations; English Translation with Commentary,” *Archive for the History of Exact Sciences* 62, 2008: p.133.“衔”與“率”兩種字形是可以互换的。這些簡中使用的“衔”,其字形更接近周代銅器銘文中的形式。河堤簡中只有“衔”這種舊字形,但爲了方便起見,我在本文中使用現代字形“率”。

② 《九章算術》,《叢書集成》初編本,北京:中華書局,1985,24頁。换言之,如果$5x=3y$,我們如何用y計算1x? $1\div5\times3=3/5$,所以$1x=3/5y$。Shen Kangsheng, *The Nine Chapters on the Mathematical Art: Companion and Commentary*, Oxford: Oxford Univ. Press, 1999, p.142; Chemla and Guo, *Les neuf chapitres*, pp.222-225.

③ “不率”出現在與實際大小相差-490、-150和-810平方步的河堤簡末尾,但是没有出現在相差50、135、160、250、700、-1,192和62 2/3平方步的河堤簡末尾。值得指出的是,簡209記録了-1,192平方步的誤差,却未記‘不率’,核對圖版,該兩行簡因字數較多,第二行至“少實千一百”已寫滿,而‘九十二步’移至第一行末尾書寫,且寫至末端,未留出書寫‘不率’的位置,因而省記了‘不率’二字”。彭浩《〈河堤簡〉校讀》(73頁)引用了張家山《奏讞書》中的一段話,“不率”也是用來表示負餘數。由此看来,“不率”用於當相差爲負數時。

④ [清]段玉裁:《説文解字注》,上海古籍出版社,1981,695頁。

⑤ 譯者按:此爲假設的例子。

縣級簡(編號222、223)記録了全縣河堤的總長度,[①]“能治”和“不能治”的河堤長度,以及利用河堤可以開墾爲耕地的數量。很顯然,這些文書的主要用意是,通過維護或修復河堤來開墾農田。簡222是這些文書中最長的:[②]

正面:

宜成隄凡三百廿三里廿六步,積七十一萬九千六百一十【八步】。·凡隄能治者九百廿一里二百卌步,積三百一十八萬一千八百一十二步,爲田一百二頃五十七每(畝)百九十二步。·醴陽江隄卅九里二百廿二步。·凡隄不能治者三百廿一里二百廿七步。·大凡千二百八十三里八十九步,

背面:

實三百一十八万一千八百七十二步。·三百人分之,人得卌四每(畮)卌六步有(又)三百分步七十二。

醴陽隄三十九里二百廿二步。

這些文書中的人均土地44畝多,高於鳳凰山文書(鳳凰山西漢官文書在南郡郡治江陵附近出土)中的户均24畝(人均6—9畝),[③]也高於公元2年帝國普查的人均14畝。[④] 然而,這似乎是關於有多少人耕種這些田畝的粗略統計,而不能視爲人們實際獲得了44畝土地的證據。

有些河堤可以測量,但不能管理修治,該事實表明,這些文書并不是河堤建設的記録,而是對業已存在的河堤進行的調查,有的河堤需要它們重新發揮作用,有的則無法修復。這些河堤原來可能是由楚或者秦興建,但是在漢建國的戰争中被荒廢了。漢王朝正在評估修復它們的可行性,至少在一枚簡中,計算了新農田上可以安置多少人。

一些地名

彭浩確認了這些文書中的幾個地名位於漢水流域和長江以南的地區。基於它們的位置,彭浩認爲它們受江陵(南郡郡治,今荊州)的管轄,這應當是正確的。江陵毗邻戰國楚的

① 簡221與鄉級簡的格式相同,但是,它記録了宜成縣的總數。

② “□”表示缺失或難以辨認的字形,“()”表示可以替代或不正確字形的含義或標準字形,“[ ]”則表示字形在簡上没有顯示,但彭浩《〈河堤簡〉校讀》基於内在證據加以增補的文字。

③ 參見湖北省文物考古研究所《江陵鳳凰山西漢簡牘》; Hsing, “Qin-Han Census and Tax and Corvée Administration.”

④ 曹旅寧:《讀者來信:〈《河堤簡》校讀〉的一處説明》,《考古》2008年第5期,95-96頁。

首都紀南城,當時,所有這些地點都是楚國重要的定居點。[①]

作爲楚國的首都和南郡郡治,荆州有許多富人居住,他們的墓丘顯著地散布在風景秀麗的山崗。[②] 該地區浸透水的土壤有利於保存竹木材料,在那裏的墓葬中發現了幾批重要的隨葬簡牘文獻(包括包山楚簡、郭店楚簡和張家山漢簡)。由於該地區的墓葬容易識别,因而該地區又被認爲是盗墓賊有利可圖的地方。在文物市場上出現了幾批盗掘的楚文獻(最有名的是上海博物館和清華大學獲取的)。秦文獻也是在該地區盗掘的。[③] 近幾十年來大多數在文物市場上出現的竹、木簡文獻可能都來自長江中游地區。

彭浩也發現地名是確定文書年代的證據。雖然没有一個村莊可以辨識,但是,一些鄉和縣因爲記録在早期地理文獻中,所以我們能够識别它們。這些縣名是宜成(或作宜城)、竟陵(或作竞陵)、醴陽。若在當時是一個鄉,尚未升級爲縣。正如下文將要討論的,公元前192年鄢縣更名爲宜城,公元前121年南郡之竟陵改屬江夏郡,所以河堤簡一定是在這期間書寫的。

我們列舉的西漢時期南郡的三個縣,每個都稍有不同。張家山漢簡(約前186年埋葬)中有宜城、竟陵和澧陽,[④]松柏漢簡(約前140—前129)僅列出宜城和澧陽,而《漢書・地理志》(根據公元2年的普查統計而作)列出南郡屬縣宜城和若、江夏郡屬縣竟陵,澧陽不再作爲一個縣出現,其縣域已并入武陵郡。[⑤] 松柏漢簡的年代很明顯在江夏郡設立之前,所以不清楚爲何没有記録竟陵。[⑥] 南郡在公元前155—前152和前150—前148年間短暫地成爲臨江國,這可能涉及管轄權的一些變動。[⑦]

宜城和澧陽地區的基礎地質在幾千年内不會改變。只有冲積低地很可能爲自然過程或人類活動所改變。以宜城爲例,楚皇城遺址在平原的東部,證明了漢水離其現今所在地

① 關於紀南城,參見中國社會科學院考古研究所編著《中國考古學:兩周卷》,北京:中國社會科學出版社,2004,259-263頁。

② 郭德維對楚墓進行了概述,他在《江陵楚墓論述》(《考古學報》1982年第2期,155-182頁)中指出,1961年至1982年間,在江陵地區發現了800座有封土的大型墓葬和2000座小型墓葬,并且估計有20多處墓區,每一墓區都有2000座以上的墓葬。公元前279年,秦占領了這一地區,用自己的官僚制取代了楚貴族制,秦官吏墓葬常隨葬文書。

③ 北京大學出土文獻研究所:《北京大學藏秦簡牘概述》,《文物》2012年第6期, 65-73頁。

④ 張家山漢簡律令規定了包括宜成、竟陵縣在内的帝國縣吏的秩級,但不包括《奏讞書》簡69、70中提到的澧陽。南郡屬縣(《二年律令》簡448-456)中的醴陵,可能與澧陽是同一個地方。參見《張家山漢墓竹簡》,44-45、58、219和195-197頁。比較重要的縣,其官員秩級比其他縣的要高。南郡只有宜成和竟陵。關於這些縣,參見晏昌貴《〈二年律令・秩律〉與漢初政區地理》,《歷史地理》第21輯,上海人民出版社,2006,41-51頁。

⑤ 袁延勝:《荆州松柏木牘及相關問題》,《江漢考古》2009年第3期,114-119頁。

⑥ 松柏漢簡含有三方内容相同的木牘,記録着南郡十七個高級行政部門(三個侯國,一個侯邑和十三個縣),其中包括在公元前121年與竟陵一起成爲江夏郡屬縣的安陸、沙羨,因此這些縣名不是完整的,或者竟陵在當時已不是縣。

⑦ Michael Loewe, *A Biographical Dictionary of the Qin, Former Han and Xin Periods* (221 *BC-AD* 24), Leiden: Brill, 2000, p.796。

不遠。[①]

至於澧陽,澧水以南的地區位於堅硬的岩石上,且澧陽平原幾千年來一直是人類的定居點。[②] 在澧陽東部,洞庭湖面在季節和長時段之間漲落。竟陵也位於基岩與沖積平原交界處。在所有的這些情況下,現代堤防所在的區域,也是古代需要防洪堤的地方。

宜城地處漢江中游肥沃且易於灌溉的平原上。它位於南陽盆地和兩湖平原之間,那裏是春秋時期楚國的核心地帶。位於今宜城市以南幾公里處的楚皇城考古遺址,可能是春秋時期楚國的首都,楚都後來遷至今荆州附近的紀南城。[③] 楚皇城至戰國仍然是楚國的重要城市,因此可能有河堤保護周圍的農田。

公元前 279 年,秦征服該地區,置鄢縣。公元前 192 年,漢更名爲宜城縣。[④] 它仍然是一個重要的地點,部分原因是,漢江流域是關中平原(秦和西漢都城所在地)和長江中游的主要通道。秦很可能沿着漢江流域修建或維護了河堤,爲下游淮河和長江流域的開發提供農業基礎。鑒於秦代的公共工程規模巨大,没有理由期望南方的一些河堤在史書中被提及。

六世紀初酈道元在《水經注·沔水》中記載,白起將軍率領一支秦軍,從上游陂堨引水灌城,造成數十萬居民死亡,他們的尸體漂進一座陂池,該陂池從此被稱爲"臭池"。[⑤] 他接着説:

> 後人因其渠流以結陂田。城西陂謂之新陂,覆地數十頃。西北又爲土門陂……水流周通。其水自新陂東入城。城故鄢郢之舊都,秦以爲縣,漢惠帝三年,改曰宜城……臭池溉田,陂水散流,又入朱湖陂,朱湖陂亦下灌諸田。餘水又下入木里溝,木里溝是漢南郡太守王寵所鑿,故渠引鄢水也,灌田七百頃。白起渠溉三千頃,膏良肥美,更爲沃

---

① 當地的村民告訴我,現代大型河堤使漢江變窄了,如果没有河堤,漢江在夏季洪水時就會更寬,從而比現在更加接近楚皇城。平原上最早的河堤可能位於目前西邊較高的地面。

② Yuanyuan Guo et al., "Settlement Distribution and Its Relationship with Environmental Changes from the Paleolithic to Shang - Zhou Period in Liyang Plain, China," *Quaternary International* 321, 2014: pp.29-36;國家文物局編:《中國文物地圖集:湖南分册》第 1 册,長沙:湖南地圖出版社,1997,23 頁。

③ 楚皇城是這個地區唯一發現的大型東周城址,稀少的歷史記載表明,這裏是春秋時期楚都郢所在地。然而,該遺址尚未發掘,春秋時代的文物出土很少,大多數是戰國至漢時期的文物。只有發掘纔能搞清楚春秋時期遺址的情況。參見湖北省文物管理委員會《湖北宜城楚都城遺址調查》,《考古》1965 年第 8 期,377-382 頁;楚皇城考古發掘隊《湖北宜城楚皇城勘查簡報》,《考古》1980 年第 2 期,108-113、134 頁;Barry Blakeley, "The Geography of Chu," in *Defining Chu*, pp.10-13; Flad and Chen, *Ancient Central China*, pp.133-137.

④ 周振鶴:《漢書地理志匯釋》,合肥:安徽教育出版社,2006,135 頁;《漢書》卷二八上《地理志上》,北京:中華書局,1962,1566-1567 頁;陳橋驛:《水經注校釋》卷二八《沔水》,杭州大學出版社,1999,504 頁;后曉榮:《秦代政區地理》,北京:社會科學文獻出版社,2009,400 頁。

⑤ 楊守敬、熊會貞:《水經注疏》卷二八《沔水》,南京:江蘇古籍出版社,1989,2395-2398 頁。

壞也。[1]

簡 222 描述了宜城河堤保護了約 132 頃農田,這僅指由河堤保護的土地,遠低於上文提到的數據。酈道元所描述的灌溉景觀是從東周時期開始逐步建設的。事實上,無論是《水經注》(通常是相比水利更關心文化),還是河堤簡,都討論了該地區水利工程的發展,這不可能是巧合。該地區的繁榮顯然依賴於建立在河堤保護之下的灌溉和排水系統。

鄀/若位於宜城以南的漢江附近,但其確切位置尚不清楚。[2] 它可能位於漢江以東《中國歷史地圖集》上標示的地點,[3]但是鄀城故址也可能是同樣受到河堤保護的羅山考古遺址。[4]和宜城一樣,鄀從春秋時期以來也是楚國的重要城市。

原釋文没有逐録簡 214 漫漶殘缺的首字,但彭浩將它釋讀爲"竟"。比對其他出土的漢初文獻記録的"竟陵"字形,儘管該字缺失開始的四筆,但補釋無疑是正確的。[5] 彭浩認爲,由於竟陵是漢縣,簡 214 可能與簡 221、222 一樣是縣級簡,但是由於該簡殘甚,難以確證。據《漢書》記載,竟陵縣爲江夏郡所管轄,江夏郡於公元前 121 年纔設,所以如果這些文本由南郡製作,那麽它們一定形成於公元前 121 年之前。[6] 竟陵位於漢江南岸、武漢以西約 150 公里的江漢平原的北緣,那裏的窪地只有得到河堤的保護,防止漢江的夏季洪水,纔能耕種。[7]

根據公元前 200 年張家山漢簡《奏讞書》中的一段話,醴陽是南郡管轄的一個縣。彭浩認爲,澧陽位於澧水北岸(澧陽的意思是澧水之北),在現代同名鎮(澧陽)的附近。[8] 該地位於紀南城(戰國楚都,以及南郡郡治江陵附近)以南不到一百公里。

---

① 目前尚不清楚,白起在征服該地之後是否修建了灌溉工程,還是他的軍隊供水系統後來被用作灌溉。我推測後者的可能性更大。王寵在漢代文獻没有見到。

② 地名"鄀"在幾個世紀裏被應用到至少兩個不同的地點。參見徐少華《古鄀國、鄀縣及楚都鄀地望辨析》,武漢大學歷史地理研究所編《石泉先生九十誕辰紀念文集》,武漢:湖北人民出版社,2007,276-289 頁;Barry Blakeley;"The Geography of Chu," in *Defining Chu*, pp.10-12. "鄀"特定的字形似乎并不重要,它在被盜掘的戰國楚文獻《楚居》文本之中部首被寫成"艸"或"竹"。參見清華大學出土文獻研究與保護中心編《清華大學藏戰國竹簡(壹)》,上海:中西書局,2011,186 頁。

③ 譚其驤主編:《中國歷史地圖集》第 2 册,北京:中國地圖出版社,1975,43 頁;國家文物局編《中國文物地圖集:湖北分册》第 1 册,147 頁。

④ 國家文物局編:《中國文物地圖集:湖北分册》第 1 册,206 頁;第 2 册,396-398 頁。雖然該地理位置與唐代地理文獻較爲吻合,但是遺迹主要是東周的,而鄀存在於漢晋時期。

⑤ 在秦文書中通常寫作"競陵",而在漢代"競"簡寫爲"竞",後又寫成爲"竟"。湖北省荆州市周梁玉橋遺址博物館編:《關沮秦漢墓簡牘》,北京:中華書局,2000,11-17,93-96 頁;湖南省文物考古研究所:《湖南龍山里耶戰國—秦代古城一號井發掘簡報》,《文物》2001 年第 1 期,13 頁;《張家山漢墓竹簡》,簡 456,45 頁。

⑥ 據《漢書・地理志》的記載,江夏郡由漢朝的建立者劉邦設立,但事實上是在公元前 121 年建立的。參見周振鶴《漢書地理志匯釋》,139-140 頁。

⑦ 譚其驤主編:《中國歷史地圖集》第 2 册,45 頁。

⑧ 彭浩:《〈河隄簡〉校讀》,74 頁;《張家山漢墓竹簡》簡 69-70,219 頁;在早期漢字寫作中,將一個部首替换爲另一個部首很常見,"醴"很可能改寫爲"澧"。

湖南里耶秦代古井出土的一枚殘簡提到了醴陽,這證明了醴陽早在秦代就已存在,也表明它在湖南。[①] 澧縣地區可能是正確的,因爲那一點上,不需要上游河堤的澧水流入低地。還有相關的是,世界上迄今發現的最早灌溉稻田,坐落在澧陽平原上公元前五千年的城頭山遺址。[②] 雖然其規模都很小,但它們仍然表明,人類對該地區水利的改造在漢朝以前四千年就開始了。

澧陽位於戰國楚都南部的山區與濕地之間的一片耕地上,如該地區豐富的楚墓所示,澧陽是楚國擴張至江南的最早征服之地。[③] 與宜城一樣,該地在秦征服之前就是人口中心。這就强化了文書中"能治"一詞的意思,它指的是漢朝修復最初在楚或秦控制之下興建的河堤。

《水經注》將澧水描述爲沅江的支流,直接流入洞庭湖,而《水經》正文則稱澧水流入"江",《中國歷史地圖集》的編者將其解釋爲"長江"。因此,他們繪製了澧水向東直接流入長江。[④] 由於澧水幹流現在轉向東南流動,該解釋意味着《水經》成書(可能在公元 2 世紀)以來澧水流量發生了變化。然而,石泉和魯西奇認爲,早期文獻中有不少河流被稱爲"江",并且該《水經》中的"江"指的是沅江,而不是長江。[⑤] 因此,《中國歷史地圖集》前三册關於澧水的描繪是不正確的。

該地區的水文本來是不斷變化的,特别是多雨的夏季,整個地區都被淹没,直到修築堤壩纔改變這一狀况。洞庭湖尚未排乾水進行農作的地方仍然如此。

雖然我們無從知道原本有多少枚簡,但事實上簡 222 提到了宜成和澧陽,兩地相距差不多有 300 公里,這表明它們是該地區河流堤防最爲重要的兩個地點。另一方面,這些文書可能只是調查需要修復的河堤,而不是所有仍然存在的河堤,在這種情况下,它們的位置和大小幾乎没有告訴我們當時的實際情况。只有對河堤進行考古調查纔能搞清楚這些。

---

① 湖南省文物考古研究所:《里耶秦簡(壹)》,北京:文物出版社,2012,殘簡 8-2319,269、103 頁;陳橋驛:《水經注校釋》,647 頁;譚其驤主編:《中國歷史地圖集》第 3 册,53-54 頁。

② 湖南省文物考古研究所:《澧縣城頭山》,164-167 頁。

③ 國家文物局編:《中國文物地圖集:湖南分册》第 1 册,23 頁。

④ 陳橋驛:《水經注校釋》,648 頁;《中國歷史地圖集》前 3 册中的相關地圖,皆顯示澧水流入長江。然而,平原河道可能使長江洪水流入洞庭湖。與真實情况可能類似的是第 4 册 34 頁的地圖,與早期地圖不同,該圖描繪了洞庭湖夏季洪水水位。當湖水高漲的時候,澧水和沅江的匯合處被淹没,所以,澧水和沅江分别流入湖中。這可以解釋爲什麼《水經》將澧水描述爲流入沅江和洞庭湖。

⑤ 石泉、魯西奇:《古湘、資、沅、澧源流新探(上)》,《中國歷史地理論叢》1996 年第 6 期,51-70 頁。

漢代水利工程的管理

從古代神話到現代社會理論,馴服洪水都與政治權力和社會秩序聯繫在一起。[①] 治水在政治理念中的重要性是因爲這個事實:即只有國家纔有能力動員足够的人力去修建大型水利工程,從而使國家的權力合法化。正如本節所示,許多早期文獻提到國家管理河堤,但是,其中大多數是非常籠統的,不能與任何特定的地方聯繫起來。

戰國以前,没有明確的河堤管理的文字記載。至少在西周早期,就設置了官吏管理陂或堰,[②]而在公元前548年,楚對包括水庫(堰潴)在内的水利資源進行了調查。[③] 我們没有楚國河堤的記録,但是,楚國能够派遣數萬軍隊,也可以毫無困難地發動修築河堤所需的人力。《越絶書》地理卷在漢代寫成,但它聲稱描寫的是東周時期的情况,其中多處提到了在長江下游地區爲營造農田而修建的堤(塘、陂)。[④] 其他早期文獻中也提到了各種控水技術。[⑤]

大約成書於漢初的《管子·度地》,文中詳細描述了如何動員人們在秋季修繕堤防和預備春季抗洪的設施。[⑥] 在該篇中,管仲(約公元前730—前645)建議齊桓公(公元前685—前643在位):“常令水官之吏,冬時行堤防。可治者,章而上之都。”[⑦] 香港中文大學藏河堤簡中記録了類似的詞彙“能治者”,顯然是這類檢查的“文書工作”,或者是其模仿。

---

① Mark Edward Lewis, *The Flood Myths of Early China*, Albany: State Univ. of New York Press, 2006; Timothy Brook and Gregory Blue, ed., *China and Historical Capitalism: Genealogies of Sinological Knowledge*, Cambridge: Cambridge Univ. Press, 1999, pp.94-107, 140-147; Karl A. Wittfogel, *Oriental Despotism: A Comparative Study of Total Power*, New Haven: Yale Univ. Press, 1957. 在中國政治理念中善政與治水的關係,對於理解現代中國大規模的建壩工程也很重要。

② 根據“眷簋”(中國社會科學院考古研究所編:《殷周金文集成》,北京:中華書局,1984,4243頁),周朝派人在陝西關中平原治理“堰”,“堰”被解釋爲“障”“堨”,張亞初、劉雨:《西周金文官制研究》,北京:中華書局,1986,22頁。但是,作爲堤壩意義上的“堰”字似乎在東漢以前并不存在,所以,它可能和“匽”一樣,鄭玄注《周禮》時將“梁”注解爲“水匽”,并將它定義爲堤堰或魚梁(用竹笱或網罟去捕魚)塞水爲關空。參看孫詒讓《周禮正義》卷八《天官·I人》,北京:中華書局,1987,300-301頁。而在《左傳》中“匽”似乎指陂池,參看楊伯峻《春秋左傳注》,北京:中華書局,1990,1107頁。同樣在《周禮·天官·宫人》中,“匽”可以指廁所。參看阮元校刻《十三經注疏(附校勘記)》,北京:中華書局,1980,676頁。另有銘文安排一個官吏去管理“陂”(與“波”相關),“陂”的含義很多,包括堤、坡、障(壩)和濕地,不可能説明其具體含義。參見Li Feng, *Bureaucracy and the State in Early China: Governing the Western Zhou*, Cambridge: Cambridge Univ. Press, 2008, p.212.

③ 《左傳》襄公二十五年曰:“蔿掩書土、田,度山林,鳩藪澤,辨京陵,表淳鹵,數疆潦,規匽(=堰)豬(=潴),町原防,牧隰皋,井衍沃,量入脩賦。”孔穎達疏:“豬者,停水之名。”參看《春秋左傳正義》,《十三經注疏》,1985-1986頁。

④ 參見《吴地傳》《記地傳》等卷,李步嘉:《越絶書校釋》,北京:中華書局,2013,34-40、226-27頁;Olivia Milburn, *The Glory of Yue: An Annotated Translation of the* Yuejue Shu, Leiden: Brill, 2010, pp.104-116, 234-235. “塘”可以指堤、陂池。

⑤ 關於提水裝置,參看 Needham and Wang, *Science and Civilisation in China* 4.2, pp.330-352; 關於水閘,參看 Needham et al., *Science and Civilisation in China* 4.3, pp.344-350.

⑥ 黎翔鳳:《管子校注》,北京:中華書局,2004,1050-1070頁;W. Allyn Rickett, *Guanzi: Political, Economic and Philosophical Essays from Early China*, vol. 2, Princeton: Princeton Univ. Press, 1998, pp.247-253. 值得注意的是,這是一個借用著名歷史人物而虛構的對話,以便將他們的權威與作者的想法聯繫起來。

⑦ 黎翔鳳:《管子校注》,1068頁; Rickett, *Guanzi* vol. 2, p.253.

戰國和漢代,河堤的年檢和修復被認爲是國家的責任。夏季是農耕的季節,也是洪水風險最高的時期,所以河堤修復在春季和秋季進行。被漢代沿用的公元前 309 年的秦律,規定在秋季修復波(陂)堤。[①] 列舉了每個季節相應活動的幾種文獻都包含了堤防修復,如《管子·四時》《月令》和甘肅懸泉出土的類似文獻都列舉了春季是維護堤防的時間,并且《月令》進一步申明,孟秋之月應當“完堤防”。[②]

香港中文大學藏河堤簡中廣率的計算,可能與國家能够估算維護和修復河堤所需的役力數量這一需要有關。據推測,簡文中設定的廣率可以用來估算河堤的體積。大約公元前三或前四世紀的《考工記·匠人》描述了堤防的修建:

> 凡爲防,廣與崇方,其剎参分去一。大防外剎。凡沟防,必一日先深之以爲式。里爲式,然後可以傳衆力。[③]

這段話描述了計算一個堤防的平均體積,然後設立每里所需要的人工數量標準,以簡化大型公共工程的計算。鑒於修建和維護城墻、河堤、運河和道路是服役者最常見的工作,通過計算工程量來估算役力需求是官吏的一項重要技能。《九章算術》卷五《商功》就是專門計算工程量。堤防的例子是:

> 今有陡,下廣二丈,上廣八尺,高四尺,袤一十二丈七尺。問積幾何。答曰:七千一百一十二尺。冬程人功四百四十四尺。問用徒幾何。答曰:一十六人一百一十一分人之二。術曰:以積尺爲實,程功尺數爲法。實如法而一,即用徒人數。[④]

功是用來規範役力的正式勞動單位。[⑤] 計算的目的是允許官吏確定運輸一定數量的土方所需的用功數。這大概可以免除他們去統計每位勞力工作量,只需將計算出來的役力數量分配給特定的項目,在完工時就可以記録他們的功勞。

雖然官吏需要這樣的計算能力,但是,河堤簡有很多錯誤,從而表明書寫這些簡文的官

---

① A.F.P. Hulsewé, *Remnants of Ch' in law: An Annotated Translation of the Ch' in Legal and Administrative Rules of the 3rd Century B.C. Discovered in Yün-meng Prefecture, Hu-pei Province, in* 1975 (Leiden: Brill, 1985), pp.211-215;《張家山漢墓竹簡》簡 247。

② 關於這些文獻,參看 Charles Sanft, “Edict of Monthy Ordinances for the Four Seasons in Fifty Articles from 5 C.E.: Introduction to the Wall Inscriptions Discovered at Xuanquanzhi, with Annotated Translation,” *Early China* 32, 2008-2009, pp. 153-208. Rickett, *Guanzi* vol. 2, pp.110-111,表明《四時》可能來自楚國。《吕氏春秋》《淮南子》和《禮記》中都有《月令》。

③ Needham, *Science and Civilisation* 4.3, p.256;《周禮正義》,3500-3501 頁。

④ Chemla and Guo, *Les neuf chapitres*, pp.412-455.

⑤ 胡平生:《居延漢簡中的“功”與“勞”》,《文物》1995 年第 4 期,51-55 頁。

吏的數學技能并不好。[①] 漢朝有訓練和僱用管理的規定,但并不一定遵循,假若有官吏不够勝任,也不足爲奇。[②]

然而,考慮這些文書可能是爲隨葬或練習而製作的,當然這只能是推測。雖然出土的早期帝國文書經常包括糧食、武器、金錢、工作天數和人數的增和減,但這些河堤簡文書似乎是早期中國日常行政中使用乘法的唯一例子。[③] 然而,毫無疑問的是,漢朝官吏運用了乘法和除法,并且有些人能够進行複雜的算術。[④]

鑒於漢代縣的官方任命行政人員的平均人數比後來要多,[⑤]漢代政府在管理水利工程方面應當比後來的帝國更加積極。晚期帝國往往將水利工程的控制和管理交給地方精英和組織。[⑥] 然而,我們確實有戰國時期河南南陽(宜城以北 200 公里)私人排乾土地獲利和漢代黄河沿岸私人圩田建設的證據。[⑦] 當時富人們建設圩田和排乾土地的做法可能已經很普遍了,但是書寫我們歷史文獻的政治精英對此并不特别感興趣。

該區域河堤建設的環境意義

河堤簡很重要,因爲它們表明該地區的農業開發起步較早。爲了了解這個巨大的濕地

① 計算廣率的 11 枚完整的簡中,6 枚有乘法錯誤。廣率的初始計算,可能由他人完成,通常相當準確。這些簡的作者在他自己的計算中犯了錯誤。這些錯誤中的大部分可以追索到乘法運用時意外地使用了錯誤數字,在某些情況下(簡 204 中將“一”寫成了“二”)可能是抄寫錯誤,但在其他情况下(簡 211 中混淆了“七”和“八”)可能是使用算籌導致的錯誤。然而,這些錯誤小到無關緊要,因爲河堤不需要精確的構築來抵抗洪水。

② Loewe, *The Men who Governed Han China*, pp.117-118.

③ 例如,里耶秦簡簡 8-19、145、151、488、1095、1287、1519、1900,湖南省文物考古研究所編:《里耶秦簡(壹)》,陳偉主編:《里耶秦簡牘校釋(第一卷)》,武漢大學出版社, 2012。又如,居延漢簡簡 19.26(甲 156)、26.9A(甲 188)、27.2、27.3、37.35、52.17(甲 362)、55.25(甲 395)、113.8、132.29、209.2A、214.4、214.37、214.93,甘肅省文物考古研究所等編:《居延漢簡甲乙編》,北京:中華書局,1980。以及居延新簡簡 E.P.T. 40:6 和 154,E.P.T. 42:154, E.P.T 50:3,E.P.T. 51:82A、223、239、359、409 和 522,甘肅省文物考古研究所等編:《居延新簡:甲渠候官與第四燧》,北京:中華書局,1994。還可以參看胡平生、張德芳《敦煌懸泉漢簡釋粹》,上海古籍出版社,2001,簡 0112(3):61-78、113-131 和 1311(3):226,以及甘肅簡牘保護研究中心等編《肩水金關漢簡(壹)》,上海:中西書局,2011,簡 73EJT7:80,73EJT10:68、85、131 和 314. 這些簡例中唯一有錯的是 E.P.T. 51:223。

④ 許多文書儘管只顯示了最後的數字,但其包含的數字必須通過乘法或除法進行計算。另外,還有乘法表(例如,里耶秦簡簡 6-1)和算數書出土。參看 Joseph W. Dauben, “Suan Shu Shu”,朱漢民、陳松長編《嶽麓書院藏秦簡(貳)》,上海辭書出版社,2011,以及韓巍《北大秦簡〈算書〉土地面積類算題初識》,《簡帛》第 8 輯,2013,29-42 頁。

⑤ Skinner, *The City in Late Imperial China*, pp.17-21.

⑥ 晚期帝國的相關情况,參見 *Exhausting the Earth*; Will, “State Intervention”; Mark Elvin, “Market Towns and Waterways: The County of Shang-hai from 1480 to 1910,” in Skinner, *The City in Late Imperial China*, pp.441-473;以及魏源《湖廣水利論》《湖北隄防議》,《魏源集》,北京:中華書局,1976, 388-393 頁。

⑦ 《史記》卷一二九《貨殖列傳》,3278 頁;Nancy Lee Swann, *Food and Money in Ancient China: The Earliest Economic History of China to A.D. 25.* , Princeton: Princeton Univ. Press, 1950, p.454; 王先謙:《漢書補注》,上海古籍出版社,2012,2890 頁。

是如何成爲中國最豐饒的農業地區之一,回顧該地區的長期歷史是有益的。

一萬年前,兩湖平原的大部分是個巨大的湖泊,現在被稱爲“古雲夢澤”。① 長江和其他河流每年沉積數百萬噸的沉積物,形成了數十米厚的全新世沉積物。長江沉積物從西向東逐漸填滿雲夢澤的北部,該進程在公元前五千年以後加速,因爲當時海平面上升到現代水平,減緩了河流的流動。後來成爲江漢平原的這一地區與今存的洞庭湖區類似,星羅棋布的湖泊和低地在夏季洪水氾濫,而在該年餘下的時間里會有大量或大或小的旱地。這就是衆所周知的雲夢濕地。隨着古雲夢澤被填平,長江幹流南移,洞庭湖就逐漸成爲淤泥沉積的場所。②

大型河流的泛洪平原是生態極其盎然的區域。③ 當洪水氾濫時,這裏是魚類重要的覓食地,隨着洪水退去,留下了肥沃的淤泥層,新的植物生長吸引着各種野生動物。④ 這就解釋了爲什麽楚和秦(可能還有漢)在雲夢設有禁苑(狩獵保護區)。⑤ 秦律規定,偷獵者在禁苑中捕獵麄、犬或者鹿、麇、麃將會被判處苦役(城旦舂),而他們捕獲豺、狼、貉、貒、狐狸、雉、兔或豰,則無罪。⑥

因淤泥沉積而形成的許多土地,新石器時代的人們一定會加以利用。水稻原産於這種季節性氾濫的濕地,對其進行人工培育一般認爲是從長江中下游開始的。⑦ 然而,一年一度的洪水和淤泥沉積肯定會破壞人類活動的遺存,所以早期新石器時代低地遺址的空白并不

---

① Hongfu Yin et al., “On the River - lake Relationship of the Middle Yangtze Reaches,” *Geomorphology* 85, 2007, pp.197-199; Shi-bao Dai et al., “The Role of Lake Dongting in Regulating the Sediment Budget of the Yangtze River,” *Hydrology and Earth System Sciences* 9.6, 2005, pp.692-698; Tao Liu et al., “Migration of Neolithic Settlements in the Dongting Lake Area of the Middle Yangtze River Basin, China: Lake-level and Monsoon Climate Responses,” *The Holocene* 22.6, 2011, p.652.

② Yuxin Zhu et al., “Sedimentologic Evidence for Date of Southward Moving of the Yangzi River in the Jianghan Plain Since the Holocene,” *Chinese Science Bulletin* 23.8, 1998, pp.659-662.

③ Peter B. Bayley, “Understanding Large River Floodplain Ecosystems,” *BioScience* 45.3, 1995, pp.153-158.

④ 學者們在試圖解釋濕地焚燒、或成爲野生動物群落家園的文獻記載時,常常忽略了這樣的事實:這些區域的大部分地區在一年中的大多數時間裏都是乾旱的。譚其驤在《雲夢與雲夢澤》中爲了解釋這些文獻,對雲夢地區和雲夢濕地進行了不必要的區分。參看譚其驤《長水粹編》,石家莊:河北教育出版社,2000,575-599 頁;還可參看 Derk Bodde, “Marshes in Mencius and Elsewhere: A Lexicographical Note,” in his *Essays in Chinese Civilization*, Princeton: Princeton Univ. Press, 1981, pp.416-426.

⑤ “雲夢”在漢初是一個官職,表明它仍然是一個保護區。《張家山漢墓竹簡》,45、197 頁,《二年律令》簡 461。司馬相如《子虛賦》含有雲夢動植物的奇特描述,參見《史記》卷一一七《司馬相如列傳》,3003-3011 頁;David R. Knechtges, *Wen Xuan or Selections of Refined Literature*, vol 2.: *Rhapsodies on Sacrifices, Hunting, Travel, Sightseeing, Palaces and Halls, Rivers and Seas*, Princeton: Princeton Univ. Press, 1987, pp.53-71; Yves Hervouet, *Le Chapitre* 117 *du Che-ki* (*Biographie de Sseu-ma Siang-jou*), Paris: Presses Universitaires de France, 1972, pp.14-48.

⑥ 梁柱、劉信芳:《雲夢龍崗秦簡》,北京:科學出版社,1997,簡 278、279、258 和 254。藉助各種辭典可以發現,古代注釋者雖然都將“豰”描述爲一種小的食肉動物,但他們并不都是指同一動物。

⑦ Gary Crawford, “East Asian Plant Domestication,” in *Archaeology of Asia*, ed. Miriam T. Stark, Oxford: Blackwell, 2006, p.78.

能作爲當時該地區没有人的證據。[①] 公元前五千年,該地區的人們開始修建定居點附近的護城河和城墻,至公元前三千年,他們修建了非常大的城墻,最著名的是石家河遺址(湖北天門附近),其城墻土方超過600,000立方米。[②]

該地區的考古工作主要集中於墓葬,而傳世文獻(大部分是北方的)極少提供該地區從周代至漢代農業開發的信息。該地區少數幾個主要定居點都位於平原的邊緣,其中最重要的是楚都紀南城,後來成爲秦漢南郡的郡治江陵。該遺址位於長江以北僅幾公里的地方,其周圍的農田大部分都是低地,所以戰國時期可能修建了河堤進行保護。

司馬遷在論述東周水利時,提到楚國在漢江與雲夢之間修建了一條運河,也用於灌溉。[③]我們不知道這條運河位於何處,但考慮到該地區的地理情況,我們可以推測,楚運河同文中論述的吴運河一樣,可能是對現有水道的改造,而不是完全的人工運河。[④]

至漢代,低地邊緣的人口可能數以萬計。[⑤] 人口稠密的黄淮流域,那裏的人民必須努力工作纔能富足,[⑥]相比之下,司馬遷描述楚、越(長江)地區是如此豐饒,以致人們無需商貿就可以輕鬆地生活,“地埶饒食,無飢饉之患,以故呰窳偷生,無積聚而多貧”,[⑦]他寫道,荆州有“雲夢之饒”,[⑧]而不是描述爲一個貧瘠的沼澤。捕撈季節性豐富的魚類、鳥類、哺乳動物和野生植物的生活方式,比完全基於糧食生産的生活更容易。但是,人口的日益增長導致這些資源的過度開發,從而加大了對集約化農業和水産養殖業的依賴。

---

① 新石器時代遺址地圖,參見國家文物局編《中國文物地圖集:湖北分册》第1册,58-61頁。這些地圖不是基於系統的考古調查,而是描繪所有已經發現的考古遺址。

② Flad and Chen, *Ancient Central China*, pp.121-122; Bing Li et al., “Linking the Vicissitude of Neolithic Cities with Mid Holocene Environment and Climate Changes in the Middle Yangtze River, China,” *Quaternary International* 321, 2014, pp.22-28; 湖南省文物考古研究所:《湖南澧縣夢溪八十壋新石器時代早期遺址發掘簡報》,《文物》1996年第12期,26-39頁。

③ 更確切地説,他列出了幾條運河,然後説它們都是用來灌溉的。《史記》卷二九《河渠書》,1407頁;Watson, *Records of the Grand Historian*, vol. 2: *Han Dynasty*, p.54.

④ 關於吴運河,參見史念海《論濟水和鴻溝》,《河山集》第3册,北京:人民出版社,1988,303-356頁。

⑤ 公元2年,南郡的人口數是718,540,公元130年其人口數是747,604,而從江漢平原東部分出去的江夏郡,其人口數同時期分别是219,218和265,464。這些行政單位只是兩湖平原部分區域中一個組成部分。參看梁方仲《中國歷代户口、田地、田賦統計》,上海人民出版社,1980。

⑥ 《史記》卷一二九《貨殖列傳》,3263-3270頁;Watson, *Records of the Grand Historian*, vol. 2: *Han Dynasty*, pp.441-446.

⑦ 《史記》卷一二九《貨殖列傳》,3267-3270頁;Watson, *Records of the Grand Historian*, vol. 2: *Han Dynasty*, pp.444-446. Swann, *Food and Money*, p.447.

⑧ 他把長江以南的湘江、贛江流域描述爲“江南卑濕,丈夫早夭”,而不是江漢平原。參見《史記》卷一二九《貨殖列傳》,3268頁;錢穆:《史記地名考》,北京:商務印書館,2001,200頁。

結語

雖然這些文書資料很少,且其前後文和語義還不是很清楚,但是研究這些文書却能窺見漢代長江中游測量者的世界。這些文書所顯示的計算類型,評估以前計算平均值的準確性,是早期中國日常行政中算術方面最複雜的例子。這些文書是一類算術實際應用的真實例子,以前我們僅能從算數書中獲知。

雖然早期文獻中有中國南方堤防的零星記載,但是,新發現的文書提供了這類河堤存在的第一手證據,這是特别有用的,因爲這些河堤的位置可以確定。這些文書還告訴我們,漢江中游有 134 公里的河堤,而且在低地的北邊和西邊也都建有堤防。通過論證漢初在維護相對不那麽重要的南方河堤以及開墾農田方面所起的作用,這些文書可以證實早期中華帝國的權力在地方基層發揮着作用這一觀點。

我們不知道這些文書有多大的代表性,同時它們留下的問題同它們回答的問題一樣多。這些文書所記録的區域可能是該地區僅有的三個重要的河堤區域,也可能是一個業已存在的龐大堤防系統中的一個小樣本。河堤廣泛存在而堅固,我們可以期待田野中有相當多的建築遺存證據。一旦考古學家將他們的注意力轉向它們,我們將更多地了解該地區的歷史。然而,目前周至漢時期的考古學家幾乎專注於墓葬,這有其合理性,畢竟在隨葬品最終出現在文物市場之前完整地發掘這些墓葬是很重要的。

附録:

河隄簡釋文[1]

200

南鄉南均隄凡十八里百七十步,積五萬五千六百五十步。

衡(率)廣十步,積五萬五千七百步,畸多實五十。

201

南鄉宜禾隄凡十三里百卅步,積二萬五千九百八十步。

衡(率)廣六步少半步,積二萬五千四百九十步,畸少實四百九十步,不衡(率)。

202

南鄉瘍[2]靡隄凡十里卅[3]步,積四萬三千八百步。

衡(率)廣十四步半步,積四萬三千九百卅五步,多實百卅五步。

203

·莫阳鄉河隄凡卅里二百卌六步,·積四萬五〼

204

莫阳鄉桃丘隄凡十二里八十步,積二萬二千九百廿步。

衡(率)廣六步,積二萬二千八十步,畸多實百六十步。

205

莫陽鄉徹丘隄凡八里百廿步,積七千五百六十步。

衡(率)廣三步,積七千五百六十步。

206

□陽鄉隄凡卌六里,積八萬二千五百五十步。

---

① 原釋文參看陳松長編著《香港中文大學文物館藏簡牘》,86-94 頁;釋文、標點修訂及解説參看彭浩《〈河隄簡〉校讀》,71-75 頁。本文附録釋文格式及符號依今通行格式校訂,不同意見出注説明。

② "瘍",原釋作"瘸",今據圖版及彭浩意見改。

③ "卅",原釋作"廿",今據圖版改。按"衡(率)廣十四步半步,積四萬三千九百卅五步"計算,隄長"十里卅步",亦相合。

衛(率)廣六步,積八萬二千八百步,畸多二百五十步。

207

·北鄉河隄凡七十二里七十步,積廿萬七千卅步。

208

北鄉京□隄凡卅二里六十步,積七萬九千八百步。

衛(率)廣八步少半步,積八萬五百步,多實七百步。

209

北鄉橐中隄凡卅里百六十步,積八萬五百八十步。

衛(率)廣八步大半步,積七萬九千三百八十六步大半步,少實千一百九十二步。①

210

·若鄉河隄凡廿七②里百六十步,積六萬四千五百卌五步。

211

若鄉□北③隄凡九里百五十二步,積萬八千步。

衛(率)廣六步少半步,積萬八千六十二步大半步,畸多實六十二步大半步。

212

□鄉嬰隄凡廿二里一百五十步,積四萬八千一百步。

衛(率)廣七步少半步,積四萬七千九百五十步,畸少實百五十步,不衛(率)。

213

☐□鄉厭蕃隄凡十五里卅步,積三萬一千一十步。

☐【衛】(率)廣六步大半步,積三④萬二百步大半步,畸少實八百一十步,不衛(率)。

---

① 因書寫空間不足,"九十二步"移至第一行底端書寫。

② "七",原釋作"十",今據圖版及彭浩意見改。

③ 核對圖版,"若鄉□北"塗黑,"若鄉"難以辨識,"北"疑作"丘"。

④ "三",原釋作"二",今據圖版及彭浩意見改。

214

竟[①]陵河隄□□百□八里,不衔(率)[②]……☐

215

☐……里百廿步,積……☐

☐……五百五十四步。 ☐

216

☐……廿[③]八萬六千四步。

217

☐……萬六千六百□□步。

☐……五十步,多實三百步。

218

☐……千九百五十步,□[④]實四千五十四步,不衔(率)。

219

☐……步,積……百五十六☐

☐……卅八萬一千☐

220

☐六千九百☐

221

宜成河隄凡三百廿三里廿六步,積七十一萬九千六百一十八【步】。

---

① "竟",原闕釋,今據圖版及彭浩意見補。

② "不衔(率)",核對圖版,難以辨識。

③ "廿",核對圖版,難以辨識。

④ "□",原闕釋,今據圖版及彭浩意見補。

222

正面

宜成隄凡[①]三百廿三里廿六步,積七十一萬九千六百一十【八步】。

·凡隄能治者九[②]百廿一里二百卌步,積三百一十八萬一千八百一十二步,爲[③]田一百[④]

二頃五十七每(畝)百九十二步。　·醴陽江隄卅九里二百廿二[⑤]步。

·凡隄不能治者三百廿一里二百廿七步。　·大凡千二百八十三里八十九步,

背面

實三百一十八万[⑥]一千八百七十二步。·三百人分之,人得卌四每(畮)卌六步有(又)三百分步七十二。

醴陽[⑦]隄三十九里二百廿二步。

223

□□□隄凡三百八十里,其□□里不能治。

……三里……千□百□□□,積八十二萬一千七百步。

(本文原刊 *T'oung Pao* 100-4-5 (2014) 325-362。譯文有少量删改)

(譯文由劉麗審訂)

① "宜成隄凡",核對圖版,筆迹殘缺,今據簡 221 隄長數據補。

② "九",原釋作"六",今據圖版及彭浩意見改。

③ "爲",原闕釋,今據圖版及彭浩意見補。

④ "百",原闕釋,今據圖版及彭浩意見補。彭浩在"百"下補釋"卅",核對圖版,難以辨識。

⑤ "二百廿二",原釋作"二十□",今據圖版及彭浩意見改、補。

⑥ "万",原釋作"萬",核對圖版,字形作"方"。何琳儀云:"戰國文字'万',典籍作'萬'。"有時亦寫作"方"形。參看何琳儀《戰國古文字典——戰國文字聲系》,北京:中華書局,1998,1077 頁。

⑦ "醴陽",原闕釋,今據圖版、彭浩意見及前後數據關係補。

基礎與綜合:秦簡研究的再出發 *
——讀陳偉主編《秦簡牘研究》叢書

中國人民大學國學院
出土文獻與中國古代文明研究協同創新中心 孫聞博

秦史研究的進步與考古收穫關係密切。城址、墓葬及其中竹簡木牘、璽印封泥、兵器題銘的發掘與整理,爲史料留存寡少而時代意義重要的秦史認知,提供了擴展與深化的可能。這其中,秦簡發現與研究的意義尤爲重要。學界一般以1975年12月睡虎地秦墓竹簡出土爲界,將上世紀以來的秦史研究劃分爲前後兩個階段。這正源於相關材料及後續秦簡的刊布,極大改變了近四十年來秦史研究的面貌。今日秦法律史、官文書制度與日書研究發展勢頭如此强勁,亦無不肇因於此。

有鑒於相關材料的重要學術意義,武漢大學簡帛研究中心主任陳偉及其學術團隊運用新的整理技術,并全面參考吸收學界已有研究積累,推出了《秦簡牘合集》四卷六册。[①] 該書提供了目前最好的圖版、釋文,并在綴合、編聯、句讀方面,達到全新高度;注解采疏證體,於集釋後間下已意,既便讀者瞭解以往代表性意見,又可得見最新研究進展。因此,該書甫一

* 基金項目:國家社科基金重大項目"秦統一及其歷史意義再研究"(14ZDB028)。

① 陳偉主編:《秦簡牘合集》,武漢大學出版社,2014;陳偉主編:《秦簡牘合集:釋文注釋修訂本》,武漢大學出版社,2016。後者又有修訂,未附圖版,計有四册。

問世,即獲好評,某種程度上代表目前秦簡再整理工作的最高水平。[①]

好的整理,建立在扎實深入的系統研究基礎之上。《秦簡牘合集》問世之後,陳偉與他的研究團隊先是出版了《秦簡牘整理與研究》,[②]對再整理過程中的研究心得擇要分享,稍後又正式推出了研究成果結集《秦簡牘研究》五卷本。[③] 本叢書具體包括陳偉《秦簡牘校讀及所見制度考察》、徐世虹等《秦律研究》、晏昌貴《秦簡牘地理研究》、孫占宇、魯家亮《放馬灘秦簡及嶽麓秦簡〈夢書〉研究》、伊强《秦簡虚詞及句式考察》,總字數 170.5 萬字,實際涉及秦簡研究最爲重要的幾個方面:制度、法律、歷史地理、數術、語法。研究者强調對秦簡簡文做扎扎實實的辨析、考校工作,進而擴展至對歷史問題的探討。具體研究中所秉持的謹嚴態度與前行勇氣,令人欽敬。

考慮到叢書問題關注廣泛,内容頗爲豐富,下面主要就每卷所論,結合個人思考,擇要評述。

一

陳偉《秦簡牘校讀及所見制度考察》(359 千字)。本卷分十四章,“制度”部分涉及秦代字詞使用的年代,文書拆啓、傳遞等制度行用,嶽麓書院藏秦簡先王之令、質日釋讀考索,里耶簡所見“田”“田官”“庫”及行政與算術的關係,“隸”的身份與“徒隸”生存狀態,“發徭”與“券徭”,律令簡中馬“食禾”等;“校讀”部分則涉及法律類簡册、數術類簡册校讀與其他秦文獻考校。

本卷開篇首先對秦代“正”“端”,“臣妾”“奴妾”“奴婢”,“辠”“罪”等用語使用,進行年代考察。相較以往多簡單襲用避始皇帝諱改“正”爲“端”的説法,作者仔細分析簡牘用字,指出具體情形遠爲複雜。秦王政元年至二十五年(前 246—前 222)使用“正月”,二十六年、二十七年(前 221、前 220)一度稱“端月”,後改回“正月”,至二世元年再度使用“端月”。[④] 故就目前而言,較爲嚴格避秦君名諱,主要發生在立號爲“皇帝”的最初兩年及胡亥即位爲二世皇帝後。又比如“臣妾”“奴妾”“奴婢”,過去僅大致瞭解“臣妾”用語時代較“奴婢”稍早,而過渡的時間節點却不清楚。作者經研究指出,私家奴隸早期流行的“臣妾”“奴妾”之稱,在

① 胡平生:《秦簡合集　同道相益——評〈秦簡牘合集〉》,《人民日報》,2015 年 7 月 28 日第 16 版;王子今:《更深入的研究——評陳偉主編〈秦簡牘合集〉》,《光明日報》,2015 年 8 月 3 日第 16 版;侯旭東:《秦簡整理的新里程碑》,《中華讀書報》,2015 年 8 月 12 日第 10 版;鄔文玲:《〈秦簡牘合集〉評介》,《中國史研究動態》2016 年第 1 期。

② 陳偉等:《秦簡牘整理與研究》,北京:經濟科學出版社,2017。

③ 陳偉主編:《秦簡牘研究》叢書,武漢大學出版社,2017。

④ 陳偉:《秦簡牘校讀及所見制度考察》第 1 章,武漢大學出版社,2017,8 頁。

始皇二十八年八月至三十一年十月或者三十二年六月之間,已改作"奴婢"。[①] 關於"辠""罪"的寫法問題,研究同樣提供了清晰的時間綫索:始皇三十年五月至三十四年六月之間,"辠"字弃用而改寫爲"罪"。[②] 可以補充的是,里耶更名木方抄録有"故皇今更如此皇"(8—461,AXⅧ)。[③] "此句意在將上部從'自'的'皇'廢除,統一改爲'皇'"。[④] "辠""罪"與"皇""皇"均涉及原本從"自"部分的調整。後者變更一般認爲是在統一不久的"書同文字"時。如何理解相關調整存在的時間差异,顯然是個有趣問題。"書同文"的具體施行,問題重要,需要今後開展更多、更系統的工作。

相關研究在方法上也值得參考,即特别注意所列舉各時段材料的具體數量。如梳理月名資料時,文中提到"秦始皇二十六年一條資料、二十七年兩條資料均稱'端月',同時未見稱'正月'的情形","秦始皇二十九年至三十六年,衹見稱'正月'而無'端月'。其中二十九年、三十六年各一條資料,三十二年兩條資料,三十三年四條資料,三十一年、三十五年各有五條資料,三十四年有六條資料",[⑤]體現材料處理的精細與立論的謹慎。這些探討不僅理清了許多基礎性問題,使得秦統一後用語的實際調整可以落實到很細緻的時段,而且爲今後秦簡抄寫年代的判定,提供了重要依據。上述一些認識,作者此前曾有簡單提及;[⑥]今覽本卷,正可窺見明晰完整的論證過程。

本卷第二章還指出表示拆閲信函的用語由"半"改爲"發",發生在秦始皇三十年六月至九月之間。雖屬文書制度層面的探討,亦涉及用語的年代考察。而文書制度中對"檢""署"的區分,同樣突破了既往認知:僅用於以郵行的文書,帶有封泥槽的稱"檢",平板狀或作板形的稱"署"。[⑦] 這些將會成爲今後秦官文書制度研究的重要參考。

此外,"校讀"部分對法律、數術類簡册及其他秦文獻的精細研讀,也貢獻諸多新識。睡虎地秦簡首篇《編年記》更名《葉書》、指向帝王年世的意見,重要而富有啓發性。益陽兔子山簡《秦二世元年十月甲午詔書》的釋字、句讀調整,則爲學界利用相關材料,提供了堅實基礎。

本卷研究多從基礎文本出發,進而探討制度變化;多由細微問題切入,層層遞進,從而揭示新的歷史認知。如何在出土文獻研究中貫徹傳統的文獻學訓練,本卷向我們做出了很好

① 陳偉:《秦簡牘校讀及所見制度考察》第1章,16、25頁。

② 陳偉:《秦簡牘校讀及所見制度考察》第1章,24、25頁。

③ 陳偉主編,何有祖、魯家亮、凡國棟撰著:《里耶秦簡牘校釋(第一卷)》,武漢大學出版社,2012,156頁。

④ 陳侃理:《里耶秦方與"書同文字"》,《文物》2014年第4期,收入復旦大學歷史學系、復旦大學出土文獻與古文字研究中心編《簡帛文獻與古代史:第二屆出土文獻青年學者國際論壇論文集》,上海:中西書局,2015,129頁。

⑤ 陳偉:《秦簡牘校讀及所見制度考察》第1章,8頁。

⑥ 陳偉主編:《秦簡牘合集:釋文注釋修訂本》"序言",2-5頁。

⑦ 陳偉:《秦簡牘校讀及所見制度考察》第2章,47-48、58、80-81頁。

的示範。

二

徐世虹等《秦律研究》(330千字)。本卷主要由法律史學者通力合作完成,參與分章撰寫的學者還包括鄔文玲、陶安、南玉泉、支强、李力等。自睡虎地秦簡發現以來,秦法律史迅速發展成爲秦史最重要的研究領域之一。論及秦律的早期研究,國内較爲系統全面的工作是栗勁的《秦律通論》。[①] 該書最大特色在於參照現代法學體系,從法學角度探討秦律。隨着數十年來秦法律文獻材料的積累,進行秦律研究的階段性總結已頗有必要。

本卷對秦律文獻的整體把握,頗顯功力。相關論述激活了許多出土秦簡材料的法律史研究潛力,如"里耶秦簡所見的刑徒内容相當豐富,繁多的勞作種類與各種徒簿是難得的有關刑罰執行的資料",及辯證指出"如果睡虎地秦簡展示的是法律條文中的秦代社會,里耶秦簡呈現的則是秦代遷陵縣的法律生活場景"。[②] 本卷特别提醒,應注重墓葬出土法律文獻的性質,即陪葬特徵及其抄本屬性,進而思考已見法律文本與原本的關係,特别是前者主體性、實效性如何把握的問題。在此基礎上,研究者提示未來法律史研究方法仍應立足"精研律文并把握其立法意圖",[③]可謂金針度人。

本卷雖謙稱"未成'體系'",但所設章節實際選取并探討了當前最爲重要、也最爲前沿的令、式、課、法律編纂、刑罰等序以及《關市律》《金布律》、里耶秦簡中的一些秦律問題。

秦令的内容、格式,以往所知很少,學界早年甚或一度對秦令的存在産生懷疑。嶽麓秦簡等秦令的刊布,有助於瞭解秦令的形成并開展秦、漢令的對照研究。[④] 而過去漢令與唐令比較中,多關注差异性一面,即漢令主要是對律的補充、説明,唐令則偏重行政法律及各種條例規定。漢令向唐令演變中,二者是否存在某些异中之同,則重視不足。南玉泉對秦令的性質、類别做了仔細的梳理辨析,對秦令編輯及其與律的關係做了深入論述。他指出"此時的令文,除少部分對於律篇的刑事規範予以補充外,大部分應歸屬在行政法範疇",[⑤]注意把握與魏修新律時"律以正罪名,令以存事制"調整綫索的銜接問題,從而使秦漢至隋唐法律中"令"的發展軌迹更爲明朗。

---

① 栗勁:《秦律通論》,濟南:山東人民出版社,1985。歐洲、日本也有很多研究工作涉及,如何四維、[日]冨谷至、[日]宫宅潔、[日]廣瀨薰雄等學者的成果,具體可參見本卷第一章及參考文獻部分。

② 徐世虹等:《秦律研究》前言,武漢大學出版社,2017,3頁。

③ 徐世虹等:《秦律研究》前言,5頁。

④ 孫聞博:《律令簡新獲與秦史研究——讀〈嶽麓書院藏秦簡(肆)〉》,鄔文玲主編《簡帛研究二〇一七(春夏卷)》,桂林:廣西師範大學出版社,2017,330-331頁。

⑤ 徐世虹等:《秦律研究》第2章,104頁。

本卷對秦代"式"的界定與把握,也同樣清晰。研究者首先注意將非法律意義上的文書樣式與國家法律形式進行區分。在梳理前者如何發展爲劉宋至李唐"儀"及"書儀"的同時,有關國家法律形式的"式"的探討也相應變得更爲聚焦。研究者還在"式"與"令"的關係上,有更好把握。具體而言,南玉泉强調了"式""只是準則性法律,其條文本身并不帶有處罰性的内容",那麽與令的關係,更偏重生産性、物質性,且規範的要求更具體、細緻。這樣就既較好解釋了《唐六典》"式以軌物程事"的涵義,也爲理解式對令的補充情形做了辯明,即"這裏不存在式'是從令中轉化出來的'問題"。①

徐世虹參照秦代發展的具體狀况,將不同"課"的材料做了進一步的區分。"睡虎地秦簡《秦律雜抄》所見'牛羊課',從性質上看屬於制裁規範而不屬於行政文書","從牛羊課及課省的規範效力看,其具有一定的法源形式的特徵",并進而追問"課的法源爲何,整體形態如何,與律令關係如何,在律令體系中的地位如何"。② 這實際提出了今後應努力的方向。

法律編纂層面,第五章"代結語"對睡虎地秦簡《秦律十八種》"有罪"的集中分析,給人印象深刻。徐世虹特别指出"'有罪'是立法用語還是利用者的技術處理所致,是需要區别對待的"。③ 由此推之,我們閲讀墓葬所出法律文獻時,一些用語是否具有立法意義上的功能,今後引用時需特别審慎。

刑罰體系是重要而傳統的議題。日本學界冨谷至、宫宅潔、廣瀨薰雄、陶安等不少學者都先後有集中論述,而尤以後者所作細緻深入。本卷第七章"秦漢刑罰等級研究序説"即爲陶安撰寫。如徐世虹所提示,相關"主要觀點承襲於氏著《秦漢刑罰體系の研究》(創文社2009年版)第一章至第三章"。④ 此章論證了古老刑罰等級"死""刑""耐"三等如何向秦律刑名體系發展,包括在原有基礎上怎樣豐富完善,增添完爲城旦舂、贖、貲、誶等。

最後,陶安在章末特别指出"'城旦舂''鬼薪白粲''隸臣妾'和'司寇'的研究已不限於狹隘的刑罰問題,而成爲一個與二十等軍爵制密切關聯的身份或社會問題"。⑤ 所言值得重視。日本學界較早注意此問題,宫宅潔、石岡浩、鷹取祐司、陶安都有不同程度的涉及。國内研究起步相對較晚。除吴榮曾對隸臣妾制度有敏鋭揭示,⑥加以推進外,孫聞博曾撰文於2012年10月提交北京大學中國古代史研究中心"簡牘與早期中國"學術研討會暨第一届出

① 徐世虹等:《秦律研究》第3章,125頁。

② 徐世虹等:《秦律研究》第4章,145、148頁。

③ 徐世虹等:《秦律研究》第5章,187頁。

④ 徐世虹等:《秦律研究》後記,365頁。

⑤ 徐世虹等:《秦律研究》第7章,268頁。

⑥ 吴榮曾:《隸臣妾制度探討》,吴榮曾、汪桂海主編《簡牘與古代史研究》,北京大學出版社,2012,21-32頁。

土文獻青年學者論壇,并在會上宣讀。[①] 文章就司寇、隸臣妾、城旦舂及鬼薪白粲的社會身份特徵,從簿籍制度(是否入户籍)、服役方式(冗、更)、廩食管理(稟、食;月計、日計)、轄配官司(倉、司空)、軍事參與(是否直接參戰)等方面提出了一系列意見。相關工作從基本史料出發,立足更廣闊的社會背景,或有助於增進對早期中國社會結構與身份秩序的認識。而這一研究趨向,今從"已不限於狹隘的刑罰問題,而成爲一個與二十等軍爵制密切關聯的身份或社會問題"論説中,再次得到確認。值得注意的是,現有更多學人關注并開展相關研究。臺灣大學高震寰所撰博士論文《秦漢刑徒制度的發展——從勞動力運用的角度著眼》,已擴展至西漢武帝以降相關變化的解釋。

三

晏昌貴《秦簡牘地理研究》(380 千字)。本卷對睡虎地秦簡、里耶秦簡、北大藏水陸里程簡册、天水放馬灘木板地圖、秦簡日書的地理資料分專題做了逐一基礎性研究,是目前所見第一部全面探討秦簡牘資料群歷史地理問題的研究專著。

睡虎地秦簡《秦律十八種・置吏律》出現有"縣、都官、十二郡……"的内容,對於探討戰國秦中央、内史與諸郡關係,頗有意義。這促使學者思考相關情形發生的時間下限。關於"十二郡"具體所指,不少學者發表過意見。本卷作者重新梳理,并在認真考訂基礎上提出了自己的認識。末郡北地郡設置於昭襄王三十五年(前 272),進而將《置吏律》行用年代,定在昭襄王三十五年至莊襄王三年之間。諸郡中,"河外"郡的分析,較爲重要。據秦封泥"河外府丞"等材料,學界傾向秦曾設置河外郡。但具體所指,周曉陸、施謝捷、何慕、陳偉、王輝等學者的看法并不一致。晏昌貴贊同何慕説,認爲是三川郡前身,并做了補證。此外,作者還對郡數十二與"天之大數"的關係作了分析,并認爲戰國至秦的"'天下'不包括秦國在内","即指六國諸侯",[②]"秦始皇三十六郡也許并不包括關中秦故地,而僅限於山東六國諸侯"。這些意見較爲新穎,引人關注,也有待進一步論證。此外,討論蜀郡時是否僅取蒙文通意見"後來屢次所封,都自然是蜀王的子孫,而不是秦王的子孫,是顯然的事",[③]還可以討論。文中引許慎《説文解字・郡》"至秦初,置三十六郡以監其縣",[④]句讀亦可斟酌。而"十二郡"中是否包含隴西郡,相關設置時代是否可早至昭襄王二十七年(前 280),今在嶽麓書院藏秦律

① 孫聞博:《秦及漢初的司寇與徒隸》,《中國史研究》2015 年第 3 期,收入其著《秦漢軍制演變史稿》第 3 章第 2 節,北京:中國社會科學出版社,2016,236-262 頁。

② 具體參見晏昌貴《秦簡牘地理研究》第 1 章,武漢大學出版社,2017,21-58 頁。

③ 晏昌貴:《秦簡牘地理研究》第 1 章,35-36 頁。

④ 晏昌貴:《秦簡牘地理研究》第 1 章,56 頁。

令公布后,可能同樣需要檢討。

近年由於簡牘、封泥、題銘材料的積累,有關秦郡的研究再次成爲熱點。從政治地理角度探討秦郡設置問題,除本卷第一章外,不僅有其他公開發表的論文、論著,[①]還包括多篇博士學位論文。[②] 琴載元則從政治地理及行政管理、區域文化層面對秦置南郡進行了集中分析,指出此地較早已從"楚地"轉换爲"秦地",并將其視作戰國秦至漢初"關外郡"的典型。[③]孫聞博將秦統一軍事進程與外部秦郡推行、内部權力結構變動結合起來思考,對南郡、三川郡、東郡的置郡過程及其意義有所揭示。[④] 研究指出:秦統一戰争得以成功展開,與東郡之置關係密切。秦昭襄王末年,范雎"遠交近攻"戰略在山東合縱下,遭遇挫折。蔡澤確立"東收周室"之策,突破秦既往連横外交,通過中部領土伸展,決斷合縱之勢。秦莊襄王至秦王政初年,蒙驁在吕不韋執政下統兵續進,"初置三川",隨後突破太行山、滎陽一綫,深入六國腹地,設置東郡。東郡擴境後成功與中立國齊國連接,將河北燕、趙與河南魏、楚隔絶,完成了以往東向連横未能達到的目標。兼并戰争中,統帥王翦、王賁父子實際亦以東郡—齊國爲界,分居南、北兩側攻滅諸國。"初置東郡"不僅爲秦滅六國奠定了重要基礎,而且爲理解漢廷控禦東方諸侯,提供了啓示。[⑤] 相關研究涉及秦統一戰争展開的歷史背景與具體進程的認識,嘗試提供了新的發展綫索與解釋框架。本卷第二章對睡虎地秦簡《葉書》(舊擬名《大事記》或《編年記》)的地理問題做了系統全面的研究。作者或是受第一章研究工作的啓發,將《葉書》所記戰争事件與《葉書》實際并未提及的"秦郡的形成"放在一起討論,具體分成"秦攻三晉之戰與秦郡的形成""秦攻滅楚之戰與秦設郡問題"兩部分,考述詳實。"結語"部分并提出了三圈層説,大體以秦"十二郡"爲第一圈層,太原、上黨、潁川、東郡爲第二圈層,秦滅六國設郡爲第三圈層。秦郡第一圈層的東部諸郡與第二圈層共同構成了秦與六國的緩衝地帶,也是當時的戰略樞紐地帶。[⑥] 值得注意的是,琴載元在探討漢初郡國并行制時,曾提到"郡、國間的軍事分界綫實際上是在'關外郡'與'諸侯國'之間形成的。'關外郡'就是處於'大關

① 辛德勇:《秦始皇三十六郡新考》,《文史》2006年第1、2期,收入其著《秦漢政區與邊界地理研究》上篇第1章,北京:中華書局,2009,3-92頁;后曉榮:《秦代政區地理》,北京:社會科學文獻出版社,2009;周振鶴、李曉傑:《中國行政區劃通史·總論、先秦卷》之《先秦卷》第9章,上海:復旦大學出版社,2009,444-468頁;周振鶴、李曉傑、張莉:《中國行政區劃通史·秦漢卷》第1編上篇,上海:復旦大學出版社,2016,12-47頁。

② 何慕:《秦代政區研究》,復旦大學博士學位論文,2009;凡國棟:《秦郡新探——以出土文獻爲主要切入點》,武漢大學博士學位論文,2010;徐世權:《學術史視野下的秦郡研究》,吉林大學博士學位論文,2017。

③ [韓]琴載元:《戰國秦至漢初關外郡研究——以南郡爲主要對象》,北京大學博士學位論文,2015。

④ 孫聞博:《秦據漢水與南郡之置——以軍事交通與早期郡制爲視角的考察》,曾磊等編《飛軨廣路:中國古代交通史論集》,北京:中國社會科學出版社,2015,42-66頁;孫聞博:《東郡之置與秦滅六國——以權力結構與郡制推行爲中心》,《史學月刊》2017年第9期。

⑤ 孫聞博:《東郡之置與秦滅六國——以權力結構與郡制推行爲中心》,27-42頁。

⑥ 晏昌貴:《秦簡牘地理研究》第2章,113-115頁。

中'與'諸侯國'中間的緩衝地帶,這種特點自然可以從秦找到源流",[①]似可爲作者所論,提供支持。

里耶秦簡部分,作者首先以《里耶秦簡牘郡縣誌》爲題,對目前里耶秦簡所見秦代郡縣地理資料進行了較爲徹底的梳理與考訂。具體研究中,本章還對洞庭郡與武陵郡的關係及轄境變化,郡治位置及沅水水路交通、澧水水陸交通等問題,提出了頗爲重要的認識。相信這些研究會爲隨後里耶秦簡材料的進一步利用,提供幫助。之後,作者又對里耶秦簡所見秦遷陵縣的鄉里做了仔細考述,特别是三鄉下轄六里的確立,是目前所見最爲深入的工作。不僅如此,關於秦對地方基層鄉里社會的控制,作者還提出另外的地域控制手段。一是移民,以渚里遷徙爲例;二是分化原有的里,以南陽里→貳春鄉的南里、都鄉的陽里爲例,[②]皆極富啓發性。

此外,關於北大藏秦簡水陸里程簡册,前人雖有詳論,[③]但作者仍在細緻研究下提出諸多新穎認識。這包括對"簡册重點表示的應該是江陵到淯口之間的交通路綫,其中尤以江陵到楊口之間爲重點"的定性,以及"秦里程簡册中還隱伏着一條從孱陵到江陵又到襄縣的南北向陸路交通路綫,只不過這條交通路綫是分開來描述的"的揭示。而作者對簡册内容"充分顯示秦人重視工程技術和數字化管理的新趨向"的體察,[④]也頗顯可貴。其他如放馬灘木板地圖方位、内容、性質的重新把握,日書中地理資料及楚、秦地域文化差异與歷史前後演變等問題的探討,亦皆新見迭出。

四

孫占宇、魯家亮《放馬灘秦簡及嶽麓秦簡〈夢書〉研究》(285 千字)。關於放馬灘秦簡日書的文本研究,孫占宇此前已出版《天水放馬灘秦簡集釋》和《放馬灘秦墓簡牘》。[⑤] 本卷在基礎研究之上,更注重源流梳理,并做出了若干重要判斷。第二章指出"黄道十二宫一直都用以紀月(星命月),從未用於紀年,難以作爲中國十二生肖的起源。放馬灘秦簡《十二支占

① [韓]琴載元:《戰國秦至漢初關外郡研究——以南郡爲主要對象》第 4 章第 1 節,121-152 頁。

② 具體參見晏昌貴《秦簡牘地理研究》第 4 章,225-231 頁。

③ 辛德勇:《北京大學藏秦水陸里程簡册的性質和擬名問題》,《簡帛》第 8 輯,上海古籍出版社,2013,辛德勇:《北京大學藏秦水陸里程簡册初步研究》,《出土文獻》第 4 輯,上海:中西書局,2013,均收入其著《石室賸言》,北京:中華書局,2014,66-214 頁;辛德勇:《北京大學藏秦水陸里程簡册與戰國以迄秦末的陽暨陽城問題》,《北京大學學報》2015 年第 2 期,收入其著《舊史輿地文編》,上海:中西書局,2015,107-121 頁。

④ 具體參見晏昌貴《秦簡牘地理研究》第五章,279-281 頁。

⑤ 孫占宇:《天水放馬灘秦簡集釋》,蘭州:甘肅文化出版社,2013;孫占宇、晏昌貴:《秦簡牘合集(肆)》之《放馬灘秦墓簡牘》,武漢大學出版社,2014。

盜》等篇中的十二禽與後世生肖大體近似,并已與陰陽五行結合……應是今日十二生肖的源頭"。《丹》篇講述名"丹"者死而復生的故事。材料披露伊始,即引起學界廣泛興趣。與以往一般理解不同,作者指出"這個人物很可能是根據某個原型編創出來的,并非當時實際生活中的人,更不是墓主"。[①]

魯家亮對嶽麓書院藏秦簡《占夢書》做了重新的整理研究,涉及字句考釋、編聯分類、編卷復原、篇題定名、占夢文獻的早期流傳及此文本所展示的占夢文化等諸多方面。作者研究認爲篇題應確定爲"夢書",而非"占夢書";相關材料應原屬一卷,收卷方式爲從篇首向篇尾收卷。作者還注意將夢書與《左傳》占夢事例進行對照,以思考夢書的形成過程。在這方面,韓帥的博士論文《秦漢時期的夢與夢占》,[②]或許也能提供一些參考幫助。

伊强《秦簡虚詞及句式考察》(351 千字)。此卷爲作者在博士論文基礎上修改而成,包括緒論在内共計八章,涉及秦簡介詞、連詞、助詞、問句、判斷句、被動式、處置式、使令式及"弗"字句等。研究從語法角度對秦簡各種材料做分類梳理,既關注簡牘與傳世文獻的關係,也注意秦簡材料在先秦兩漢語法發展中的地位與意義。這是過去秦簡研究較爲薄弱的環節,提示各學科間加强對話的必要。其中,"過所"的分析予人啓發。西北漢簡材料中多見"過所"的文字,一般認爲是一種通行文書的名稱,甚至與通行憑證的"傳"相混淆。李均明已指出,漢簡所見"過所"不能理解爲通行證一類的意思。而"過所"在漢唐間如何被理解爲名詞且成爲具有通行證意義的名詞,有一個逐漸發展的過程。[③] 伊强從語法角度做了進一步論證。漢簡習見"謁移過所縣邑門亭河津關"語,明顯當是"謁移(傳)(於)過所縣邑門亭河津關"之意。"謁移"之後承前省略了賓語"傳",然後緊接處所成分"過所縣邑門亭河津關"。而這種表目的終點的處所成分,在古漢語中以不用介詞爲常。[④] 這使得我們對相關問題的認識,就更爲清楚了。與此同時,這也促使我們思考,加强出土文獻的分類語法研究,是否有助於推動簡牘語詞的分析與理解,從而增强對法律文獻、官私文書的掌握與利用。

近年來,秦簡牘的整理進入快速發展期。不僅新的發現不斷涌出,而且整理發表的進度也明顯加快了。里耶秦簡、嶽麓書院藏秦簡、北京大學藏秦簡、益陽兔子山簡正在或即將分卷刊布。可以預見,未來秦簡與秦史的研究潛力十分巨大。而如何立足學術前沿,做出更好的成果貢獻學界,陳偉與其研究團隊所確立的基礎整理、校覈集釋、綜合研究的秦簡牘研究

① 孫占宇、魯家亮:《放馬灘秦簡及嶽麓秦簡〈夢書〉研究》第二章,武漢大學出版社,2017,146-147 頁。

② 韓帥:《秦漢時期的夢與夢占》,北京師範大學博士學位論文,2011。

③ 李均明:《漢簡所見出入符、傳與出入名籍》,《文史》第 19 輯,收入其著《初學録》,臺北:蘭臺出版社,1999,27-29 頁。

④ 伊强:《秦簡虚詞及句式考察》第四章,武漢大學出版社,2017,228 頁。

範式,無疑值得學界參考與借鑒。

重新回到開篇所言,好的整理工作離不開學術團隊同時所開展的系統研究。這再次提醒我們:要成爲好的整理者,首先要做優秀的研究者。《秦簡牘合集》與《里耶秦簡牘校釋》系列,可與陳偉主編的這套《秦簡牘研究》叢書配合使用,相信一定有助於大家更好地認知秦簡、走近秦史。

2018 年 5 月 28 日

2018 年 5 月 30 日修訂

徵稿簡約

一、本刊作爲中國社會科學院簡帛研究中心的專業性學術刊物，歡迎與下述内容相關的論文投稿：

1.出土簡帛的辨識、考證；2.根據出土簡帛考辨史實，研究中國古代的各種制度、思想文化以及社會發展狀况；3.有代表性的國外簡帛研究譯文；4.簡帛研究綜述；5.簡帛研究論著評論；6.簡帛研究論著索引 ；7.簡帛學理論與方法的總結、探討。

二、本刊提倡嚴謹的學風，堅持"百花齊放、百家争鳴"的方針，堅持相互尊重的自由討論。本刊發表的文章均不代表本刊意見，由作者文責自負。

三、本刊衹接受首發投稿。已在正式出版物和網絡上刊發者，均不視爲首發。

四、來稿請提交一份文本稿，一份電子文稿（電子郵件或磁盤）。

五、本刊實行雙向匿名專家審稿制度。稿件中請勿出現作者個人信息。有關作者姓名、單位、聯繫方式等，請另紙提供。

六、本刊對刊登的稿件擁有爲期兩年的專有版權。作者如有异議和特殊要求，請於投稿時聲明。請勿一稿兩投。

七、本刊處理來稿期限爲60個法定工作日。逾期未接到通知，作者有權對自己的稿件另行安排。因本刊經費緊張，來稿一律不退，請作者自留底稿。

八、來稿請寫明作者真實姓名(發表時筆名聽便)、工作單位、職稱或職務、通訊地址、郵政編碼、電話號碼和電子郵箱，以便聯繫。

來函請寄：

北京市建國門内大街五號　中國社會科學院歷史研究所戰國秦漢史研究室

曾磊　收

郵編：100732

電子郵件請寄：jbyj2005@126.com